史料纂集

護國寺日記　第四

八木書店

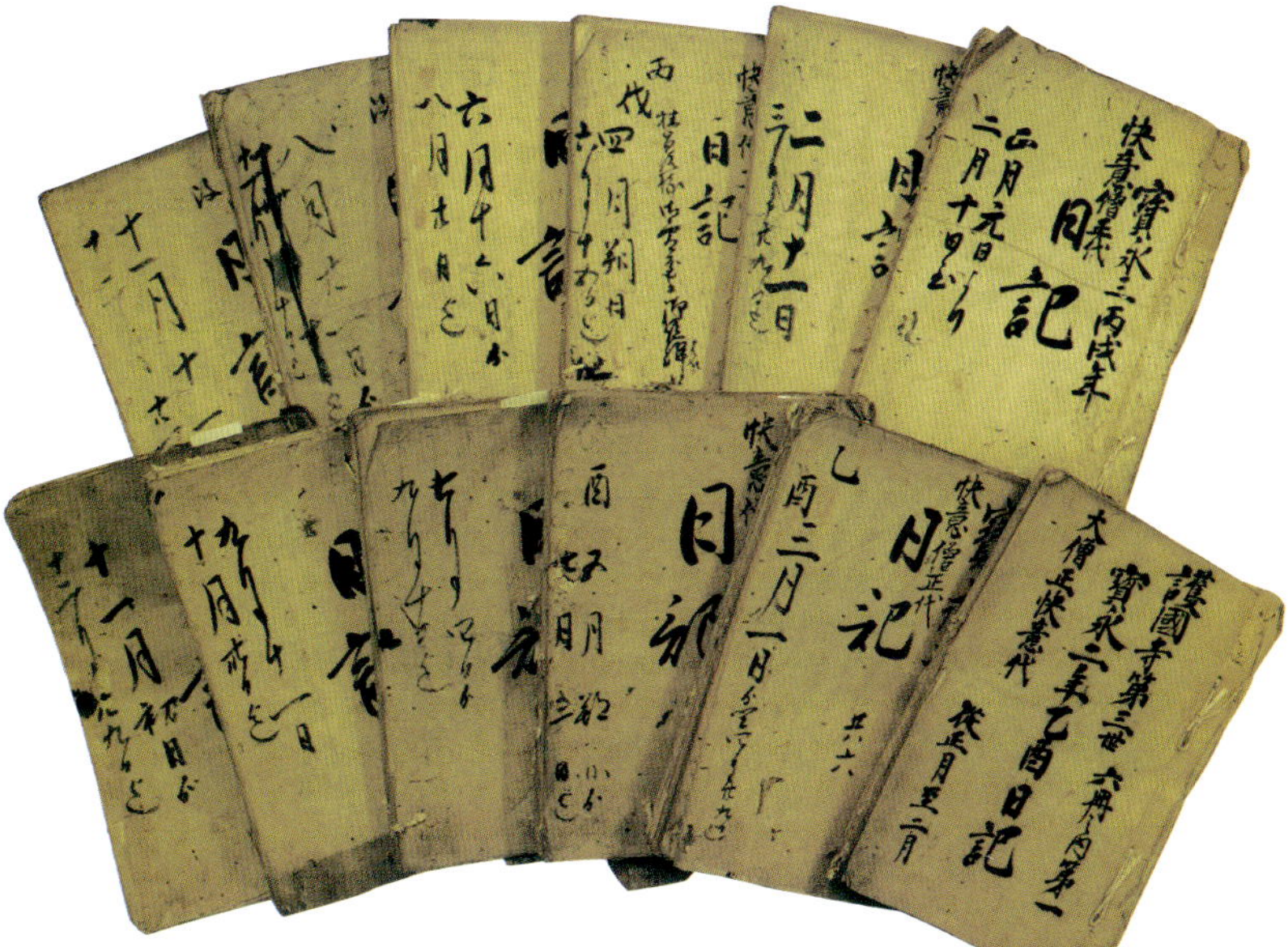

護國寺日記　表紙（寶永二～同三年）　護國寺所藏

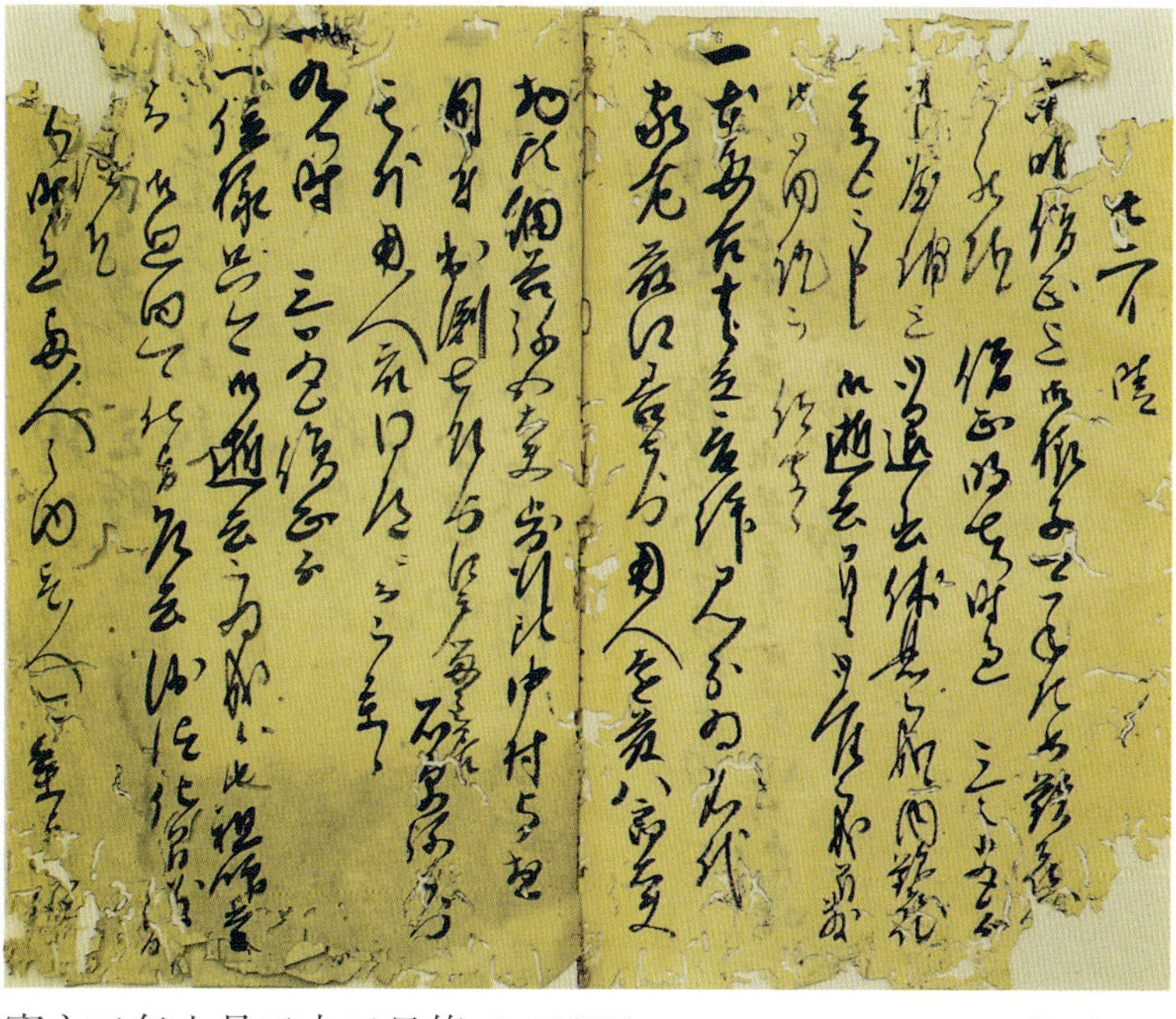

寶永二年六月二十二日條（97頁參照）　護國寺所藏

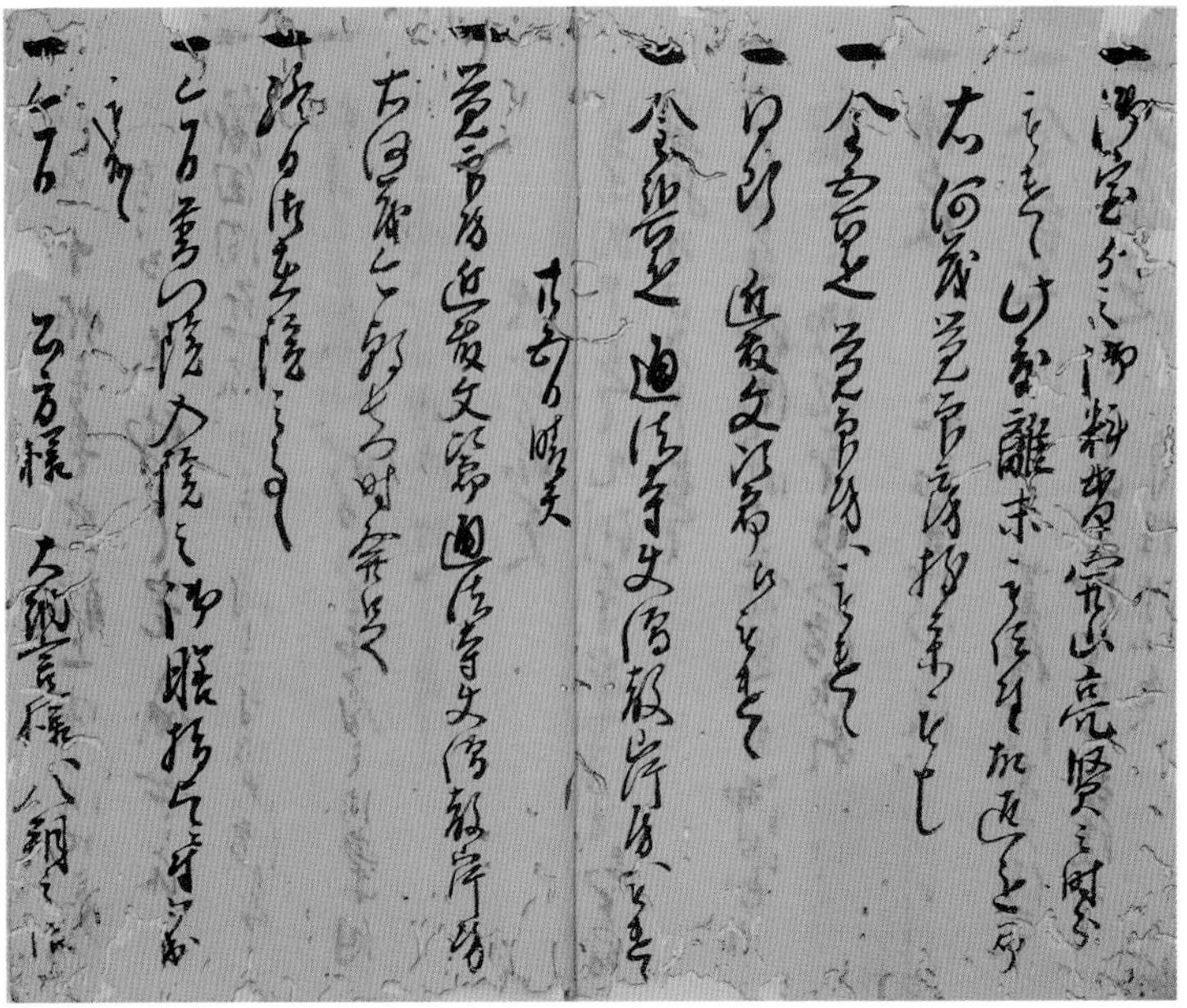

寶永二年八月二十四日條（128頁參照）　護國寺所藏

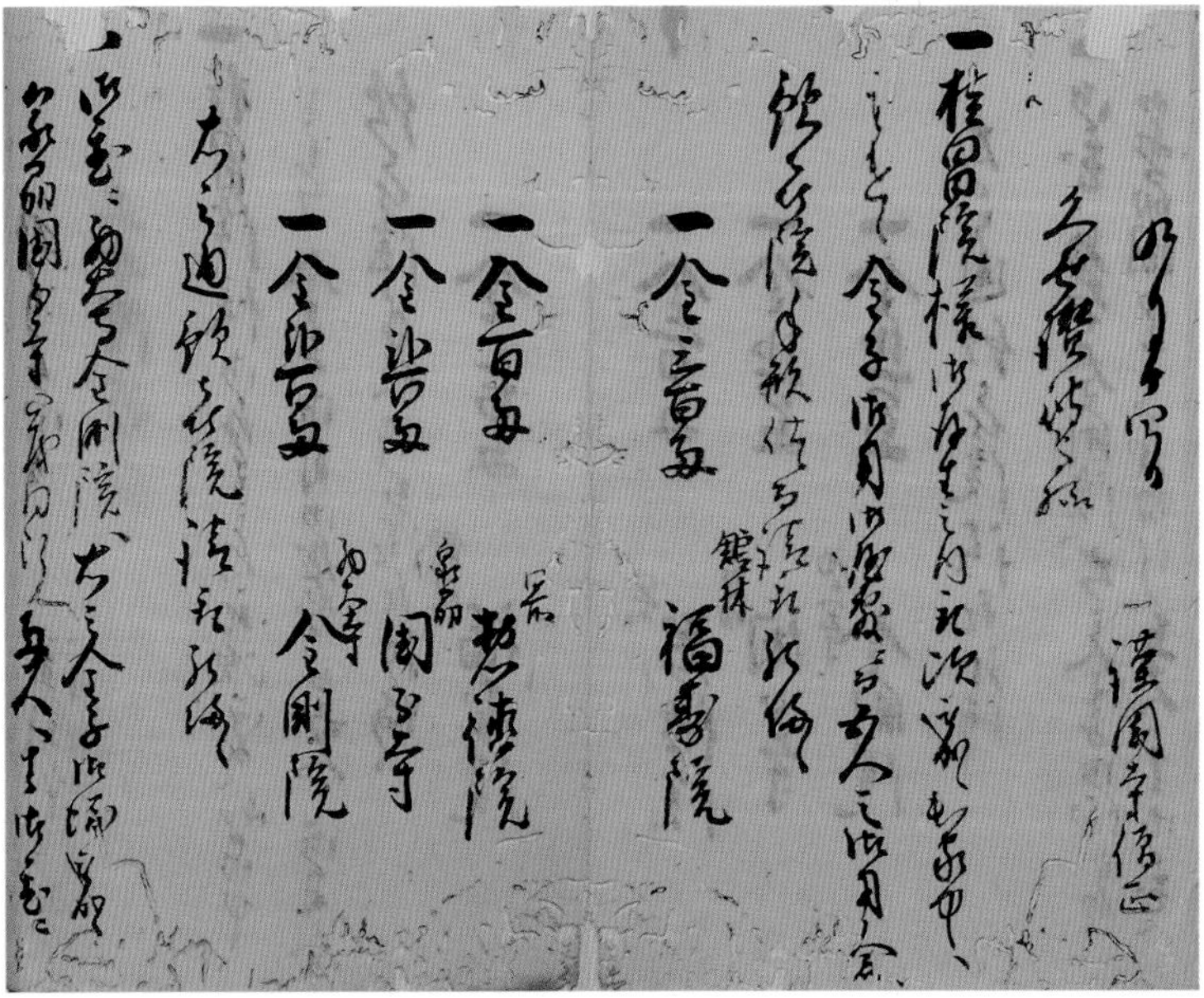

寶永二年九月十四日條（139頁參照）　護國寺所藏

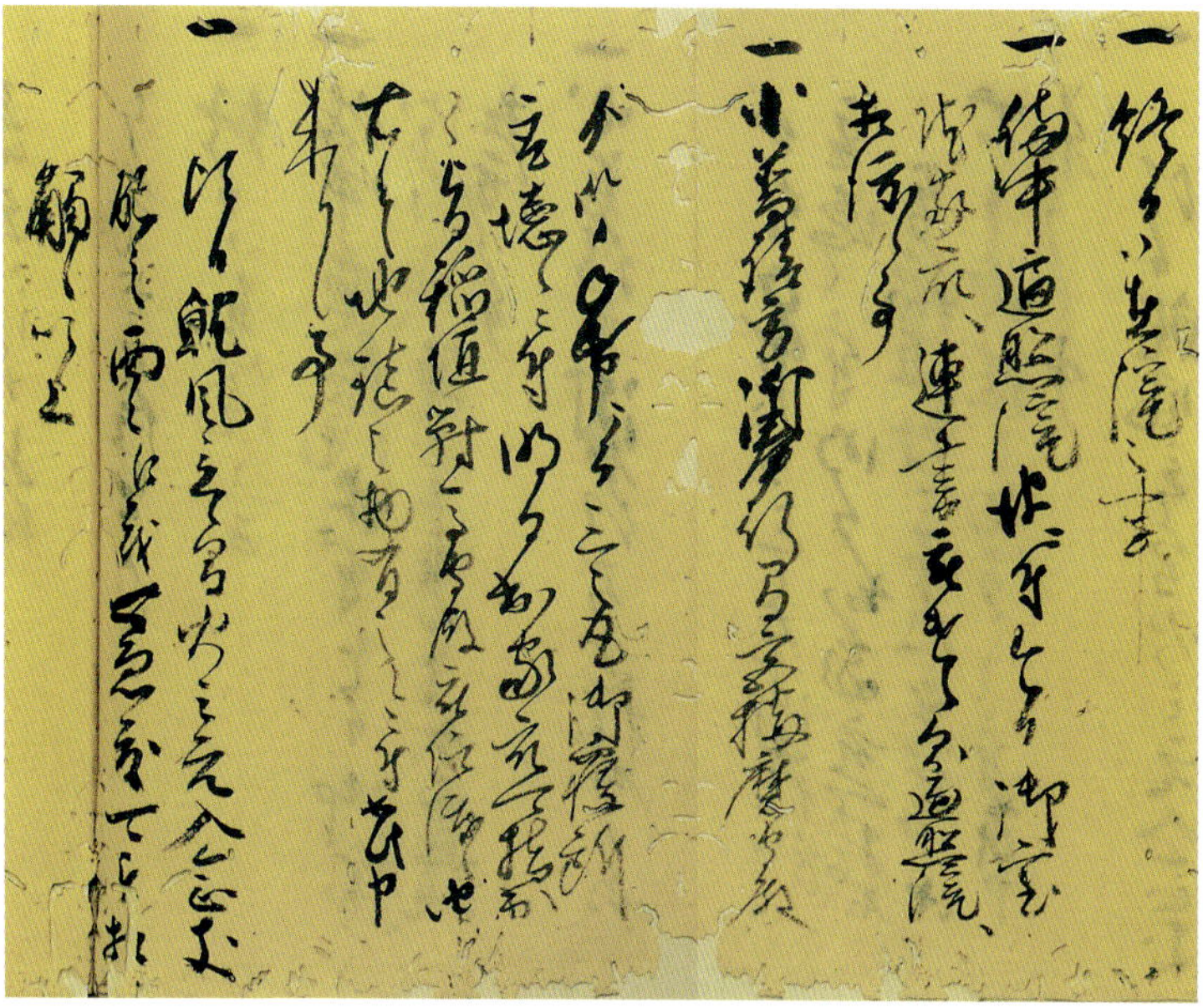

寶永二年九月二十九日條（145頁參照）　　護國寺所藏

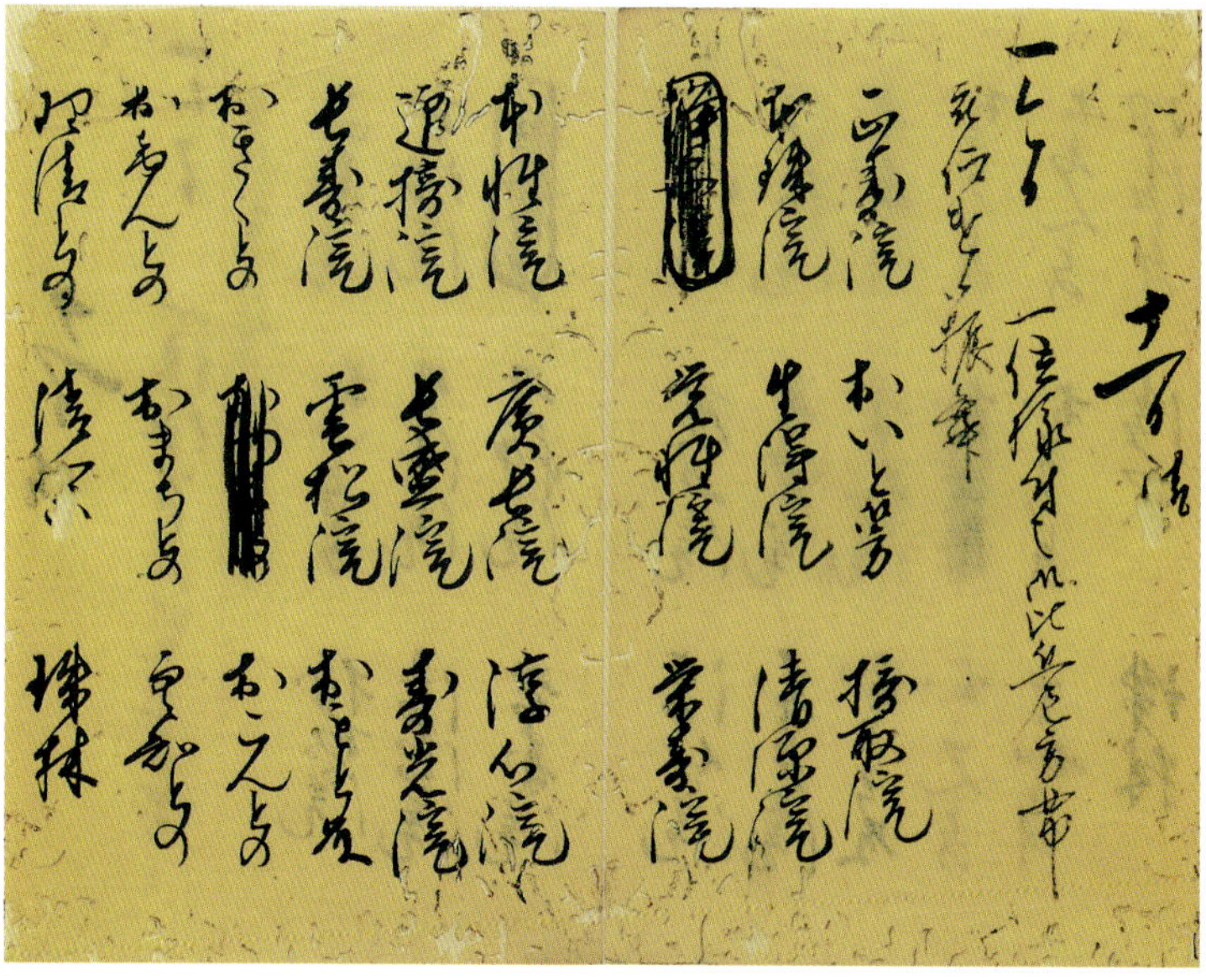

寶永二年十月十一日條（149頁參照）　　護國寺所藏

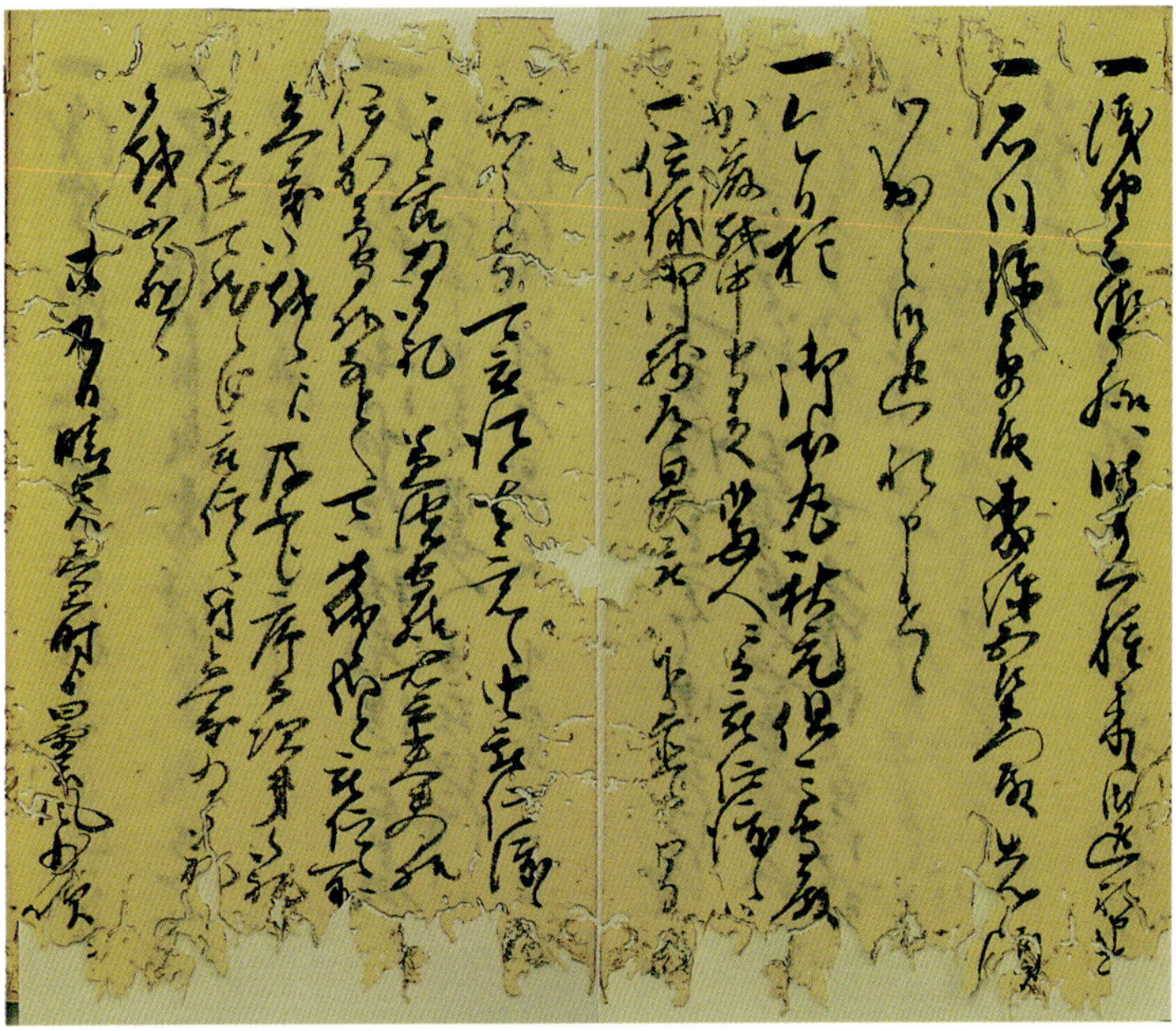

寶永三年二月二十八日條（210頁參照）　護國寺所藏

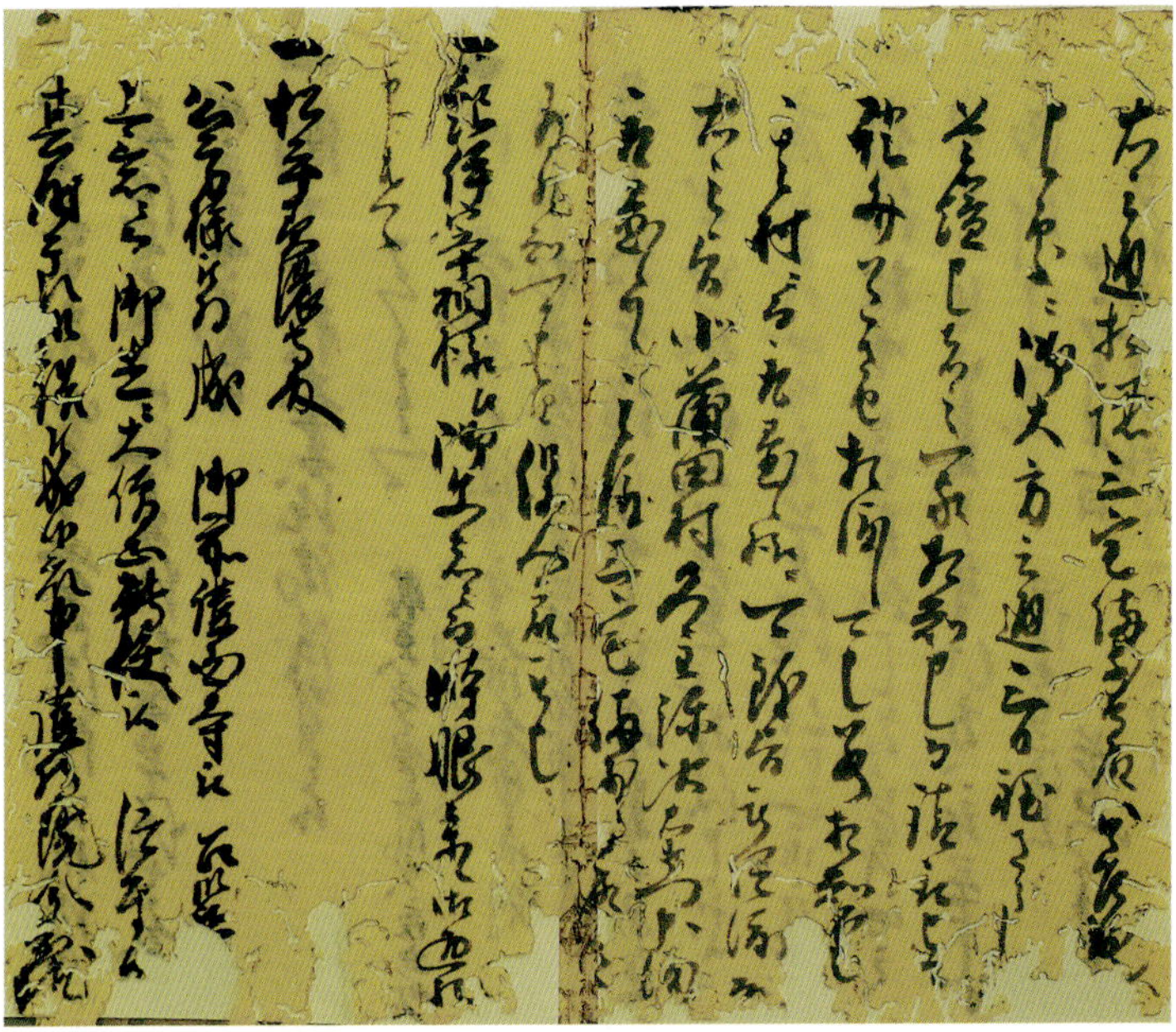

寶永三年十二月十一日條（317頁參照）　護國寺所藏

凡例

一、史料纂集は、史學・文學をはじめ日本文化研究上必須のものでありながら、今日まで未刊に屬するところの古記録・古文書の類を中核とし、更に既刊の重要史料中、現段階において全面的改訂が學術的見地より要請されるものをこれに加へ、集成公刊するものである。

一、護國寺は、天和元年（一六八一）、徳川綱吉の命により桂昌院の祈願所として江戸大塚に創建された新義眞言宗の寺院（現在は眞言宗豐山派の大本山）であり、神齢山悉地院と號す。

一、護國寺日記は、護國寺の役者が記した公用日記であり、護國寺の所藏にかかる。中途に缺落はあるものの、元祿十年（一六九七）から寶曆八年（一七五七）に至る二五三册が現存する。この他、明治以後に寺外に出た六册（正德二年分二册、享保元年分四册）の存在が確認されてゐる。

一、本書の刊行に當つては、護國寺所藏分全ての公刊は容易でない爲、本寺院の歴史上、桂昌院及び將軍家の祈願所として最も活發な活動をみせた徳川綱吉の代（元祿十年正月から寶永六年二月）に限り翻刻刊行することとする。

一、本册には、寶永二年（一七〇五）正月より寶永三年（一七〇六）十二月までを収める。

凡例

一、本書の翻刻に當つては、つとめて原本の體裁・用字を尊重したが、便宜、原形を改めた部分がある。その校訂上の體例を示せば、凡そ次の如くである。

1 文中に讀點（、）、並列點（・）を便宜加へた。

2 原本の缺損文字は、□で示した。字數不明の場合は［　　］で示した。

3 抹消文字には左傍に抹消符（〻）を附した。抹消の文字が不明の場合は▨で示した。

4 校訂註は、原本の文字に置き換へるべきものには〔　〕、參考又は説明のためのものには（　）をもつて括つた。

5 人名などの傍註は、原則として各月の初出の箇所に附した。

6 原本は正・略・異體文字が混用される。つとめて原本に従つたが、便宜、正字に改めたものものある。

7 字體については、原則として正字を用ゐた。但し、原本での併用を參考とするに足ると考へた左記の文字は、區別して用ゐた。

條—条　爾—尓　併—并　斷—断　處—処　彌—弥　餘—余　萬—万　闕—欠

珎—珍　體・躰—体　禮—礼　歟—欤　言—云　最—㝡　亂—乱　寫—写　儀—義

陣—陳　宜—冝　部—ア　靈—灵

8　原本の用字が必ずしも正當でなくても、當時一般に通用されてゐるもの或いはそれと判るもの（例へば、飛彈〔驒〕守・小性〔姓〕・百性〔姓〕・義〔儀・議〕等）には傍註を施さなかつた。

9　原本には闕字・臺頭の禮節が多く示されるが、あへてこれを廢した。

10　變體假名は平假名に改めた。

11　上欄に、本文中の主要な事項その他を標出した。

一、本書の公刊に當つて、原本所藏の護國寺からは格別の便宜を與へられた。特に記して深甚の謝意を表する。

一、本書の校訂は、坂本正仁がこれを擔當した。

平成三十年正月

目次

目次

護國寺日記　第四

(表紙、補紙)

護國寺第三世　六冊之内第一

寶永二年乙酉日記

大僧正快意代　從正月至二月

(原寸、縦二三・五糎、横一七・四糎)

*護國寺朔旦の祈禱修法
*護國寺正朔行事
*護國寺寺中及び寺中の出家ら年頭の御禮を申す
*末寺住持ら年禮に來寺
*岡村道仙年禮に來寺

護國寺日記第四　寶永二年正月

〔正　月〕

酉元日、　晴、

例年三ケ日御在院、

一、後夜ゟ護摩堂江御入、其後出仕鐘、觀音堂法事明六時相濟、

一、茶之間ニ而、例之通方丈中出家・侍分不殘御土器被下、上肦大聖寺(碓氷郡八幡村、大聖護國寺)・昌春(哲辨)・泰春一同、

一、其後於小書院、西大寺金剛院(大和)・藥王寺(市ケ谷、證覺)・東福院(四ツ谷、龍巖房)・寺中五人・寺中所化共・藥王寺弟子共・東福院弟子春全、御雜煮御相伴、御土器被下、

一、光德院(江戸、市ケ谷)・大乘院(江戸、淺草新寺町)・愛染院(江戸、四ツ谷南寺町)入來、御盃有、雜煮出、

一、長久院(江戸、谷中)・歡〔觀〕藏院(江戸、淺草新寺町)入來、

一、岡村道仙入來、何も御盃、其後道仙者夕料理御相伴、

一、千手院(江戸、下谷御簞笥町)・龍泉寺(江戸、下谷龍泉寺町)・本如・知門・密門入來、昆布

観音堂にて修正會祈禱開白
正月の浴油供開白
*養生薬
松平義昌同義方年禮に來寺
*巣鴨眞性寺年禮に來寺
末寺住持ら年禮に來寺
*堀田榮隆院使者年禮に來寺
本所彌勒寺年禮に來寺
*桂昌院女中空知代參す
青山淨性院年禮に來寺
愛宕眞福寺年禮に來寺
快意寺中を年始に廻禮す
湯島根生院年禮に來寺

被下、
其後、七ツ前ゟ観音堂修正(修正會)御出座、導師被成、

二日、　晴、

一、今朝、浴油御開白、
一、松平出雲守(義昌)様・同右近將監(義方)様五ツ過御出、御手付御薄茶、御逢被成、
一、南藏院(武藏豐島郡高田村)・観音寺(同郡上戸塚村)・玄國寺(同郡諏訪谷村)・存知(南藏院)南院弟子、
一、淺草(新寺町)延命院・正福院(同上)弟子壹人入來、延命院へちりめん(縮緬)壹巻、正福院へ羽二重一疋、弟子正福院ニ帯壹筋、雑煮出、何も御逢、
一、彌勒寺(本所、隆慶)御出、御盃有、三百疋御持參、押付御歸故、何ニ而も出シ不申、
一、青山(江戸)淨性院入來、御逢被成、
一、眞福寺(愛宕、運壽)御出、御盃有、吸物出、
其後、寺中へ御廻り被成候、例年寺中・家來共迄、御祝義物被下之、
一、根生院(湯島、榮專)御出、庭ニ而乍立御逢被成、早ゝ御歸寺、

一、狩野休古入來、五百疋被遣之候、
一、密藏院(武藏荏原郡上北澤村)南院弟子音智、御盃、
一、謙徳院(奥山玄建、奥醫師)御出、御逢被成、其後昌春御覧被成、來ル四日ゟ養生薬被下候御約束、
一、安川仙庵入來、夕料理振舞之候、其後御逢被成、
一、巣鴨(武藏豐島郡)眞性寺入來、御逢被成、昆布出、

三日、　晴、小風、

一、榮隆院(堀田正俊室、稲葉正則女)殿ゟ源藏使者ニ入來、年始、
一、長崎(武藏豐島郡)金剛院・池袋(同上)十輪寺(重林)入來、懸御目、
一、菊川金七・村松淡路入來、懸御目、
一、庄(荘)嚴寺(武藏豐島郡幡ケ谷村)入來、御盃被下、
一、三御丸(三の丸使番衆)ゟ空知殿御代參、御逢被成、例年二汁五六菜御料理、御雑煮出、
一、柴田市郎左衞門殿御出、御逢被成、
一、三村与惣右衞門殿來、同、
一、久野左兵衞殿、同、
一、観音堂御法事前、根生院へ御出被成、

護國寺謠初

一、今晩謠初、雑煮、
(大聖護國寺)大聖寺御相伴、其外寺中・昌春・泰春、右同
斷、寺中子共罷出候、

四日、　晴、

一、今日ゟ諸方御年礼御勤被成候、

快意元日より年禮に参る衆中へ返禮を申遣す

一、元日ゟ此方へ年礼申來候諸方へ、今日御返礼等
申遣、

快意西の丸留守居老中若年寄側用人ら及び近付の大名を年始に廻禮す

一、年礼御勤被成候衆中、如左、
興津能登守殿(忠閭、西の丸留守居)　佐野豐前守殿(直行、西の丸留守居)
水野肥前守殿(忠位、側衆)　同信濃守殿(勝由)
小笠原佐渡守殿(長重、老中)　本多伯耆守殿(正永、老中)　井上大和守殿(正岑、若年寄)
稲葉丹後守殿(正往、老中)　青山伊賀守殿(幸能、側衆)　秋元但馬守殿(喬知、老中)
安藤信濃守殿(定行、側衆)　永井伊賀守殿(直敬、若年寄)　加藤越中守殿(明英、若年寄)
大久保隱岐守殿(忠增)　井伊掃部頭殿(直通)　大久保長門守殿(側衆、教寛)
丹羽左京大夫殿(秀延)　岡部美濃守殿(長泰)　阿ア飛彈(驒、下同ジ)守殿(正喬)
西尾播广(磨、下同ジ)守殿(忠尙)　松平大膳太夫殿(毛利吉廣)　牧野備前守殿(成春)
水野飛彈守殿(重矩、側衆)　松平土佐守殿(山内豐房)　土井周防守殿(利益)

*雑司ケ谷鬼子母神東陽坊

松平讃岐守殿(賴豐)　丹羽遠江守殿(長守、江戸町奉行)　松平備前守殿(長矩)
蜂須賀飛彈守殿(隆重)　細川越中守殿(綱利)　土屋相摸守殿(政直、老中)
稲垣對馬守殿(重富、若年寄)　松平美濃守殿(柳澤吉保、側用人)　松平右京大夫殿(輝貞、同上)
右之通御廻リ被成候、御進物等ハ別帳ニ有之候、

一、元日ゟ此方へ年礼ニ被參候衆中へ、返礼申進候、
如左、

一、西信寺(大塚)・筧介兵衞殿(爲勝、書院番)・傳通院(小石川、祐天)入院之祝義共、・設樂長五郎殿(茂勝、大番)、右何も御出之御返礼申遣、

一、堀田伊豆守殿(正虎)、御使者之御返礼、

一、同榮隆院殿、同斷、御返礼、

一、東圓寺(江戸、市ケ谷八幡別當)、目錄持參之御返礼、

一、松平出雲守殿、　御出之御返礼、

一、同右近將監樣、

一、東陽坊(武藏豐島郡雑司ケ谷)・蓮成寺(同郡高田村)・放生寺、
右入來之返礼、持參物之御礼、

一、天龍寺(江戸)、一、聖輪寺(江戸)、一、愛染院、一、報恩寺、右入
來持參之御返礼、

一、麻布不動院、使僧進物之返礼、
一、仙石越前守殿(政明)、御使者之御返礼、
一、松平采女正殿(定基)、使者目錄之返礼、
一、戸澤下野守殿(正庸)、使者返礼、
一、松平越中守殿(定重)、同斷、

大護院年禮に來寺

一、大護院(淺草、寧祐)御出、目錄之返礼、
一、新長谷寺(江戸、關口)ゟ使僧ニ而、祝義物之返礼、
一、大塚長光寺、一、永泉寺、入來之返礼、

快意諸方年始廻禮後桂昌院の御機嫌窺ひに上る

一、諸方御勤之後、三御丸へ爲窺御機嫌御上リ被成候、

五日、　晴、暮前少雪、

快意諸方へ年始に廻禮す

一、今日御勤被成所〻、
松平大學頭殿(頼貞)　同播广守殿(頼隆)(磨)
傳通院紗綾貳卷、　小笠原信濃守殿(長圓)
近藤登之介殿(昔用)　靈雲寺(湯島、慧光)
進休庵(江戸、英岳)　內藤式部少輔殿(正友、大坂定番)
酒井隼人正殿(忠胤)　同新左衛門殿
三宅備前守殿(康雄、寺社奉行)　京極甲斐守殿(高住)
藤堂備前守殿(高堅)　今井九右衛門殿(兼直、代官)
佐竹源次郎殿(義格)　本多彈正少弼殿(忠晴、寺社奉行)
織田山城守殿(信休)　板倉甲斐守殿(重寛)
大護院　森彌五左衛門殿(定尙、三の丸廣敷番頭)
本多淡路守殿(忠周)　設樂長五郎殿(茂勝、大番)
彌勒寺普門院・龍光院・正覺院・正福院、
諏訪安藝守殿(忠虎)　要津寺(本所、牧野家菩提所)
堀田伊豆守殿　水野隼人正殿(忠直)
牧野備後守殿(成貞)　同奥方
安藤長門守殿(信友、護國寺火番)　伊奈半左衛門殿(忠順、關東郡代)
大澤右衛門殿(基隆、奥高家)　嶋田丹波守殿(利由、側衆)
右之通リ御廻リ被成、御進物等者別帳ニ有之候、
一、雜司谷法妙寺(武藏豐島郡)、松平但馬守殿(友親、後ニ友著)、御□□御返礼、
一、相馬圖書殿(敍胤)、使者ニ而、目錄參候御返礼、
一、神保主水殿、御出之返礼、
一、松平豐前守殿(勝以、書院番頭)、御出之返礼、

*伊達村豐徳川綱教綱吉耳順の祈禱を依頼す

*快意年頭御禮後内證の目見

*桂昌院觀音堂へ梅花を遣す

*寺中大聖護國寺藥王寺三の丸へ年頭御禮に上る

*快意諸方を年始に廻禮す

*本所靈山寺

*稲葉正往御祈禱料を遣す

*御臺所於傳之方御簾中へ年頭の祝儀を獻上す

*御簾中への獻上は初例なり

一、伊達左京亮(村豐)殿へ、御返書遣、

一、紀伊中納言(徳川綱教)樣へ、御使者ニ而御請申遣、

右者、昨日御使者ニ而、公方(徳川綱吉)樣御賀之御祈禱當月

被仰付候、

六日、　晴、

一、水戸宰相(徳川綱條)樣　竹本土佐守(長鮮、三の丸用人)殿

一、八重姫君(徳川吉孚室、綱吉養女)樣　本庄宮内少輔(道章、小姓)殿

一、御本丸　冨田甲斐守(知郷、中奥小姓)殿

一、中納言(徳川家宣)樣　酒井雅樂頭(忠擧)殿

一、西之丸　本庄安藝守(資俊)殿

一、三御丸　同奥方

一、森河内守(賴俊、三の丸用人)殿　萩〔荻〕原近江守(重秀)殿

一、堀万次郎(成知、小姓組)殿　堀筑後守(秀雪、三の丸用人)殿

一、牧野周防守(康重)殿　大澤越中守(基躬、奥高家)殿

一、六角越前守(廣治)殿　同奥方(本庄宗資女)

一、同主殿(廣豐、表高家)殿

右之通御廻り被成候、獻上物等別帳ニ有之候、

御本丸ニ而例之通御内證御礼仰上、金紋御卷物

二卷拜領被成候、御本丸ゟ西御丸へ御上り被成

候、其外諸方御持參物別帳ニ□□、

一、一位(桂昌院)樣ゟ(梅花一桶、觀音堂へ被遣、御餅菓子も杦重二重參候、

一、寺中五人、八幡大聖寺・藥王寺、三御丸へ御祝

義ニ罷上候、例之通差上物差上候、歡喜院(護國寺役者)・普門院(護國寺役者、榮傳)ハ御本丸御礼過、御老中方少〻相務、三御

丸へ罷上候、

一、本所(江戸)炅山寺、昨日入來之返礼、使僧、

一、蜂須賀飛彈殿、昨日御出之御返礼、使僧、

一、稲葉丹後守殿、昨日御祈禱料使者ニ而來候御返

礼、且又御祈禱日限も申遣、

一、御臺(綱吉室、鷹司教平女)樣、

一、五之丸(於傳之方、綱吉側室)樣、

一、御簾中(徳川家宣室、近衞基熙女)樣、

右御三ケ所□□□例年之通被差上候、御簾中

樣へハ、今年ゟ始□被差上候、

江戸四箇寺桂昌院へ初めて年頭御禮に上り御祈禱札も持參す

*快意諸方を年始に廻禮す

桂昌院へ三日月待御札を獻上す

蜂須賀隆重へ依賴の耳順御祈禱日限を申遣す

松平賴豐へ依賴の耳順御祈禱開白結願の日限を申遣す

眞田幸道水野忠直へ依賴の耳順御祈禱開白結願の日限を申遣す

一、四ケ寺衆(江戸四箇寺)今年始而一位樣へ御礼、今日被罷上候、
御祈禱之御札も、各〻ニ持參被差上候、去年迄
ハ正月御札爰許迄被差越候へ共、何も御礼被仰
上度由願ニ付、當院僧正(快意)ゟ御願被仰上、右之通
被仰出候事、
一、今朝、三日月待御札等上ル、

　七日、　晴、

一、上野一學(景承)殿、昨日御出之御返礼、
一、蜂須賀飛彈守殿へ、御祈禱日限申遣、
一、松平讃岐守(賴豐)殿御内伊藤彦左衞門殿へ手紙を以、
今晩ゟ御賴之御祈禱開白、同來ル十三日結願被
成候段申遣、
一、眞田伊豆守(幸道)殿へ使僧ニ而、御賴御祈禱日限、來
ル十二日開白、同十八日結願被成候□申遣、
一、水野隼人正(忠直)殿御内原四郎左衞門殿へ御手紙ニ而、
御祈禱日限來ル十二日開白、十八日結願之由申
遣、

一、今日、僧正御勤被成候所〻、如左、
中澤惣右衞門(景貞、三の丸廣敷番頭)殿　右御内方
武川善兵衞(行直、三の丸廣敷番頭)殿　木下伊豆守(信眞、三の丸用人)殿　同權之介(信名)殿　奥方
松平豐前守殿　相馬圖書殿
藤堂伊豫守(良直、側衆)殿　一柳土佐守(直好、側衆)殿
大村因幡守(純長)殿　大久保加賀守(忠朝)殿
增上寺(門秀)　圓福寺(愛宕、覺眼)　金剛院　鏡照院
眞福寺　松平隱岐守(定直)殿
朽木監物(定朝)殿　牧野駿河守(忠辰)殿
仙石越前守(政明)殿　眞田伊豆守殿
紀伊中納言樣　久世讃岐守(重之、寺社奉行)殿
松田志摩守(貞直、三の丸用人)殿　東圓寺
尾張中納言(德川吉通)樣　松平攝津守(義行)樣
同但馬守(松平友親、後ニ友著)殿　中澤源介(吉丘、三の丸廣敷番頭)殿
松平出雲守樣　小笠原遠江守(忠基)殿　同御内方
右之通御廻り被成候、御進物等者別帳ニ有之候、
何茂御礼計之御方も有之候、

築地本願寺門主寒氣見舞ひに來寺

一、築地御門主(西本願寺)ゟ寒氣爲見舞、昨日一種使者ニ而來候御返礼使僧遣、

一、庄田下總守(安利)殿へ、御返書遣、

一、水野隼人正殿へ、御返書遣、

一、諏訪安藝守殿へ、昨日御出之御返礼申遣、

一、筧介兵衞殿へ、昨日使者ニ而一種來、且又御祈禱來候□□礼申遣、

役者兩人寺社奉行へ年始祝儀に參る

一、本多彈正殿・三宅備前守殿へ、歡喜院・普門院兩人共年始御祝義、且又昨六日、御本丸御礼相務難有段參上仕申入候、

*觀音堂寶藏金

開山堂法事

一、今朝、開山堂法事相濟候、

時齋は正月はなし

時齋ハ例年當月ハ無之候、

八日、　晴、　御在院、

正月の浴油供結願

一、今朝、浴油結願被成候、

一、小笠原遠江守殿へ、昨日御出之御返礼、使僧、

一、松平攝津守殿へ、同斷、

一、加藤越中守殿御奥方へ、御使者、昨日來候御返礼、

一、相馬圖書殿へ、(マヽ)

一、木下權之介殿、昨日御出御持參之御返礼、

一、同伊豆守殿、昨日御傳言ニ而、目錄被遣候御返礼、

一、曲渕越前守(重羽、作事奉行)殿へ、右同斷、

一、布施長門守(正房、小普請奉行組頭)殿へ、金五百疋使僧ニ而被遣、

右二ケ所へ之御進物ハ、例年觀音堂寶藏金之▨▨被遣、

一、武川善兵衞殿、昨日御出、御持參之返礼、

一、田中八兵衞(理信、納戸組頭)、昨日御出之御返礼、

一、小林藤左衞門(美貴、三の丸臺所頭)殿、右同斷、昨日御持參之御返礼、足袋三束三本入、此方ゟ被遣候、

一、依田三左〔右〕衞門(守正)殿、昨日御出、御持參之御返礼、

一、遠山七之丞(伊清)殿、昨日御出之御返礼、

一、本庄安藝守殿、昨日使者ニ而、目錄來候御返礼、奥樣(本庄宗彌)・日向守殿(本庄宗長、中奥小姓)・兵庫頭殿御傳言之御返礼、

一、本多(忠周)淡路守殿へ、昨日御出、御持參之御返礼、
一、比企長左衞門殿へ、昨日御出之御返礼、
一、今井九右衞門殿へ、同斷、
一、酒井新二郎殿へ、昨日御出之御返礼、
一、北村(行安、三の丸臺所頭)小兵衞殿へ、昨日御出、御持參之御返礼、
一、近藤登之介殿へ、使僧ニ而十本入遣、
右ハ、先日あなた(彼方)へ僧正(快意)御出之節、扇子不參候ニ付、右之御斷申、今日扇子遣、
一、戸田(氏成)淡路守殿、昨日御出之御返礼、
一、大平(盛信、裏門切手番頭)角大夫殿、昨日御出、御持參之御返礼、
右、何も使僧を以、御返礼申遣、
一、護持院大僧正(隆光)御出、そは切(蕎麥)出之、
根生院(榮專)・河邊(正歳、新番)四郎左衞門殿・水上源右衞門・不動寺・東泉寺・西(大和、西大寺)金剛院・久野左京・昌春・圓通寺・榮恕、
右、何も御相伴、
一、明九日五ツ時、御登城可有之由、御奉書來、右ハ公方様御賀之御祝義ニ付也、早速御請被仰上候、

九日、晴、風少、

一、今朝、五ツ半時御登城、
一、從紀伊中納言樣、去四日御使者ニ而、公方様御賀之御祈禱御賴被仰付候、今九日六ツ時過、紀國御玄關迄御札差上可申旨、先日御使者ニ被參候神谷与左衞門殿ゟ申來、依之、今朝七ツ過ゟ未明ニ御札爲持差上候、
一、水戸(徳川綱條)宰相樣へ、御請之使僧差上候、
右、昨日年始爲御祝義時服二ツ、御使者ニ而被遣候、右之御返答、
一、公方樣へ、大般若札・浴油之札、
一、御臺樣へ、大般若札、
一、五之丸樣へ、同斷、
一、八重姫樣へ、大般若札・浴油札、
一、中納言(徳川家宣)樣へ、大般若・浴油札、

*快意綱吉耳順祝儀に登城す
*徳川綱教へ依賴の綱吉耳順の御祈禱札を遣す
隆光年禮に來寺
*綱吉八重姫家宣へ大般若經轉讀浴油供の御札を獻上す
*御臺所於傳之方へ大般若經轉讀の御札を獻上す
奉書

御簾中へ大般若經轉讀の御札を獻上す

快意綱吉耳順の祝儀に杉重を獻上す

*高野山無量壽院成福院來寺

*正姫使者來寺

桂昌院例年通り綱吉誕生日祝儀として快意へ搗飯昆布樽を下す

*快意本丸にて祝儀後三の丸へ上り鏡餅を拝領す

本丸大奥より綱吉誕生日祝儀として餅届く

一、御簾中様へ、大般若札、
右、例年之通被差上、
中納言様・御簾中様へハ當年ゟ初、
一、公方様へ、御杦重壹組、
右、今日御賀爲御祝義、護持院と御同前ニ被差
上候、御杦重ハ護持院一所ニ御誂被成候、
一、一位様ゟ、僧正（快意）へ、
　御かちん　五重
　こんふ（昆布）　壹箱
　御たる（樽）　壹荷
右、御ふミ（文）ニ而、例年公方様御誕生日之御祝義
として被下之候、
一、御かちん　壹重ツヽ、　寺中五ケ所へ、
一、ふもち　二ツ、　觀音堂道心共へ、
右、例年之通拝領仕候、
一、御ほかい（行器）　壹荷、
　丸餅入、

右、御本丸大奥ゟ御ふミ（文）ニ而參候、右之御祝義、
一、公方様ゟ白銀弐十枚、今日爲御祝拝領被成候、
御小人衆両人爲持來候、吸物・酒出、
一、無量壽院（紀伊、高野山、堯實）・成福院（同上、仙融）入來、
　そば（蕎麦）切出之、
一、正姫殿（織田信武女）ゟ永田傳左衛門殿入來、
　出來合料理出、
一、獻上之御杦重ハ、今朝未明ニ文泉、松平右京大
夫殿迄爲持差上候、護持院□參御杦重請取參上
申候、
一、御本丸御祝儀相濟、直ニ三之御丸へ御上リ被成
候、七ツ時、三御丸ゟ御かゝミ（鏡）壹重、
右ハ三方ニのり（載）參候、あなた（彼方）ニ而御すわり被
遊候御餅也、
一、於御本丸、御仕舞御座候、
　公方様　三番
　中納言様三番

*水戸夏海の西光院玄說來寺

*快意諸方へ年禮に出る

戸田氏成綱吉耳順の後祈禱を依頼す

去る七日桂昌院例年通り正月の初穂を下す

*牛込最勝寺

黑田豐前殿（直邦、小姓）　一番
河内（中條直景）　一番
御小性　一番
右之通之由、
一、戸田淡路守殿ゟ長井藤太夫と申仁、御賀之御祈
禱御頼申度由被仰越候、
右之料白銀二枚參候、
一、去ル七日ニ、
　三御丸ゟ空知殿爲御使御越、當月例年之通御
　初尾等御持參候、
一、今晩御退出之後、夜詰之節御渡し被成候、
　五百疋ツヽ、　歡喜院・普門院・亮尙院、（護國寺寺中）右三人方へ、
　五百疋、　やわた大聖寺（上野碓氷郡八幡村、大聖護國寺）
　三百疋、　蓮花院（護國寺寺中、覺祐）
　　　　　醫王院（護國寺寺中）へハ先日御渡し被成候
　　　　由、
右之通、例年之通、一位樣ゟ頂戴之仕候、

十日、晴、風、
一、（常陸）水戸夏海之寶珠院玄說入來、なら茶出、御逢被
成、帶壹筋被遣、
一、今日も御年礼ニ御出被成候所ゝ、
戸田淡路守殿　酒井玄蕃（忠佳）
中川淡路守殿（成慶、側衆）　加賀宰相樣（前田綱紀）
榊原式部殿（政邦）　內藤式ア殿（正友、大坂定番）
靈松院殿（本庄宗資室、森氏）　近藤備中守殿（用高、側衆）
藤堂大學頭殿（高睦）　松平越中守殿
松平兵ア大輔殿（吉品）　本多隱岐守殿（康慶）
伊達左京亮殿　庄田下總守殿
神尾五兵衞殿（守親）　同外記殿（守宣）
守能吉兵衞殿（安明、三の丸廣敷番頭）　松平采女正殿
伊東大和守殿（祐實）
右之內、御進物等被遣候所ハ、別帳ニ有之候、
一、（江戸）牛込寂勝寺へ、昨日入來之返礼使僧遣、
一、戸田淡路守殿へ、昨日使者ニ而、御賀御祈禱料

眞田幸道御祈禱料を遣す
*伊豫繁多寺
*王子金輪寺
*快意三の丸へ登城す
*節分會あり護摩堂にて大衆般若心經千巻を讀誦
*金剛寶藏論議講師は智雲問者は自仙
湯島靈雲寺

被遣候御返答申遣、
一、眞田伊豆守(幸道)殿へ、昨日池村八大夫殿を以、御祈禱料被遣候御返礼申遣、
大熊靱負殿、昨日入來返礼申遣、持參之礼も申遣、
一、松平次郎右衛門(政房)殿、昨日御出之御返礼、
一、戸澤上總介(正誠)殿、昨日年始爲祝義目錄來候、且又御祈禱料も來候、右之御返礼、
一、無量壽院、昨日御出之御返礼、
一、成福院、同斷、持參之返礼、
一、本庄宮内(道章、小姓)殿、昨日使者ニ而、目錄來候御返礼、
一、竹田刑部卿、昨日御出之御返礼、
一、大岡右近殿、右同斷、
一、竹本土佐守殿、口上申遣、
一、同鍋之介(長基)殿、昨日御出、御持參之返礼申遣、右者土佐守殿御名代、
一、靈雲寺、昨日御出、御持參之返礼、

一、智勝院殿、昨日使者ニ而、御祝義申來候返礼、
一、中澤惣右衛門殿、昨日御出、目錄御持參之返礼、
一、遠山久四郎(安算、書院番)殿、昨日御出之御返礼、
一、繁多寺(伊豫)、去ル六日ニ入來、殊持參有返礼、
一、木村伊左衛門(元儔、納戸組頭)殿、五日ニ御出、右之返礼、
是ハ去ル四日ニ泰元房相務候由、
一、設樂長五郎殿、去ル三日ニ御出之返礼、
一、同甚之丞殿、去ル七日ニ御出之返礼、
一、金輪寺(武藏、王子)へ、去ル四日ニ入來之返礼、
右、何も使僧を以御礼申遣、

十一日、　晴天、

一、一位様へ御上り被成候事、
一、節分會、如例於護摩堂、般若心經一千巻大衆讀誦、
一、晩來、金剛寶藏論義有之、講師智雲、問者自仙相務、其後如例衆中不殘御相伴ニて、雜煮御悦有之候、
一、水上源右衛門へ、平鍋御約束ニ付爲持遣候事、

*稻葉正往依賴の桂昌院御祈禱札を本庄資俊へ遣す
*綱吉桂昌院へ寒中御祈禱節分會の御札を獻上す
桂昌院星供入用物を下す
護持院にて節の振舞ひあり快意出る
*綱吉桂昌院誕生日の祝儀を下す
明星待
桂昌院へ明星待御札を獻上す
桂昌院誕生日の祝に三の丸へ御成あり桂昌院綱吉耳順の祝儀を贈る
*桂昌院快意寺中へ誕生日の祝儀を下す
快意綱吉へ耳順祝の詩歌を獻ず
*增上寺門秀來寺
返答帳
*高野山惣代遍照院御養君祝儀に出府す

十二日、　曇天、夜雨降、

一、寒中御祈禱之御札、節分會之御札、今日上ル、

一、一位樣ゟ如例、御星供入用物被遣候事、

一、護持院ニ而、今日節御振舞有之ニ付、巳刻過御越被遊候事、

一、如例於方丈、明星待有之、

十三日、　晴天、

一、一位樣へ明星待之御札上ル、幷松平讃岐守殿・蜂須賀飛彈守殿御賴之御祈禱御札も上ル、

一、今日、如例一位樣御誕生日之御祝、將亦公方樣御歲六十之御賀之御祝義も、一位樣ゟ御上ケ被遊候由ニ而登城之事、

一、今日、於三之丸、公方樣へ御賀之御祝義被仰上候、尤護持院と被仰合候由、公方樣へ蜜柑一箱、一位樣へ久年母一箱御上ケ被遊候事、

一、公方樣へ僧正ゟ御賀御祝之詩歌被獻之候、

一、方〻へ御使僧遣候、返答帳ニ記之、

一、稻葉丹後守殿御賴之一位樣御祈禱、今朝結願ニ付、如例御札本庄安藝守殿へ早朝爲持遣之、

一、牧野駿河守殿爲御代參、家來牧野賴母入來、夕料理申付候事、

一、今夕、御誕生日御祝儀拜領物、

公方樣ゟ緞子貳卷、

一位樣ゟ御小袖五ツ、

公方樣へ御賀之詩歌被差上候ニ付、公方樣ゟ紗綾十卷、

右之通、於三之丸御頂戴、

一、一位樣ゟ御誕生日之御祝儀如例、白銀五枚・昆布一箱・御樽一荷、寺中へ金三百疋ツヽ被下之候、

一、終日御在院、

十四日、　晴、午ゟ大風夜ニ入、

一、增上寺方丈御出、御對談、そば切(蕎麥)・御茶出ル、

一、高野山(紀伊)遍照院入來、今度御養君ニ付、爲御祝儀

*桂昌院へ月待御札を獻上す
*東寺年預金勝院
*快意三の丸へ登城す
快意月次の御禮を勤む
三の丸へ御成あり快意詰む
*快意桂昌院へ御栢を獻上す
大久保忠朝依頼の御祈禱札を桂昌院御臺所へ遣す
*前田綱紀依頼の御祈禱札を綱吉桂昌院へ遣す
快意淺草誓願寺堀田榮隆院へ出る
*堀田榮隆院依頼の御祈禱札を桂昌院へ遣す
*江戸末寺十二カ寺獻上の正月御祈禱札を桂昌院へ遣す

惣代ニ罷下候由、御逢被遊候、
一、覺心院殿入來、御逢被遊候事、饗應有之、
一、今日、普門院御節被上候ニ付、昌春・泰春・寺中・大聖寺罷越候事、

十五日、 晴、

一、月次之御礼御登城之事、亦一位様へ被爲成候ニ付御上リ、
一、大久保加賀守殿御頼之御祈禱之御札、一位様・御臺様へ上ル、

十六日、 晴天、

一、(江戸)淺艸誓願寺・堀田榮隆院殿へ御越被遊候、
一、紅白縮紆三巻 榮隆院殿江、
一、末廣一箱 五握 香奠貳百疋 誓願寺江、
一、扇子十本入 香奠貳百疋 (誓願寺內、本庄氏菩提所)安養寺江、
一、未刻御歸寺、
一、高崎大聖寺歸國、爲御餞別縐紆壹卷被下之候、
隱居江襟卷一領被遣之候、

一、一位様江御月待之御札等獻上、

十七日、 晴、

一、(京都)東寺年預金勝院へ返書、仙庵老へ頼、謙德院ゟ御居被下候様申遣候事、
一、一位様へ御上り、夜ニ入御歸寺、

十八日、 晴、

一、一位様へ御柏共上ル、
一、(前田綱紀)松平加賀守殿御頼之御札、
公方様へ御札・昆布一箱、
一位様へ同斷、
右、(三の丸女中衆)おりうとのへ如例御文添ル、
一、松平加賀守殿へ、如例今日御頼之公方様・一位様御祈禱相務、如例御札指上候、依之、其元様へも例之通進之候由、御札・昆布一箱遣候事、
一、堀田榮隆院殿御頼之御札守、今日結願ニ付指上候事、
一、當寺末寺江戸十二ケ寺ゟ、正月如例御札指上候

ニ付、今日御上ケ、
一、歡喜院方へ、御節ニ御出之事、

十九日、　雨天、

一、常劜戒檀寺存貞房、初瀬(大和、長谷寺)ゟ罷下候ニ付入來、御逢、羽二重壹疋被下候、
一、下總永壽寺入來、襟卷被下之候、
右弟子慈海・正元兩僧へ、帶一筋ツヽ被下候事、
一、三之丸へ御上り、夜ニ入御歸寺之事、
一、五之丸樣ゟ御文來ル、明後廿一日、公方樣へ御賀之御祝儀之御膳御上ケ被遊候ニ付、天氣もよく、且又地震等無之樣ニ、御祈禱相務候樣ニと被仰付候、御返事申上候事、

廿日、　晴天、午ゟ少風、

一、方〻へ御使僧遣候、返答帳ニ記之、
一、一位樣へ、葛西菜一折御上ケ被遊候事、
一、終日御在院、
一、今日ゟ昨日被仰付候御祈禱始之候、

*小池坊使僧出府
快意役者歡喜院へ節の振舞ひに出る
常州戒檀寺
*於傳之方へ御札を獻上す
*快意寺中醫王院へ節の振舞ひに出る
下總永壽寺
*本庄宗彌同宗長來寺
快意三の丸へ登城す
*智積院使僧桂昌院御祈禱札を持參す
*於傳之方綱吉へ耳順祝の御膳差上ぐにつき天氣よく地震なきやう御祈禱を命ず
*神奈川金藏院年始に來寺
快意桂昌院へ葛西菜を獻上す

一、初瀬(長谷寺、亮貞)小池坊僧正御使僧西藏院入來、方〻ゟ届物持參之事、

廿一日、　晴、

一、明六ツ時ゟ、五之丸樣へ御札上ル、
一、終日御在院、今日醫王院へ節振舞御出之筈、
一、本庄日向守(宗彌)殿・同兵庫頭殿御出被成、蕎麥切・小付御相伴、御盃事有、
一、智積院使僧石津寺入來、一位樣御祈禱之御札等持參、蕎麥切出之候、於小書院御逢被成、
一、神奈川(武藏橘樹郡)金藏院使僧來、年始之祝義、初瀬ゟ被申越銀子壹包・書狀、普門院方へ相添被差越、
一、湯淺三河守殿へ之御返書、安田道乙老迄遣、
一、眞田伊豆守殿、使者ニ而目錄來候、御返礼、
御返書壹通
一、戸澤上總介殿へ、御返書遣、
御賴之御祈禱開結之案內申遣、
一、(元云)金地院へ、御返書遣、

徳川綱教祈禱料を遣す

*福壽院弟子眞淳

柳澤吉保松平輝貞へ大般若經轉讀の札を遣す

*津山平右衛門御祈禱料を持參す

*快意三の丸へ登城す

*綱吉へ御札を獻上す

*御臺所於傳之方へ御札を獻上す

*快意桂昌院へ諸僧諸寺の獻上物を遣す

一、松平讃岐守殿へ、（マヽ）

一、紀伊中納言様ゟ御使者ニ而、

白銀貳十枚、先日御頼之爲御祈禱〔料脱カ〕參候、

廿二日、晴、

一、松平美濃守殿、

一、松平右京太夫殿、

右御兩所へ、大般若御札、

一、酒井雅樂頭殿、昨日御使者ニ而、御祈禱料來候

御返礼、

一、本庄日向守殿、

一、同兵庫頭殿、

昨日、此元へ御出被成候御返礼、

一、紀伊中納言様へ、昨日之御請之使僧遣、

一、秋元但馬守殿へ、

昨日御使者ニ而、御所更之爲御祝義、金五百

疋・昆布一箱參候、右之御返礼、

一、五之丸様ゟ御目録箱來、

御つゝら（葛籠）壹ツ來、

一、向加右衛門殿（堀田正虎家老）入來、溫〔饂〕飩出之候、

其後御逢被成、

一、福壽院（護持院寺中）弟子眞淳入來、下向已後初而來、剃刀持

參、御出かけニ御逢被成、

一、津山平右衛門殿入來、例年之通御祈禱料持參、

蕎麥切出之候、御留主、

一、四ツ時ゟ、三之丸へ御上リ被成候、

一、御本丸へ、御札遣、

一、御臺様・五之丸様へ、同斷、

一、位様江、

せんし（煎）茶壹箱、　海說房（尚彥）ゟ、

御水引　壹箱、　長春房ゟ、

せんし茶壹箱、　室生寺（大和宇陀郡室生村、澄岸）ゟ、

御札　壹通、　同所ゟ、

御札　壹通、　京愛染寺ゟ、

右之通被差上候、

一、おせんとの(三の丸女中衆)へ、紅ちりめん(縮緬)壹卷、
右、長春房ゟ、
一、木村宗竹、
一、高橋永伯、
右、御兩所金貳百疋ツヽ年始ニ被遣、
廿三日、□、
一、室賀甚四郎(正勝)殿、昨日御出之御返礼申遣、
一、藤堂備前守殿、同斷、
一、加藤越中守殿、昨日使者ニ而御祈禱料來ル御返礼、
一、松平奥陸(陸奥)守殿(伊達吉村)、昨日使者ニ而年礼被仰越候御返礼、
一、灵巖寺(江戸)、昨日御入來之返礼、
一、水野隼人正殿、御返書爲持遣、歩行使、
一、松平大和守殿(基知)、同斷、
一、松平美濃守殿、
一、稲垣對馬守殿、
右御兩所へ、近ヽ當院御修覆被爲仰付被下候樣
ニ与、御願のため御出被成候、

木村宗竹高橋永伯へ年始を遣す
*中島金剛院來寺
*鍋島綱茂快意へ御養君の祝儀を遣す
靈巖寺
*鎌倉等覺院繼目の祝儀に來寺
柳澤吉保稲垣重富へ近々の堂宇修覆を願ふ

一、河邊四郎左衞門殿六十之賀之祝義有之由ニ而、
御□□(立寄カ)被成候、初夜過御歸寺、
一、中嶋金剛院(武藏埼玉郡末田村、澄意)御出、
廿四日、晴、
一、終日御在院、少ヽ御頭痛之由、
一、本多隱岐守殿、
一、本多修理殿(忠能)、
昨日御出之御返礼申遣、
一、松平信濃守殿(鍋島綱茂)、使者ニ而、□□□養君樣御祝義
被仰越候、右之□□□礼、
一、等覺院(鎌倉、鶴岡八幡宮寺供僧)繼目之祝義御暇乞旁入來、來ル廿八日入
院仕候由、
金子　三百疋、
扇子三本入、　持參、
一、龍泉寺入來、右千手院と同道、右兩人齋食被仰
付振舞之候、
一、稲垣對馬守殿ゟ御手紙ニ而、昨日ハ御出、御書

＊桂昌院御札獻上の高野山諸院等へ初穂を下す

付御持參、致承知候旨被仰越、其節御登城不被
得御意候段被仰越、

桂昌院室生寺愛染寺へ初穂を下す

一、三御丸ゟ御ふミ(文)ニ而、
室生寺・愛染寺へ之御初尾來候、

增上寺へ御成

一、今日ハ、增上寺へ御成、

廿五日、　晴、

護持院へ御成

一、護持院へ御成、五ツ時半過ニ御出、

桂昌院へ高野山等諸寺獻上の御札を遣す

一、一位樣へ御ふミニ而、
一位樣　御札二通　(紀伊、高野山、唯心)寶性院・無量壽院・慈眼院(紀伊、高野山、寛傳)ゟ、
公方樣　御札一通　(河內古市郡通法寺村、賴雅)通法寺ゟ、
御札一箱・茶わん一箱・こんふ一箱　(醍醐寺、寬順)報恩院殿ゟ、

＊桂昌院庚申待につき干菓子切强飯を下す

外
箱壹ツ　(三の丸女中衆)福井殿・おりう殿へ、同所ゟ、
御祓三通　神樂大膳・大黑刑ア・八羽內匠　三所ゟ、
右之通、今日被差上候、

＊南禪寺光西堂御養君祝儀に出府

一、一位樣ゟ、
白銀　□枚、　通法寺へ、
同斷、　寶性院、
同斷、　無量壽院、
同斷、　慈眼院、
金子三千疋、　神樂大せん(膳)、
御ふミ壹通、　但內ニ金子入、　報恩院殿へ、　御返書
一、御重之內、但シ外家臺共ためぬり(溜塗)、
內ニ　二重ハ御紋卷繪大重、
干菓子一重、切强飯一重、
三重ハ黑ぬり溫(饂)飩入、
右者、庚申待ニ付被下之候、
右之通、諸方御初尾等一所ニ御ふミニ而參候、
初尾入來候御目錄箱御重箱共ニ、御使人へかへ
し□□□渡候、
一、松田志广□□□使僧、
昨日使者ニ而、年始御祝義貳百疋來候返礼、
一、金地院へ使僧遣、光西堂京都ゟ御養君樣御祝義

*護持院隆光進休庵英岳快意江戸四箇寺ら御能を拝見す

之使僧ニ被罷下候、爰元へも口上有、先日此元
へ被參候、依之、今日松平信濃守殿へも次手ニ
申遣候、昨日ハ信濃殿へ使僧不參候、

庚申待

一、今晩庚申待、於方丈御興行、
一、藥王寺へ、御室(仁和寺)ゟ之御書・墨一箱、相届、

廿六日、　晴、

一、日比七郎右衞門殿、
一、竹田法印(定快、奥醫師)、
右兩所、□日此元へ御出、御持參旁之御返礼、
一、本庄安藝守殿□、御室ゟ之御奉書爲持遣、

三の丸へ御成桂昌院に御膳を振舞ひ御能興行す

一、公方様ゟ一位様江、御膳被爲進候□付三御丸へ
御成、御能興行、

御番組

上様　高砂　田村　豐前殿(黒田直邦、小姓)
上様　東北　蘿生門　河内守
上様　養老　御祝言

*西大寺金剛院初めて御能を拝見す

*綱吉桂昌院へ庚申待御札を獻上す

一、護持院大僧正(隆光)、　進休庵、　觀榮、
(同寺中五人・昌春房(主眞)、　音淳、
今一人、
四ケ寺衆(江戸四箇寺)
一、護國寺僧正(快意)、同寺中五人、
昌春・太俊、右何茂御能拝見被仰付候、
一、公方様ゟ、縮緬十巻、　當僧正(快意)御拝領、
一、一位様ゟ、紗綾五巻、
一、大僧正(護持院隆光)・進休庵、各〻ニ御拝領有、
一、四ケ寺方、各〻ニ拝領有之候、
一、護持院寺中五人、當寺中四人ハ、一位様ゟ紗綾
二巻ツヽ拝領仕候、
蓮花院・昌春・昌俊(泰春カ)・太俊・進休庵ノ三人ハ、壹巻
ツヽ拝領仕候、
一、西大寺金剛院、今日初而拝見被仰付候、
紗綾二巻被致拝領候、
一、御本丸・三御丸へ、庚申待御札上、
一、菩提院殿(仁和寺、頼遍)ゟ之御書、木下伊豆守殿へ普門院三御

*護持院進休庵靈雲寺へ仁和寺門跡より居けらる書狀進物を遣す

護國寺堂宇修覆検分に石川乘繁伊東重元來寺

桂昌院へ小池坊智積院等諸寺獻上の御祈禱札を遣す

*足利玉性院來寺

*須知孫介來寺

本多忠周竹田寶林院庄田安利筧爲勝へ恒例の御札を遣す

丸へ持參申相渡候、

一、今日、御修覆爲御見分、石川源兵衛殿(乘繁、小普請方)・伊東新〔藤〕(重元、小普請方)右衛門殿、右御兩人、村松淡路(大工)被召連御出、

廿七日、晴、

一、一位樣へ、

御札二通　小池坊(長谷寺、亮貞)、

御札一箱
巻數二箱　智積院(專戒)、

御札一箱
こんふ一箱
かや一箱　釋迦院(醍醐寺、有雅)、

御巻數一箱
こんふ一箱　仁和寺、

水引一箱
御ふミ一通　水本僧正(醍醐寺、寛順)、

筆二箱福井とのおりう殿へ、しやか院(釋迦)ゟ、

右之通、三御丸へ今朝被差上、

一、本多淡路守殿へ、恒例御札被遣、

一、竹田寶林院(奥醫師竹田定快母)へ、同斷、

一、庄田下總守殿へ、同斷、

一、筧介兵衛殿へ、同斷、

一、護持院へ、

御室ゟ之（御書
扇子一箱
墨　一箱

墨二箱
御書　日(日輪院、護持院役者)・月輪院(護持院役者、隆元)へ、

御書
墨一箱　進休庵へ、

同斷、　靈雲寺へ、

右之通、今日相居候、

一、足利(下野足利郡)玉性院入來、初而御逢被成候、

一、須知孫介殿入來、於小書院ニ而(マヽ)御逢被成、

一、三宅備前守殿へ、歡喜院被遣候、

御口上

愚院儀、月次之御礼西ノ丸へも相務申筈ニ被
仰付候へ共、御礼日ニハ、公方樣、一位樣へ
被爲成候ニ付、拙僧義も三御丸へ相詰申候、
依之、西ノ御丸へ罷上候而ハ、間ニ逢〔合〕不申候
故、去ル十五日松平美濃守殿へ、此段御斷申
上、西ノ御丸へ出仕不仕候、其許樣(三宅康雄)ニも左樣

*加藤明英へ月次御札を遣す

快意日光門主へ年禮に参る

*家宣へ御當卦御札を獻上す

庄田安利へ御札を遣す

*快意月次御禮を勤む

*三の丸へ御成

護國寺月次の御禮あり

*守能吉兵衞來寺

綱吉へ例月の御札を獻上す

*快意英岳隆光尊祐江戸四箇寺らを振舞ふ

桂昌院へ例月の御札を獻上す

ニ思召可被下候、
右之通被仰遣候事、
一、長谷西藏院(大和、長谷寺)入來、御逢被成候、昨日俊榮見舞候
節、小池坊ゟ之御祈禱御札被差越候、依之、今
日右之爲斷被參候、
一、上野御門主(公辨法親王)へ年始御礼ニ御出、乍次手進休庵へ
御約束ニ而、夕料理御振舞有之候、
一、庄田下總守殿へ、御札守遣、
　廿八日、　晴、
一、月次之御礼申上候、
一、御本丸へ、
　例月之御札上、
一、(マヽ)(常磐井、水無瀨氏信女)右衞門佐殿へ御ふミニ而、
　御室(仁和寺)民ア卿ゟ之届物遣、
一、三御丸へ、御札上ル、
一、戸田淡路守殿、
一、松平豐前守殿、

右御兩所へ、御賴之御祈禱之結願成就仕候段申
遣、
一、森川新兵衞殿(好生、三の丸賄頭)へ、昨日御出御持參之御礼申遣、
一、加藤越中守殿へ、月次之御札等被遣、
一、相良志广守殿(賴福)へ、昨日御出之御返礼申遣、
一、中納言樣へ、
　御當卦御札上、
一、御登城、
一、御成有、
一、守能吉兵衞殿御入來、茶之間ニ而、藥王寺相伴
ニ而、溫(饂)飩・吸物・御酒□□、
　廿九日、　晴、　御在寺、
一、御兼約ニ而、進休庵(英岳)・
　大僧正・大護院・四ケ寺・東圓寺(江戸、市ケ谷)西・金剛院・
　嶋金剛院(澄意)・妙見寺(下總、千葉)・東泉院(駿河富士郡六所淺間別當)(精海)・永恕(龍壽)・寶仙寺・久
　野左兵衞・水上源左衞門・壽命院(護持院寺中)・大聖院(同上)・
　福壽院(護持院寺中)・貫榮房・昌春・溫淳・松彥大夫(松平政直)・石智積

*桂昌院智積院釋迦院らに初穂を下す
快意廣隆寺本尊を拜す
眞福寺運壽觀音堂本尊を拜す
*牧野康重邸より出火
戸塚觀音寺
南藏院
快意愛宕圓福寺同眞福寺へ桂昌院より下さる初穂を遣す
酒井忠種來寺
松平勝以六郷政晴來寺
*快意新長谷寺住持へ病氣見舞ひを遣す

津《院》寺、
右、何も書院ニ而料理、
一、眞珠院（京都、廣隆寺）兼〻願ニ而、佛拜見之事、
一、眞福寺（運壽）御願ニ而、本堂本尊拜見之事、
一、須知孫左衛門（藤堂高睦家臣）殿入來、上ノ茶之間ニ而馳走申候
事、御逢被成、
一、戸塚觀音寺（武藏豐島郡）來、御目ニ懸候、
一位樣ゟ之御初尾銀二枚相渡候、
南藏院へも、銀二枚觀音寺へ賴遣、
一、大護院（尊祐）へ、御所（御室）ゟ之御書御音物遣、
一、圓福寺（覺眼）へ、同斷、
外ニ、一位樣御初尾銀相渡、
一、眞福寺へ、右之通、同斷、
一、酒井隼人正殿御出、御通被成、御逢被成、早〻
御歸、
一、松平豐前殿御出、御逢被成、
一、六郷伊賀守（政晴）殿御出、同斷、

一、今晩、後段蕎麦切・索麺・小付食、
一、一位樣ゟ御ふミニ而、御初尾來、
智積院、
釋迦院、
新長谷寺、
廿九日、
一、夜八ツ時、牧野周防守殿ゟ出火、少〻燒失、
一、御在寺、
一、戸田淡路守殿、
一、松平豐前守殿、
一、酒井隼人正殿、
右、昨日御出之御礼申遣、
一、佐野豐前殿へ、御出之御礼、且又御持參御礼申
遣、
一、六郷伊賀殿へ、御出之御礼申遣、且又四月八日
御出待入候旨も申遣、
一、凌雲院（寛永寺、義天）へ、昨日御出之御礼申遣、
一、新長谷寺へ、病氣見舞、

松茸一桶被遣、

桂昌院年始の初穂を下す

一、一位様ゟ當年始而御初尾被下候、

銀三枚爲持遣、

〔二　月〕

二月朔日、　晴、風吹、

快意寺中ら御能初に登城す

一、今日御能初ニ而登城被成候、兩役者(普門院、榮傳・歡喜院)茂罷上り候、

一、御能無御座、御仕舞五番有之候事、

一、例之通縮紬七卷御拝領、兩役者へ羽二重貳疋ツヽ被下置之候、

一、堀田伊豆守(正虎)殿へ、昨日御出返礼申遣候事、

二日、　晴、風吹、

*柳澤吉保自邸への御成に詰むやう快意に書状を遣す三の丸へ御成につき快意登城す

一、公方様(徳川綱吉)、三之丸へ被爲成候ニ付登城、

一、戸田中務大輔(氏興、奥高家)殿へ、昨日御出返礼申遣候、

南都豊丸

一、南都豊丸殿へ返書、西大寺(大和)金剛院へ頼、

一、方々江返書爲持遣候事、

一、招提寺(大和)江之返書、幷濃芻立政寺・河邊三郎左衛門江返書、月輪院(護持院役者、隆元)へ頼遣候、

一、西大寺(奈良)衆へ返書、金剛院へ遣候事、

一、興福寺(奈良)金勝院へ返書、新橋三丁目一口出雲(大谷、棟梁)方へ賴遣候事、

一、勸修寺御門主様(尊孝)へ御請、大德院(江戸)内春如院方へ遣申候、

一、山内五郎大夫殿へ返書、須知孫左衛門殿へ遣候、

一、江芻北野寺(彦根)へ一箱、掃部頭殿(井伊直通)役所へ遣候、

一、善峯(京都、善峯寺)へ返書、本庄安藝守(資俊)殿御内高槻半右衛門方へ遣候事、

一、松平美濃守(柳澤吉保、側用人)殿ゟ封狀來ル、

來ル五日、拙宅へ被爲成候間、例之通、勝手迄御出可有之候、爲其如此候、以上、

二月二日　松平美濃守

護國寺(快意)

右御返事相認、使僧ヲ以夕方遣候事、

一、内藤式部少輔(正友、大坂定番)殿幷遠山小右衛門(内藤正友家老)殿へ返書、梶田

*初午につき桂昌院へ供物食籠を獻上す
*本庄資俊へ初午の供物を遣す
壬生興生寺
*快意桂昌院の御機嫌窺ひに登城す
巳待
綱吉家宣へ三日月待の御札備折を獻上す
桂昌院へ三日月待の御札洗米及び巳待の供物を獻上す
*快意竹田定快母八十の賀に詠歌を遣す
柳澤吉保邸へ御成快意詰む

六左衛門殿へ頼遣候事、
一、織田山城守(信休)殿へ、御返書爲持遣候事、
一、夜ニ入、御歸寺之事、
三日、　晴天、終日靜、
一、小松院方へ御返書、今日瑞信院(大和、吉野山)へ遣候、若王子へ御返書、竹林院(大和、吉野山)へ相達給候樣頼遣候事、
一、松平美濃守殿へ、明後日御成之御悅御越被成候事、
一、壬生興生寺(下野都賀郡)入來、
一、方丈ニて、巳待有之候事、
四日、　曇天、
一、兩上樣(綱吉・家宣)江三日月待御備折・御札上ル、
一、一位樣(桂昌院)江同御札・御洗米上ル、幷巳待御供物御食籠一荷上ル、
一、本庄安藝守(資俊)殿へ、例之通ほかひ(行器)一荷被遣候事、
五日、　晴天、
一、松平美濃守殿へ被爲成候ニ付、如例御越被遊候事、
一、今日、稲荷初午ニ付、如例一位樣へ御供幷食籠御上ケ被成候、右御文御上ケ被成候ニ付、榮隆院(堀田正俊室、稲葉正則女)殿ゟ御到來ノたんほ(蒲公英)一籠御上ケ、
一、本庄安藝守殿へ、如例祭礼ほかひ御上ケ被成候事、
一、六ツ過、御歸寺被成候事、
六日、　曇天、
一、一位樣へ窺御機嫌ニ御上り、
一、松平信濃守(鍋島綱茂)殿・有馬中務大輔(頼元)殿・久留嶋帯刀(通政)殿・戸澤上總介(正誠)殿へ、御返書遣候事、
一、瑞聖寺(武蔵、目黒)へ、先日入來之返礼申遣候事、
一、竹田法印(定快、奥醫師)御袋寶林院(竹田定快母)殿八十賀ニ付、法印御願ニて、僧正(快意)ゟ御詠歌被遣候、
一、竹田法印へ、紗綾貳卷、
一、法林院(マヽ)殿へ、眞綿三把、
右之通、御祝義被遣候事、

*攝津寶積院出開帳願ひに出府
最上寶幢寺
小千谷五智院
*綱吉家宣へ大般若經轉讀の御札を獻上す
*三の丸へ御成につき快意登城す
*護國寺堂宇の修覆始まり棟梁大谷甲斐同出雲來寺
本庄資俊來寺
*護持院内大聖院快意を振舞ふ
愛宕眞福寺快意を振舞ふ

一、御修復之事ニ付、御書付ニ而、稲垣對馬守(重冨、若年寄)殿へ御越被成御願候事、

七日、　晴天、終日靜、

一、眞福寺(江戸、愛宕)御内知春《シン》房入來ニ而、金子貳百疋被下候、
一、出羽㝡上(最上郡山形、隆辯)寶幢寺入來、御逢被成候事、
一、越後小千谷五智院入來、同斷、
一、稲荷愛染寺(京都)へ返書、壽圭院(江戸、愛宕)へ相達候様ニと、知春房へ賴遣候事、
一、清水寺寶性院(京都)へ返書、圓福寺(江戸、愛宕)へ相達候様賴遣候事、
一、淺野土佐守(長澄)殿へ、返書爲持遣候事、
一、本庄安藝守殿御出、御吸物・御藥菓子・濃茶出ル、

八日、　晴、風吹、

一、本庄安藝守殿へ、昨日御出之返礼申遣候事、
一、眞福寺へ御兼約ニ付、御振舞ニ御越被成候事、
一、醍醐兩院(釋迦院・報恩院)へ之御返書、右御使僧寶幢へ爲持遣候

事、
一、清水執行(京都、清水寺)寶性院へ御返書、愛宕(江戸)壽圭院へ賴遣候事、

九日、　晴、風吹、午ゟ止、

一、攝刕寶積院(久安寺)、開帳願ニ付參府、
一、兩上様へ、大般若御札守・御備折上ル、
一、公方様、三之丸へ被爲成候ニ付、今日一位様へ御上り、夜ニ入御歸寺之事、

十日、　晴、辰刻風吹、晩來止、

一、今日ゟ御修復取付候由ニ而、人足等罷越候事、
一、大谷甲斐・同出雲見分ニ參候事、
右者棟梁、
一、護持院御内大聖院へ御振廻(舞)ニ御越候、右御序ニ壽命院(護持院寺中)へ入院之御祝義ニ、眞綿貳把被遣候事、
一、岡村卓如老へ之返書、道仙老(岡村)へ遣候事、
一、南都圓成院(藥師寺)幷藥師寺惣中江之返書、西大寺金剛院へ賴遣候事、

*松平義昌老母病氣見舞ひの爲尾張に下向す

*石川一致護國寺普請につき來寺

快意三の丸へ登城す

末寺淺草觀藏院直弟善教

*覺鑁講法事

覺王院最純快意を振舞ふ

*快意三の丸へ登城す

*本庄資俊へ同宗彌結納の日取を遣す

快意新長谷寺住持へ病氣見舞ひを遣す

*境内稲荷社散錢箱の鑰御簞笥町月行事所持の所快意謂れなきとし寺に納めさす

一、靈源院へ御返書、金地院札〔禮カ〕西堂へ遣候事、

一、内藤式ア少輔殿へ御返書、梶田六左衞門殿へ遣候事、

一、三之丸おさちとの𛀙、今日御上り被成候樣ニと御文來ルニ付、大聖院（護持院寺中）へ爲持遣候事、

一、大聖院𛀙直ニ御上り被成候事、

一、淺艸（新寺町）觀藏院直弟善教、始而御目見被仰付候事、

十一日、晴、

一、淺草覺王院（最純）へ御兼約ニ而御出、乍次六鄕伊賀守（政晴）殿へ御立寄之筈、

美濃紙　三束、

糸　壹包、

右、覺王院へ御持參、

一、内藤式ア殿へ御返書遣、

一、新長谷寺（江戸、關口）へ病氣見舞、手紙ニ而申入候所、段々快然之由圓深申越、

一、松平右近將監（義方）殿へ、使僧進之候、

出雲守（松平義昌）樣昨夜尾州へ俄ニ御發足ニ付、右者御老母樣御病氣故、公儀へ御願ニ而御見舞被成候、

一、石川傳太郎（一致、小普請方）殿、今度當院御普請ニ御懸り、依之、今日初而御出、源兵衞（石川乘繁、小普請方）殿も後刻御出、一所ニ蕎麥切出之候、御留主之内、

十二日、晴、風、

一、朝飯過、大師（興教大師、覺鑁）法事、

一、新長谷寺見舞狀遣、

一、三御丸へ御上り被成候、

一、本庄安藝守殿御内鞍岡三郎右衞門へ御手紙ニ仕、日向守（本庄宗彌）殿御結納之日取之義申遣、

初四月廿六日吉日、此通申遣、

一、安藤長門守（信友、護國寺火番）殿へ、昨日之御返礼使僧、使者ニ而御見舞之ため西條柹壹箱來候、

一、當境内稲荷社散錢箱之鑰、先住（賢廣）御代𛀙御簞笥町月行事廻リ持ニいたし來候處、其謂レ無之儀故、此方へかき（鑰）受取可申旨、僧正（快意）𛀙被仰付候ニ付、

此度右之段相斷、鑰請取候事、

十三日、　晴、風無、

一、終日御在宿、

一、蓮花院(護國寺寺中、覺祐)へ御節振舞御出被成候、根生院(湯島、榮專)・金剛院(武藏埼玉郡末田村)(澄意)・圓通寺・榮恕、御相伴ニ御出候、

一、本多彈正少弼(忠晴、寺社奉行)殿へ、歡喜院(護國寺役者)被參候、外へ被相勤候次手也、右者寶積院此度當境內ニ而開帳相願候ニ付、舊冬一位樣へ御窺相濟候、依之、表向寺社御奉行所へ、場所御赦免之御斷被申上候、

一、佐野信濃守(直行、西の丸留守居)殿御出、蓮花院へ御出也、御留主ニ而、蕎麥切出之候、

一、寶積院先日下着、今日初而被懸御目候、

十四日、　晴、　終日御在寺、

一、松平右京太夫(輝貞、側用人)殿、

一、本多彈正少弼殿、

右御兩所へ、明日寺役ニ付登城不仕候旨、以使

*高野山天德院來寺
快意寺中蓮花院の節振舞ひに出ず
攝津寶積院護國寺にて出開帳の件舊冬桂昌院の許諾を得この日寺社奉行へ届出ず
佐野直行來寺
*桂昌院へ餅草菜を獻上す
*涅槃講あり末寺ら出仕す
快意側用人寺社奉行へ明日は寺役につき月次御禮に登城なき旨を報ず

僧被仰遣候、

一、佐野信濃守殿へ、昨日之御礼被仰遣、

一、高野天德院(紀伊、本庄家位牌所)、一昨日下着、今日入來、御逢被成候、弟子衆・家老中・近習中へも土產持參、

一、鳳閣寺(江戶)へ使僧遣、

右者、一昨日三(寶院)御門主ゟ之使僧として來候、吉野山(大和)櫻本後住之兒見立候由、留主居共方ゟ門主へ願來候由御斷被仰越候、今日此方ゟ鳳閣寺迄承合候方有之候間、押而此方ゟ御返答可申進と計被仰遣候、

十五日、　晴、

一位樣へ、もち草菜一折、御ふミ(文)ニ而上ル、

一、今朝者、例年御礼不相務候、

一、末寺中不殘出使(仕)、

朝ハ粥、晝ハ一汁五菜、

光德院(江戶、市ケ谷)・多門院(聞)(四ツ谷角筈新田)・明王院(芝三田中寺町)・蜜(密)藏院(武藏荏原郡上北澤村)・庄(莊)嚴寺(同豐島郡幡ケ谷村)、

右六ケ所へ、一位樣ゟ之御初尾銀二枚ツヽ相渡

三の丸へ御成につき快意登城す
綱吉家宣へ御札守を獻上す
快意寺中へ金入の七條袈裟を下すに裏地修多羅は桂昌院より拜領す
*愛宕眞福寺快意を振舞ふ
快意觀音堂の後ろ左右に櫻木を植樹さす
*護國寺東照宮法樂
*五智院暇乞い
桂昌院へ日待の御札備折を獻上す
*攝津池田壽命寺本尊藥師出開帳につき快意の參詣と桂昌院の拜覽を願ふ

候、
一、御成觸、九ツ前ゟ御上り被成候、
一、公方様、
一、中納言様(徳川家宣)へ、
右御兩所様へ、御札守・御備折上り候、
一、七條袈裟壹通ツヽ、亮尚院(護國寺寺中)・普門院(護國寺役者)・蓮花院(護國寺寺中)・醫王院(護國寺寺中)、
右四所へ今朝被下候、右之けさうら(袈裟裏)□、しゆた(修多羅)
ら(羅)ハ一位様ゟ被下、金入、表ハ僧正(快意)ゟ被下候、
一、櫻五拾本、觀音堂後左右、石段之西、
右之所〻へ爲植候、僧正ゟ被仰付候、
右、巣鴨(武藏豊島郡)伊右衞門(中田)へ賴遣、五十本ニ付金子貳兩
貳歩六百文、但駄賃共、寶藏金之内ニ而相調、則伊
右衞門爲持來被植候、
十六日、晴、
一位様へ、御日待之御札・備折、御ふミニ而上ル、
一、無量壽院(紀伊、高野山、堯實)へ使僧、昨日使僧ニ而、麸一桶參候御
返礼、

一、寶性院(紀伊、高野山、唯心)・無量壽院・慈眼院(同上、寛傳)、
右三所へ、一位様ゟ之御初尾三枚ツヽ、無量壽
院迄もたせ届、
一、天德院口上、一昨日ハ久〻ニ而被得御意候、來ル
廿日ニ一位様へ御上り候様、昨日申上置候間、
左様ニ御心得候様ニと申遣候、
一、眞福寺(江戸、愛宕)へ、御兼約ニ而御出被成候、
一、相良志广(摩)守殿(賴福)へ、乍次手御務被成候、
一、本多彈正殿(忠晴、寺社奉行)ゟ御手紙來、
十七日、風、晴、
一、終日御在寺、
一、權現堂(東照大權現)法事相濟、
一、越後五智院(魚沼郡小長谷村)御暇乞、はふたへ(羽二重)壹疋被下之候、朝
飯振舞之候、
一、攝州池田壽命寺入來、貳百疋持參、來三月十二
日ゟ廻向院(江戸)ニ而、藥師開帳仕候之内、御參詣奉
願候、且又一位様へ御拜覽奉願候由申來候、初

堀田榮隆院觀音に參詣す
關本長宣弟子同伯說來寺
觀音堂法事
快意登城す
松伏寶珠院來寺
*西新井惣持寺來寺
桂昌院へ如意輪觀音長日祈禱の御札守備折を獻上す
*西の丸女中護國寺に音物を下す
本鄉元町邊り火災

而御逢被成候、
一、榮隆院殿御參詣、去正月御參詣延引、依之、今
日ニ罷成候、例之通御馳走有之候、
一、關本伯典(長宣、番醫師)御弟子伯說(關本)入來、料理出之、
一、本多彈正殿へ、歡喜院罷出候、
一、從護持院御手紙來、明日御登城候樣ニと申來候、
　十八日、　天氣好、　早朝、觀音堂法事有、
一、御本丸へ四時ゟ御上り被成候、夜之五ツ半ニ御
歸寺、
一、今朝、松伏寶珠院(武藏葛飾郡)入來、御逢被成候、百疋持參
有、さらし(晒)半疋被遣之候、
一、須藤源藏爲御使者入來、御直答、
一、三御丸へ、如意輪尊長日御札守・備折上カル、
　十九日、　晴、　風、
一、朝之七ツ半時ゟ、本鄉元町邊火事、
一、初瀨(大和、長谷寺)西藏院御暇乞旁入來、御逢被成、
一、銀子五枚、　內 二枚ハ去冬之御初尾、三枚ハ當正月御初尾、
一、黃金壹枚、書狀壹通、
右、小池坊(大和、長谷寺)へ被遣候、晚來使僧を以、西藏院へ
爲持被遣候、
一、羽二重貳疋、
右者、西藏院へ爲御餞別被遣候、
一、御本丸ゟ御拜領物來、御小人目付來、
　羽二重拾五疋、　桑染　五疋、あさき五疋、茶染　五疋、
右者、昨日御能拜見之節、拜領被成候、
一、西新井(武藏足立郡、榮慶)惣持寺入來、そはこ(蕎麥粉)三袋持參、御出かけ御
逢被成候、索麵出之候、
一、羽二重壹疋、白、
右、惣持寺へ被遣之、
一、西之丸　梅小路殿　御つほね殿　ゟ　金貳百疋（こんふ壹箱　枝柹壹箱）來、
右者、山內惣右衞門と申仁ゟ、口上書付ニ而參
候、御手紙ニいたし、愚寺方へと候而、御兩所

淺井休悅老
*御臺所於傳之方へ御札を獻上す
*御簾中へ愛染法長日祈禱の御札を獻上す
本所彌勒寺快意を振舞ふ
*三の丸へ御成　快意登城す
桂昌院へ餅草を獻上す
御簾中音物を下す
*快意寺中長屋衆寺中の所化らへ節の振舞
麻布四ツ谷谷町より出火
*中島金剛院末寺觀照院
綱吉家宣へ月次の御札を獻上す
*鎌倉等覺院入院祝儀に來寺

ゟ被遣忝存候、冝御礼被仰達給候ニと申遣候、
一、淺井休澤(悦)老へ、使僧を以申入候、
右者、顯空痛氣ニ付、見せ申度由申遣、
一、小河与兵衞へ之御返書、筧介兵衞殿(爲勝、書院番)へ賴遣、

廿日、　小雨風、晩來晴、

一、(本所、隆慶)彌勒寺へ御振舞ニ御出、
一、顯空、(淺井)休悅方へ遣、

廿一日、　風吹、

一、一位樣へ餅草一籠上ル、御文ニて、
一、終日御在院、
一、(紀伊)高野淸淨心院入來、始而御逢被遊候事、
一、天德院入來、御對面被遊候事、
一、西之丸御簾中樣(家宣室、近衞基熈女)ゟ御使ニ而、金五百疋・昆布一箱御拜領之事、
一、(江戸)麻布(同上)并四ツ谷谷町出火、少〻之由、

廿二日、　晴、

一、兩上樣へ月次之御札上ル、大勝金剛法長日 毘沙門供長日 御備折上ル、
一、(綱吉室、鷹司教平女)御臺樣・五之丸樣(於傳之方、綱吉側室)へ、如例御札上ル、御備折、
一、御簾中樣へ、愛染法長日御札守・御備折、
一、御簾中樣へ御文上ルニ付、一昨日(昨日)御簾中樣ゟ拜領物之御礼被仰上候事、追而書ニ小督との・おつほねへも、一昨日ハ各樣ゟも預御音物忝存候由被仰遣候事、
一、一位樣へ、公方樣被爲成候由、御案內御手帋來ル、御返事相濟候事、
一、夜ニ入、御歸寺之事、

廿三日、　晴、風吹晝過風止、夜ニ入少雨降、

一、終日御在院、
一、今日、寺中・長屋衆中・寺中所化中不殘、如例御節振舞被仰付、於本茶之間被下候事、
一、(武藏埼玉郡末田村)中嶌金剛院末寺觀照院(武藏埼玉郡)入來、帶地二筋被下候事、
一、(江戸、江戸在番)高野屋鋪修善院入來、御對面、
一、(相模、鶴岡八幡宮寺供僧)鎌倉等覺院、入院之御祝義ニ罷越候事、

河內通法寺和泉國分寺出府
*護國寺下屋敷
越谷淨光寺
*西の丸役人快意同廣敷へ出づる時は本丸通り御祈禱札獻上の使僧は中口へ出づるやう命ず
快意桂昌院御機嫌窺ひに上る
新長谷寺住持死去
快意三の丸へ登城す
幸若太夫の舞
攝津久安寺出開帳の證文を出す

廿四日、　晴天、

一、河刕通法寺(古市郡通法寺村、賴雅)、并泉刕(泉郡)國分寺到着、

一、通法寺昨日到着、依之、今日護持院へ被罷越候事、

一、越谷(武藏)淨光寺入來、ゆかた(浴衣)地一端被下候、并隱居へ帯一筋被遣候事、

一、一位樣へ、爲窺御機嫌御上り被成候、

一、新長谷寺病氣ニ付、藥師寺、宗仙院御藥用申度願被申越候ニ付、今日宗仙院へ申遣候所、御見廻(舞、下同ジ)可被下候由申來候事、

廿五日、　雨天、

一、新長谷寺病氣養生不相叶、昨夜死去之由、圓深方ゟ申來候ニ付、宗仙院御見廻御無用ニ成被下候樣ニと御手帋遣候事、

一、一位樣へ御上り、今日幸若太夫儀、於三之丸舞有之由、依之、御上り候事、

一、(攝津)久安寺寶積院開帳證文被仰付候ニ付、歡喜院同

道仕、御月番本多彈正少弼殿へ罷越、印判仕候事、

一、通法寺公用御仕廻候迄、今日ゟ下屋敷へ御引移之事、

一、西之丸御役人衆ゟ手帋來ル寫シ、

以手帋得御意候、然者西丸御廣敷へ御自分御出候儀ハ御本丸之通御構無之候、御祈禱之御札被差上候等之使僧之儀者、西丸ニ進上取次所無之候間、自今者表中口迄被差越、御目付衆ゟ申來候上請取▨筈ニ被仰渡候間、其旨可被相心得候、以上、

二月廿五日　　堀源左衞門
　　　　　　　品川勝七郎

護國寺

右□手帋之通相心得存候由、御返事申遣候事、

廿六日、　晴、晝前ゟ風吹、

一、終日御在院、

天野山金剛寺惣代御養君祝儀に出府す
高野山随心院江戸在番として下向す
長谷寺成純房
*快意智積院へ桂昌院より拝領の初穂を遣す
桂昌院へ上巳祝儀を獻上す
桂昌院へ餅草を獻上す
快意高野屋敷へ見舞ひに參る
*綱吉へ御札備折を獻上す
*桂昌院へ御札幷に南都彌勒院獻上の卷數
黒田直邦新長谷寺へ依頼の御札を獻上す

一、河内天野山(金剛寺)惣代遍照院被罷越候而、今度御養君様御祝義ニ罷下り候へ共、不案内ニて御座候間、可然差圖頼入候由申ニ付、寺社奉行所へ口上書爲相認渡し申候、
一、高野山(紀伊)随心院(嘉運)、今度在番ニ罷下り候由ニ而入來、成福院(高野山、仙融)同道、御對面、
一、初瀬(大和、長谷寺)成純房(周盛)罷下り候ニ付入來、御逢被成候事、
　　廿七日、　晴、風吹、
一、如例、上巳之御祝義枝柹上ル、
一、一位様江餅艸一籠上ル、
一、芝高野屋鋪(江戸、江戸在番)江御見舞ニ付、御音物、
一、（越前綿五屯
　　帋布　二端）　無量壽院江、
一、（晒布五疋
　　越前綿五屯）　天德院(問津)江、
一、紗綾一巻　申年在番（成福院、
一、同、　　　酉年在番　随心院、
一、同、　學侶惣代（修善院(懐英)(禪)、
一、同、　　　　　　　發光院(辨仙)、
一、同、　　　同　　　遍照光院(快融)、
右、御使僧岳禪、御先へ持參、
一、高野山慈眼院・遍明院江、紙包壹ツ宛被遣候、
天德院へ頼遣候事、
一、京智積院(專戒)江御返書壹通、幷一位様ゟ御初穂銀三枚相添、且又巧智房・六波羅(京都、六波羅蜜寺)普門院照空房へ御狀被遣候事、右者圓福寺役者衆迄、岳禪持參候而頼遣候、
　　廿八日、　晴、風吹、
一、公方様江御札・御備折上ル、
一、一位様江御札・備折上ル、幷南都彌勒院(頼孝、本庄宗資弟)ゟ御卷數幷御□萑一箱・御油烟一箱上ル、目白(江戸)新長谷寺ゟ如例黒田豐前守殿(直邦、小姓)御頼之御札守上ル、
一、初瀬(大和、長谷寺)海說房(尙彥)・長春房ゟ、一位様御女中衆へ音物來ルニ付、今日遣申候事、

本庄資俊へ日取を遣す
快意月次の御禮を勤む
湯殿山大日坊
*伊勢上人
三の丸へ御成　快意登城す
通法寺登城し御禮を勤む
桂昌院へ餅草を獻上す
大護院快意を振舞ふ

一、本庄安藝守殿へ、御日取如例遣候事、
一、月次之御登城有之、
一、湯殿山大日坊(出羽田川郡)へ紙包一、月輪院(護持院役者、隆元)江頼遣、
一、藏松院(大和、唐招提寺)江箱壹ツ、教學院・德園院江状壹通、
右者、南都彌勒院へ頼遣候事、
一、三之丸ゟ后刻、公方樣被爲成候御手帋來ル、御返事相濟候、
一、▒通院へ、昨日御使僧之返礼申遣候事、
一、河芻通法寺、今日登城御礼御務之由、
一、三之丸ゟ、夜ニ入御歸寺之事、

廿九日、晴、

一、一位樣へ、例年今日餅草爲御摘御上ケ被成候ニ付、御文ニ而三籠御上ケ被成候事、
一、淺艸大護院江御兼約ニ付、御振舞ニ御越被成候事、
一、御修覆ニ付布施長門守殿其外御役人衆御越候事
一、出羽圓滿寺(最上郡新庄)・修善院(同上)江晒壹疋ツヽ被□□、戸澤上總介殿屋鋪ゟ相▒届申候、
一、和芻榮山寺(宇智郡前山)惣中へ、壹箱御音物被遣候事、
一、伊勢上人へ、返書爲持遣候事、

(裏表紙)

六冊之內

(表紙)

二

寶永二年

快意僧正代

日記

共六

乙酉三月一日ゟ閏四月廿九日迄

(原寸、縦二四・五糎、横一七・四糎)

(表紙裏標目)

「三月五日
一、綱吉公・家宣公御轉任、

三月七日
一、御轉任之御祝儀物被仰付候事、

三月十四日
一、御昇進御祝儀惣出仕有之候得共、登城無之事、

三月十五日
一、御昇進獻上日限被仰付候事、

同月十六日
一、仁王門前錢箱捨有之事、

三月十八日
一、御昇進獻上指上候事、

三月十八日
一、公方樣始而西之丸へ被爲入候ニ付、御供被仰付候事、

三月十八日
一、於當院攝劦久安寺開帳、

三月十九日
一、御昇進之爲御祝儀、御能拜見被仰付候事、

三月廿六日
一、捨置候錢箱、寺社奉行衆へ拂錢ニ而指上候事、

四月十二日
一、明信院樣御一周忌御法事、納經御勤、

四月十八日
一、末寺境内ニ而首くゝり(縊)有之譯、

閏四月五日
一、下野國足利延壽院末寺成、

十六日
一、國分寺願事、

閏四月十六日
一、智積專戒隱居付居、(暇乞廿七日、)

閏四月廿六日
一、智積へ覺眼住持被仰付候付居、」

〔三　月〕

三月朔日、　快晴、
一、早朝、當日御礼申上候、
一、御登城、四ツ時前、
一、御出かけ小坂院・常住院初而懸御目候、三百疋
右兩人持參申候、久安寺(攝津)ヽ中共、
一、於御本丸、御能拜見、右者御臺樣(綱吉室、鷹司教平女)御馳走之由、
御能五番、
上樣(徳川綱吉)　白髮　江口
中納言樣(徳川家宣)
亂　靏龜
右之通被遊候由、
一、石川傳太郎(一致、小普請方)殿入來、御普請小屋場ノ見分、出來
合料理出之候、
一、天德院(紀伊、高野山、本庄家位牌所)(問津)入來、明後三日ニ爰許發足之由、且又昨
廿九日、三御丸へ罷上御暇拜領、其上拜領物
品々致頂戴難有仕合候由、白銀三拾枚・卷物二
ツ・かいき壹端・しんく壹把・かちくり一箱・
枝柿一箱、其外數々拜領被致之由被申、そは切
出之候、國分寺(和泉泉郡)相伴、御留主、
一、成純房(周盛)入來、今日一位樣(桂昌院)御礼ニ罷上候、料理被
下、其上金子三拾兩頂戴仕難有仕合ニ候、

二日、　曇、　御在宿、
一、三御丸ゟ節句御祝之御ひし(菱)餅、例年之通御ふミ(文)
ニ而被下候、寺中へも被下候、御ふミ箱青波若
松之繪付、御返事相濟、
一、通法寺(河内古市郡通法寺村、賴雅)・國分寺・忠八之親父御相伴ニ而、料理
被召上、

三日、　□□、
一、例年之通、御礼申上候、
一、成純房(周盛)・寶積院(攝津、久安寺)・小坂院・常住院へ御逢被成、
料理被仰付、四ツ谷東福院、同斷、
一、五ツ半前ゟ御登城、
一、松平但馬守(友親、後ニ友著)殿へ、昨日之御返礼申遣、

護國寺月次の御禮
*成純房桂昌院御禮に上る
*桂昌院節句祝に菱餅を下す
快意本丸にて御臺所御馳走の御能を拜見す
石川一致御普請小屋を檢分す
*護國寺節句の御禮
高野山天德院桂昌院より暇及び諸品拜領の御禮に來寺
*快意節句の御禮に登城す

*快意松平義行を振舞ふ

桂昌院南都彌勒院へ下す白銀護國寺に届く

*松平義行室快意に枝柿を贈る

*快意綱吉の右大臣家宣の大納言轉任の祝ひに三の丸へ上る

三の丸へ御成快意登城す

*仁和寺門跡より老中側用人始め諸役へ御養君祝儀の直書奉書届く

綱吉家宣桂昌院へ三日月待の御札守を獻上す

寺中五人桂昌院へ節句祝儀に上る

一、本多淡路守(忠周)殿へ、同斷、
　大原氏へ御口上ニ而、昨日手紙之御返答申遣、
一、三御丸ゟ白銀五枚、南都彌勒院(賴孝、本庄宗資弟)へ被遣候、御ふミニ而相居候樣ニと被仰越、受取仕、御ふミ箱かへし申候、
一、藥王寺(市ケ谷、證覺)・圓通寺入來、
一、御成、常ゟ早ク被爲成、御膳被爲召上、御仕舞御座候由、御歸寺之節被仰聞候、還御も早ク御座候由、
　四日、晴、風、
一、公方樣(德川綱吉)、
一、中納言樣、
一、一位樣、
右御三所樣へ、御日待之御札守・御備折上、但シ一位樣へハ御札守・御洗米上、
一、寺中五人例年之通、一位樣へ節句御祝義罷上り、御料理頂戴仕候、

一、松平攝津守(義行)樣へ、御兼約ニ而御振舞ニ御出被成候、通法寺ニも御出候、
一、攝津守樣(松平義行)奥方樣ゟ枝柹壹箱被遣候由ニ而、西只右衞門方ゟ兩人方(護國寺兩役者)へ手紙相添來、
　五日、晴、風、
一、三御丸へ御上り被成候、今日之御悦之ため、
一、今日、公家衆御登城、
一、公方樣、右大臣御轉任、
一、中納言樣、大納言ニ御轉任被爲成候、
一、御室御所(寬隆法親王)ゟ舊冬御養君樣(德川家宣)御城へ被爲入御祝義として、二三日以前飛脚ニ而御奉書被遣候、僧正(快意)方へ當月四日五日過候而、御參向之公家衆御着已後、差出し可申旨被仰下候、依之、今日諸□□御居申候、御祝義御延引之故ハ、京都傳奏衆ゟ被仰渡候を被爲相待候由、
土屋相摸守(政直、老中)殿　小笠原佐渡守(長重、老中)殿
稻葉丹後守(正往、老中)殿　秋元但馬守(喬知、老中)殿
本多伯耆守(正永、西の丸付老中)殿　松平美濃守(柳澤吉保、側用人)殿

松平右京太夫(輝貞、側用人)殿
右七ケ所へ者、御直書被遣候、
但、本多伯耆守殿へ者、若君様(徳川家宣)へ御披露御直書
壹通、別紙ニ被遣、
井上大和守(正岑、若年寄)殿　加藤越中守(明英、若年寄)殿
稲垣對馬守(重冨、若年寄)殿　永井伊賀守(直敬、若年寄)殿
本多彈正少弼(忠晴、寺社奉行)殿　三宅備前守(康雄、寺社奉行)殿
久世讃岐守(重之、寺社奉行)殿　畠山民ア大輔(基玄、高家肝煎)殿
大澤越中守(基躬、奥高家)殿　品川豐前守(伊氏、表高家)殿
横瀬駿河守(貞顯、奥高家)殿　織田讃岐守(信明、奥高家)殿
右之所〻へ御奉書被遣候、但織田讃岐守殿へ□
御名書違、伊勢殿といたし參候へ共、御斷被仰
出御書差遣候、
本庄安藝守(資俊)殿　木下伊豆守(信眞、三の丸用人)殿
護持院(隆光)へ二通、　進休庵(江戸、英岳)
右之所ニも、御奉書來候、
外ニ、護國寺方(快意)へも御奉書來候、

*快意本丸に御能を拝見す
*快意御臺所於傳之方御簾中八重姫へ兩上様轉任の祝儀を獻上す
*開山堂法事
*綱吉家宣轉任祝儀に三の丸へ御成
快意登城す

一、河州天野山(金剛寺)惣代遍照院旅宿迄人遣候、
御室(仁和寺)へ之御請壹通、
惣中へ、返書壹通、
遍照院方へ、さらし(晒)壹疋、
右之通爲持遣候、
六日、　夜中ゟ雨、
一、於御本丸御能拝見、依之、五ツ前ゟ御登城、
一、御臺様・五之丸様(於傳之方、綱吉側室)・御簾中様(家宣室、近衛基熙女)・八重様(徳川吉孚室、綱吉養女)、右四所
様へ、兩上様御昇進御祝義御ふミ被遣候、
一、御能三番之內、兩上様被遊候由、
七日、　雨天、
一、開山堂法事相濟、
一、公方様・大納言様(徳川家宣)、三御丸へ御成、
右者、一昨日御轉任被爲成候ニ付、爲御祝義被
爲成候、御仕舞御興行御座候由、
一、右之御様子ニ付、五ツ時ゟ三御丸へ御上り被成
候、

小普請奉行加藤景利來寺

*快意公家衆馳走の御能拜見に登城す

*綱吉家宣へ大般若經轉讀の御札を獻上す

*快意隆光同道にて西の丸へ家宣轉任の祝儀に登城す

寺社奉行快意に兩上樣轉任祝儀の獻上物を申渡すも女中への獻上は無用とさる

*役者隆光より色衣二色の著用を許可さる

例月の大般若經轉讀

*青蓮院圓滿院門主の使者年頭御禮に來寺

一、小普請奉行加藤源四郎殿(景利)御出、
右者、石川傳太郎殿先日爰許御奉行ニ被付候處、
西之丸御急用之事御座候而、傳太郎殿(石川一致、小普請方)被參候ニ
付、源四郎殿(加藤景利)爰許へ被仰付候由、今日初而御入
來、

一、暮過ニ御歸寺、

一、及暮、久世讃岐守殿(重之、寺社奉行)ゟ御手紙來、歡喜院(護國寺役者)入夜被
罷出候處、今度兩上樣御轉任御祝義昆布壹箱
ツヽ差上可申旨被仰渡候、獻上日限者來ル十五
日ニ窺候樣ニと被仰渡候、
御女中樣方へ者、獻上之義無用と被仰渡候、

八日、雨天、

一、御在宿、例月之通大般若轉讀、

一、中嶋金剛院(武藏埼玉郡末田村、澄意)ゟ蕎麥粉一兩日已前ニ被差越候、今
日、長屋衆中へ料理被仰付候、御相伴ニ而上り候、

九日、晴、

一、公家衆御馳走之御能、表御舞臺ニ而被仰付候、
能五番有之候由、
今春太夫(金)・寶生太夫・七太夫仕候由、

一、能見物被仰付候ニ付、朝五ツ半時登城、

一、兩上樣(德川綱吉・德川家宣)へ大般若御札守・備折上ル、

十日、晴、

一、西之丸へ爲御祝儀御上り被成候、
右者、護持院ゟ御手紙ニ而、御同道ニ而御上り可
被成由被仰越候、

一、月輪院(護持院役者、隆元)へ御兼約ニ而、今日御會合、

一、普門院(護國寺役者、榮傳)・歡喜院(護國寺役者)色衣之儀、大僧正(護持院隆光)ゟ二色御免可
被成旨被仰候ニ付、彌奉願候所、無相違可爲着
用旨、淺黄色・香色二色之御免狀今日頂戴、

十一日、曇天、

一、青蓮院御門主(尊祐)・圓滿院御門主(三宮有定)ゟ、年頭之御使者
參候ニ付、爲御返礼此方ゟ茂金子貳百疋ツヽ被
差上候、

一、伊東駿河守殿(祐崇)御參府之御案內有之、依之、右之

*攝津久安寺坊中ら入來

*小普請奉行普請場を檢分す

地震

出開帳の攝津久安寺本尊護國寺に著く

快意三の丸へ登城す

*寺社奉行快意に轉任祝儀の惣出仕に登城に及ばざる旨を傳ふ

桂昌院仁和寺門跡へ年頭祝儀を下すに快意の書狀を以て遣すやう命ず

快意桂昌院へ餅草を獻上す

御悦被仰遣候事、
御同苗大和守(祐實)殿江茂、右之御悦被仰入候、
一、終日御在院、
十二日、　晴、
一、朝五前、地震少、
一、攝劦久安寺本尊、今日入寺、
一、午前、一位樣江御上り被成候事、夜ニ入御退出、
十三日、　晴、
一、終日御在院、
一、一位樣ゟ御文來ル、御室御門主(寛隆法親王)江年頭之御祝義
黄金壹枚被遣候間、其許ゟ御狀御調被遣候樣ニ
と、御女中方ゟ被仰越候ニ付、御狀御認候而被
遣候事、
一、成瀨隼人正殿(正幸、尾張德川家付家老)へ、御參府之御悦申遣ス、
十四日、　雨天、午過雨晴、
一、一位樣へ餅艸一籠爲摘御上ケ、
一、醍醐報恩院殿(寛順)ゟ、福井との(三の丸女中衆)・おりうとの(同上)へ御文

相達候ニ付、今日便ニ相居申候、
一、攝劦久安寺坊中中藏坊・北之坊・西之坊・惠堪・
一心、右五人衆中、始而御逢被遊候事、
一、御普請ニ付、小普請奉行加藤源四郎殿御出、御
普請場御見舞之事、
一、終日御在院、
一、寺社御奉行御月番久世讃岐守殿ゟ御切紙來ル、
此度爲御昇進御祝儀、明十五日惣出仕有之候
得共、被致登　城候ニ不及候由、但馬守殿(秋元喬知、老中)被
仰聞候間、可被得其意候、已上、
三月十四日　　久世讃岐守
護國寺僧正(快意)
右之御返事、
御手紙拜見仕候、明十五日爲御昇進御祝義惣
出仕御座候へ共、拙僧義登　城不及候旨、但
馬守殿被仰渡候段奉畏候、以上、
三月十四日　　護國寺僧正

桂昌院の男衆護國寺の山中にて餅草を摘む
綱吉家宣へ月次御札備折を獻上す
*護國寺仁王門土手外に錠前を打放す錢箱捨てらる
快意三の丸へ登城す
快意桂昌院へ餅草を獻上す
*小普請奉行修復場を見廻る

久世讃岐守様
一、一位様ゟ餅艸爲御摘候御男衆入來、山ニて摘申候而罷帰候事、
十五日、　雨天、
一、今日、公方様・大納言様、御位階御昇進之御祝儀、諸大名登城、御祝儀獻上有之由、
一、月次御務之寺院方ハ、今日登城無之候、昨日久世讃岐守殿ゟ被仰聞候通、
一、公方様・大納言様へ、月次御札守・御備折上ル、
一、一位様江御上り被成候事、
一、一位様へ、餅艸爲御摘御上ケ被成候事、
一、一位様へ、公方様被爲成候御案内御手帋來ル、
一、久世讃岐守殿へ、普門院罷越、御昇進御祝義獻上物窺申候所、御書付ニ而被仰渡候、
覺
公方様江　一種、
大納言様江　一種、

御轉任之御祝義來ル十八日之朝、御本丸中之口迄、以使僧可被差上候、尤御一所ニ上り候、
以上、
三月十五日
十六日、　晴、
一、終日御在院、
一、久安寺出家中・侍分下々迄不殘、書料理被下之候、
一、仁王門土手外ニ、溜塗檜木錢箱壹ツ、錠まい（前）打はなち捨有之候ニ付、書付ヲ以、御月番久世讃岐守殿江御斷申上候所、札立候而、三日程過此方へ持參可有之旨、役人衆被仰渡候、尤錢廿壹文内ニ有之候由申上候、右者普門院罷越御斷申上候事、
一、増上寺（円秀）江御使僧被遣候、一昨日之返礼、
一、松平肥前守殿（黒田綱政）へ、御使者之御返礼申遣ス、
一、小普請御奉行加藤源四郎殿御出、御修復場御見

快意三の丸へ登城す

出開帳の久安寺快意に桂昌院御紋付幕の借用を願ふに桂昌院許可す

*西の丸へ御成綱吉命により隆光快意英岳ら詰む

快意綱吉家宣轉任の祝儀を本丸中口迄遣す

*攝津久安寺本尊の出開帳始む

*快意久安寺本尊へ參詣す

*快意桂昌院の御機嫌窺ひに上る

廻之事、

十七日、　曇、

一、本多淡路守殿へ、昨日御出之返礼申遣候、

一、一位様江御上り被成候事、夕方御歸寺、

一、一位様御紋之御幕、寶積院御借シ被遊候ニ付、御窺被遊候所、爲致借用候様ニと、御意御座候故、御借シ被成候、

十八日、　雨天、夜ニ入大雨雷鳴、

一、兩上様御昇進之御祝義、今朝御本丸中ノ口迄、御使僧ニ而御上ケ被成候、則御奏者松平兵庫頭殿(乘紀)御取次ニ而指上候由、

一、昆布箱之上書、

　獻上
　昆布
　　護國寺僧正

右之通爲書候、御目録紙大奉書壹枚ツヽ、昆布箱上書之通相認指上候、兩上様江同様ニ而御座候、且又護持院へ承合、久世讃岐守殿へ右指上候御斷之御使僧遣候口上、

　兩上様御昇進之御祝義、今朝御本丸中之口迄首尾好指上候、右御斷爲可申上、以使僧如此御座候、以上、

一、今日始而、公方様、西之御丸大納言様被爲成候、依御意、護持院大僧正(隆光)・進休庵僧正(英岳)・當僧正(快意)御詰被成、夕前御歸寺、

一、於西之丸、大納言様ゟ紗綾五巻御拜領、

一、於西之丸、兩上様御仕舞被仰付候□□、御仕舞被仰付候由、

一、攝州久安寺本尊今日ゟ開帳、當寺寺中五ケ院賴ニ付、罷越法事相務候、於久安寺寺中ニも被罷出候事、

十九日、　晴、風吹、

一、開帳江御參詣、御初穂銀三枚被遣候、

一、一位様江、窺御機嫌御上り被成候事、

字輪寶藏院
*地震
快意本多正永に加增の祝儀を遣す
*市ケ谷光德院弟子傳法院流に從ひ加行を始む
小普請奉行修復場を見廻る
*智積院專戒來寺
*淺野綱長快意を振舞ふ
*快意書狀にて桂昌院の御機嫌を窺ふ

一、字輪寶嚴院弟子甚性罷越候ニ付、帶一筋被下之候、
一、本多伯耆守(正永、老中)殿、昨日御加增壹萬石御拜領ニ付、御樽代五百疋・昆布一箱御使僧ニ而被遣候事、
一、松平大學頭(賴貞)殿、昨日御出、右返礼申遣候、
一、小普請御奉行加藤源四郎殿御出、
一、寺社御奉行御月番久世讚岐守殿ゟ御觸有之、御返事相濟、卽刻普門院罷越候事、
一、久世讚岐守殿ニ而、御書付ニ而被仰渡候覺、

護國寺(快意)

今度就　御昇進、明後廿一日御能被　仰付候間、可致見物旨被仰出候間、五半時登　城可有之候、

三月十九日

右、普門院罷越承之候、兩役者(普門院・歡喜院)へも拜□(見カ)被仰出□□、
一、松平安藝守(淺野綱長)殿ゟ、明日彌御出被下候樣□御案内御使者有之ニ付、自此方爲返礼御使僧被遣候事、

廿日、　曇天、晝少地震、夕方雨降、

一、市谷(江戸)光德院弟子、明日ゟ加行相務申度願ニ付、被仰遣候ハ、於其元報院(報恩院)方之法流ニ而爲相務不苦候由被仰付候、傳流(傳法院流)ニ而相務度願ニ而候所、藥王寺(江戸、證覺)方ニて傳受仕候樣ニと被仰付候、
一、智積院僧正(專戒)御出、御面談、鑒事照空房被召連候事、
一、智積院僧正へ御見廻金子千疋、饅頭一折御持參之事、
一、松平安藝守殿へ御兼約ニ付、振舞御越被成候事、通法寺も被罷越候事、
一、久世讚岐守殿へ普門院(榮傳)御使ニ被罷越候、

明廿一日、御昇進就御祝義御能被仰付、面々共江茂拜見被仰付難有奉存候、右爲御礼、役者ヲ以申上候由、

一、一位樣へ窺御機嫌之御文御上ケ、且又たんほ(蒲公英)□

之目一籠被差上候事、
一、大久保隱岐守(忠晴)殿へ、昨日之御返礼口上書ニ而被
仰遣候事、
一、一位様ゟ、御文ニ而餅御拜領、
廿一日、　晴、
一、御影供御法事、例年ゟ今朝より早ゝ初候、今日
於御本丸御轉任御祝義之御能被仰付候、依之、
御登城候ニ付、御法事早ゝ被仰付候、兩役者も
參候事、
一、末寺中不殘出仕、
一、通法寺唱礼御勤被成候、僧正御登城故、御賴被
成候、
一、末寺中例之通、朝ハ粥、晝ハ一汁五菜料理、
一、須知孫左衞門殿(藤堂高睦家臣)入來、門前ニ而御逢被成候由、二
汁五菜料理出之候、
服ア平左衞門・阿川六左衞門・吉武五大夫・
青地彌左衞門・同八之進・倉田惠□、

桂昌院餅を下す
末寺殘らず出仕し正御影供法事あり
本丸にて轉任祝儀の御能あり快意拜見す
*快意桂昌院の御機嫌を窺ふ
*高野山西南院快意の取持により碩學に任ぜらる
*松尾寺福壽院使僧來寺
*綱吉綱豐御臺所於傳之方御簾中へ長日祈禱の御札を獻上す

右、何も孫左衞門殿同道□□、
一、於御本丸、御能五番被仰付候由、御表舞臺四座
之能也、今日ハ〇御三家方御譜代大名　上野御門主(公辨法親王)(マゝ)御
登城、御三家御同斷、
一、御退出已後、大御老中・若年寄衆・美濃殿(柳澤吉保、側用人)・右京殿(松平輝貞、側用人)、右之所ゝへ御能見物難有由、御礼ニ御廻
り被成候、
三御丸へも、爲窺御機嫌御廻り被成候、
廿二日、　晴、
一、高野山(紀伊)西南院・發光院入來、西南院此度從公儀
被召候、去ル十九日、於御城碩學被仰付候、當
寺僧正御取持ニ依右之仕合、依之、御礼旁被參
候、弍千疋持參、發光院弍百疋持參、御對顏、
蕎麥切被仰付、國分寺相伴、
一、和州松尾寺福壽院使僧長觀房入來、御出かけ御
逢被成候、氷餅幷晒壹疋音信申候、
一、公方様・大納言様・御臺様・五之丸様・御簾中

堀田榮隆院桂昌院へ御機嫌窺ひとして造花青物を獻上す

*綱吉家宣三の丸へ御成轉任祝儀の御能あり快意詰む

*本庄資俊父子松平家號を賜はる

*桂昌院一家方加増あり

進休庵英岳快意を振舞ふ

様へ、長日御札上、

一、一位様へ、榮隆院殿（堀田正俊室、稲葉正則女）ゟ窺御機嫌獻上物有、

　御造花　一座、

　青物　二籠、

右、□（二カ）種須藤源藏、三御丸御玄關□（迄カ）相添被差上、此方ゟ使僧ニ而、御ふミヲ以、右之段被仰上、

　餅草　一籠、

右、此方ゟ被差上、

一、御食籠　一基、

　一位様ゟ此元へ被下、

一、三宅備前守殿・本多彈正殿（忠晴、寺社奉行）へ御出、右ハ昨日御能拜覽被仰付候ニ付、右之御礼也、常ゝ御礼被仰上候義無之、此度ハ表向ゟ被仰出候ニ付如斯也、

一、進休庵へ、御兼約ニ而料理御座候由、御歸かけニ御出被成、

一、藤堂備前守殿（高堅）へ、昨日使者ニ而、一種參候御返礼申遣、

　廿三日、　晴、

一、今日、両上様、三御丸へ被爲成候、右ハ御轉任御祝義御能御座候、

一、五ツ時過、御登城、先達而櫻花一桶・御檜重壹組、今日之爲御祝義被差上候、使僧ニ而御ふミ、

右、杦（檜カ）重ハ虎屋、

一、昨日被下候御食籠、今日かへし（返）差上候、

一、榮隆院殿ゟ源藏被遣、昨日之御礼御直答、

一、本庄安藝守殿（資俊）御父子三人共御稱號御拜領、其外

　一位様御一家様方、本庄宮内殿（道章）・冨田（知郷）・佐野（勝富）・興津（忠閭）・六角（廣豐）、右之御衆中、御加増御拜領有之候、

一、御能五番之内、

　公方様　二番、　牧野周防殿（康重）　二番、

　美作殿（本庄宗彌）一番被仰付候由、

一、白銀二十枚ハ、

　一位様ゟ御拜領、

快意本庄資俊へ松平家號拜領の祝ひに出づ

桂昌院女中都合六七十人出開帳の久安寺本尊に參詣す

*快意本庄資俊父子へ松平家號拜領の祝儀を遣す

*快意使僧を以て先に加増の桂昌院一家方へ祝儀を贈る

一、同五枚、同斷、通法寺拜領被成候、
一、三御丸ゟ□□、
一、松平豐後守殿(本庄資俊)へ、御稱號御拜領之御悦ニ御立寄、
　廿四日、　晴、
一、終日御在寺、
一、三丸ゟ藤田殿(高城重胤女)・おいと殿頭として、女中乘物十五挺、其外御使番、又女中都合六七十人參詣、
　武川善兵衞殿(行直、三の丸廣敷番頭)　酒井六左衞門殿
　　　清右衞門殿
被相添參候、下〻迄ハ都合弐百五六拾人も有之候、例之通御馳走、
一、三御丸ゟ御ふミ(文)ニ而、昨日御拜領之二十枚、通法寺へ之五枚も今日被遣候、
一、松平攝津守殿(義行)へ、昨日之御返礼、
右者、昨日使者ニ而、御庭前之櫻花來、
一、榊原式ア殿(政邦)へ、使僧、
昨日、使者ニ而、來ル廿七日御請待之義、御成ニ付延引可被成由申來候、來月二日ニ御出候様ニと申來候、右之御返答、
一、智積院(京都、專戒)へ、彌廿六日御出被成候様ニと、使僧進候、照空房其外御弟子衆・近習衆も被召連候様ニと、
一、松平隱岐守殿(定直)へ、昨日上方へ之御暇御拜領御悦、御暇乞旁使僧被遣候、
　廿五日、　昨夜中ゟ雨、
一、松平豐後守殿(本庄資俊)、金五百疋、昆布一箱、
一、同美作守殿(本庄宗彌)、金三百疋、
一、同内膳正殿(本庄宗長、中奧小姓)、金三百疋、
右、此度御稱號御拜領爲御祝義被遣、
一、冨田甲斐守殿(知郷、中奧小姓)、
一、興津能登守殿(忠閭)、
一、佐野信濃守殿(勝由)、
一、同豐前守殿(佐野直行)、
一、本庄宮内少輔殿(道章、小姓)、

一、戸田中務大輔殿、(氏興、奥高家)
一、大澤右衛門殿、(基隆、奥高家)
一、大澤越中守殿、(基躬、奥高家)
一、六角主殿殿、(廣豊、表高家)
右九ケ所へ、去廿三日御加増拜領爲御祝義、金子三百疋ツヽ、使僧を以被遣之候、
一、關本伯典老へ、(長宣、番醫)
使僧を以、病氣御見舞薯蕷壹折被遣、
一、松平大學頭殿(頼貞)へ使僧被遣、
昨日、休古(狩野)を以一種參候御返礼、
一、今日ハ、御加増之衆中へ御悦ニ間〻御出、其ゟ三御丸へ御上り被成、曉方護持院ニ而御會合之由、智積院僧正御請待之由ニ付、
一、久世讃岐守殿御役人加藤平馬方へ手紙ニ而、先日同前ニ捨置候錢箱、茶屋頭殿へ爲持遣候、右者先日見付候後、四日目ニ爲持遣候處、都合十日計も札立置、其後主し(マヽ)無之候ハヽ、可申來旨、役人被申越候、依之、今日遣候處、拂候而代物持參可仕旨被申付候、依之、今日入札ニいたさせ、鳥目百八十錢ニ拂、右之代物茶屋共持參仕差上候事、

*快意智積院專戒を振舞ふに護持院隆光覺王院最純大護院江戸四箇寺ら相客として來寺

快意三の丸へ登城す

先日仁王門土手外に捨てらるる錢箱持主なきにより入札し代物を寺社奉行へ届く

*隆光最純ら出開帳の久安寺本尊に參詣す

廿六日、　晴、

一、終日御在院、
一、智積院僧正御召請、御料理二汁七菜、
護持院大僧正・覺王院(淺草、最純)大僧正・大護院(淺草、尊祐)・圓福寺(愛宕、覺眼)・眞福寺(愛宕、運壽)・彌勒寺(本所、隆慶)・根生院(湯島、榮專)・東泉院(駿河富士郡六所淺間別當、精海)・金剛院(武藏埼玉郡末田村、澄意)・照空房(根來)・保壽院・圓通寺・平田友益・河邊四郎左衛門(正蔵、新番)・榮叔房・大野左京・玉藏院(浦和)(武藏足立郡)・通法寺、(亭主方)
右、何茂御相客衆御料理過、久安寺(攝津)開帳場へ御參詣、直ニ山(護國寺境内)へ御上り、餅菓子出之候、其後風呂被仰付、後段者蕎麥切・索麵・小付食、
一、松平右京大夫殿ゟ御使者ニ而、柴山角兵衛(使者名)、

明廿七日、御成ニ付、御勝手へ御詰被成候樣ニ
と被仰越候、御客來故、取次ニ而御返答被仰遣、
一、多門〔聞〕院(大乘院門跡坊官)伊豫殿入來、明後廿八日御當地發足被致
候由、御暇乞旁御逢被成、御直談有之候、
一、庚申待、於歡喜院被相務、僧正ニ者御出不被成
候、
一、玉藏院ハ一宿被致候、
　　廿七日、　晴、
一、今日、松平右京大夫殿へ御成、昨曉方御勝手迄
御詰被成候樣ニと申來候ニ付、今朝五ツ過程ニ
御出被成候、
一、兩上樣・一位樣へ、庚申待御札・備折上ル、
一、多門院伊豫方へ使僧を以、御請之御返書遣、伊
豫へ金子弐百疋被遣、
一、一位樣ゟ南都彌勒院へ之御初尾銀五枚、且又僧
正ゟ之返書壹封賴遣候、
一、加藤源四郎殿御出、出來合料理振舞、

一、今朝、玉藏院へ御出かけニ御暇乞、其節赤もう(毛)
せん(氈)壹枚被遣、
一、於御成先、御能五番御座候由、
公方樣一番被遊由、養老之由、
　　廿八日、　晴、
一、月次御礼申上候、通法寺・定順房、國分寺上座、
一、御本丸御礼ハ、今日無之候、
紀伊國樣(德川綱教)御暇被進候由、
一、公方樣へ、花水供荒神供長日御札・備折上、
一、一位樣へ、不動長日御札備折上、
一、大納言樣へ、花水供荒神供長日、不動長日、
右、三通上ル、
一、加藤越中守(明英、若年寄)殿へ、例月之通御札參、
一、一位樣へ、新長谷寺(江戸、關口)ゟ之御札例月之通上ル、
一、三御丸へ御成、四ツ半頃ゟ御上り被成候、
一、冨田甲斐守殿へ、御返礼使僧、

*浦和玉藏院興福寺大乘院坊官多門院伊豫來寺
庚申待
*護國寺月次御禮あり
*德川光貞參勤御暇
松平輝貞邸へ御成快意詰む
*綱吉へ花水供荒神供の長日御札を獻上す
*桂昌院へ不動明王長日御札を獻上す
*家宣へ花水供荒神供不動明王の長日御札を獻上す
綱吉家宣桂昌院へ庚申待御札を獻上す
桂昌院南都彌勒院へ初穗を下す
*桂昌院へ新長谷寺の例月御札を遣す
*三の丸へ御成快意登城す

本庄資俊へ來月の日取を遣す
*桂昌院快意に薄綿袷を下す
桂昌院羽二重を下す
三の丸女中衆上分十五六人出開帳の久安寺本尊へ參詣す
*快意月次の御禮を勤む
*三の丸へ御成
*智積院專戒より届く桂昌院への獻上物を遣す
*榊原政邦快意を振舞ふ
*本庄資俊同宗彌來寺

昨日使者ニ而、御加増拝領被成候爲御祝義、目録三百疋御越被成候、右之御返礼、
一、松平豊後守殿へ、例月之通、來月御日取御手紙ニ而進之候、
一、石餅之はふたへ(羽二重)三端、こくら(小倉)はふたへ二疋、一位様ゟ御拝領、御歸寺、
廿九日、天氣能、
一、終日御在寺、
一、三御丸御女中衆御參詣有之候、
政野殿・おたつ殿・瑞正殿・おさわ殿・おそよ殿・空知殿、都合上分十五六人有之候、下ゝ迄ハ弐百四五十人も可有之候、
一、中澤源介殿(吉丘、三の丸廣敷番頭)相添被參候、
一、一位様ゟ、御小食籠壹荷被遣候、
一、朝之內、何茂御參詣之節、
一位様ゟ枝柹壹箱、薯蕷壹箱、被遣候、
御參詣之衆中ゟせいろう(蒸籠)六組參候、
一、御女中衆御みやけ(土産)櫻花一桶、

よもき(蓬)壹籠、
たんほ(蒲公英)壹籠、
右之通被差上候、
一、一位様ゟうすわた(薄綿)二つ、御あわせ(袷)三つ、御ふミニ而參候、

〔四月〕

四月朔日、雨天、
一、御本丸月次之御登城有之、
一、公方様(徳川綱吉)、三之丸江被爲成候御案內之御手帋來ル、
二日、晴、
一、京智積院僧正(専戒)ゟ參府ニ付、一位様(桂昌院)へ獻上物爰元迄被指越候、十帖壹巻・御文庫七ツ入、外家桐萌黄糸眞田付候、右兩品、今日御文ニて御上ケ被成候事、
一、榊原式部大輔殿(政邦)へ、御兼約之御振舞ニ付御越被遊候事、通法寺(河内古市郡通法寺村、頼雅)醫王院(護國寺寺中)被召連候事、
一、松平豊後守殿(本庄資俊)・同美作守殿(本庄宗彌)御出、今度御稱號御

*桂昌院巳待に蒸籠を下す
本丸に御能あり快意拜見す
*巳待
*三の丸へ御成
快意登城す
本丸にて論議
*中島金剛院來寺
*桂昌院煤筍を下す
地震
綱吉家宣桂昌院へ月次の御札を獻上す
桂昌院女中衆久安寺開帳へ參詣す
*誕生佛供養

頂戴ニ付、爲御返礼御出之事、

三日、　晴天、

一、於御本丸御能被遊候ニ付、拜見被仰付、四ツ過御登城、護持院(隆光)・進休庵(江戸、英岳)・護國寺(快意)・智積院(京都、專戒)・大護院(淺草、尊祐)・四ケ寺(江戸四箇寺)・護持院之昌春房(主眞)、進休庵ニ而貫榮房、此方ゟ泰春房罷上り候事、

一、御本丸於御座之間、御能五番御座候由、凌雲院(寛永寺、義天)大僧正・覺王院(淺草、最純)大僧正・觀理院(山王社別當、智英)僧正ニ茂登城、右之衆中と論義有之候由、

一、公方様ゟ白郡内十五疋御拜領、外ニ嶋壹疋、

一、紗綾弐卷、泰春拜領、

一、夜五ツ時地震、

四日、　晴、

一、御本丸・西之丸・三之丸、月次之御札守上ル、

一、一位様女中衆開帳參詣、如例料理饗應、

一、紀伊中納言様(徳川綱教)へ、爲御暇乞御越被遊候事、

五日、　雨天、

一、終日御在院、

一、一位様ゟ御文ニて、井籠(蒸)二組御拜領、

一、於醫王院巳待、御夜食如例被上候事、

一、根生院(湯島、榮專)江爲御見廻、井籠(蒸)被遣候事、

一、新長谷寺(江戸、關口)圓深方へ、爲御見舞重之内被遣候事、

六日、　晴、

一、公方様、三之丸様(桂昌院)江被爲成候御案内手帋來ル、御返事有之、

一、中嶋金剛院(武藏埼玉郡末田村、澄意)入來、

一、一位様ゟすゝ竹子一箱御拜領、

一、夜ニ入、御歸寺之事、

七日、　曇、

一、終日御在院、

一、大久保隱岐守(忠增)殿へ、昨日御暇乞ニ御出之返礼被仰遣候事、

八日、　雨天、

一、如例、誕生佛供養有之、

*東大寺龍松院弟子本空房快意三の丸へ登城す
上總長樂寺
*棟梁大谷出雲綱吉家宣へ例月の御札を獻上す
中澤源介快意を振舞ふ
*快意桂昌院御機嫌窺ひに登城す
*桂昌院病む
桂昌院御重を下すに久安寺衆中へも遣すやう命ず
*快意松平長矩同基知へ參勤參府を祝ふ
三の丸へ御成
快意登城す
*快意高野山無量壽院西南院へ暇乞の使僧を遣す

一、一位様へ御上り、
一、上總長樂寺入來、湯かた（浴衣）地壹端被遣候、
一、野山無量壽院（紀伊、高野山、堯實）・西南院（宣英）御出、御對面、

九日、晴、

一、御本丸・西之丸江、例月之御札守上ル、
一、中澤源助（介）殿（吉丘、三の丸廣敷番頭）へ、御兼約ニ付、御振舞ニ御越被遊候事、
一、中澤源介殿へ白銀三枚・綿三把、奥江紅縮緬壹巻、中澤源三郎（建尋、大番）殿へ紗綾壹巻、中澤源六殿へ麻上下（裃）貳具被遣之候、
一、布施長門守殿（正房、小普請奉行組頭）御出、御修復之場所御見舞之事、
一、一位様ゟ御重之内拜領、開帳場之衆中江茂遣候様ニと御文來ル、

十日、曇、晩方雨降、

一、公方様、三之丸江被爲成候御案内手帋來ル、
一、如例御登城、
一、南都龍松院（東大寺、公慶）弟子本空房發足ニ付、爲御餞別帶一筋被遣候、將又一乘院殿（奈良、興福寺）御内湯淺參川守殿へ、御奉書御請壹通屆給候様ニと申遣候事、
一、伊藤新右衞門殿（小普請方）十人衆・棟梁出雲（大谷）御修復ニ付、見舞ニ入來之事、

十一日、雨天、

一、三御丸へ、爲窺御機嫌御上り被成候、
一、昨日ゟ一位様少々御筋はり被爲遊候由ニ付、今朝ゟ不動法壹座ツヽ、寺中（護國寺）五人ニ而相務可申旨被仰付候、
一、中澤源介殿、一昨日之御礼ニ御出、吸物・御酒、
一、成瀬隼人殿（正幸、尾張德川家付家老）へ、昨日御出之御礼使僧遣候、
一、松平備前守殿（長矩）、
一、同大和守殿（基知）へ、
御參府之御悅、且又御礼等首尾能被仰上候御悅も、使僧を以申進候、
一、無量壽院へ、枝柹壹箱被遣、
一、西南院へ、羽二重五疋、昆布壹箱、

*桂昌院護國寺及び開帳の久安寺衆へ饅頭を下す

*快意於傳之方御機嫌窺ひに青物を獻上す

明信院一周忌法事あり快意燒香す

*上丸子村大樂院大場光明寺役者桂昌院の御機嫌窺ひに出る

*棟梁大谷出雲愛宕眞福寺快意を振舞ふ

*三の丸へ御成あり桂昌院綱吉へ轉任祝儀の御膳を上る

有馬賴元久留島通政へ參勤參府御禮の祝を申遣す

右者、近日發足ニ付、爲御暇乞使僧被遣、

一、發光院(紀伊、高野山)へ、郡内絹壹疋、

右者、西南院碩學ニ被仰付候ニ付、發光院へも爲御祝義被遣、

一、中澤源介殿へ、一昨日御礼使僧遣候、

一、同源三郎(建尋、大番)殿・同源六殿・老母ニも口上申遣、

一、瑞聖寺(目黒)へ、先頃御出之返礼申遣、

十二日、

一、明信院(德川綱教室、鶴姫)樣御一周忌御法事、於增上寺御勤御座候ニ付、御燒香御務被成候、

御香奠、白銀壹枚御持參、

右者、横目錄臺有、伴僧法忍、侍二人麻上下、六尺已下ハ常之通、

一、三御丸へ、爲窺御機嫌歡喜院(護國寺役者)被參候、

一、增上寺御勤已後、眞福寺(江戸、愛宕)へ御兼約ニ而御振舞、暮六前ニ御歸寺、

一、有馬中務(賴元)殿、

一、久留嶋帶刀(通政)殿、

右御兩所へ、御參府御礼首尾能被仰上候御悅被仰遣、

一、一位樣ゟ御ふミ(文)ニ而、まんちう(饅頭)二箱參候、壹箱者開帳場へ遣可申旨被仰下候、御返事相認差上、御文箱ハ青波菊水、

一、五丸樣(於傳之方、綱吉側室)へ、爲窺御機嫌青物壹籠被差上、

十三日、　天氣能、

一、西南院・發光院(紀伊、高野山)入來、西院ハ十四日ニ發足ニ付御暇乞、且又先日使僧是ゟ被遣候御礼旁、御出かけニ御逢被成候、

一、朽木監物(定朝)殿御出、御出前ニ而御逢被成候、

一、上丸子村(武藏荏原郡)大樂院・大場光明寺入來、御留主之内、

一、大谷出雲入來、

一、一位樣ゟ公方樣へ御膳被爲進候由ニ付、今日三御丸へ被爲成、四ツ前ゟ御登城、

一、成瀬隼人正殿へ、使僧、

*佐野勝由來寺

爲御見舞、饅頭壹箱御音信、

*快意桂昌院へ餅草を獻上す

一、筧介兵衞（爲勝、書院番）殿へ、昨日御出之御返礼申遣、
一、公方様ゟ、紗綾拾巻御拜領、
一、一位様ゟ、白銀十枚、眞綿貳十把、同斷、
右、今日御祝義之被下物、

三の丸にて御能

一、御能五番御座候由、
一、暮六ツ時過、御歸寺、

*護國寺月次の御禮あり

十四日、　天氣能、

*釋迦堂法事
大護院來寺快意衣地を與ふ

一、早朝、大護院御出、御約束之衣地絹縮被遣、御對顏、

*桂昌院根生院へ綱吉轉任の祝儀を下す

一、深川（江戸）邊へ、今日御兼約ニ而御出、
食籠等被仰付、此方ゟ御□成、

*伊達村豐へ參府の祝ひを申遣す

一、三御丸ゟ、昨日御拜領之眞綿・銀子爲持被下、
銀五枚、
眞綿十把、

*三の丸へ御成快意詰む

右者、一位様ゟ根生院へ被下候一所ニ被遣、
一、御文箱青波菊水卷繪御返事差上候、

一、佐野信濃守（勝由）殿御出、吸物ニ而酒進候、
御留主、
一、三之丸へ御ふミニ而、
餅草被差上、
一、傳通院（小石川、祐天）へ、昨日御出之御返礼申遣、
一、朽木監物殿へ、御返礼申遣、
十五日、　晴、
一、月次御礼申上候、釋迦堂法事例之通、
一、御本丸御礼ハ今日無御座候、大名衆參勤御暇等
御礼御座候由、
一、根生院へ、白銀五枚、眞綿拾把、爲持遣、
一位様ゟ一昨日拜領之品也、此元迄被遣、
一、伊達左京亮（村豐）殿へ參府之御悦申遣、萩野氏へも申遣、
一、三御丸へ御成、四ツ半時ゟ御登城、
一、布施長門守殿へ普門院（護國寺役者、榮傳）罷越、御影堂儀願上候、
十六日、　晴、

松平出雲様(義昌)御出、御逢被成、
一、淺野土佐守殿(長澄)へ、參府御悦申遣、
一、藤堂備前守殿(高堅)、　一、松平土佐守殿(山内豊房)、
一、朽木監物殿、　一、相馬圖書殿(敍胤)、
一、松平兵部大輔殿(吉品)、　一、六郷伊賀守殿(政晴)、
右六ケ所へ、御暇拜領之御悦申遣、
一、正姫殿(織田信武女)御參詣、方丈御破損御修覆故、於蓮花院御馳走、通法寺御取持、料理二汁六菜、山ニ而(護國寺境内)、
まんちう、
草もち、　後段蕎麥切、
小豆餅、
一、三御丸へ、御日待之札・御備折上、
一、終日御在寺、
一、新長谷寺入來、忌明遺物等持參、
十七日、　天氣能、
一、權現宮(東照大權現)御法事相濟、
一、榮隆院殿(堀田正俊室、稻葉正則女)ゟ、例之通使者來、
一、伊達遠江守殿(宗贇)、　一、仙石越前守殿(政明)、

一、伊東大和守殿(祐實)、　一、大村因幡守殿(純長)、
右四ケ所、御暇御拜領之御悦申遣、
一、正姫殿へ、昨日參詣被成候御礼申遣、
一、新長谷寺入來、繼目之御礼、
銀子壹枚、
扇子一箱、
一、無量壽院入來、そはこ(蕎麥粉)二ツ、祈禱之御札、持參、御逢被成候、
鳥目三十疋、是ハ返納、
歡喜院ニ一箱、
一、根生院へ御兼約ニ而御出、
通法寺・歡喜院・蓮花院・(護國寺寺中、覺祐)
太春房・普門院、御供申候、
一、八ツ時過程ニ、
おりう殿(三の丸女中衆)ゟ御ふミニ而、昨日ハ御機嫌御勝不被成候處、今日ハ御様躰能被爲成候由被仰越候、
依之、七ツ前ゟ御登城被成候、
十八日、　朝之間小雨、後晴、

松平義昌來寺
藤堂高睦ら六所へ御暇拜領の祝を申遣す
*新長谷寺入院の御禮に來寺
正姫參詣するに方丈破損につき蓮花院にて馳走す
*高野山無量壽院來寺
*根生院快意を振舞ふ
桂昌院へ日待の御札備折を獻上す
護國寺東照宮法樂
*快意桂昌院の容體窺ひに登城す
伊達宗贇仙石政明ら四所へ御暇拜領の祝を申遣す

観音堂法事

信州良順房

高野山無量壽院暇乞に來寺

信州俊譽師僧俊範の五十年忌回向を願ふ

桂昌院の御祈禱不動護摩を開白す

庄田安利來寺

*桂昌院へ御札を獻上す

末寺高田村南藏院境内に首縊人あり寺社奉行へ届出づ

*快意三の丸へ登城す

一、觀音堂法事相濟、

一、信州良順房昨晩着、今朝御逢、

一、無量壽院、今朝御暇乞被申候、金子百疋被遣候、

一、信刕俊譽法印ゟ、明年正月廿日、師範俊範法印五十年忌之由、御廻向奉願由ニ而、金子五兩被差越、

金子貳百疋、良順房持參、

一、不動護摩一百座、

一位樣爲御祈禱、今朝ゟ開白、十日ニ毎日十座ツヽ修行仕候樣ニと被仰付、

一、庄田(安利)下總守殿御出、御對面被成候、

一、黑田新五郎(忠恒、表右筆)殿へ、昨日之手紙之御返答被□□、

一、高田村(武藏豐島郡)南藏院境内ニ而、年頃廿七八之男、くび(首)くゝり(縊)相果候、今日七ツ時見付候由ニ而、寺社御奉行御月番三宅備前守(康雄、寺社奉行)殿へ相屆候ニ付、爰許へも音知罷越、右之旨斷來候、寺社御奉行へ差出候書付、如左、

高田村南藏院境内松之木ニ、三尺手拭之樣なるものニてくび(首)くゝり(縊)男御座候、今晝七ツ時見付申候、

一、歳頃廿七八程ニ相見江申候、

一、衣類青之つぎ〳〵なる木綿袷着、嶋〔縞〕之木綿帶仕候、以上、

右之通書付候而、音知持參之、直ニ寺社御奉行所へ差出候由、

右之品ニ付、四ケ寺(江戸四箇寺)觸頭ゟ寺社方へ添狀ニ而茂相添候哉と、根生院迄爲相窺候所、ケ樣之義ニハ、直ニ御奉行所へ罷出候、手□□添不申候事、

一、三御丸江、御札上ル、

一、三御丸へ、御登城、

十九日、晴、

一、藤堂備前守殿、　一、同大學頭(藤堂高睦)殿、

一、伊達左京亮殿、　一、松平備前守殿、

一、松平土佐守殿、

右五ケ所へ、今日御參府之御悦、且又御暇御悦
旁御出被成候、其ゟ直ニ三御丸へ御上り被成、
一、松平出羽守（吉透）殿へ、昨日使者ニ而、來七日ニ御出
候樣ニと被仰越候樣ニ付、參上可申旨御礼被仰
遣、
一、松平備前守殿ゟ、昨日使者ニ而目錄來候、右之
御礼、今朝使僧も遣申候、
一、三宅備前守殿ゟ御手紙、壹人參候樣申來候、歡
喜院被參候、
　　廿日、　晴、
一、終日御在寺、
一、三御丸へ、爲窺御機嫌御ふミ上ル、
　かいわりな（貝割菜）壹籠被差上、
一、信州良順房・成純房へ、そは切御相伴被成、
一、御大工出雲（大谷）入來、御目ニ懸り候、
一、今朝、六角主殿（廣豐、表高家）殿御出、なら（奈良）茶出之候、御逢被
成候、右之刻、下野今福村（足利郡）延壽院義、當院末寺

*三の丸へ御成快意詰む
*大和内山上乗院來寺
快意書狀を以て桂昌院の御機嫌を窺ふ
*快意三の丸へ登城す
*於傳之方桂昌院平癒の祈禱を依頼す
大工大谷出雲六角廣豐入來し領内の延壽院を末寺にしたき旨を願ふに快意承諾す

ニ被成度由、越前守（六角廣治）殿ニ茂御願被成候由被仰入
候、名主・組頭共、外ニ相構申義無之由之證文
等いたし候ハヽ、末寺ニ可被召加旨御挨拶被成
候、
　　廿一日、　雨天、
一、三之丸へ被爲成候由御案内申來ル、如例御上り
被成候事、
　　廿二日、　雨晴交、
一、終日相替儀無御座候事、
一、大和内山上乘院御出、御對面、
一、伊東駿河守（祐崇）殿御出、御對面、
一、松平出雲守殿へ御越、且又三之丸へ御上り被成
候事、
一、五之丸樣ゟ御文被下候ハヽ、頃日、一位樣御筋御
いたミ（痛）被遊候由、早速御機嫌克被遊御座候樣ニ、
御祈禱相務候樣ニと被仰出候由、右之御請相濟、
　　廿三日、　晴、

於傳之方へ依頼の桂昌院祈禱札を獻上す
*三の丸へ御成
快意登城す
*小普請方修復場を検分す

一、昨日、五之丸様ゟ被仰付候御祈禱、今朝ゟ開白ニ付、御札御上ケ被成候事、
一、五之丸様へ茂、右之御札差上ケ申候段、御文ニ而被仰上候事、
一、手前ニ而被仰付候不動護摩御札も、今日御上ケ被遊候事、
一、伊東駿河守殿・大和上乗院・松平内膳殿（本庄宗長、中奥小姓）・靈松院殿（本庄宗資室、森氏）へ、昨日之御礼申遣候事、

快意桂昌院の御機嫌を窺ふ
*快意桂昌院の御機嫌を窺ふ
桂昌院へ庭前の餅草蒲公英を獻上す
快意桂昌院の御機嫌を窺ふ
六角廣治息女病氣につき祈禱を依頼す
*家宣御簾中小石川御殿へ御成
放下
*快意桂昌院の御機嫌を窺ふ

一、午前、一位様へ窺御機嫌御上り、夜ニ入御歸寺、

廿四日、曇、

一、一位様へ庭前之餅草・たんほ（蒲公英）御上ケ被成候、
一、午前、一位様へ御上り被遊候事、夜ニ入御退出、

廿五日、雨天、

一、六角越前守（廣治）殿御息女御病氣ニ付、御祈禱御頼候、依之、被仰付候御札今日爲持遣候事、
一、先日、一位様御女中衆御出之節、放下いたし候者江金三百疋被下之候、

一、公方様、三之丸江后刻被爲成候由、竹本土佐守（長鮮、三の丸用人）殿ゟ御案内手帋來ル、午前登城被成候事、
一、小普請方加藤源四郎（景利）殿御出、御修復之場所御見舞之事、

廿六日、晴陰、

一、伊東大和守殿ゟ、昨日御發駕之御案内被仰聞候ニ付、右之御悦今日申遣候事、
一、伊東駿河守殿江も、右之御悦申遣候事、
一、棟梁出雲（大谷）入來、
一、一位様江窺御機嫌御上り候、入逢〔相〕時御歸寺之事、
一、今朝、黒田新五郎殿御越、御對面之事、

廿七日、

一、百座之護摩、今日結願、
一、今日、大納言様（徳川家宣）・御簾中様（家宣室、近衛基熙女）小石川御殿江被爲成候由、午過還御承之、
一、圓福寺（江戸、愛宕）へ御越候事御延引被仰遣候、一位様へ窺御機嫌御上り被成候事、

先に仁和寺門跡へ参る両上樣轉任祝儀の直書返答の奉書等を遣す

*快意桂昌院平癒の祈禱を命ず

*桂昌院へ庭前の野菜を獻上す

*快意月次の御禮を勤む

*三の丸へ御成快意詰む

*快意書状を以て桂昌院の御機嫌を窺ふ

*西の丸より奉書

一、先比、京仁和寺ゟ兩上樣（徳川綱吉・同家宣）御昇進之御祝儀御直書
參候ニ付、右之御返答御奉書共、今日町飛脚ニ
て遣候事、

一、御列名之御奉書一通、　大年寄衆ゟ、
同　一通、　松平美濃守殿（柳澤吉保、側用人）
松平右京大夫殿（輝貞、側用人）ゟ、
一、同御請　一通、　若年寄衆ゟ、
一、書狀　三通、　寺社御奉行三人ゟ、
一、書狀　一通、　大澤越中守殿（基躬、奥高家）、
一、同　同、　品川豐前守殿（伊氏、表高家）、
一、同　同、　横瀬駿河守殿（貞顯、奥高家）、
一、同　同、　護國寺ゟ、
一、書狀　貳通、　愛宕殿へ、
（菩提院殿迄御請、）
一、書狀　三通、　因幡堂（京都）執行、
遍照心院、
南谷、
右之通賴遣候、
一、書狀　一通、　大澤越中守殿ゟ、
自性院殿へ、
一、布施長門守殿御出、御普請場所御見廻、加藤源

四郎殿、同斷、
一、一位樣爲御祈禱、一日二夜之溫座相務候樣ニと
被仰付、今宵ゟ開白有之、
一、今日、御庭前之野菜一籠、御文ニ而御上ケ被成
候事、

廿八日、　曇天、

一、月次之御登城有之、
一、公方樣、三之丸へ被爲成候由、御案内手紙松田
志摩守殿（貞直、三の丸用人）ゟ參、
一、信刕良順房・義泉房兩僧へ、夜食被下候事、
一、練光寺（信濃埴科郡松代）隱居へ桑染襟卷、良順房へ羽二重壹疋、
義泉へ帯地一筋被遣候、

廿九日、　雨天、

一、一位樣江窺御機嫌之御文御上ケ被成候事、
一、西之御丸ゟ御奉書來ル、
明晦日、大納言樣御能被遊候間、四ツ時前、
西之御丸へ登城可有之候、以上、

＊護國寺月次の御禮
＊快意月次の御禮を勤む
＊三の丸へ御成快意詰む
大護院來寺
＊たはこ
快意西の丸へ上り初めて家宣の御能を拜見す
快意西の丸休息之間にて兩度家宣に御目見
＊雷除の御祈禱

四月廿九日　　　　間部越前守（詮房、西の丸側衆）
護國寺僧正
一、右之御請、
御手紙拜見仕候、明晦日、大納言様御能被遊候
ニ付、四ツ時前西之御丸へ登城可仕旨難有仕
合奉存候、以上、
間部越前守様
一、終日御在院、
一、一昨日開白有之溫座、今午刻過結願有之候事、
一、大護院御出、御對面之事、
卅日、　晴、夕方曇、
一、辰刻、西御丸江御登城、御能拜見ニ付、
一、小普請方伊東〔藤〕新右衞門殿御出、御見廻□□、
一、於西御丸、始而御能拜見被仰付候事、
一、於西御丸御休息之間ニ而、兩度御目見被□□御
念比之御直之上意、將又縮緬五卷御拜領ニ付、
夜ニ入、御小人衆兩人相添參候事、

〔閏四月〕

閏四月朔日、　晴、八ツ時ゟ雷雨、
一、御頭痛氣少〻被成御座候故、護广〔摩、下同ジ〕堂へ御出不被
成候、依之、今朝於所化者御礼不申上候、寺中
計御礼申上候、御出かけ、
一、月次御登城者被成候、
一、御成觸申來、
一、內山（大和）上乘院へ、返礼之使僧遣候、
右者、昨日使者ニ而、たはこ（煙草）壹箱被遣候、去ル
廿八日、於御城御取持被成候御礼也、
一、松平土佐守（山内豊房）殿へ、去廿九日發足之案內使者參候
御返答、
一、酒井隼人正（忠胤）殿、昨日爰許へ御出被成候、御返礼
使僧遣候、
一、雷除御祈禱有り之候、
二日、

高野山寶性院來寺
大澤基躬加增の祝儀に來寺
*皇女高宮逝去により御能延引す
增上寺方丈燒失
*快意三の丸へ登城す
小普請方棟梁修覆場を檢分
快意岡部景利上乘院大久保忠增を見舞ふ
雷除の御祈禱快意役者を以て桂昌院の御機嫌を窺ふ
*快意六角廣治同廣豐母同廣治老母へ息女死去の悔みを申遣す
箱根團子
*綱吉家宣桂昌院へ三日月待御札を獻上す

一、高野寶性院(紀伊、唯心)御出、法乘院(寶城カ、下同ジ)同道、
　　銀壹枚・扇子五本入、
　　金貳百疋・扇子、
　右之通御持參、そは切(蕎麥)出、其後御逢被成候、
一、大澤越中守(基躬、奥高家)殿御出、そは切御相伴被成、御加增御祝義太刀目錄御持參、
一、昨夜、增上寺燒失、御見舞之使僧遣之候、
一、加藤源四郎(景利、小普請方)殿・大谷出雲(棟梁)入來、御逢被成、
一、岡部美濃守(長泰)殿・上乘院殿・大久保隱岐守(忠晴)殿、
　右三ケ所へ、今日御見舞被成、早〻御歸寺、
一、今日も八ツ時過ゟ、雷雨御祈禱執行御座被成、
一、三御丸へ、歡喜院(護國寺役者)爲窺御機嫌被遣候、
　　三日、　晴、
一、寶性院・法乘院へ、昨日御出之御返礼、
一、大久保加賀守(忠朝)殿へ、昨日御使者ニ而、箱根團子被遣候御返礼、
一、大澤越中守殿へ、昨日御出御持參之御返礼、

一、傳通院(小石川、祐天)へ、昨日使僧ニ而、來ル五日御兼約之義、增上寺出火故、遠慮ニ付相延可申旨御申越候、依之、被得其意候旨御返答申遣、
　右、何茂使僧を以申遣候、
一、今日、於御本丸御能拜見兼日被仰出、今朝四ツ時ゟ御登城之處、從京都宮樣(高宮)御逝去之旨、御左右申來候由、依之、御延引、
一、徃來共、三御丸へ御上り被成候、
一、榮隆院樣(堀田正俊室、稲葉正則女)ゟ須藤源藏御使者ニ被參候、御出かけ御直答、
一、大乘院(興福寺、隆尊)御門主ゟ御書箱來、
　小笠原源六(御臺所用人)殿ゟ被相達、
　　四日、　晴、
一、御成觸御手紙來ル、
一、六角越前(廣治)殿・同主殿(廣豐、表高家)殿御袋樣(本庄宗資女)・越前樣御老母樣(本庄道芳養女)、
　右所〻へ、御息女御死去御悔申進、
一、御日《ヒ》待《ヒ》之御札・洗米・備折、御本丸・西之丸・三日月待、

智積院圓福寺眞福寺彌勒寺より獻上の桂昌院平癒の祈禱札を遣す

下野今福村延壽院護國寺末寺となる

*布施正房入來し御修復の具合につき快意と相談す

*夜中目白黑田源右衛門屋敷より出火

*小普請方加藤景利近所出火につき見廻りに入來す

*桂昌院平癒の祈禱薬師法百座を開白す

三之御丸へ、例之通上ル、

五日、　晴天、　御在院、

一、一位様（桂昌院）へ智積院・圓福寺・彌勒寺・眞福寺、右四ケ所ゟ御祈禱之御札守今朝被差上候、先頃ゟ少ゝ御不豫ニ付、別而御祈禱被相務候ニ付、御札被差上候、根生院ハ先頃ゟ毎ゝ直ニ御札等被差上候由、

一、下野今福村（足利郡）延壽院、今日當寺末寺ニ罷成、御逢被成、御盃被下候、村中惣代今福村名主勘右衛門罷越候、一所ニ懸御目候、

扇子三本入、

金子三百疋、

右、延壽院御祝義持參仕候、

延壽院起立之事、弁才天社寺ニ而、古來ゟ有來候、即小股（俣）鶏足寺（下野足利郡）門徒足利町玉性院支配致來候、右玉性院、延壽院を兼帯いたし罷有候處、今福村地頭六角主殿殿（廣豐、表高家）ゟ弁才天へ社料等寄附有之、結構ニ御取立ニ付、主殿殿ゟ當院僧正（護國寺快意）へ、末寺ニ被召加候様、先達而御願入有之候、依之、彼村名主・組頭共、延壽院一紙連判之手形□上、今日首尾克被仰付候事、右延壽院事ハ、玉性院さへ合點仕候へ者、外ニ障り申方無之由ニ付、兼帯仕僧歡證此度願入、右之通相濟候事、手形別紙有之候、

一、智積院（京都、專戒）へ使僧を以、御見舞として、

竹子壹折被遣候、

一、本多淡路守殿（忠周）へ使僧ニ而、昨日使者ニ而竹子參候御返礼申遣候、

一、布施長門守殿（正房、小普請奉行組頭）御出、御逢被成、御修復之様子御相談有之候、そは切進候、

一、夜中九ツ時前、目白黑田源右衛門殿屋鋪ゟ出火、早速相鎮り候、

一、加藤源四郎殿九ツ過程御出、右者此度爰元御普請請取之場所故、近所出火ニ付御見廻也、

一、今朝ゟ為一位様御祈禱、薬師法百ケ座修行仕候

様ニと被仰付、三旦ニ而修法仕候、

六日、　終日雨、

一、曾我播磨守(助興)殿、昨日御出ニ付、御返礼之使僧遣、

一、松平攝津守(義行)様ゟ昨夜中火事見舞之御使者、右之御返礼、

一、高力平八殿昨日御出、右之御返礼使僧、

一、松平出羽守(吉透)殿、昨日使者ニ而、來ル七日御出之義、御延引被下候様ニと申來候、右之御返答申遣、

一、九ツ時ゟ三御丸へ御上り被成、

一、細川越中守(綱利)殿御内匂坂平兵衛ゟ手紙ニ而、普門(護國寺役者、榮傳)院方迄、三百兩之利金正月ゟ當月迄三ケ月分拾五兩、爲持被差越候、昨日も遣候へ共、相窺申候處、運送次第當來月中元金返納候様ニ當分之利金ハ平兵衛方へかへし(返)候様ニ、右之通ニ可□遣旨被仰付、其通昨日返答いたし候、今日又ゝ段ゝ之斷ニ而、右之拾五兩爲持差越候、此方ゟ

*昨日開白の薬師法結願

*開山講法事

快意三の丸へ登城す

細川綱利借用金三百兩の利金を遣す

*松平義方來寺

*伊勢金剛證寺來寺

*快意三の丸へ登城す

*再度桂昌院平癒の祈禱薬師法を開白す

返答可申入旨申遣、拾五兩と狀箱ハとめ置申候、
拾五兩之利金泰春房へ相渡ス、
御歸寺已後相窺候處、左候ハヽ、利金ハ請取候様ニ、元金ハ當月來月運送次第返納候様ニ返答申遣候へと被仰付候、翌日七日ニ手紙を以返答申遣、

一、昨日開白仕候薬師法、今日各ゝ結願申候、

一、明朝ゟ又ゝ百座開白可仕旨被仰付候、

七日、　晴、

一、開山(亮賢)法事相濟、

一、曾我播广守殿御出、一昨夜近所出火之見廻申遣候ニ付、右之御礼旁也、御對顔有、

一、松平右近將監(義方)殿御出、御逢被成候、

一、いせ(伊勢)金剛證寺入來、御對顔、

一、三御丸へ御上り被成候、

一、今朝ゟ薬師法百座開白、三旦ニ而修之、

一、傳通院、　一、成瀨隼人(尾張徳川家家老)殿、　一、土井周防守(利益)殿、

右三ケ所ゟ火事見廻之使者來、今日御返礼申遣、

*金地院元云江戸著

大般若經轉讀

苺

*快意桂昌院平癒のため藥師法の他に不動護摩を修することを命ず

桂昌院風氣につき快意三の丸へ上る

快意六角廣治息女花慶院初七日につき所化衆に料理を振舞ふ

*快意三の丸へ登城す

綱吉家宣へ月次大般若經轉讀の御札を獻上す

八日、　晴、

一、大般若相濟、

一、津山平右衛門ゟ手紙ニ而、いちこ(苺)壹籠、越中守(加藤明英)殿ゟ參候、

一、中澤源三郎(建尋、大番)殿、廻り之次手ニ入來、

一、松平右近將監殿、昨日御出之御礼使僧遣、

一、藤堂備前守(高堅)殿、昨日御出之御礼申遣、

一、今日、御在宿之筈ニ候處、一位樣少〻御風氣之由御ふミ(文)來候、依之、常ゟ少シはやく(早)御上り被成候、

一、六角越前守(廣治)殿御息女花慶院殿、今日一七日、依之、所化衆料理被仰付候、

九日、　晴、

一、公方樣(徳川綱吉)・大納言樣(徳川家宣)へ、月次大般若御札守・備折上ル、

一、今朝ゟ藥師法百ケ座、毎度之通三日ニ而開白、

今明日中人別四座ツヽ、

一、御成觸申來、

一、金地院(元云)へ使僧遣、一昨日御當地へ御着之由、昨日御案内之使僧參候、依之、御悅旁、

十日、

一、藥師法之外ニ、不動護广七ケ座修行も可仕旨被仰付候、

一、戸田中務太輔(氏興、奥高家)殿へ、昨日使者ニ而目錄參候御返礼申遣、

一、傳通院へ、昨日使僧ニ而、來ル廿六日御出被成候樣ニと被申越候、彌參を以御礼可被仰入旨申遣、

一、加藤越中守(明英、若年寄)殿へ、一昨日いちこ壹籠、津山平右衛門ゟ被遣候御返礼申遣、

一、九ツ時ゟ三御丸へ御上り被成候、

一、三御丸ゟ御使、

御重之内壹組被遣候、御ふミ無之候、

一、永田半介殿御出、

十一日、　晴、

快意書狀を以て桂昌院の御機嫌を窺ふ
智積院専戒圓福寺にて快意を振舞ふ
*末寺延壽院色衣免狀を受く
*本丸にて御能あり快意拜見す
末寺延壽院觸頭へ色衣著用を願出ず
*本丸にて御能拜見の僧名
三の丸へ御成快意詣む
桂昌院羽二重人形香包を下す
*快意桂昌院の御機嫌を窺ふ
*桂昌院平癒祈禱の五大尊護摩百座結願す

一、一位様へ爲窺御機嫌、御文御上ケ被遊候、手前ニて被仰付候貝割菜一籠、御上ケ被遊候事、
一、大澤右衞門督(基隆、奥高家)殿へ、昨日之御礼之返礼申遣候事、
一、御兼約ニ付、圓福寺江御振舞、御亭主智積院(専戒)僧正之由、
一、小普請方伊藤新右衞門殿・加藤源四郎殿・棟梁大谷出雲入來之事、
一、下野國足利領今福村延壽院、此間末寺ニ召加候ニ付、色衣之儀、今日御添状御渡、根生院へ願ニ被遣候事、

十二日、晴、

一、公方様、三之丸江被爲成候御觸手帋來ル、御返事相濟候、
一、一位様ゟ染羽二重三端、其外人形香包等御拜領ニ而御歸寺之事、

十三日、曇、

一、淺野土佐守(長澄)殿へ、昨日御出之返礼申遣候、
一、堀田榮隆院(堀田正俊室、稻葉正則女)殿へ、昨日爲御見廻御使來ル、
一、小笠原智照院(小笠原長圓母)殿へ爲御見廻、天王寺干蕪一箱被遣候事、
一、六角主殿殿御出、御面談、
一、足利延壽院、今日色衣免狀頂戴仕候由ニ而、御礼ニ罷越候、
一、於御本丸、御能拜見被仰付候ニ付、午前登城被成候事、
一、淺黄白羽二重拾五疋御拜領ニ付、御小人兩人相添夕迄參候事、

十四日、雨天、

一、御能拜見衆、護持院(隆光)前大僧正・覺王院(淺草、最純)大僧正・凌雲院(寛永寺、義天)大僧正・進休庵(江戸、英岳)僧正・護國寺(快意)僧正・智積院僧正・大護院(淺草、尊祐)・四ケ寺(江戸四箇寺)、
一、爲窺御機嫌、三之丸江御上り候、
一、一位様御祈禱五大尊護摩百座、今日結願、

十五日、雨天、

快意月次御禮を勤む

*智積院專戒隱居を許さる

*桂昌院へ五大尊護摩藥師法花水供仁王經當年屬星供の御札を獻上す

三の丸へ御成快意詰む

*黑田直邦桂昌院平癒の祈禱を依賴す

綱吉桂昌院へ例月の御札を獻上す

和泉國分寺境內地爭論につき相手單念を寺社奉行へ訴ふ

*桂昌院根生院へ寄進の千兩中二百兩を下す

堺政所

一、月次之御礼御登城、
一、一位樣江五大尊護摩・藥師法花水供・仁王經・
當年屬星供御札各上ル、
一、南都大乘院(興福寺、隆尊)御門主樣ゟ之一封、小笠原源六郎殿(御臺所用人)
ゟ御屆被成候事、
一、如例、三之丸へ、公方樣被爲成候ニ付、御本丸
ゟ直ニ御上り候事、

十六日、　雨天、

一、月次之御札上ル、
一、一位樣江後薗之大根一折御上ケ被遊候、
一、泉刕泉郡國分寺境內地論有之ニ付、願書ヲ以、
御月番本多彈正殿(忠晴、寺社奉行)へ今日罷出候、相手同國同所
同村單念、
一、國分寺罷下り、寺社御奉行所へ奉願候ニ付、堺
政所江御斷申上候へハ、天野傳四郎殿ゟ寺社奉
行三人江書狀被添候、則今日國分寺持參仕候事、
一、彈正少弼殿(本多忠明、寺社奉行)ニ而、願書納り候、

一、智積院僧正御願之通、昨日隱居被仰付候ニ付、
爲御悅金子五百疋御持參、且亦三之丸江茂御上
り被成候事、
一、一位樣、干溫飩(饂)一箱・洗若布一箱・榧一箱御拜
領、御文來ル、
一、伊東駿河守殿(祐崇)・金地院江、御見廻被遊候事、
一、黑田豐前守殿(直邦、小姓)ゟ封狀ニ而、一位樣御祈禱御賴被
仰越候事、

十七日、　雨天、

一、黑田豐前守殿へ、御返書御使僧ニて遣候事、
一、六角主殿殿御出、御面談、
一、一位樣ゟ根生院江被下置候銀千枚之內、今日貳
百枚相達候樣ニと、御文ニ而來ル、
一、一位樣爲窺御機嫌、醫王院被差上候所ニ、彌御
機嫌克被遊御座候由、

十八日、　雨天、

一、御在院、

桂昌院へ黒田直邦依頼の祈禱札を遣す

*大護院仁和寺直院家となる

本丸にて御能あり快意ら拜見す

快意桂昌院の御機嫌を窺ふ

*御影供

快意桂昌院の御機嫌を窺ふ

*桂昌院平癒の五大尊護摩開白す

*桂昌院平癒の藥師法漚座開白す

*三の丸へ御成　快意詰む

智積院閑居專戒彌勒寺來寺

京都若王子桂昌院平癒の御祈禱札を護國寺に届く

一、一位様江御文上ル、黒田豊前守殿ゟ御頼之御祈禱御札御上ケ、

一、松平出羽守殿江、昨日御使者ニ而、來ル廿七日御振舞之儀被仰聞候ニ付、右返礼申遣候事、

一、松平肥前守(黒田綱政)殿へ、一昨日御使者來ル返礼申遣ス、

一、御本丸江登城、御能拜見被仰付候由、護持院大僧正・覺王院大僧正・凌雲院大僧正・進休庵僧正・觀理院(山王社別當、智英)僧正・護國寺僧正・大護院(淺草、尊祐)・四ケ寺・河劦通法寺(古市郡通法寺村、賴雅)、右各拜見之由、

一、一位様へ爲窺御機嫌、御上り被成候事、夕方御歸寺、

十九日、　曇天、

一、御在院之事、

一、智積院閑居(專戒)僧正御出、彌勒寺(本所、隆慶)御出、各御對談、

一、京都若王子(東山)ゟ御使僧ニ而、一位様江御札指上ケ申候、其元護摩堂江成共御納可被下候由被仰越候事、

廿日、　晴、

一、秋元但馬守(喬知、老中)様江御使僧ニ而被仰遣候、一昨日被仰聞候大護院直院家之御免狀爲持差上候由、昨日、大護院ゟ先住(孝治)代直院家御免之狀、仁和寺御門主(寛隆法親王)様ゟ參候寫來ル、右之寫則但馬守殿(秋元喬知、老中)へ爲持遣候事、

一、一位様江後薗之大根一折、御上ケ被成候事、

一、一位様江窺御機嫌御上り被成候事、

廿一日、　晴、

一、大師(弘法大師)法事相濟、

一、五大尊護广一百座、今朝ゟ開白、人別毎日一座ツヽ、廿五日朝結願可仕旨被仰付、

一、藥師法漚座、今朝ゟ開白、日之内計、右何茂一位様御祈念、

一、御成觸申來、九ツ前御登城、

一、松平攝津守様へ、昨日御出之御返礼申進、

一、仙石越前守(政明)殿へ、一昨日使者ニ而、御在所へ御越

桂昌院金紋卷物を下す
*快意三の丸へ登城す
快意桂昌院の御機嫌を窺ふ
*桂昌院踊りを見物す
*桂昌院平癒の五大尊護摩百座開白す
綱吉於傳之方御臺所家宣御簾中へ例月長日の御札を獻上す
*家宣御簾中濱屋敷へ御成
快意桂昌院の御機嫌を窺ふ

候案内申來候御返答申遣、
一、下條頼母殿奥方へ、御ふミニ而、いちこ壹籠爲
御見舞被遣候、
一、金御紋御卷物壹卷、一位樣ゟ御拜領有之、
廿二日、　雨天、
一、三御丸へ、四ツ時過御登城窺御機嫌、おさち殿(三の丸女中衆)
ゟ御內證ニ而、御上り被成候樣ニと被仰越候、
御返事被成被遣、
一、小笠原源六郎殿へ、松井兵部卿へ之御請狀箱、
今日被遣、
一、公方樣・五之丸樣(於傳之方、綱吉側室)・御臺樣(綱吉室、鷹司教平女)・大納言樣(徳川家宣)・御簾中樣(徳川家宣室、近衛基熙女)、
右、例月長日之御札守・備折等上ル、
廿三日、　晴、
一、九ツ時ゟ登城、一位樣窺御機嫌、
其外無別條御歸寺、彌御機嫌御快然之旨被仰聞、
廿四日、　晴、

一、澤田三郎兵衛・金《西》剛院(大和、西大寺)入來、御逢被成候、
一、傳通院・武嶋左門殿へ使僧遣、來ル廿六日彌可
參由被仰遣、左門(武嶋)殿へハ昨日御出忝由申遣、織
田山城守(信休)殿へも使者返礼申遣、
一、九ツ時ゟ御登城、
其外無別條、今日も彌御樣躰御快然ニ付、おど(踊)
り御見物被遊候由、御歸寺已後御物語、
廿五日、
一、今朝ゟ五大尊護摩都合百ケ座又ゝ開白、來ル廿
八日ニ結願之筈、
一、御成觸被仰下、
一、大納言樣、今日御簾中樣御同道ニ而、濱屋鋪へ
被爲成候由、
一、四ツ半時ゟ御登城、
一、加藤源四郎殿、出雲(大谷、棟梁)同道ニ而御見舞、出來合料
理出之、
一、今日、通法寺(河内古市郡通法寺村、賴雅)下屋鋪ゟ此方へ御引越、

圓福寺覺眼智積院住持を命ぜらる

愛宕中將への返書彥山僧正の使僧賢秀へ依賴す

*堀田榮隆院御祈禱料を遣す

蜂須賀隆重例年通り桂昌院祈禱料を遣す

*金地院元云歸府の土產に快意に唐繪文殊像一幅を贈る

*智積院覺眼暇乞に來寺

傳通院來寺快意三の丸へ登城す

一、智積院後住之義、今日圓福寺（愛宕、覺眼）へ被仰付候、
一、今日、三御丸ニ而、牧野備後守（成貞）殿へ、護持院（隆光）・
護國寺（快意）兩僧正國分寺書□□本多彈正殿へ使者被
遣□候樣ニ□□□事、
廿六日、
一、朽木監物（定朝）殿へ御返書爲持遣、
一、愛宕中將殿へ御返書、
九刕彥山僧正使僧賢秀房旅宿迄頼遣、金子入之
狀箱也、
一、蜂須賀飛彈守（隆重）殿ゟ昨日使者ニ而來□□一位樣御
祈禱料例年之通被遣、依之、御返書使僧申遣、
一、智積院住職圓福寺へ、昨日被仰付候ニ付、今日
御祝義之使僧被遣、金子千疋・こんふ包被遣之、
一、松平出羽守殿ゟ今朝御使者ニ而、彌明日御出被
成候樣ニと被仰越候、依之、參を以御礼可被仰
由、御使者之御礼申遣、
一、傳通院御兼約ニ而御出、其ゟ直ニ三御丸江上り、

已下廿七日、
廿七日已下、
一、今日、松平出羽守殿へ御出之筈ニ候處、昨日俄
ニ御本丸ニ而御能拜見被仰付候由ニ付、昨晚出
羽守殿へ護持院ゟ先達而御延引之旨被仰遣候、
尙又此元ゟ茂御延引被成被下候樣ニと、使僧被
仰付候、今朝出羽守（松平吉透）殿ゟ此方へも使者ニ而、右
之御斷被仰越候事、
廿七日、　雨天、
一、榮隆院殿へ使僧進候、昨日御祈禱料參□□□、
一、金地院へ同斷、昨日京都ゟ御歸府之土產唐繪之
文殊壹幅參候、右之御返礼、
一、松平出羽守殿へ如右、
一、智積院閑居（專戒）へ、爲御暇乞御出、
白銀五枚・□紋之□□（紗綾）、御持參、
一、然空房へさや、　一、觀信房へさや、
一、國分寺（和泉泉郡）、今日牧野備後守（成貞）殿へ被參候、昨日茂備
後守殿へ被參候、備後守殿ゟ昨日本多彈正殿殿

へ使者を以、國分寺義御裁許被成被遣被下候様
ニ被仰達而、就夫昨日直ニ彈正殿ゟ御返答被得
其意候由、來ル廿八日訴狀國分寺持參仕樣ニと
被仰遣候、此段昨晩國分寺屋鋪□□承知被罷歸
候、右之譯故、今朝も屋敷へ被參候、

前田綱紀五月の御祈禱料を遣す

一、今朝、松平加賀守様(前田綱紀)ゟ白銀二十枚、例年之通御
使者ニ而參候、御直答、

一、傳通院へ、昨日之御礼使僧遣、

一、智積院閑居様、今日八ツ半時過程ニ、此元へ御
暇乞、先刻之御礼旁御出、

一、相馬圖書殿(紋胤)へ使僧遣、昨日使者ニ而、御當地發駕
之案内被仰越候御返答、

庚申待

一、庚申待、今晩亮尚院(護國寺寺中、豁如)被相務候、

桂昌院例年通り饂飩菓子を下す

一、一位様ゟ例年之通、御うとん(饂飩)・御くわし(菓子)、御案内御文相添來
候、□□仕差上候、御重外家臺共かへし申候、

綱吉へ節句祝の筭獻上の日限を窺ふ

一、筭獻上日限窺、松平右京大夫殿(輝貞、側用人)へ、歡喜院(護國寺役者)被□、
來ル廿九日、來月朔日兩日之内、勝手次第ニ上
候様ニと被仰付候、

口上覺

爲可奉窺御機嫌、來ル廿九日、來月朔日、右
兩日之内、差圖次第筭獻上仕度候、獻上仕候
ハヽ、其元様差上可申候間、宜様奉賴候、以
上、

閏四月廿七日　護國寺

廿八日、晴、

*護國寺月次の御禮

一、例月御礼申上候、

*三の丸へ御成快意詰む

一、御成觸申來、

*本丸西の丸桂昌院加藤明英へ例月の御札守を獻上す

一、御本丸、　一、西之丸、
一、三御丸、　一、加藤越中守殿、
右、何も例月之通御札守・備折差上、

一、加賀宰相様へ、昨日之御返礼使僧進候、

一、鞍岡三郎右衛門殿へ、昨日此元へ御出、且亦奥
方様・灵照院様(本庄宗資室、森氏)、其外之衆、天氣次第、彌明廿
九日御參詣可被成之由得其意候、彌參詣被成候

様宜被仰上候様ニと申遣、
一、寶性院(紀伊、高野山、唯心)・隨心院(紀伊、高野山、嘉運)・發光院(紀伊、高野山)・法乘院(同上)、昨日大門(高野山)願之義、首尾能被仰付難有由御礼ニ右四人御出、貳千疋衆中ゟ持參、

高野山寶性院ら大門普請願成就につき快意に御禮に來寺

一、鎌倉等覺院(相摸、鶴岡八幡宮寺供僧)入來、呼ニ遣被參候、一位樣御祈禱八千枚之修法被仰付候、御請被申候、

快意鎌倉等覺院に桂昌院の御祈禱を命ず

一、一位樣今日之御樣躰御快然之由、御歸寺已後被仰聞候、

廿九日、晴、

一、今朝笋獻上、松平右京太夫殿へ歡喜院持參被申候、美濃守殿(柳澤吉保、側用人)・右京殿(松平輝貞、側用人)へも、御殘り拾本進上之候、

綱吉へ節句の祝儀に筍を獻上す

一、今日、御能拜見被仰付、御本丸へ御上り被成候、通法寺も登城候、

本丸にて御能あり快意拜見す

一、松平豐後守殿(本庄資俊)奥方(本庄宗資女)・㚑照院殿・御息女達御兩人、六角越前守殿奥方・御息女、右之衆開帳參詣被成、方丈取込故、蓮花院廊下ニ而御休息、御茶・餠菓子・酒等御馳走、僧正(快意)ニハ御出かけニ御逢被成候、傳通院ニ而、今日御馳走□兼約之由、其故此方ハ早〻御立被成候、木下善右衛門(信親、本庄資俊家臣)・鞍岡三郎右衛門・依田□右衛門、御供、

本庄資俊室資俊息女本庄宗資室六角廣治室廣治息女等久安寺出開帳に參詣す

一、三御丸へ窺御機嫌手作大根被差上、御文ニ而上ル、

*快意桂昌院の御機嫌窺ひに手作りの大根を獻上す

一、松平右京大夫殿ゟ首尾能御披露相濟候ニ付、御奉書被下候、晩程迄御本丸ニ被成御座候ニ付、御請ハ不仕受取計仕差上候、晩程七ツ過ニ御本丸ゟ御口上ニ仕、御首尾能御披露被成下、御奉書頂戴仕難有仕合ニ奉存候、御城ニ罷有候間、御奉書之御請ハ不申上候、右之御礼旁以使僧申上候由申進候、
一、高野屋敷(江戸、江戸在番)へ、昨日之返礼使僧遣、
一、大久保隱岐守殿へ、御在所着御案內使者昨夕來、右之御返礼、

*大久保忠增在所到著を報ず

一、辻彌五左衛門殿、昨日此方へ御出、右之御返礼

申遣、

（裏表紙）

六册之内

（表紙）

三

乙寶永二年

快意僧正代

日記　共六

酉五月朔日ゟ

七月三日迄

（原寸、縦二四・五糎、横一七・二糎）

（表紙裏標目）

「五月廿二日、

一、仁王門側ニて腰差捨有之事、

五月廿八日、

一、圓福寺入院付届、

六月九日、

一、快意僧正兼而當寺無本寺御願ニ付、御老中ゟ仁和寺へ被仰付離末ニ而院家ニ被仰付候由、御令旨御老中但馬守殿御渡、

六月十一日、

一、火番御代本多吉十郎殿へ被仰付候案内、

六月廿二日、

一、一位様御逝去、附廿七日納經拜礼願歡喜院參、

六月廿九日、

一、納經拜礼被仰付候事、」

*快意桂昌院の御機嫌を窺ふ
三の丸へ御成
*河內通法寺桂昌院へ暇乞に上る
快意桂昌院へ笋を獻上す
*醍醐報恩院桂昌院への獻上物を三の丸へ遣す
護國寺月次御禮あり
快意月次の御禮を勤む
綱吉家宣へ端午節句の祝儀を獻上す
於傳之方女中益見暇を出さる
*綱吉桂昌院へ三日月待の御札を獻上す

〔五月〕

五月一日、　曇、

一、公方様(徳川綱吉)、三之丸江被爲成候御案內御手帋、竹本土佐守殿(長鮮、三の丸用人)ゟ來ル、

一、一位様(桂昌院)へ、向屋敷之笋拾本御上ケ被成候、

一、報恩院大僧正(醍醐寺、寬順)江、昨日御出之返礼申遣候、

一、靈松院殿(本庄宗資室、森氏)幷松平豐後守殿(本庄資俊)奥方江、昨日開帳御參詣ニ御出之返礼申遣候、

一、鎌倉等覺院(相模、鶴岡八幡宮寺供僧)寮舍江寄宿、今度一位様御祈禱八千枚被仰付候ニ付、罷越相勤被申筈ニて御座候、

一、月次之御礼有之、御本丸へ登城、

二日、

一、御本丸・西之丸江、端午之御祝義上ル、

一、五之丸様(於傳之方、綱吉側室)方益見との御暇出ル付、糯一箱戻ル、

一、醍醐兩院(報恩院・釋迦院)參府ニ付、今日御見廻被成候、報恩院殿へ三百疋、釋迦院(有雅)殿へ五百疋御持參之事、

一、一位様へ、窺御機嫌ニ御上り被成候事、

一、松平攝津守(義行)殿へ、爲御暇乞御見廻之事、

一、成瀬隼人正(正幸、尾張德川家付家老)殿へ、御參府御見廻被成候事、

一、河芻通法寺(古市郡通法寺村、賴雅)、今日一位様へ爲御暇乞上り被申候、普門院(護國寺役者、榮傳)案內、拜領物銀十枚・さらし(晒)五疋・木平三端、海雪房(說)・長春房(尚彥)へ、木平三端ツヽ被下之候、

三日、

一、醍醐報恩院大僧正ゟ、一位様へ獻上物此方ゟ指上候昆布一折三十本・榧木枝香箱一箱、此方ゟ上ル、

一、福井との(三の丸女中衆)・おりうとの(同上)へ、七ツ入子文庫一組ツヽ遣被申候、

四日、　晴天、

一、公方様・一位様へ、三日月待之御札上ル、

一、終日御在院之事、

一、松平隱岐守(定直)様へ、昨日之御返礼ニ使僧遣候、

一、松平兵部(吉品)殿へ、御返狀使僧ニ而遣候、

桂昌院箚を下す
護國寺端午節句の御禮
快意登城す
*寺中ら桂昌院へ節句の御禮に上る
桂昌院へ大黒天法の御札を獻上す
*快意三の丸へ登城す
*本庄資俊同宗彌同宗長久安寺出開帳に參詣す

一、周宣房・平井庄吉、今日和𠮷ゟ登着(到)、
一、一位樣ゟ笋一折來ル、

五日、　雨少降、

一、節句之御礼、例之通相濟、
一、五ツ半時、御登城、
一、御本丸ゟ御文ニ而、銀三枚・粽一折、端午之御祝儀ニ來ル、
一、三ノ御丸江御札指上ケ候、大黒法修行御札計指上候、
一、尺(釋)迦院(醍醐寺、有雅)殿へ、昨日之御返礼ニ御使僧遣候、
一、知(智)積院(京都、覺眼)江、昨日御出之御返礼申遣候、
一、桑山志广(摩)守殿へ、昨日御出之御返礼申遣候、
一、冷泉中納言(爲經)殿へ之御返事、寶積院(攝津、久安寺)へ遣候、
一、多武峯(大和)知光院・山内五郎太夫殿へ之御返事、周宣房へ頼遣候、
一、南都招提寺・彌勒院へ之書狀貳通、月輪院(護持院役者、隆元)へ頼遣候、

一、永代寺(江戸)江之御返事、蓮花院(護國寺寺中、覺祐)へ頼遣候、

六日、

一、去ル三日ニ、御帷子入參候御つゞら(葛籠)御紋付糸丸打之緒付候、外ニ黑塗の小文庫一丸打緒付候、右之通貳箱、今日寺中罷上り候ニ付、持參仕候事、
一、三之御丸江、寺中節句之御礼ニ罷上り候、
一、九ツ時、三ノ御丸江御上り、六ツ過御歸、
一、松平豐後守殿(本庄宗彌)・同美作守殿(本庄宗長、中奥小姓)・同内膳正殿、開帳御參詣被成候、
一、小笠原右近將監(忠雄)殿へ、昨日之御返礼申遣候、
一、諏訪安藝守(忠虎)殿へ、昨日之御返礼申遣候、
一、南都龍松院(東大寺、公慶)御返事、使僧ニ而遣候、
一、内藤式部(正友、大坂定番)殿奥方へ、昨日之御返礼申遣候、
一、松平出雲守(義昌)殿奥方(龜姫、丹羽光重女)へ、九日ニ開帳御參詣被成候由申遣候處ニ、御指合御座候由申來候、

七日、　曇、

一、通法寺・泰春房、今日上方へ發足被成候、明六ツ時、
一、今宮祭礼、例之通法樂相濟、
一、今宮御祭礼ニ付、三ノ御丸江御供御食籠指上ケ候、
一、三ノ御丸江松平美濃守殿（柳澤吉保、側用人）・松平豊後守殿・牧野周防守殿（康重）・黒田豊前守殿（直邦、小姓）・冨田甲斐守殿（知郷、中奥小姓）・本庄宮内殿（道章、小姓）、御頼之御祈禱御札守指上候、
一、三之御丸江報恩院殿ゟ窺御機嫌笋壹籠、御文被指上候ニ付遣候、
一、四ツ半過、深川竹生嶋開帳御參詣、御初尾金三百疋御持參御歸り、
一、堀田伊豆守殿（正虎）御振舞御出被成候、御歸入相時、
一、稲葉丹後守殿（正往、老中）へ、昨日御返礼御使僧、并御札指上候日限申遣候、
一、黄檗悦山和尚（山城、宇治、萬福寺）へ、昨日御返礼申遣候、并隨正寺（瑞聖）へ茂返礼申遣候、

護國寺今宮祭禮
桂昌院へ今宮祭禮の供物を獻上す
桂昌院へ柳澤吉保本庄資俊牧野康重ら依賴の御祈禱札を遣す
*大般若經轉讀
*桂昌院へ筍すしを獻上す
快意竹生島辨財天の出開帳に參詣す
快意堀田正虎を振舞ふ
*綱吉御臺所於傳之方へ大般若經轉讀の御札を獻上す
黄檗悦山和尚
*桂昌院へ大般若經轉讀及び星供の御札を獻上す

一、高野屋敷隨心院（江戸、江戸在番）・寶城院、節句之御祝義一種來候ニ付、返礼申遣候、
一、久世讃岐守殿（重之、寺社奉行）へ、御氣色御見舞使僧□遣候、
一、三之御丸ゟ比丘尼衆りせいとの（利清殿）、今宮へ御代參、
二汁五菜料理出之候、
一、越ケ谷迎攝院（武藏）ゟ窺御機嫌ニ、笋貳拾貳本被越候、
　八日、　晝少雨降、
一、大般若例之通相濟候、僧正御風氣故、御出座不被成候、
一、一位樣へ例年之通、竹子之すし御文ニ而指上候、
一、藤堂備前守殿（高堅）へ、昨日之御返礼申遣候、
一、加藤越中守殿（明英、若年寄）へ、昨日之御返礼申進候、
　九日、　晴天、
一、御本丸江、大般若御札守例之通指上候、
一、御臺樣（綱吉室、鷹司教平女）へ、同斷、
一、五之丸樣へ、同斷、
一、三之丸江同斷、星供御札守指上候、

八重姫へ大般若經轉讀及び星供の御札を獻上す

八重姫西の丸へ入る

快意參府の成瀬正幸を見舞ひ後三の丸へ上る

京都稲荷山愛染寺より桂昌院の御祈禱札届く

悦山の通辭祖溪*

九日久安寺出開帳閉帳につき寺社奉行へ届出づ*

家宣御簾中へ五月大般若經轉讀の御札を獻上す

入院御禮に出府の黄檗悦山來寺

一、八重姫君様(徳川吉宇室、綱吉養女)へ、同斷、
一、大納言様(徳川家宣)・御簾中様(家宣室、近衛基熙女)へハ、今日八重姫君様被爲
入候ニ付、不指上候、
一、四ツ半過、竹本土佐守殿ゟ御成觸來ル、
一、成瀬隼人正殿へ御出被遊、直ニ三之丸へ御越被
遊候、
一、京稲荷山愛染寺ゟ、一位様江御札并花焼鹽壹箱、
御使僧ニ而指遣之候、
一、上乘院(大和、内山)へ、昨日御返礼ニ御使僧遣候、
一、戸田中務殿(氏興、奥高家)へ、昨日之御礼ニ使僧遣候、
一、山内主膳殿へ、昨日御出之御返礼申遣候、
一、三之御丸ゟ報恩院大僧正へ、先頃筭被指上候ニ
付、御返事參候故、使ニ而遣候、
十日、
一、大納言様・御簾中様へ、當月御祈禱之大般若御
札守指上候事、
一、黄檗悦山和尚、今度繼目之御礼ニ被罷下候ニ付

御出、御手前御普請取込、御對面所無御座候ニ
付、於普門院御對面、茶菓子・煎茶ニ而饗應被
遊候事、且亦目白洞雲寺ニ終日逗留ニ付、普門
院ヲ以謝辭被仰遣候事、
一、成瀬隼人正殿へ御越被成、夫ゟ三之丸へ御上り
被成候事、
十一日、晴、
一、今日、表玄關・大庭掃除等出來申候ニ付、表向
取次いたし候、
一、悦山和尚、昨日爰許へ御出ニ付、今日御返礼使
僧遣申候、
一、瑞昌寺(聖)へも、口上申遣、
一、通辭祖溪へも、昨日之返礼申遣、
一、一昨九日、攝刕久安寺本尊閉帳ニ付、本多彈正(忠晴、寺社奉行)
少弼殿へ御斷、歡喜院(護國寺役者)罷越申上候、白山(加賀)寶代坊
開帳之節も斷申ニ付如此候事、
一、釋迦院殿へ使僧遣、一昨日、三之丸へ御上り、

醍醐釋迦院有雅三の丸にて綱吉桂昌院に御目見す
快意三の丸へ登城す
*三の丸へ御成快意詰む
覺鑁講法事
牧野忠辰御祈禱料を遣す
*松平義昌室久安寺出開帳に參詣す
信貴山光明院弟子來寺
柳澤吉里母死去につき快意同吉保同吉里へ悔みの使僧を遣す
*桂昌院へすしを獻上す
*護國寺鎮守稲荷社祭禮
安藤信友御祈禱料を遣す

公方様・一位様へ御目見相濟候ニ付、昨日右爲御礼使者參候御返礼、
一、九ツ時ゟ、三御丸へ御上り被成候、
一、今日之御様躰御すくれ(勝)被遊候由、御歸寺之節被仰聞候、

十二日、　曇、雨少、

一、法事(覺鑁講)相濟、
一、牧野駿河守(忠辰)殿ゟ稲垣林四郎殿爲御名代、御祈禱料爲御持入來候、そは(蕎麥)切出之候、御逢被成候、
一、信貴山(大和)光明院弟子長禪來、初而懸御目、
一、歡喜院、松平美濃守殿・伊勢守(柳澤吉里)殿へ被遣候、伊勢守殿御母儀(飯塚氏)御死去ニ付、爲御悔被遣候、右者護持院(隆光)ゟ御手紙ニ而、當月之事故、御自身御出ハ遠慮被成、使僧ニ而御悔被仰遣之由、其通ニ被成候、
一、安藤長門守(信友、護國寺火番)殿ゟ御祈禱料來候、小花和治ア右衛門殿持參候、

一、竹田藤右衛門(政武、小普請方)殿御普請御見舞、そは切出、
一、御成觸、竹本殿(長鮮、三の丸用人)ゟ御手紙、九ツ前ゟ御登城、暮六時過御歸寺、御様躰御すくれ被爲遊候由、
一、內藤式ア少輔(正友、大坂定番)殿へ、一ヒ昨日御使者ニ而御祈禱料參候御返礼申遣、

十三日、　夜中雨、晝晴、

一、御兼約ニ而、松平出雲守殿奥方御參詣、いな姫殿御同道被成候、二汁六菜之料理被仰付候、
一、終日御在寺、
一、御客落着小豆餅出之候、山(護國寺境內)ニ而餅菓子出ル、
一、一位様へ御ふミ(文)ニ而、御すし二桶上、
一、鎮守稲荷祭礼、
一、尾張中納言様(德川吉通)ゟ御使者來、一昨日御出被成候御返礼、
一、西之丸梅小路殿ゟ御ふミ來、

釋迦院殿・報恩院殿之義、御礼旁被仰越候、

十四日、晴、

一、松平出雲守樣ゟ、昨日兩度迄御使者參候、右之御返礼、且亦彌今日御出可有由被仰遣、

一、牧野駿河守殿へ、一昨日□家老衆林四郎殿御出之御返礼被仰遣、

一、相馬圖書殿(敍胤)へ、御在着之使者來候御返答申遣、

一、安藤長門守殿へ○(一昨日)御祈禱料來候御返礼、

一、大久保加賀守殿(忠朝)へ、例之通今日公方樣御祈禱御札爲持進候、

一、一位樣ゟ、明日今宮御祭礼之御供等、御ふミニ而來候、

御廿酒　御重之内、

御ほかい(行器)三荷、

右之赤飯等、寺中へも被遣被下候、

一、今日ハ、松平出雲守樣へ御請待ニ而御出被成候、歡喜院被致供候、

*五月の浴油供開白

*快意月次御禮を勤む

牧野忠辰在所到著を報ず

*三の丸へ御成快意詰む

*松平頼豐蜂須賀隆重へ依頼の御祈禱札を遣す

*稻葉正往依頼の桂昌院御祈禱札を本庄資俊へ遣す

大久保忠朝へ綱吉御祈禱札を遣す

*圓福寺眞福寺彌勒寺獻上の御祈禱札を桂昌院へ遣す

桂昌院今宮祭禮供物を下す

松平義昌快意を振舞ふ

十五日、曇晴交、

一、今朝ゟ浴油開白、普門院爲御名代被相務候、公方樣へ千座之御札上ル、

一、月次之登城、

一、一位樣へ後刻被爲成候御觸之手紙來ル、

一、松平讚岐守殿(頼豐)・蜂須賀(隆重)飛彈(驒、下同ジ)守殿御頼御祈禱、今朝結願ニ付、御札上ル、

一、稻葉丹後守殿御頼之御祈禱も今朝結願ニ付、如例松平豐後守殿迄爲持進候、

一、圓福寺(江戸、愛宕)・眞福寺(同上)・彌勒寺(江戸、本所)ゟ一位樣へ獻上之御札、今日指上候、

一、安(阿)部飛彈守殿(正喬)御頼御祈禱結願ニ付、如例瀨下治兵衞所へ案内申遣候事、

一、松平出雲守殿へ、昨日之返礼申遣、御同姓右近(義方)將監殿へも、右之通、

一、於三之丸、公方樣ゟ晒布十疋御拜領、一位樣ゟ晒布十疋拜領、右者、今日今宮之御祭礼御祝義

*小笠原忠雄初めて桂昌院御祈禱を依賴す
桂昌院へ日待御札を獻上す
酒井忠擧へ御札を遣す
*桂昌院へ如意輪法長日の祈禱札を獻上す
醍醐釋迦院來寺
快意三の丸へ登城す
*前田綱紀へ自身の祈禱札を遣す
長谷寺より五月の桂昌院御祈禱札到來す
*蜂須賀隆重依賴の桂昌院御祈禱札を遣す
堀田榮隆院來寺
平塚明神の土を取寄せ八千枚の爐を塗る
*松平賴豐依賴の桂昌院御祈禱札を遣す
前田綱紀依賴の綱吉桂昌院の御祈禱札を三の丸へ遣す
*三の丸へ御成

之由ニ而、夜ニ入御退出、

十六日、　午雨降、

一、一位様へ、御日待之御札上ル、
一、酒井(忠擧)雅樂頭殿へ、例之通御札遣候事、
一、醍醐釋迦院(有雅)大僧正御出、御面談之事、
一、午過ゟ三之丸へ御上り被成候事、
一、初瀬(大和、長谷寺)小池坊ゟ、當月一位様御祈禱之御札到來、
且亦小池(亮貞)ゟ護持院へ書狀一通、梅心院(長谷寺、元貞)ゟ月輪院(護持院役者、隆元)
へ小箱一ツ來、相達候事、

十七日、　曇晴交、

一、御在院、
一、堀田榮隆院(堀田正俊室、稲葉正則女)殿御出、緩ゝ御語候事、
一、福王市左衞門殿御出、御普請場御見廻、
一、今日八千枚之爐塗申候、平塚明神(武藏豐島郡上中里村)之土取寄候、

十八日、　雨天、

一、加賀宰相(前田綱紀)殿御賴之公方様・一位様御祈禱、今朝
結願ニ付、右兩御札・昆布貳箱也、三之丸江指上
候、おりうとのへ御別帋ニ而如例被仰遣候事、
一、小笠原右近將監殿ゟ、始而一位様御祈禱御賴、
今朝結願ニ付、御札御上ケ被成候事、
一、恒月之如意輪法長日御札上ル、
右者、一位様へ、
一、加賀宰相殿へ、御自分御祈禱ヲ茂相務候由ニ而、
如例御札守昆布一箱相添被遣候、兼而御賴之公
方様・一位様御祈禱致修行、今朝御札指上候ニ
付、御自分様へ如例進候由、
一、蜂須賀飛彈守殿へ、御賴之御祈禱相務、御札差
上候由案内申遣候事、
一、酒井雅樂頭殿へ、一昨日御使者來ル返礼申遣候
事、
一、松平讚岐守殿へ、御賴之御祈禱相務、御札差上
候由案内申遣候事、
一、公方様、三之丸江后刻被爲成候御案内御手紙、
竹本土佐守殿ゟ來ル、

*德川綱教死去につき普請鳴物停止の御觸
桂昌院平癒の准胝法千座御祈禱開白す
醍醐釋迦院同報恩院獻上の桂昌院御祈禱札を遣す
*綱教死去につき御機嫌窺ひの惣登城あり快意も登城す
長谷寺觀音開帳札を桂昌院へ遣す
大護院獻上の桂昌院御祈禱札を遣す
黄檗悦山下向につき暇乞の使僧を遣す
*快意德川光貞安宮へ悔みに參る
*快意桂昌院の御機嫌を窺ふ
*堀田榮隆院依賴の桂昌院御祈禱札を遣す
*快意桂昌院の御機嫌を窺ふ
*本丸桂昌院西の丸八重姬へ浴油供星供の

十九日、　曇晴交、
一、一位様爲御祈禱准胝千座御開白被成、衆中相務、
一、釋迦院大僧正ゟ當月之御祈禱相務候由ニ而、一位様へ御札差上候、報恩院殿ゟ御札幷糒五袋獻上被成度旨被申越候ニ付、御差上ケ被成候、
一、小池坊僧正ゟ開帳之御札參候ニ付、今日指上候、
一、淺艸大護院(尊祐)ゟ御札指越候ニ付、今日被差上候事、
一、黄檗悦山和尚近日發駕ニ付、爲御暇乞御使僧晒五疋被遣之候、
一、瑞聖寺江爲御見舞、新蓮根一籠被遣候事、
一、尾刕長久寺(名古屋、義山)、昨日到着之案内被申越候ニ付、右之悦申遣候、
一、右便ニ付、圓福寺・眞福寺へ、一位様ゟ當月之御初穂遣申候、銀貳枚ツヽ、
一、一位様御機嫌窺ニ御上リ被成候而、夜ニ入御退出、
一、御月番三宅備前守(康雄、寺社奉行)殿ゟ御觸手紙ニて申來候、

紀伊中納言(德川綱教)殿御逝去ニ付、普請者明日迄、鳴物廿五日迄御停止被仰出候間、可被得其旨候由、
一、當院御修復も、今明日延引、

廿日、　雨天、
一、紀伊中納言様御逝去ニ付、爲窺御機嫌、御三家方・諸大名・諸役不殘登城有之ニ付、護持院ゟ僧正(快意)ニ茂御上り候様ニと申來候ニ付、登城被遊候事、
一、紀伊御屋敷江茂御越被遊候而、對山様(德川光貞)・安宮様(伏見貞清親王姬)へも御悔被仰上候事、
一、一位様へ、窺御機嫌ニ御上り候事、

廿一日、　曇雨交、
一、堀田榮隆院殿御賴一位様御祈禱、今朝結願ニ付、御札被差上候事、
一、御本丸・三之丸・西御丸・八重姬様へ、浴油・御星供之御札上ル、
一、后剋、公方様、三之丸江被爲成之御觸手帋來ル、

御札を獻上す
*三の丸へ御成快意詰む
*柳澤吉保松平輝貞本庄資俊らへ五月の祈禱札を遣す
綱吉御臺所於傳之方へ例月の御札を獻上す
快意桂昌院の御機嫌を窺ふ
仁王門外に中脇差捨てらる
*內藤正友初めて家宣の御祈禱を依頼す
*快意桂昌院の御機嫌を窺ふ
快意末寺に桂昌院平癒の八千枚護摩修行に出仕を命ず
*快意綱吉との賭碁に敗れ菓子代を虎屋へ支拂ふ
*快意桂昌院の御機嫌を窺ふ
快意藤堂高睦邸へ養子祝に參る

一、三之丸へ御上り候事、

廿二日、　雨天、

一、公方様　御臺様　五之丸様、例月之御札上ル、
一、一位様爲窺御機嫌、午過ゟ御上り候事、
一、仁王門際ニ中脇差捨有之、茶屋之者見付候ニ付相改、御月番三宅備前守殿へ普門院右脇差爲持罷越申上候所、先格之通高札立候而、主無之候ハヽ、重而右之斷有之、持參可被申候由役人被申渡候由、
一、來ル廿五日、八千枚護摩修行ニ付、末寺中へ出仕候様、難去檀用於有之ハ、不及出座候由申遣候事、
一、一位様ゟ御文ニて、切麥三組來ル、
一、大護院・彌勒寺へ、一位様ゟ當月之御初穂銀貳枚ツヽ被下候ニ付、今日爲持相居申候、

廿三日、　雨天、夜ニ入大雨、雷鳴、

一、藤堂(高睦)和泉守殿へ御願之通御養子被仰出、目出度奉存候、右之御悅被仰遣候事、
一、松平美濃守殿・松平(輝貞、側用人)右京大夫殿・松平(重寛)豐後守殿・丹羽(長守、江戸町奉行)遠江守殿・竹田(奥醫師竹田定快母)寶林院殿・板倉甲斐守殿・庄田下總守殿・本多(忠周)淡路守殿・內藤式部少輔殿、右何茂例月之御札遣候、
一、內藤式部少輔殿ゟ、今月初而大納言様御祈禱ヲ茂御賴ニ付、御札遣候、
一、一位様へ窺御機嫌御上り候、其節日輪院(護持院役者)方へ御立寄、料理被召上候御約束ニ付、御越被遊候事、
一、去ル十八日、三之丸へ公方様被爲成候節、御碁之御逢手ニ被仰付、御菓子之かけ(賭)被遊候所、僧正御まけ(負)被成候ニ付、今日御菓子代虎屋方へ三之丸ニ而被遣候、

廿四日、　雨天、

一、一位様江爲(窺脱カ)御機嫌御上り候事、
一、和劦今井村平井太右衞門・松塚鬼頭五兵衞罷越、太右衞門儀始而御目見、

末寺ら出仕して桂昌院平癒の八千枚護摩修行さる

*快意桂昌院の御機嫌を窺ふ

八千枚護摩祈禱の御札守供物を即刻桂昌院へ獻上す

桂昌院へ如意輪尊護摩御札准胝法御札を獻上す

*快意智積院入院祝儀に圓福寺へ參る

*快意三の丸へ上る

*義山圓福寺住持を命ぜらる

三の丸へ御成快意詰む

*仁和寺門跡より例月の桂昌院御祈禱結願につき昆布屆く

廿五日、　晴、

一、鎌倉等覺院へ御賴、今日八千枚修行、末寺住持分明六ツ時出仕被申候、

一、右修法御祈禱御札守・御供物、卽刻一位樣へ獻上被成候事、

一、如意輪護摩御札、准胝一千座之御札も同斷、

一、末寺・當院寺中・攝刕寶積院(久安寺)へ、晒布一端ツヽ爲御布施被下候事、一山惣出家中・藥王寺名代(市ケ谷、證覺)宜山へ靑銅拾疋ツヽ、承仕四人へ三十疋ツヽ、料理二汁五菜ニて御出之、御菓子、

一、后刻被爲成候由、御手帋來ル、

一、料理已後、一位樣へ御上り候事、

一、今日、八千枚御祈禱衆中へ、豆飯一荷・井籠三組來ル、

一、せんべい(煎餅)・ごま(胡麻)餅・干瓢・干海雲、茶屋餅一臺、其外者箱也、

一、(マヽ)

廿六日、　雨天、午過雷鳴、

一、一位樣爲窺御機嫌御上り被遊候事、

一、鎌倉等覺院、今日御暇乞ニて、千手院(江戸)江被罷歸候事、

一、夜ニ入御退出、

廿七日、　雨天、

一、智積院御祝義振廻ニ付、愛宕江(江戸、圓福寺)御越被成、夫〻一位樣へ窺御機嫌御上り被遊候事、

一、圓福寺(愛宕、義山)御出、昨日圓福寺住持被仰付候ニ付、繼目ニ致參上候由、

一、京御室御所樣(仁和寺、寬隆法親王)〻、例月之通一位樣御祈禱御執行被遊候由、右御結願ニ付、一位樣へ如例昆布一箱被進候、僧正江茂昆布一箱被下之候由、御奉書貳通、菩提院殿(仁和寺、賴遍)〻、

一、松平豐後守殿へ御奉書貳通、智積院へ御奉書貳通、坊官〻壹通、右何茂町飛脚ニ而來ル、

廿八日、　雨天、

快意月次御禮を勤む

*快意桂昌院の御機嫌を窺ふ

三の丸へ御成

快意登城す

綱吉家宣へ例月の御札を獻上す

桂昌院へ不動法千座の御札を獻上す

快意桂昌院へ手作の茄子を獻上す

*例年通り聖憲法印追福法事

桂昌院比丘尼衆誓心護摩堂不動尊へ參詣す

*快意桂昌院の御機嫌を窺ふ

*八重姫桂昌院平癒の御祈禱を命ず

桂昌院の病氣漸進につき快意百萬遍の修法を命ず

*桂昌院奥山玄建調製の藥を服す

大護院來寺

一、御本丸月次登城有之、

一、公方様、三之丸へ被爲成候ニ付、如例御上り被成候事、

一、御本丸・西御丸へ、例月之御札上ル、

一、一位様へ、當月之御祈禱不動一千座之御札守上ル、

一、御室様ゟ被進候御昆布上ル、

一、一位様へ、御手作之茄子一籠上ル、

一、尾州長久寺參府、一昨日圓福寺住持被仰付候、依之、入院之爲御祝義、使僧ニて紗綾貮卷被遣之候、

一、一位様御比丘尼衆誓心殿、護摩堂不動尊江御參詣、

一、一位様御不豫ニ付、今日ゟ一日ニ十座十万返、都合百座百万遍相務候様、僧正被仰付候、

廿九日、雨天、

一、淺艸大護院御出、御面談、

一、一位様へ、午過ゟ爲窺御機嫌御上り候、

一、内藤山城守(政森、小姓)殿ゟ、一位様御祈禱御賴、御使者ニて申來ル、

一、夜ニ入御退出、

一、十座十万返修法有之候事、

卅日、曇、

一、土井周防守(利益)殿江、御暇御拜領之御悅申遣ス、

一、加藤遠江守(泰恒)殿、御參府之御悅申遣ス、

一、内藤山城守殿へ、昨日之返答申遣候事、

一、例年之通、於開山堂、爲聖憲(根來寺)法印追福理趣經讀誦、一山出家中へ素麪御振舞、

一、午時、一位様へ窺御機嫌御上り候事、

一、八重姫君様ゟ、一位様御祈禱被仰付候御文來ル、

一、今日ゟ、奥山謙德院(玄建、奥醫師)御藥差上候由、

一、十座十万遍修法有之候事、

〔六　月〕

六月朔日、　雨天、

一、御頭痛氣護摩堂へ御出不被成、今朝之礼無之、

一、八重姫君様(徳川吉孚室、綱吉養女)ゟ御頼之御祈禱之御札守、

一、内藤山城守殿(政森、小姓)御頼之御札守、

一、黒田豊前守殿(直邦、小姓)ゟ新長谷寺(江戸、関口)へ被仰付候由ニ而、今朝彼院ゟ護广(摩)札爲持差越候、右何茂一位様(桂昌院)御祈禱御札今日差上候、

一、例月之通御登城被成候、

一、御成觸申來候、

一、織田山城守殿(信休)ゟ昨日御狀ニ而、此間御着被成候由申來候、今日、右之御返□以使僧申進候、

一、岡ア美濃守殿(長泰)へ、明二日參上申間敷由御斷申進候、

一、根生院(湯島、榮專)へ御手紙ニ而、明二日得參上不仕、今朝御斷申遣候段被仰出、土井周防守殿(利益)へ明後三日ニ參上申儀ハ、尙又明日様子見合可申進候由被仰遣、

一、加藤越中守殿(明英、若年寄)ゟ近藤惣七郎と申仁使者ニ而、先月御祈禱料爲持被遣、例之通馳走いたし候、

一、暮六過御歸寺、御様躰被爲更候御事無御座候由、

一、今日茂洛叉修行、

二日、　晴、

一、圓福寺(愛宕、義山)ゟ昨日使僧ニ而、來ル三日ニ護持院(隆光)御出ニ付、當院(快意)ニも御出候様ニと被申越候、右之御返答、毎日三御丸へ罷上り候間、參上申間敷由使僧被遣、

一、土井周防守殿へ、明三日得參上申間敷由、御斷被仰遣、

一、加藤越中守殿へ、昨日御初尾參候御返答被仰遣、

一、酒井左衞門尉殿(忠眞)ゟ、昨日御參府被成候御案內、昨日使者參候、右之御返答申遣、

一、安中妙光院(上野碓氷郡)へ晒壹疋被遣之候、旅宿今日發足之

*加藤明英五月の祈禱料を遣す

桂昌院へ八重姫内藤政森依頼の御祈禱の御札守を遣す

黒田直邦新長谷寺へ依頼の護摩札を桂昌院へ遣す

快意月次の御禮を勤む

*この頃快意毎日三の丸へ詰む

*安中妙光院

*桂昌院洛叉の御祈禱
桂昌院根生院へ寄進の白銀千枚の中八百枚屆く
*御臺所命ずる桂昌院の御祈禱開白す
*佐野勝由興津忠閭ら依賴の桂昌院の御祈禱を開白す
堀田榮隆院使者を以て桂昌院の容體を伺ふ
松平友親快意へ暑氣見舞ひを遣す
小普請奉行普請場を検分す
御臺所桂昌院土用中無事の御祈禱を命ず
*快意松平賴貞へ老母病氣の見舞ひを遣す
桂昌院の食事料目三十七匁

筈、
一、一位様ゟ銀子八百枚參候、
〔右〕□者、根生院へ千枚被下候內、貳百枚前度被遣
候、殘銀八百枚今日是□□根生院申遣、覺心房
請〔取〕□被參候、卽八百枚都合箱數四ツニ入相渡、
手形受取、万右衞門へ相渡候事、
一、(堀田正俊室、稲葉正則女)榮隆院殿ゟ、今朝源藏(須藤)御使者ニ被參候、御様躰
奉窺度由ニ而、
一、松平但馬守(友親、後ニ友著)殿ゟ、泰源太兵衞御使者ニ被參候、
右者、暑氣之御見舞之由、御直答、
一、小普請奉行梶作右衞門殿、普請見廻被申候、
一、(綱吉室、鷹司教平女)御臺様ゟ銀子拾枚、
右、豊小路殿(三の丸女中衆)・おつう殿(同上)ゟ御ふミ(文)ニ而、一位様土
用中御障無御座候様、御祈禱御頼思召候段被仰
下候、御留主ニ而御返事相認差上候、
一、一位様、今日之御食事料目、三十七匁□召上候由、暮過御歸
寺已後被仰聞候、

一、(武藏豊島郡高田村)南藏院洛叉ニ被罷出候、
三日、
一、今日ゟ御臺様御頼之御祈禱開白、
一、佐野信濃守(勝由)殿、同三左衞門(茂包、小姓組)殿、
同豊前守(直行)殿、興津能登守(忠閭、西の丸留守居)殿、
興津伊織殿、
右五所ゟ一位様之御祈禱御頼開白、
一、小笠原右近將監(忠雄)殿へ使僧、
御參府之案內、昨日使者被下候御返答、
一、同遠江守(忠基)殿へも御口上申遣、
一、水野隼人正(忠直)殿、昨日使者被下候御返答、且又朔
日御礼被仰上候御悦旁申遣、
一、松平但馬守殿ゟ、昨日暑氣御見廻一種參候、右
御返礼、
一、松平大學頭(賴貞)殿へ、御老母様御病氣之御見舞、且
又昨日、三之丸ゟ森彌五左衞門(定尙、三の丸廣敷番頭)爲御使者、暑氣
御尋之由、例之通御拜領物等御座候由、昨日三

*桂昌院へ百萬遍修法の御札守三日月待の札守を獻上す

家宣御簾中桂昌院平癒の御祈禱を命ず

佐野直行桂昌院の御祈禱料を遣す

桂昌院へ御臺所命ずる御祈禱札を遣す

快意三の丸へ御成快意詰む

快意役者を以て桂昌院の御機嫌を窺ふ

桂昌院へ家宣御簾中依賴の祈禱札を遣す

宅三太左衞門殿ゟ歡喜院(護國寺役者)迄申來候、右之御悅も
申遣、
一、光德院(江戸、市ケ谷)洛叉ニ被出候、
一、大納言樣(德川家宣)・御簾中樣(家宣室、近衞基熙女)ゟ銀二十枚、御ふミ(文)ニ而被
遣、一位樣御祈禱相務候樣ニと被仰付候、御留
主ニ而、御返事相認差上候、
一、佐野豐前守殿ゟ使者ニ而、白銀壹枚爲御祈禱料
來、
一、三御丸へ、御臺樣ゟ被仰付候御札守上ル、幷手
前之茄子壹籠御上、
一、九ツ前御登城、今日も御成、
一、今日之御樣躰御快方之由、御歸寺已後被仰聞候、

四日、　晴、

一、朝五ツ前、御樣躰御窺被成候ため、普門院(護國寺役者、榮傳)三御
丸へ被仰付候、
一、大納言樣　御簾中樣、
御二御所樣御賴之御祈禱之御札守、

一、黑田豐前守殿ゟ、昨日御手紙ニ而、御賴被遣候御
祈禱之御札守、
一、百座百万返之御札守・御備折、
一、三日月待之御札守、
右五品之御札守等、普門院參候而持參仕候、勿
論御文相添、
一、土井周防守殿へ、昨日御出之御返礼使僧、
一、大久保隱岐守(忠增)殿、昨日御見廻之使者之御返礼、
一、松平隱岐守(定直)殿、昨日使者ニ而一種來候御返礼、
幷來ル八日、あなた(彼方)へ御請待御延引之御斷被仰
越候、右之御礼旁御返答申遣、
一、安藤長門守殿(信友、護國寺火番)、今朝爲御見舞、出先ニ而一種被
遣候御返礼、
一、黑田豐前守殿へ、昨晩御手紙被下候御返礼使僧
ニ而爲持遣、
一、□ノ忌火、同喜右衞門御暇乞ニ參候、御出かけ
御逢被成、出來合料理被仰付、郡內壹端ツヽ被

*桂昌院洛叉の御祈禱
*興津忠閭同伊織桂昌院の祈禱料を遣す
綱吉へ御札守を獻上す
*佐野勝由同茂包桂昌院の祈禱料を遣す
*本多正永桂昌院の祈禱料を遣す
*快意桂昌院の御機嫌を窺ふ
*桂昌院堀田榮隆院へ暑氣尋ねとして縮絹干飯を下す
快意役者を以て桂昌院の御機嫌を窺ふ
三の丸へ御成快意詰む
*黑田直邦桂昌院の祈禱料を遣す

遣候、
一、西尾隱岐守(忠成)殿御參府之案內、使者昨日來候、御返答申遣、
一、興津能登守・同伊織殿ゟ、御賴之爲御祈禱料銀壹枚ツヽ來候、
一、御本丸ヘ今朝御札守上ル、
五日、　晴、
一、興津能登守殿・同伊織殿へ、御祈禱料被遣候御返礼申遣、
一、松平但馬守殿、昨日御見舞御出被成候、右之御返礼申遣、
一、戸澤上總介(正誠)殿、一昨〻日參府被成候由案內之書狀昨日來、右之御悅旁申遣、
一、爲窺御機嫌歡喜院、三之丸ヘ被罷上リ(候カ)、
一、御成觸申來候、
一、四ツ半過ゟ御登城、
一、黑田豐前守殿御手紙來、御返答被成、

一、西之丸ヘ御ふミニ而、昨日御賴之御祈禱御札被差上候由を被仰上候、
六日、　晴、
一、今日洛叉加人數、光德院・大枝(武藏埼玉郡)歡喜院・東福院(四ツ谷、龍巖房)・寶積院(攝津、久安寺)・成純房(周盛)、
一、佐野信濃守殿、
一、同三左衞門殿、
右御兩所ゟ御祈禱料、使者ニ而被遣候、
一、本多伯耆守(正永、老中)殿ゟ使者ニ而、御祈禱御賴目錄銀五枚・昆布壹箱被遣、使者原田十郎左衞門殿、
一、九ツ時ゟ窺御機嫌登城被成、
一、榮隆院殿へ、一位樣ゟ暑氣御尋として、
絹縮　十端、御文庫ニ入、御ふくさ(袱紗)包ニ而來、
ほし(干)飯　壹箱、
右之通、是迄相屆候樣ニと、御ふミニ而被仰下候、早速以使僧爲持進候、
一、黑田豐前守殿ゟ使者ニ而、白銀三枚來、先比ゟ

*家宣御簾中への祇園物忌の守獻上は初例

*本多正永密に桂昌院の祈禱を依頼す

桂昌院洛叉の御祈禱

桂昌院へ祇園物忌の守洗米を獻上す

綱吉御臺所於傳之方桂昌院家宣御簾中へ祇園物忌の守洗米を獻上す

御祈禱御賴ニ付、
一、本庄宮内少輔殿(道章、小姓)、
一、六角主殿殿(廣豐、表高家)、
右御兩所〆、昨日使者ニ而、御祈禱御賴目錄被遣
候、右之御返礼申遣、宮内殿(本庄道章、小姓)御札上候筈、主殿(本庄廣豐)
殿之御札無之、
一、松平出雲守殿(義昌)、昨朝御出被遊候ニ付、使僧を以
不被成御逢殘多思召候段申遣、
一、三御丸〆暮六時御歸寺、
御樣躰今日ハ御勝レ被遊候由、
一、榮隆院殿御拜領物參候節、御ふミ箱靑地若松之
繪、早速御返事被仰付、三之丸へかへし上候、
一、今日も洛叉有之候、南藏院・成純房・寶積院も
被相務候、
七日、　夜明迄雨、
一、祇薗殿御物忌之守・洗米上ル、
一、御本丸、　一、御臺樣・五之丸樣(於傳之方、綱吉側室)、
一、三之丸、　一、西之丸、大納言樣 御簾中樣、
右之通、御物忌之守・洗米例年之通被差上、西
之御丸へ者當年始而上、惣而御女中方へ守等進
候事、御□□案紙等、右筆部や(屋)草案ニ記之候、
一、酒井隼人正殿(忠胤)爲暑氣見舞、昨日使者ニ而、海雲
一壺來候御返礼申遣、
一、佐野信濃守殿・同三左衞門殿、昨日使者ニ而、
一位樣御祈禱被賴入候ニ付、目錄三百疋、貳百疋、被遣候、
右之御返礼申遣、
一、本多伯耆守殿、昨日原田十郎左衞門殿を以、一
位樣御祈禱密ニ御賴越候、御祈禱料銀五枚參候、
右之御返答申遣、十郎左衞門迄取次を賴遣、
一、黑田豐前守殿〆、昨日使者ニ而、御祈禱料銀三枚
被遣、
一、牧野駿河守殿(忠辰)〆、昨日使者ニ而、絹縮三端被遣候、
右、何茂御返礼申遣、
一、眞田伊豆守殿(幸道)〆、一昨日使者ニ而、和紙壹箱來候、

*快意寺中を以て桂昌院の御機嫌を窺ふ

*桂昌院祇園祭禮のため切麥を下す

桂昌院へ本多正永本庄道章依頼の御札及び智積院大護院等諸寺の祈禱札を遣す

*三の丸へ御成快意詰む

*秋元喬知桂昌院の御祈禱を依頼す

*井上正岑加藤明英桂昌院の御祈禱を依頼す

桂昌院平癒の百萬遍修法結願す

*小笠原忠雄桂昌院の祈禱料を遣す

右何茂御返礼申遣、
一、智積院（京都、覺眼）へ返答申遣、一昨日御暇□□此方へ御出
候ニ付、
一、三御丸へ、
本多伯耆守殿、
本庄宮内少輔殿、
智積院、御札壹通、
大護院（淺草、尊祐）、御札壹通、
彌勒寺（本所、隆慶）、壹通、
圓福寺、壹通、
右、何も未明、御物忌御守等と一所ニ上り申候、
御ふミ之外ニ、目錄ニいたし上ケ申候、
一、百座百万返、今日結願ニ付、衆中へ料理被仰付
候、一汁五菜、
末寺之內、觀藏院（淺草）、等覺院事（鎌倉、鶴岡八幡宮寺供僧）千手院（江戸、下谷御簞笥町）、
光德院、南藏院、
大枝歡喜院、此外成純房、

東福院、寶積院、同衆中、
惣而長や（屋）中・寺中所化迄、料理□□□、
一、今朝ハ亮尚院（護國寺寺中、豁如）爲窺御機嫌罷上り候、
一、今早朝、三御丸ゟ例年之通御ふミニ□〔而カ〕、祇薗殿
御祭礼之切麥三組被下之候、
一、御成觸申來、
一、榮隆院殿ゟ御祈禱御賴申來、源藏（須藤）參候、銀三枚
來、
一、四ツ半過ゟ御登城、
一、秋元但馬守殿（喬知、老中）ゟ御使者ニ而、一位樣御祈禱御賴
越被成、
一、井上大和守殿（正岑、若年寄）ゟ、
一、加藤越中守殿ゟ、　右同斷、
一、御出かけニ、等覺院へ白銀五枚被遣、先比八千
枚御賴被成候御布施、
弟子ニ輪けさ（袈裟）地壹ツ、被遣、
一、小笠原右近殿（忠雄）ゟ、御祈禱御札□□□五□□、

内藤政森桂昌院の祈禱料を遣す

一、内藤山城守殿ゟ、使者ニ而、御頼之御祈禱□白銀三枚被遣、

高野山天徳院より桂昌院暑氣御機嫌窺ひの祈禱札等届く

一、高野山天徳院(紀伊、本庄家位牌所)ゟ、一位様窺(爲脱カ)暑氣御機嫌、御祈禱之札三通・氷餅壹箱、藥王寺(市ケ谷、證覺)參候由ニ而、彼寺ゟ被相居候、

*稲葉正往桂昌院の御祈禱を依頼す

桂昌院平癒の不動護摩百座を開白す

一、今晩ゟ不動護广(摩)百座ノ開白、五旦ニ而毎日五座ツヽ、十一日ニ結願之積り、

八日、　晴、

大般若經轉讀

一、大般若相濟、

快意寺中を以て桂昌院の御機嫌を窺ふ

一、早朝、蓮花院(護國寺寺中、覺祐)爲窺御機嫌、三御丸へ被罷上候、

一、堀田伊豆守(正虎)殿、昨朝御出之御返礼、

一、榮隆院殿御祈禱料、昨日被遣候御返礼、

*本丸西の丸へ大般若經御札を獻上す

一、内藤山城守殿、昨日御祈禱料被遣候□□□、

*桂昌院へ小笠原忠雄秋元喬知堀田榮隆院等依頼の祈禱札を遣す

一、小笠原右近將監殿、昨日使者ニ而御祈禱御頼、右之料も被差越候、右之御返礼、

一、秋元但馬守殿、

一、井上大和守殿、

一、加藤越中守殿、

右、一位様御祈禱被仰越候、相心得申候段申遣、

一、稲葉丹後守殿(正往、老中)ゟ、一位様御祈禱被仰越候事、

九日、　晴、

一、早朝、窺御機嫌歡喜院被參候、

一、右之序ニ、松平右京太夫殿(輝貞、側用人)へ、暑氣窺御機嫌之眞瓜獻上之窺ニ被參候、

一、一位様御様躰ハ、昨日と御同返之由、

一、右京殿(松平輝貞、側用人)ゟ十日十一日兩日之内ニ、御勝手次第獻上候様ニと被仰越候、

口上書ハ、去年古日記之通、

一、大般若御札例月之通、御本丸・西之丸、加藤越中守殿毎月之通差上候、

一、御札壹通、　小笠原右近將監殿、

一、御札壹通、　秋元但馬守殿、

一、同斷、　榮隆院殿、

一、同斷、　井上大和守殿、

一、同斷、　稲葉丹後守殿、

一、同斷、　加藤越中守殿、

一、御札壹通、　眞福寺ゟ、
　六ケ所之外也、

一、御札小箱入三通、氷もの壹箱、　高野山天德院ゟ暑氣窺御機嫌、毎年之通、

右五（六）ケ所之御頼之御札、三之丸へ差上候、御ふミ相添、

一、四ツ半過ニ、三之丸へ御登城、御出かけニ東圓（江戸、市ケ谷八幡別當）寺入來ニ而御逢、寶積院之寺中五人、町へ引越候ニ付、御暇乞玄關ニ而懸御目、

一、晝時、寶積院且又五人之衆も、切麥・小付食被仰置振舞申候、

一、今朝、松平美濃守殿（柳澤吉保、側用人）・同奥方・松平右京大夫殿ゟ御祈禱被頼越候、開白仕、今日中ニ御札差上候樣ニ□被仰置、御登城之跡ゟ御札爲持差上候、

一、今朝、榮隆院殿ゟ窺御機嫌、且又僧正（快意）へ暑氣御見舞旁源藏被遣、糒飯十袋被遣、御直答、

一、千住町長福寺（武藏）入來、御逢被成候、右同時分、

一、布施長門守殿（正房、小普請奉行組頭）、

一、遠山善次郎殿（景忠、小普請奉行）、
御普請見舞、切麥出、

一、今朝、諸方使僧遣候處、

一、稲葉丹後守殿、御札差上候案内申遣、

一、井上大和守殿、同斷、

一、加藤越中守殿、同斷、

一、小笠原右近殿、同斷、

一、秋元但馬守殿、右同斷、

一、智積院、白銀五枚爲御暇乞被遣、

一、伊達左京亮殿（村豐）、御婚礼之御祝儀、昆布一箱・さゝ（笹）巻一こ（籠）、

一、庄田下總守殿（安利）、昨日縮布三端來候返礼、

一、戸澤上總介殿、昨日ほし飯來候御返礼、

一、秋元但馬守殿ゟ役者被遣候樣ニと、僧正へ御手紙、三之丸迄被遣候、依之、壹人可參旨御手紙

*千住長福寺
*小普請奉行普請場検分す
快意三の丸へ登城す
攝津久安寺寶積院ら暇を乞ひ町宿へ移る
*快意智積院へ暇乞ひとして白銀を贈る
柳澤吉保同室松平輝貞桂昌院の御祈禱を依頼す

護國寺仁和寺の末寺を離れその直院家とさる

*堀田正高へ參府の祝を申遣す

快意役者を以て桂昌院の御機嫌を窺ふ

綱吉へ御機嫌窺の眞桑瓜を獻上す

*毛利吉廣本多正永へ參府の祝を申遣す

*松平輝貞の奉書

松平賴豐快意に葛を贈る

被相添、三之丸ゟ被下候、依之、歡喜院、但馬（秋元喬知、老中）守殿へ罷越候、仁和寺ゟ當院可爲直院家之由、御書付御渡し被成候、○兼而仁和寺離末公義へ御願候故、願之通離末之儀京都へ被仰遣候而、直院家法流計候、向後無本寺ニ而御座候事、此一科歡喜院助筆、

一、今日も御成

十日、　晴、

一、早朝、窺御機嫌、歡喜院罷越候、右之序ニ、

一、御本丸へ窺御機嫌之眞桑瓜、右京大夫殿へ歡喜院持參仕候、例之通右京殿・美濃守殿（柳澤吉保、側用人）へも一籠宛御殘り進上被成候、右之便ニ昨日御祈禱仕御札、三之丸へ差上候由、且又昨日御祈禱料被遣候御礼も申遣、奥方樣へも御案內申遣、

一、藤堂和泉守殿（高睦）ゟ昨日使者、

明石縮　五端、

右之御返礼申遣、

一、松平讃岐守殿（賴豐）ゟ葛壹器、御使者ニ而、右之御返礼、

一、大平覺（角）太夫殿（盛信、裏門切手番頭）昨日御出被成、右之御返礼、

一、秋元但馬守殿ゟ、暑氣御見舞瓜壹籠昨日參候、右之御返礼申遣、

一、戸澤上總介殿ゟ、昨日御在所之糒十袋、使者ニ而、右之御返礼申遣、

一、堀田兵部殿（正高）へ、御參府之悅、且又首尾能御礼被仰上候御悅も申遣、

一、松平大膳大夫殿（毛利吉廣）へ、右口上、同斷、

一、本多伯耆守殿へ、右口上、同斷、

一、松平右京大夫殿ゟ、今朝獻上之眞桑瓜御披露被成候由、御奉書九ツ過程ニ被遣候、右御奉書之趣如左、

被獻候熟瓜壹籠、首尾能披露相濟候、右爲可申入如斯候、以上、

六月十日　　松平右京大夫

護國寺

御請之趣、

*桂昌院の容體勝れず

*快意仁和寺直院家とさる御禮に秋元喬知邸へ參る

*快意三の丸へ登城す

*三の丸へ御成快意詰む

*快意役者を以て桂昌院の御機嫌を窺ふ

蜂須賀隆重依賴の祈禱札を桂昌院へ遣す

*綱吉桂昌院に御膳を進む

*本多忠孝護國寺火の番に任ぜらる

御手紙奉拜見候、差上候熟瓜壹籠、御首尾能
御披露被遊被下難有仕合奉存候、以上、

六月十日　護國寺

松平右京大夫樣

右之通爲相認、使僧を以爲持進候、口上之趣ハ
今朝奉賴候獻上物、早〻御披露被成下忝奉存候、
依之、御奉書頂戴仕難有拜見仕候、三之丸ニ相
詰罷有候故、御請延引仕候、右御礼旁以使僧申
上候、此通申進候、右之趣、三之丸僧正へ爲御
知申進候、

一、蜂須賀飛彈守殿(隆重)ゟ、一位樣御祈禱御賴越候、銀
三枚、早速使者ニ而被遣候、開白仕、御札晝時三
之丸へ差上候、

一、稻葉丹後守殿ゟ使者ニ而、銀二枚・岩茸壹籠、
御祈禱之御祝義として參候、

一、水戶樣(德川綱條)ゟ暑氣爲御尋、
熟瓜　壹籠被遣候、

一、暮六ツ過、御歸寺、
今日之御樣躰御勝レ不被遊、

一、今日、秋元但馬守殿へ御出被成候、
右者、昨日直院家之御書付御渡し被下候御礼旁
其ゟ三御丸へ御上り被成候、

十一日、　晴、

一、公方樣(德川綱吉)、三之丸へ被爲成候御觸、御手帋來ル、

一、一位樣爲窺御機嫌、普門院早朝罷上り候事、

一、報恩院大僧正(醍醐寺、寛順)、近日發駕ニ付、爲御暇乞御使僧、
金三百疋被遣候、

一、手前、一位樣へ御上り候事、

一、高野山西南院(紀伊)ゟ書狀到來、

一、今日、公方樣ゟ一位樣へ御膳被指上候由、

一、夜ニ入、本多吉十郎殿(忠孝)ゟ御使者來ル、今日御老
中御連署ニ而、其元火之御番被仰付候、諸事御
指圖賴存候由被仰越候、

十二日、　晴、

快意寺中を以て桂昌院の御機嫌を窺ふ
*三の丸へ御成快意詰む
快意三の丸へ登城す
本多忠孝火の番就任につき先番後番に付届け
*快意三の丸へ登城す
桂昌院切麥を下す
*綱吉暑氣見舞ひとして快意に熟瓜を下す
黒田直邦靈雲寺に依頼の桂昌院御祈禱札を三の丸へ遣す
南都彌勒院より届く桂昌院御機嫌窺ひの團專を三の丸へ遣す

一、一位様窺御機嫌醫王院(護國寺寺中)被遣候、右之次而ニ、不
動尊護摩百座之御札守御上ケ被遊候事、
一、一位様へ御上り被成候事、
一、本多吉十郎殿へ、昨日當院火之御番被仰付候由、
御案内被仰越候ニ付、今日、右之御悦旁申遣候
事、
一、右火之御番被仰付候ニ付、御老中方なとへ御付
屆申事候哉と、護持院江承合候所、外へ付屆申
事無之由被申越候ニ付、先番後番之御方江計付
屆仕相濟候、
一、一位様ゟ御文ニて、切麥三組御拜領、
　十三日、
一、黒田豊前守殿ゟ、一位様御不豫之御祈禱靈雲寺(湯島)
御頼ニ付、御卷數者、此方ゟ被差上被下候様ニ
と、御案内御手帋來ルニ付、今日御上ケ被成候
事、
一、南都彌勒院(賴孝、本庄宗資弟)ゟ、一位様窺御機嫌團扇一箱來ル、
今日被差上候、
一、后刻、公方様、三之丸へ被爲成候御案内、御用
人衆ゟ申來ル、
一、安藤長門守殿ゟ御使者ニ而、今度在所へ御暇拜
領、依之、跡役本多吉十郎殿江被仰付候、乍然
支度出來迄一兩日、此方ニ而火之御番可相務候、
右御案内如此候由申來ル、
一、今日、長門守殿(安藤信友、護國寺火番)へ右之返答、被入御念忝候由申
遣候、
一、晝前、一位様へ御上り被成候事、
一、晝過、御奉書來ル、御小人衆持參、
　酷暑ニ付、御尋被遊熟瓜一籠被下之候、頂戴
可有之候、爲御礼不及登城候、以上、
　　六月十三日　　松平右京大夫
　　　護國寺
右之御請寫、
御手紙拜見仕候、酷暑ニ付、（ケツ字）御尋ヲ被爲遊被

下、依之、熟瓜一籠拜領難有仕合奉存候、爲
御礼登　城仕間敷旨奉畏候、以上、
六月十三日　　護國寺
（松平輝貞、側用人）
松右京大夫様

右之通相認、三之丸ニ被成御座候ニ付、御使僧
ニ爲持遣候所、直ニ持參仕候樣ニと被仰付候故
罷越候由、御口上先刻暑氣御尋被爲遊被下、熟
瓜一籠并御奉書ヲ頂戴難有仕合奉存候、其節三之丸
ニ罷有候ニ付、御請延引仕候、唯今三之丸迄申
越候ニ付、右之御請三之丸ゟヲ奉指上候由、
一、今日、直ニ松平美濃守殿・同右京大夫殿御兩所
へ爲御礼御越ヲ可被成候へ共、及夜中三之丸ゟ御
歸候事、
一、於三之丸、公方樣ゟ紗之衣地三端御拜領、緋貳端・萌黄壹端、
一、（寛隆法親王）仁和寺樣ゟ御老中・若年寄衆・寺社奉行・御側
御用人衆へ、御直書御飛脚ニて來ル、

十四日、
一、一位樣爲窺御機嫌、歡喜院罷越候、
一、午前、三之丸へ御上り候事、
一、（江戸在番）高野屋敷寶性院ゟ、一位樣御祈禱相務候由ニて、
巻數御在番御使僧ニて來ル、
一、（京都）智積院大衆、一位樣爲御祈禱眞讀大般若御札守
被差越候事、
右者、圓福寺ゟ相達候、
一、巳刻過、御奉書來ル、
明十五日四ツ時過、登　城可有之候、以上、
六月十四日　　松平右京大夫
護國寺
御請、
御手紙奉拜見候、明十五日四ツ時過、登　城
可仕旨奉畏候、以上、
六月十四日　　護國寺
松右京大夫樣

*快意役者を以て桂昌院の御機嫌を窺ふ
*快意三の丸へ登城す
*江戸高野屋敷より桂昌院の御祈禱札届く
*智積院大衆より桂昌院御祈禱の眞讀大般若經札守届く
*松平輝貞の奉書
快意三の丸にて紗の衣地を拜領す
仁和寺門跡老中寺社奉行側用人へ直書を下す

護國寺火番交替につき先番後番の家中ら來寺
*三の丸へ御成
*雨天なれど山王祭禮は執行
*大聖護國寺桂昌院の御機嫌窺ひに出府
老中若年寄ら依賴の桂昌院御祈禱を開白す
*快意寺中を以て桂昌院の御機嫌を窺ふ
*桂昌院へ例月日待の御札を獻上す
*醍醐報恩院在府につき桂昌院の御祈禱を勤む
本丸西の丸へ例月の御札守を獻上す
桂昌院山王祭禮の祝儀を下す
快意役者を以て桂昌院の御機嫌を窺ふ
快意月次御禮を勤む

一、今日、當院火之御番引渡有之ニ付、本多吉十郎殿衆・安藤長門守殿衆中入來、於客殿對談、兩（普門院・歡喜院）役者も罷出候事、此方ゟ壹人案內仕候而旁爲引渡申候、

一、兩家（本多忠孝・安藤信友）ゟ引渡之御屆使者有之、

一、大御老中土屋相摸守（政直）殿・小笠原佐渡守（長重）殿、若御年寄永井伊賀守（直敬）殿・稻垣對馬守（重富）殿ゟ、一位樣御祈禱御賴被仰越候、今夕開白有之、

十五日、　雨天、

一、御本丸・西之丸へ、例月之御札守上ル、

一、一位樣窺御機嫌、普門院被罷越候、右之次而ニ、昨日申來り候御老中御賴之御祈禱御札守、高野屋敷寶性院・智積院ゟ之御札守御上ケ、

一、一位樣ゟ、今日山王御祭礼ニ付、行器一荷・昆布、例之通御拜領之事、

一、藤堂和泉守殿爲御見廻、熟瓜一籠被遣候、

一、巳刻過、御本丸登城、

一、公方樣、三之丸へ被爲成候御案內之御手紙來ル、

一、於御本丸、夏切之御茶壺、壹ツ、於御休息之間御拜領之由、御小人衆相添來ル、

一、雨天ニ候へ共、山王之祭礼有之候由、

一、上刕八幡大聖寺（碓氷郡八幡村、大聖護國寺）到着、一位樣窺御機嫌被罷越候、

十六日、　雨天、

一、一位樣窺御機嫌、醫王院罷上り候事、

一、一位樣へ、例月御日待之御札・御供物上ル、

一、報恩院大僧正在府ニ付、一位樣御祈禱被相務、御札被差越候故、今日御上ケ被成候事、

一、南都彌勒院ゟ一位樣御祈禱被務候由ニ而、御卷數被指越候ニ付、今日御上ケ被成候事、

一、八幡大聖寺ニ茂御札持參ニ付、今日御上ケ被成候事、

一、三之丸へ被爲成候御案內御手帋來ル、

一、藤堂和泉守殿ゟ、一位樣御祈禱御賴被仰越候、准胝法廿一座、今日開白、

*藤堂高睦松平基知松平長矩桂昌院の御祈禱を依賴す

快意役者を以て桂昌院の御機嫌を窺ふ

松平義昌室松平定重桂昌院の御祈禱を依賴す

*桂昌院へ例月如意輪尊護摩札守を獻上す

桂昌院の御祈禱數多執行につき快意役者寺中長屋祈禱衆らへ祈禱料を下す

*本庄道章桂昌院の御祈禱を依賴す

*桂昌院病勢募り惣出仕あり

松平義昌松平友親桂昌院の御祈禱を依賴す

一、松平大和守殿(基知)ゟ、右之御祈禱御賴被仰越候事、
一、松平備前守殿(長矩)ゟ、右之通御祈禱御賴被仰越候、
一、夜ニ入御退出、

十七日、 雨天、

一、一位樣窺御機嫌、歡喜院罷上り候、右之次而に、藤堂和泉守殿・松平大和守殿・松平備前守殿御賴之御札守御上ケ被成候、
一、松平出雲守樣御奥方(亀姫、丹羽氏)・松平越中守殿(定重)□御兩所ゟ、御祈禱御賴被仰越候事、
一、右御賴之方へ、御札守指上候御案内申遣候、
一、一位樣御不豫御祈禱多相務候ニ付、僧正ゟ御祈禱料被下候、
一、亮尙院・蓮花院・成純房・寶積院・長屋御祈禱九人江、白銀壹枚ツヽ、寺中出家其外へ、貳百疋ツヽ、
一、普門院・歡喜院・醫王院へ五百疋ツヽ、
一、松平出雲守殿ゟ、御祈禱御賴被仰越候、
一、松平但馬守殿ゟ、右同斷、
一、夜ニ入御歸寺、

十八日、 雨天、

一、一位樣窺御機嫌、普門院罷上り候、右普門院罷上り候ニ付、御賴御祈禱御札守、幷堀田榮隆院殿ゟ窺(マヽ) 御祈禱ニ付、檜御重一組被差上候ニ付、普門院案内、
一、松平出雲守殿・松平但馬守殿・松平越中守殿・松平出雲守殿奥方、右御札守四通被指上候、
一、例月之如意輪護摩御札守・御備折上ル、
右、何も普門院持參候事、
一、堀田榮隆院殿爲窺御機嫌、蓮花院迄御越、於蓮花院御面談、已後御歸候事、
一、松平志摩守殿ゟ、一位樣御不豫御祈禱御賴被仰越候事、
一、本庄宮内殿ゟ又御祈禱御賴之由被仰越候、
一、一昨十六日、諸大名江被仰渡候由、一位樣御機

嫌御勝不被遊候ニ付、明後十八日四ツ時惣出仕可有之由、大目付衆被申渡候、依之、今日諸大名登城御座候事、

一、后刻、公方様、三之丸へ被爲成候由、竹本土佐(長鮮)守殿(三の丸用人)ゟ爲御知御手帋來ル、

一、午前、三之丸へ御上り候事、

一、酒井雅樂頭殿(忠擧)・松平讃岐守殿・井伊掃部頭殿(直通)、右之方ゟ、一位様御祈禱御頼被申越候事、

一、一位様ゟ、御祈禱相務候衆中江被下候由ニ而、行器來ル、

十九日、晴、

一、一位様爲窺御機嫌、醫王院罷上り候、

一、酒井雅樂頭殿・松平讃岐守殿・井伊掃部頭殿・松平志摩守殿、三之丸御用人衆森河内守殿(賴俊)・竹本土佐守殿・堀筑後守殿(秀雪)・松田志摩守殿(貞直)・木下伊豆守殿(信眞)、右各御札守上ル、

一、辰刻、御番頭衆御頼御札守上ル、

一、后刻、公方様、三之丸へ被爲成候御觸手帋來ル、

一、牧野駿河守殿ゟ、一位様御祈禱御頼被仰越候、

一、眞田伊豆守殿、同斷、

一、松平越後守殿(光長)、同斷、

一、松平若狹守殿(前田吉德)、同斷、

廿日、晴、午ゟ雨天、

一、一位様窺御機嫌、歡喜院罷上り候、

一、松平越後守殿・松平若狹守殿・眞田伊豆守殿、御頼御祈禱御札守上ル、

三之丸御役衆、

一、御賄頭衆・御臺所頭衆御頼御祈禱御札守、今朝被指上候、

一、高崎石上寺(上野)罷越、御目見、晒布壹疋被下候、

一、松平大藏大輔殿(正甫)ゟ、一位様御違例之御祈禱御頼御使者來ル、

一、金地院(元云)御出、御面談、

廿一日、晴、

*三の丸へ御成快意詰む

*牧野忠辰眞田幸道松平光長ら桂昌院の御祈禱を依頼す

三の丸へ御成快意詰む

酒井忠擧松平賴豐井伊直通桂昌院の御祈禱を依頼す

桂昌院その御祈禱を勤むる僧中へ行器を下す

*三の丸役衆本丸賄頭衆御臺所頭衆桂昌院の御祈禱を依賴す

快意寺中を以て桂昌院の御機嫌を窺ふ

*金地院元云來寺

快意役者を以て桂昌院の御機嫌を窺ふ
*快意桂昌院の御祈禱を停め臨終正念を祈願するやう命ず
御影堂法事
松平義昌同友親入來し快意に桂昌院の容體を伺ふ
三の丸へ御成快意詰む
*快意桂昌院は必死の旨を役者に語る
桂昌院危篤に陥るにより快意歸寺せず下屋敷に宿す
*火番本多忠孝檢分に名代を遣す
*桂昌院逝去
*快意祖師堂にて回向を命ず

一、未明、窺御機嫌、普門院罷上り候、
一、例月御影堂法事相濟、
一、松平大藏大輔殿へ、昨日之御返答被仰遣、
一、松平出雲守殿・同但馬守殿(松平友親、後ニ友著)、一位樣御樣躰面上
ニ御窺被成度由ニ而御出被成候、出堂御待被成、
御對顏有之候、
一、松平若狭守殿ゟ御使者ニ而、御祈禱料白銀二十
枚被遣、御直答、
一、御成觸申來候、四ツ時過ゟ御登城被成候、常ゟ
還御早く御座候由、
一、御躰御大切ニ而、今晩ハ下屋敷ニ御一宿可被成
由、兼而御出前被仰置□晩來右之用意仕候事、
一、暮前、彌下屋敷ニ一宿可被成由ニ付、万右衞門・
儀八兩人罷越候、
一、御居間留主之義、上州大聖寺(碓氷郡八幡村)・自仙房・普門院
相務候ニと被仰越候、
一、夜九ツ過ニ、松田志广守殿・森彌五左衞門殿御
手紙ニ而、僧正ゟ御內意として、御祈禱相止御
臨終御正念之祈願可仕旨被仰越候、乍去□ゝ御
隱密ニ可仕旨、追而又ゝ被仰越候、
一、宵之內、下屋敷へ御退出被成候處、三御丸ゟ急
ニ御使參候由ニ而、四ツ半時ゟ夜中ニ、又ゝ御登
城被成候由、

廿二日、晴、

一、未明、僧正迄御樣子可承ため、歡喜院被罷越候、
僧正明七ツ時過、三之御丸ゟ下屋鋪迄御退出、
休息被成候內、歡喜院參上被申候、御逝去間も
御座被成間敷由、御內證被仰聞候、
一、本多吉十郎殿爰許見分爲名代、家老藤江善右衞
門・用人遠藤八郎太夫・物頭細谷彌五大夫・步
行頭中村与惣・目付出渕七左衞門・江戸留主居
石原彌右衞門、其外用人衆同道ニ而被參候、
一、九ツ時、三御丸僧正ゟ、一位樣只今御逝去被爲
成候由、祖師堂ニ而御廻向可仕旨、乍去沙汰仕

*桂昌院增上寺に送葬す
*快意送葬に供奉す
*貞譽引導の後廟所に入る
快意桂昌院の臨終後本丸へ御機嫌窺ひに上る
早朝本丸西の丸へ月次の御札を獻上す
*諸氏快意に桂昌院逝去の悔みを申遣す
*快意增上寺へ參詣
*寺中三の丸廣敷迄御悔みに上る
*快意家宣へ御機嫌窺ひに登城し後桂昌院廟所に參詣す
*快意三の丸へ登城し後本丸へ御機嫌窺ひに登城す

間敷旨被仰下候、
七ツ時過、兩人（護國寺兩役者、普門院榮傳・歡喜院）之內壹人可參旨、從下屋鋪被仰越候、歡喜院被罷越候、祖師堂ニおいて、三時之法事相務候樣ニ、莊嚴等結構ニいたし候樣ニと被仰越候、
一、今晩も下屋鋪ニ御逗留可被成由被仰越候、
一、今晝、一位樣御臨終已後、御本丸へ爲窺御機嫌御上り被成候由、
一、今朝之內、御本丸・西之丸へ、月次之御札等上ル、御逝去難計ニ而、早朝差上候事、

廿三日、　晴、

一、今暮六時、御尊骸（桂昌院）增上寺江被爲入候、依之、僧正ニ茂御供被成候、下屋鋪ゟ御裝束等差越候樣ニと、右のため万右衞門御歸シ被成候、伴僧壹人差越可申旨被仰下候、依之、怡春罷越候、又ゝ被仰越候ハ、御挾箱對ニいたし、侍四人可被召連旨、依之、半藏罷越候儀ハあなた（彼方）ニ罷有、

表侍貳人已上四人也、
一、御尊骸增上寺へ被爲入候、御道筋者三御丸ゟ直ニ帶曲輪御通り被成、竹橋御門之內、其ゟ糀町之方へ御懸り被成、增上寺へ被爲入候、貞譽大僧正（當住ゟ三代前）御引導之由、增上寺御廟所へ被爲入、衆中聲明二度相濟、其後念佛等法用相濟候由、其內僧正ニハ滯留被成、とくと御見屆被申上、夜ル七ツ時程ニ御歸寺有之候、
一、御留主中、諸方ゟ御逝去ニ付、御悔被仰越候、

廿四日、　晴、

一、增上寺へ參詣被成候、
一、當寺中面ゝ、三御丸御廣敷迄御悔ニ罷上り候樣ニと被仰付、五人共ニ罷上候、竹本土佐守殿・木下伊豆守殿へ懸御目罷歸候、
一、僧正ニハ、西之丸へ爲窺御機嫌御上り被成、其ゟ增上寺へ御參詣、其ゟ三之丸江御上り被成、次而御本丸へ窺御機嫌御登城被成、

*快意桂昌院廟所に參詣す

*快意綱吉に御機嫌窺ひの檜重を獻上す

快意書狀を以て御臺所於傳之方八重姫に悔みを申す

一、松平越中守殿ゟ使者ニ而、銀子拾枚并両種參候、御頼之御祈禱料也、

一、一昨日廿二日九ツ過程ニ、水野隼人正殿ゟ御祈禱之儀御頼被成度ニ付、原四郎左衞門白銀三枚持參有之候、早速御斷申、（原）四郎左衞門へ返納可申之處、一位樣御逝去之旨いまた御沙汰不被成候故、無其義銀子請取申候、僧正へ披露不仕分ニいたし、今日四郎左衞門迄返進申候事、

一、御臺樣・五之丸樣・八重樣へ、一位樣御逝去之御くやミ（悔）窺御機嫌之御文□

廿五日、　晴、

一、松平出雲守殿・同右近將監殿（義方）・同但馬守殿（友親、後ニ友著）、右三ケ所へ、此間爲御悔使者被下候御返礼申遣、且又出雲樣・但馬樣ゟ、去頃御見舞として御音信物參候、右之御礼も申遣候、

一、高野屋敷寶性院・両在番へ、昨日爰許入來候御返礼申遣、

一、金地院へ、昨日御出之御返礼申遣、

一、今日も增上寺へ御參詣、其ゟ三之丸へ御見舞被成候、

一、公方樣へ爲窺御機嫌、御檜重獻上被成候、□□護持院へ一所ニ御頼被成、あの□□ニ松平右京大夫殿迄御札被差上候、依之、右京殿ゟ御奉書來候、如左、

被獻候御檜重一組遂披露候、此段爲可申達如斯候、以上、

六月廿五日　松平右京大夫

護國寺

御手紙奉拜見候、然ハ獻上仕候御檜重一組御披露被成被下難有仕合奉存候、以上、

六月廿五日　護國寺

松右京大夫樣

右之通、增上寺御參詣之跡ニ而御請相認、以使

僧、增上寺へ參詣仕、御請延引仕候段御斷申入、
右之御請爲持遣候、尤御奉書之御使へハ請取計
遣候事、

快意三の丸女中衆へ見舞ひの蒸籠切麥を遣す

一、今日、三之丸御女中衆中へ、
　せいろう（蒸籠）十組、
　御用人衆五人へ、
　　切麥　十組、
右之通、爲御見舞被差遣候、

桂昌院女中福井おりう桂昌院靈前へ檜重を備ふ

一、御檜重　壹組、
右者、福井殿（三の丸女中衆）・おりうとの（同上）ゟ御ふミニ而、御靈
前へ備、殘り皆〻爲頂戴候樣ニと申來候、

中嶋金剛院來寺

一、中嶋金剛院（武藏埼玉郡末田村、澄意）御出、御奉行所迄爲御悔、
一、松平大學頭殿・小笠原信濃守殿（長圓）江御返礼申遣、

護國寺の桂昌院暮の法事

一、七ツ時、三之丸ゟ御歸寺、暮之法事ニ御出被成
候、法事終而、菓子衆中へ御振舞、南藏院・成
純房・寶積院、不殘御振舞候、

快意諸氏諸寺へ桂昌院悔みの御禮を申遣す

廿六日、　曇、四ツ時ゟ降、

一、松平大藏太輔殿、御祈禱料來候御返礼、
一、松平越中守殿、同斷、外ニ御悔之御返礼、
一、榮隆院殿、　御悔之御礼、
一、堀田伊豆守殿、同斷、
一、庄田下總守殿、同斷、
　小左衞門殿御出、同斷、
一、大護院、同斷、
一、奥山謙德院（玄建、奥醫師）、同斷、
一、加藤越中守殿、同斷、
一、西尾七兵衞殿（教寛、小姓組）、同斷、
一、伊達左京亮殿、同斷、
一、酒井玄番〔蕃〕殿御袋（忠佳）、同斷、
一、日輪院（護持院役者）ゟ手紙を以、桂昌院樣へ納經拜礼願之た
め、今日、久世讚岐殿（重之、寺社奉行）へ參候由爲知來候、且又
納經も前川方へ一所ニ可申付候哉と申來候、相
窺候處ニ、經ハ一所ニ御申付被爲賴候、此方ゟ
ハ明日久世殿へ願ニ遣候〔旨、脱カ〕可申旨申遣候樣ニと被

*堀田榮隆院快意に見舞ひの野菜を遣す
快意桂昌院廟所に參詣し後三の丸へ寄り本丸へ登城す
*御臺所桂昌院逝去につき快意に見舞ひの檜重を下す
綱吉家宣八重姫へ忌中內は月次御札等は獻上せず
*快意寺社奉行へ桂昌院靈前の納經拜禮を願ふ
御臺所於傳之方御簾中は服忌なし
*快意增上寺の桂昌院法事に拜禮納經を願ふ口上書寫
快意桂昌院廟所に參詣す

仰付候、
一、今日も增上寺へ御廟參被成候、本堂へハ不被爲寄、直ニ御廟所(桂昌院)へ御參詣也、其ゟ御本丸へ御上り被成、其後三御丸へ被爲立寄、暮迄被成御座候、護持院(隆光)・進休庵(江戸、英岳)も、御本丸へ御上り候由、
一、公方様・大納言様・八重様、
右御三所様へ、御忌之內月次之御札等不被差上候筈ニ候、
公方様ハ五十日、大納言様・八重様ハ三十日、
一、御臺様・五之丸様・御簾中様へハ、御忌無御座候ニ付、例月之通御札等被差上筈、勿論七夕・八朔之御祝義も上り申筈、昨日、大僧正(護持院隆光)と被仰合候由被仰渡候事、

廿七日、晴、

一、松平出雲守殿へ使僧遣候、
昨日、爲御見舞使者被遣候御返答、
一、今日茂增上寺へ御參詣、

一、朝之內、榮隆院殿ゟ須藤源藏爲御使者、御見舞被仰越候、野菜二籠被遣候、御返答相濟、
一、御臺様ゟ、
御檜重一組、
豐小路殿
おつう殿ゟ御ふミニ而被下之、
右ハ一位様御逝去ニ付、御尋被遊候由、御念頃之御ふミ來候、御留主ニ而御返事相認遣申候、
一、久世讃岐守殿へ、納經拜礼爲御願、歡喜院被參候、
一、中嶋金剛院、今日御歸り候、
一、壬生(下野都賀郡)興生寺、今日入來、
一、南藏院・光德院、今晝之法事ニ入來、
一、護持院ゟ、明廿八日御登城可有之由御手紙來、
隨身往生之論義御用意可被成由被仰越候、
一、久世讃岐守殿へ、御口上書ニて御願被遣候寫、
於增上寺、御法事之內拜礼幷納經奉願候、以上、

快意増上寺廟参の後三の丸へ上る

桂昌初七日忌につき快意祈禱衆客僧衆寺中らに齋を振舞ふ

*湯風呂

加藤英明へ月次の御札を遣す

桂昌院女中初七日愁情を忘るべく快意に林檎を贈る

快意桂昌院死去につき五十日間は御禮を受けず

*快意三の丸及び本丸へ登城し後増上寺廟参す

寺社奉行より花火場所の御觸あり

*琳譽房上野平井村千藏寺住持に任ぜらる

六月廿七日　　護國寺僧正

一、三御丸へも御廻り被成候、

廿八日、　夜中ゟ大風雨、

一、今日ハ桂昌院様御一七日ニ付、祈禱衆（護國寺）・客僧衆・寺中、其外所化迄齋被仰付候、一汁五菜、

一、加藤越中守殿へ、月次之御札等被遣、

一、福井との おりう殿ゟ御ふミニ而、りんご（林檎）一籠御一七日之御愁情御忘れ候様ニとの事、

一、松井出雲守殿御奥方ゟ、御ふミニ而、右御同前之事ニ而、切麥貳組被遣、

一、今朝之月次之御礼御請不被成候、惣而五十日之内御礼御受有間敷由被仰遣、

一、昨日、三宅備前守殿（康雄、寺社奉行）ゟ御手紙ニ而、壹人被遣候様ニと被仰越候、依之、今日歡喜院被參候處、前〻御觸之通、花火之儀、大川筋海手之義ハ各別、寺社内町中に而立て申間敷旨、且又川筋ニ而も、大からくり・流星之義、堅可爲無用旨被仰渡候、勿論花火商賣之儀、店ニ而賣候義、且又屋鋪方・寺社幷町方へ賣參候もの有之候ハヽ、可爲越度旨被仰渡候、

一、御法事之内諸事物静ニ、火之元等入念候様ニと、

一、此御時節、火之元之ため、湯風呂相止候由相聞候間、不苦常〻通ニ可致湯風呂旨、右之通被仰渡候事、

一、今朝、從護持院ゟ御手紙ニ而、於御本丸論議ハ被成間敷由、併御登城可被成由、右京太夫殿ゟ被仰越候間、左様御心得被成候様ニ根生院右之旨可申通被仰越候、

一、朝之内、根生院も爰許へ御出御逢被成候、

一、四ツ時過ゟ御登城被成候事、三之丸へ御上り被成、其ゟ御本丸へ御上り、其後増上寺へ御參詣、

一、琳譽房下向、御逢被成、貳百疋 茶二袋 持參、

廿九日、　晴、

一、琳譽房、上州平井村（緑埜郡）（仙）千藏寺へ被仰付候、夕ア亮

快意諸寺諸氏へ桂昌院悔みの返禮を遣す

愛宕眞福寺來寺

快意增上寺廟參の後三の丸へ登城す

*快意增上寺廟參の後綱吉の御機嫌窺ひに登城す

牛込南藏院入院祝儀に來寺

尙院ニ一宿候、今朝御相伴被仰付、爲御暇乞、
一、衣壹衣、けさ(袈裟)壹衣被遣候、
一、觀理院(山王社別當、智英)、使僧之返礼、
一、石原市左衛門殿、使之御返礼、
一、阿部飛彈守(正喬)殿、使者之御返礼、
一、本多淡路守殿、去廿六日御出之返礼、
一、凌雲院(寛永寺、義天)、使僧之返礼、
一、要津寺(本所、牧野家菩提所)、御出之返礼、
一、榮隆院殿、一昨日使者ニ而、一折參候返礼、
右、何も御悔之御返礼、
一、眞福寺御出、御出かけニ御逢被成候、
一、增上寺へ御參詣、三之丸へも御上り、七ツ半ニ
御歸寺、
一、(江戸)牛込南藏院入院之祝義ニ入來、銀子壹枚持參候、
一、昨日、三之丸ニ而御沙汰、御臺様ニも御忌中御座
候ヤ御聞被成候、依之、今日、日輪院へ承合候
處ニ、三十日御懸り被成候段被申越候、七夕御
祝義延引之筈ニ候、
一、久世讃岐守殿ゟ、役僧壹人可被差越候由御手紙
來ル、依之、歡喜院罷越候、直ニ被仰渡候、
增上寺御法事ニ付、願之通拝礼被仰付候、支度
のため申渡候、
御門主御直參歟御代僧歟不相知候故、日限不定
候、日限相知候ハヽ、重而可申遣候間、可被得
其意候由、

〔七　月〕

七月一日、晴、
一、增上寺江御參詣、且亦御本丸江窺御機嫌御上り
候、右京大夫(松平輝貞、側用人)殿ゟ護持院へ被仰越候ニ付、
一、三宅備前守(康雄、寺社奉行)殿へ、普門院(護國寺役者、榮傳)被罷越候、御觸之趣、
普請者、今日より御免被成候、鳴物者堅御停
止候間、彌相愼可申旨被仰出候、可被得其意
候、

*快意御臺所八重姫へ忌中御機嫌窺ひに一種を獻上す

大聖護國寺藥王寺福壽院惣德院桂昌院法事の納經拜禮を願ふ

*快意增上寺廟參す

快意增上寺廟參の後綱吉の御機嫌を窺ふ綱吉快意に打身の藥を下す

堀田榮隆院開山堂へ參詣す

快意御簾中於傳之方へ七夕の祝儀を獻上す

酉六月廿九日

一、（久世讃岐守殿ニ而）昨日拜礼之儀、願之通被仰付候ニ付、爲御礼普門院被遣候、

一、上刕八幡大聖寺（碓氷郡八幡村、大聖護國寺）・市谷藥王寺（市ケ谷、證覺）・舘林福壽院（上野邑樂郡）・惣（同上）德院、右四ケ寺於增上寺御法事之內、納經拜礼各願書ヲ以、久世讃岐守殿（重之、寺社奉行）へ普門院同道仕候樣ニと被仰付、何茂被罷越願書指上候事、

右願書寫留記有、

二日、　晴、

一、增上寺へ御參詣、且又御本丸へ窺御機嫌御上り候、被仰上候而、打身之御藥一包御拜領御歸、

一、堀田榮隆院殿（堀田正俊室、稲葉正則女）、開山堂へ御參詣、

三日、　晴、

一、西之丸御簾中樣（家宣室、近衞基熙女）、

一、五之丸樣（於傳之方、綱吉側室）、

右御兩所へ、七夕之御祝義如例上ル、御女中方江も、

一、御臺樣（綱吉室、鷹司教平女）・水戸八重姫君樣（徳川吉孚室、綱吉養女）江、御忌中爲窺御機嫌、御文ニ而、一種ツヽ被差上候、

御臺樣へ、　青物一籠、

八重姫君樣へ、林檎一籠、

一、午過ゟ增上寺江御參詣之事、

一、三之丸せつしゆ〔攝取〕院殿（三の丸女中衆）・本壽〔珠〕院殿（同上）ゟ、皆〻へ御振廻〔舞〕候樣ニと御文來ル、蕎麥切三組參候、

一、今日ゟ普請御免ニ而、御修復ニ取かゝり申候、

一、三之丸ゟ參候蕎麥切〻（マヽ）、御中隱〔陰〕相務候衆中へ、夜食ニ御振舞被仰付候、

一、上刕淸水寺（片岡郡石原村、賢隆）入來、

一、夜丑刻雷雨夥、

（裏表紙）

六册之內

（表紙）

四
寶永二乙酉
快意僧正代
日記　共六
七月四日ゟ
九月十日迄

（原寸、縦二四・五糎、横一七・二糎）

（表紙裏標目）

「七月四日、
一、桂昌院樣御法事ニ付、納經願候寺院事、
七月十三日、
一、僧正納經拜礼被遊候事、
七月廿七日、
一、室生寺□□指□納經拜礼相勤候、
八月二日、
一、室生寺御加增願之通被仰付候事、
八月八日、
一、小普請方ゟ奉行ニ被仰付候節付届、
八月十一日、
一、桂昌院樣御遺物表向拜領、
八月十四日、
一、寺中移轉之事、
八月十四日、
一、快意僧正隱居願之事、
八月十五日、
一、隱居御免無之、乘輿御免、
八月十八日、
一、三之丸御取壞候ニ付、地鎭安鎭此方へ取候事、
八月廿四日、
一、仁和寺へ離末之御祝儀物獻上候事、
八月廿八日、
一、小池坊貳百石御加增、
九月五日、
一、室生寺到着、方々相廻り候事、
九月七日、
一、室生寺御加增之御礼願、
八月十八日、
一、藥王寺ゟ入院御祝儀持參之事、」

〔七　月〕

七月四日、　曇、巳刻ゟ晴、申刻ゟ雨降、

一、三之丸衆中江御忌中爲御見舞、御食籠并御重之内被遣候、

一、增上寺へ御參詣、

一、三之丸攝取院殿(三の丸女中衆)・本珠院殿(同上)ゟ御文ニて、味噌漬一桶・ぬかみそ(糠味噌)一桶、右者僧正(快意)樣へ、ぬかみそ一桶、寺中五人へ遣申候由ニて來ル、

○一、久世讃岐守殿(重之、寺社奉行)ゟ御手帋來ル、

藥王寺、(市ケ谷、證覺)

大聖寺、(上野碓氷郡八幡村、大聖護國寺)

惣德院、(上野邑樂郡館林)

福壽院、(上野邑樂郡館林)

右四人、用事有之候間、唯今可被差越候、以上、

七月四日　　久世讃岐守

護國寺僧正(快意)

快意桂昌院女中衆へ忌中見舞ひを遣す

*堀田正虎參勤出立につき暇乞に來寺

快意增上寺廟參す

桂昌院女中快意に味噌漬糠味噌を遣す

*快意增上寺廟詣す

*快意綱吉の御機嫌窺ひに登城す

寺社奉行大聖護國寺らに桂昌院法事の納經拜禮を許す

*桂昌院二七日忌

*快意增上寺廟參す

*快意奧山玄建闗本伯說老へ七夕祝儀を遣す

右御返事相濟、四人衆被罷越候所、讃岐守殿(久世重之)御直ニ願之通納經拜礼被仰付候間、可得其意候旨被仰渡候、

五日、　曇、

一、堀田伊豆守殿(正虎)、來ル九日御當地御發駕ニ付、爲御暇乞御出、御面談、

一、午前、增上寺御參詣、

○一、御本丸へも窺御機嫌御上り、如例、御休息之間ニ而、御咄被仰上候由、

六日、　曇、細雨、

一、今日、桂昌院樣第二七日ニ付、朝齋被仰付候事、

一、增上寺へ御參詣、

一、御臺樣(綱吉室、鷹司教平女)ゟ、南都大乘院樣(隆尊)ゟ之御狀箱御居被下候、

一、奧山謙德院(玄建、奧醫師)へ、七夕祝義晒布五疋被遣候、

一、闗本伯說老へ、銀壹枚被遣候、

一、安藤長門守殿(信友)留主居兩人へ、如例晒布貳疋ツヽ被遣候、

根生院澄意湯嶋の堂宇出來につき移轉す

*三の丸女中護國寺に盥德利箱塗籠蠟燭等を寄進す

*快意增上寺廟參す

三の丸女中快意に蕨黑海苔等を遣す

*快意增上寺廟參す

快意增上寺廟參す

例月の大般若經轉讀繰上げ執行す

巳待

一、平田友益老へ、金貳百疋被遣候、
一、根生院(湯島、澄意)、今日湯嶋へ御引越之事、

七日、　晴、

一、御本丸七夕之御祝義ニ急度登城無之、窺御機嫌
ニ大名惣出仕有之候由、
一、三之丸攝取院殿・本珠院殿ゟ御文ニ而、御頂戴
候様ニと品〻參候、
一、わらひ(蕨)の粉一箱、　一、葛一箱、
一、黑のり(海苔)一箱、　一、榧一箱、
一、ほしいゐ(糒飯)一箱、　一、氷餅一箱、
一、蠟燭　三箱、二百挺、　一、寒晒水干粉一箱、
右之通、僧正御頂戴、
ほしいゐ五十袋、寺中五人へ被下候由、
一、增上寺御參詣、御本丸江も御上り候、
一、明日、例月大般若、今日轉讀、
一、護持院へ、今日之御祝義百疋御持參之事、
一、巳待、普門院(護國寺役者、榮傳)當番ニて相勉(勤)申候、

八日、　晴、

一、根生院一昨日切通ヘ御引越ニ付、爲御祝義御使
僧ニ而、金五百疋・糒十袋被遣候、
一、三之丸ゟ大小たらひ(盥)貳ツ、德利箱入一、・塗籠三、・
蠟燭五十目掛百挺・梅干一壺、・飴一壺、・薯蕷一折、
右之遣候由ニ而、攝取院殿・本珠院殿ゟ來ル、
一、增上寺へ御參詣、且三之丸へ御上り候、

九日、　晴、

一、增上寺御參詣、且三之丸へも御上り候、
一、久世讚岐守殿へ、此間大聖寺幷末寺之內拜礼願
候ニ付、寺之格式書付遣候様ニと有之ニ付、則
書付遣候寫、

御朱印高貳拾九石餘　本寺醍醐金剛王院、上芴八幡　獨礼　大聖寺
御朱印高百石　本寺護國寺、市谷　談林　藥王寺
御朱印貳拾石　本寺護國寺、舘林　獨礼　惣德院
御朱印拾石　本寺護國寺、舘林　福壽院

右之通書付遣候、惣德院事ハ爲社領貳拾石、福

館林惣德院は館林城本丸鎮守八幡稻荷兩宮の別當にして同城付の祈願所

*快意增上寺廟參の後三の丸へ登城す

*海說房長春房三の丸へ桂昌院の悔みに登城す

快意本庄宗資室病氣見舞の使僧を遣す

快意公慶病氣見舞の使僧を遣す

快意增上寺廟參の後本丸へ登城す

桂昌院位牌堂建立の場所檢分

*覺鑁講法事

壽院ゟ先達而拜領、殊舘林御城有之候節、御本丸鎮守八幡・稻荷兩社之別當相務、古來御城附之御祈願所ニ而御座候ニ付、右之通ニ候、
福壽院事ハ、惣德院ゟ已後ニ御朱印拜領、桂昌院樣御願ニ付被下置候、近年新規ニ御建立も被成下譯ニ付、右之通ニ候、

一、御月番本多彈正少輔殿(忠晴、寺社奉行)へ、御觸ニ付普門院罷越候、鳴物御免之由被仰渡候、御觸書留記之、

一、靈松院殿(本庄宗資室、森氏)御病氣爲御見舞、普門院被遣候、

一、南都龍松院(東大寺、公慶)病氣ニ付、御使僧被遣候、

十日、晴、

一、增上寺御參詣、且御本丸へ御上り被成候事、

一、海說房(尙彦)・長春房到着、

一、°桂昌院樣御牌堂御願ニ付、今日秋元但馬守殿(喬知、老中)見分被仰渡候由ニ而、場所爲見分、布施長門守殿(正房、小普請奉行組頭)・遠山善次郎殿(景忠、小普請奉行)御出、

一、(マヽ)

十一日、晴、晝時南風、

一、小笠原右近將監殿(忠雄)、
昨日使者ニ而、一種參候御返礼申遣、

一、根生院へ、爲御見舞使僧遣、

一、堀田伊豆守殿へ、御返礼、
一昨日御發駕之御案内申來候、

一、增上寺へ御參詣、三之御丸へも御上り被成候、

一、°海說房・長春房、今日三御丸ニ爲御悔被上候、

一、七ツ過程、久世讃岐守殿ゟ壹人押付參上可仕旨御手紙來、金剛院(武藏埼玉郡末田村、澄意)・大聖寺・福壽院も、今日中參上可申旨、役人衆ゟ手紙ニ而被仰越候、

一、°來十三日、納經拜礼相務候樣ニと、右何茂被仰渡候、歡喜院(護國寺役者)罷出承之候、右之衆中同前承之候、

一、明朝、臨時之法事有之候故、大師法事(覺鑁講)今晩相濟候、

十二日、晴、

一、四ツ時程ゟ御出、御本丸へ御上り之筈ニ候處、

快意增上寺廟參の後三の丸へ登城す

護持院ゟ以御手紙、松平右京太夫殿(輝貞、側用人)ゟ今日無用ニ仕、明十三日登城候樣ニと被仰越候旨、依之、右之通被仰越候、御出之跡ゟ右御手紙爲持、途中へ急〻進之候、增上寺ゟ御歸かけ、龍之口ニ而御覽被成、三之丸へ御上リ被成、直ニ御歸リ被成候、

一、明十三日、爲窺御機嫌、青物壹籠公方樣(徳川綱吉)へ獻上被成候筈ニ罷成、護持院日輪院方(護持院役者)ゟ兩人所へ以手紙被申越候、例之獻上物ハ右京大夫殿(松平輝貞、側用人)江奉賴被差上候へ共、此間之獻上物ハ、直ニ御本丸へ使僧を以差上申間敷と、護持院役者へ右京殿(松平輝貞)御內豐嶋源太左衞門殿方ゟ被申越候、依之、直ニ被差上候樣ニと、此段も日輪院方ゟ右之手紙ニ申來候、豐嶋源太左衞門ゟ之手紙も被差越候、護國寺へも件之趣申通候樣ニと手紙之趣ニ候事、

なすひ(茄子)・小角豆・里いも(芋)・葉人參・ミやうか(茗荷)・くこ(枸杞)・枝まめ(豆)、

右七色、護持院ゟ被差上候由申來候、

青籠寸法、

長サ貳尺貳寸、　横壹尺四寸、

高サ八寸、

右之通も、日輪院ゟ書付越被申候、

一、御手前ゟ獻上被成候

青籠寸法も右之通ニ被仰付候、勿論臺有、

くわい・はす(蓮)・里いも(芋)・かいわり(貝割)・青ゆ(柚)、

右五色、此方ゟ可被差上由被仰付候、

一、納經拜礼之事、去年上野ニ而拜礼御務之節ハ、永井伊賀守殿(直敬、若年寄)・本多彈正殿(忠晴、寺社奉行)、上野ニ御詰ニ付、伊賀守殿(永井直敬)へ拜礼前日使僧を以、明日四月廿八日也、拜礼仕候時刻窺、且又裝束仕候宿坊も被仰付被下候樣奉賴候由被仰遣候、此度ハ讃岐殿(久世重之、寺社奉行)ニ而、昨十一日歡喜院罷出候節、拜礼刻限十三日巳ノ上刻と被仰聞候ニ付、別而窺申義も無之、使僧不進候、

善峯寺の成就坊民部卿岩倉西室坊ら來寺

一、善峯（京都、善峯寺）成就坊・民部卿（成就坊弟子）、岩倉西室坊（京都）・少納言（攝津、本山寺）入來、

一、御歸寺已後、護持院へ御返答被仰遣、

十三日、晴、

桂昌院三七日忌につき快意寺中所化中へ齋を振舞ふ

一、御三七日之法事、所化中・寺中一汁五菜時齋被仰下、

綱吉へ暑氣御機嫌窺ひの青物を獻上す

○一、公方様へ獻上物、御本丸へ直ニ以使僧被差上候、朝五ツ時、護持院迄爲持使僧遣候、一所ニ罷上り候、文泉罷越候、

增上寺にて桂昌院の三七日忌法事あり快意拜禮を勤む

○一、六ツ半過程ニ、增上寺へ御出被成候、金剛院・大聖寺・惣德院・福壽院、少前ニ被罷越候、

*快意增上寺廟參の歸路護持院へ立寄り後本丸三の丸へ登城す

一、於增上寺、僧正御宿坊了源院と申候、右者三御丸衆初ゟ之宿坊ニ而候、藥王寺も右之御宿坊へ被參候、金剛院・大聖寺・福壽院・惣德院ハ、月窓院（增上寺）ゟ差圖ニ而寮舍へ被參候、月窓院へ二三日前ゟ歡喜院ゟ宿坊之義賴遣候處、初ハ月窓院宿坊之筈ニ約束相究り候處、彼院俄ニ無據殿方ゟ宿坊之義賴來候由ニ而、斷申來候、昨夜中也、若外ニ爰許存寄も無之候ハヽ、寮舍を差圖可申由申來、依之、右之通ニ罷成候、

一、僧正ニハ了源院ニ而裝束被成、讃岐守殿御宿坊へ御越、彼所ニ而、御中ケ間待合（仕）被成候、其後御案内二度目之鐘ニ出使被成候由、

染井友右衞門（麻上下）　添嶋儀八（麻上下）

通仙（柄香呂箱）　御履（退紅）　挾箱（白張）

御裝束　御傘（白張）

寺山喜太夫（麻上下）　長谷川万右衞門（麻上下）

知雲（納經）　御履（退紅）　挾箱（白張）

右拜礼相濟、讃岐守殿御宿坊へ御歸被成、裝束御直シ被成、御礼被仰入、其ゟ了源院へ御歸被成、供之裝束仕舞、其ゟ秋元但馬守殿・井上大和守殿（正岑、若年寄）、右御兩所之御宿坊へ爲御礼御立寄被成候、御歸之節、護持院へ何茂御越被成、料理御兼約ニ而、其後御本丸・三之丸へ御上り被成候、

護持院　金地院（元云）　覺王院（淺草、最純）　（浚）了雲院（寛永寺、義天）　護國寺（快意）

觀理院(山王社別當、智英)　大護院(淺草、尊祐)　眞福寺(愛宕、運壽)　彌勒寺(本所、隆慶)　圓福寺(愛宕、義山)

松平定重へ參勤出立につき暇乞の使僧を遣す

*龍松院公慶死去につき快意同院留守居へ悔みを遣す

盂蘭盆入り快意開山堂向屋敷に廟參す

*室生寺より桂昌院悔みの書狀届く

快意長春房を增上寺三の丸へ遣す

*桂昌院位牌前の法事

*釋迦堂法事

右於增上寺、拜礼之巡如此候由、

右之次ニ、藥王寺・惣德院・福壽院相務候、中(武藏埼玉郡末田村)嶋金剛院ハ四ケ寺(江戸四箇寺)之次ニ被相務候、

一、松平越中守(定重)殿へ、

明十四日、御當地御發駕被成候ニ付、爲御暇乞使僧遣候、

一、晩來、開山堂・向屋敷御廟參、

一、竹(マヽ)、木村宗竹・高橋永白方へ、貳百疋ツヽ被遣候、

十四日、　晴、

一、今日ハ終日御在院、

增上寺へハ、長春爲御名代參詣被仰付、三之丸へも被遣、松平豐後守(本庄資俊)殿へも長春下着已後不參候ニ付被遣、

一、竹田法印(定快、奧醫師)へ、以使僧、

白銀壹枚被遣、

一、久世讚岐守殿へ、以使僧、

昨日以御取持、首尾能拜礼相務忝存候、且又於御宿坊御馳走忝由被仰遣、

一、本多能登守(忠常)殿へ、

一昨日使者ニ而、御悔被仰越候御返答申遣、

一、龍松院留主居方へ、龍松院(公慶)死去之悔申遣、

一、榮隆院殿(堀田正俊室、稻葉正則女)へ、昨日使者ニ而、御三七日ニ被爲□御見廻申來候御返答申遣、

一、久世讚岐守殿ゟ、右使僧之便ニ御書付參候、其趣今度ハ御由緒無之寺院ハ、拜礼不願出候樣ニと之事ニ候、別ニ記之、

十五日、　晴、

一、和州室生寺(宇陀郡室生寺村、澄岸)ゟ、御悔之書狀共來候、

一、晩來、御廟參例年之通、開山廟・向屋鋪、

一、御位牌前法事、明六時、

一、釋迦堂法事、右之次、

一、今朝之御礼ハ無之候、

一、今日茂御在院、增上寺・三之丸へ長春房被遣、

遠山景忠桂昌院佛殿建立場所相談に來寺

*快意增上寺廟參の後三の丸本丸へ登城す

*桂昌院女中桂昌院紋付の食籠小長持を寄進す

桂昌院悔みの智積院使僧來寺

*桂昌院靈前の法事

*護國寺東照宮法樂

*快意增上寺廟參の後三の丸へ上る

快意誓願寺の本庄氏廟所へ代參を遣す

*布施正房桂昌院佛殿建立場所相談に來寺

一、遠山善次郎殿御出、御佛殿場所相談有之度由ニ而被參候、御逢被成、思召寄之場所被仰談、其儘御歸り、
一、夕御料理切麥、國分寺(和泉泉郡)・大聖寺御相伴、
一、三宅備前守(康雄、寺社奉行)殿役人矢木仙右衞門ゟ、承合候義有之候間、壹人參候樣ニと被申越候、依之、歡喜院被罷越候處、長春房□□三人之事、備前守殿爲念御聞置被成度由之事ニ候、
一、智積院(京都、覺眼)ゟ御悔之使僧來候、切麥出候、其後御逢被成、

十六日、　晴、

一、法花院入來、御逢被成候、
一、矢木仙右衞門ゟ、昨日之儀ニ付、歡喜院へ手紙を以、又々御尋之事ニ付參候樣ニと被申越、歡喜院被參候、
一、右之次手ニ、誓願寺(淺草)へ使僧被相務候、例年今日御廟參被成候へ共、增上寺へ御廟參ニ付、歡喜

院代僧被相務候、貳百疋被遣候、安養寺(誓願寺内、本庄氏菩提所)江茂、同斷、
一、增上寺へ御參詣、三之御丸へも御上り被成候、御本丸へも御登城、
一、攝取院殿・本壽(珠)院御兩所ゟ御ふミニ而、御紋付之御食籠三荷、中一ツ、小二ツ、朱御紋付之小長持、二ツ、右、きよ(清)き御器物ニ候間、被遣候由ニ而參候、

十七日、　晴、

一、早朝、御靈前之法事相濟候、
一、次ニ、東照宮(東照大權現)御法事於經堂被務候、
一、天德院(高野山、本庄家位牌所)下向ニ而入來、
一、青木安大夫御使ニ入來、榮隆院殿ゟ御香奠之義、役者共迄御相談□被遣候、御直答被仰遣、
一、增上寺へ御參詣、三之丸へも御立寄被成候、
一、七ツ時、布施長門守殿御出、御位牌堂(桂昌院位牌堂)御造立之場所御談合、御逢被成候、舊

*高野山惣代寶光院來寺
*快意本丸三の丸へ登城す
和泉國分寺公事
快意彌勒寺隆慶に袈裟地を贈る
寶藏什物の土用干
*柳澤吉保病み表向諸事を斷る
加賀白山寶代坊來寺
綱吉精進日御忌及び家宣精進落勅諚の廻狀
*桂昌院四七日忌の法事あり快意長屋中寺中へ齋を振舞ふ
*室生寺桂昌院の拜禮納經を願ふ

麥切出、

十八日、　晴、

一、本多彈正殿へ國分寺一儀ニ付、普門院同道仕罷出候、公事相手願正、是ハ平念弟子、本寺堺宗泉寺召連罷出候、一通御例〔列〕席ニ而、對決被仰付候、

一、彌勒寺(本所、隆慶)御出、御對顏、袈裟地願被上御約束有之候、

一、今日、土用干、寶藏之分仕候、

一、增上寺□三之丸へ御出被成候、

一、賀州寶代坊(白山)入來、

一、禁中樣ゟ、

公方樣御精進三十日、御忌五日、大納言樣(德川家宣)ニハ、今十八日御精進被爲落候樣ニと、勅定之御旨、今日廻狀ニ申來候、

十九日、　晴、

一、彌勒寺ゟ使僧を以、七條之手本被差越候、歡喜院へ手紙相添來、天德院入來、拜礼願事草案持參、

一、高野山惣代寶光院(中宜)入來、法乘院(寶城カ)同道、御留主之內、

一、御本丸・三之丸・增上寺へ御越、加賀宰相樣(前田綱紀)へ御立寄、

一、加藤源四郎殿(景利、小普請方)御出、普請御見舞、

一、國分寺、昨日之御礼旁彈正殿(本多忠晴、寺社奉行)へ被參候、御同役備前守(三宅康雄)殿へも被參候、

一、加藤茂右衞門殿(景義、裏門切手番頭)御出、御逢被成候、

一、松平美濃守殿(柳澤吉保、側用人)御病身ニ付、表向諸事御斷被仰上候、依之、諸方獻上物殘り等□□請□□座等迄御斷被仰□□申來候、

廿日、　晴、

一、今朝、桂昌院樣御四七日法事、長屋中・寺中不殘齋食被仰付候、

一、和州室生寺之使僧仕立候而、寺社奉行所へ差出候口上書、如左、

口上覺

和州室生寺儀、今度、桂昌院樣就御逝去、參

*快意増上寺廟參の後三の丸へ上る
高野山天德院桂昌院の拝禮納經を願ふ
*大川戸妙樂寺
*快意増上寺廟參
*快意本丸三の丸へ登城す
*三の丸女中護國寺に黑塗箱を寄進す
*快意三の丸女中へ青物を遣す
*桂昌院月忌

府仕御悔可申上候處、病氣故、代僧（春智）ニ而申上候、室生寺儀ハ、元來南都興福寺末寺ニ而御座候所、一位様御願ニ而離末ニ罷成、則護國寺末寺ニ被仰付、寺領三十石頂戴仕候、右之譯故、以代僧御悔申上候、以上、

七月廿日　　護國寺

一、高野山天德院、一昨日寺社方へ御悔被相廻候、追而拝礼納經被相願度ニ付、願書昨日持參被致置候、此元ゟ茂御意御添被下候様ニと、被相願候ニ付、今日室生寺使僧ニ、此方ゟ使僧被相添候ニ付、天德院之儀も被仰遣候、

口上之覺

高野山天德院儀ハ、桂昌院様御先祖代々御位牌御安置被成候ニ付、御位牌堂御建立被遊、其外御寄進物等被成候御由緒之寺ニ而御座候故、年々年始之御礼ニも參府仕候而、三御丸へ罷上り候、依之、今度御悔ニ下向仕候、右之譯ニ而御座候間、拝礼并納經仕候様ニ可奉願候條、何とそ被仰付被下候様ニ拙僧茂（マヽ）も同前ニ奉願候、以上、

七月廿日　　護國寺

一、長春房、三之御丸へ罷上り候、
一、増上寺へ御廟參、三之丸へも御上り被成、七ツ前御歸寺、
一、増上寺へ長春房も被罷越候、
一、大川戸妙樂寺入來、御出かけニ御逢被成候、

廿一日、　晴、

一、増上寺御參詣、
一、御本丸・三之丸へ御上り候事、
一、三之丸本珠院殿ゟ、黑塗之箱三ツ被遣候由ニて來ル、

廿二日、　晴、

一、三之丸御女中方へ、青物被遣候事、
一、今日、桂昌院様御月忌ニ付、齋御振舞被成候、

頼意僧正忌日堀田榮隆院三の丸桂昌院御牌前に造花を獻上す

快意增上寺廟參後三の丸へ上る

*家宣御臺所へ忌明けにつき去月來の御祈禱札を獻上す

*於傳之方御簾中へ月次の御札を獻上す

快意增上寺廟參後綱吉の御機嫌を窺ふ

*家宣御臺所八重姫へ七夕の祝儀物を獻上す

綱吉護國寺の桂昌院位牌堂建立を命ず

三の丸女中護國寺に菓子箱を寄進す

快意增上寺廟參の後三の丸へ上る

*快意增上寺廟參の後三の丸へ上る

室生寺桂昌院廟所の納經を

一、今日、頼意（長谷寺、小池坊）僧正忌日ニ付、御布施不殘被下候、

一、堀田榮隆院殿𠀋、御牌前へ御上候樣ニと、造花一桶來ル、則三之丸へ御牌前へ被指上候、

一、三之丸御比丘衆中赤飯一荷爲御見廻〔舞〕被遣候事、

一、增上寺御參詣、且又三之丸へ御廻り被成候事、

一、（マヽ）

廿三日、　晴、

一、增上寺御參詣、且又御本丸へ御上り、御直ニ御機嫌御窺被遊候事、

○一、桂昌院樣御牌堂被仰付候由、松平美濃守殿被仰聞候由、御歸寺之節、御意ニ而御座候、

一、三之丸𠀋菓子鉢二、其外臺五ツ、被下之候、

廿四日、　晴、

一、增上寺御參詣、三之丸へも御上り、

○一、久世讃岐守殿𠀋、御役人衆名前ニ而手紙來ル、和州室生寺代僧春智江申達候事有之候間、今晩中罷越候樣ニと被仰越候ニ付、則春智指越候所、來ル廿七日納經被仰付候間、爲心得申渡候由、

一、小普請方遠山善次郎（景忠）殿御出、公方樣當院江被爲成候節、御山道筋見分被仰付候由ニ而、僧正直ニ御同道ニ御道筋爲御見被成候事、

廿五日、

一、大納言樣、御臺樣御忌三十日切ニ付、去月𠀋御務被成候御祈禱御札守、今日被指上候、

一、五之丸樣・御簾中樣へ、月次之御札守・御備折上ル、

一、大納言樣、御臺樣・八重姫樣（德川吉孚室、綱吉養女）、七夕之御祝義御忌中故延引、今日右之御祝義物、幷御女中方へも被遣候事、

廿六日、　晴、

一、增上寺御參詣之事、

一、三之丸江茂御上り候事、

一、護持院大僧正へ被仰合候而、明日公方樣へ御忌中爲窺御機嫌、梨子一籠獻上之被成候筈ニ候、

許さる

*快意隆光綱吉忌中の御機嫌窺ひに梨を獻上す

*快意增上寺廟參す

*三の丸女中より桂昌院位牌前に供へ後僧衆に振舞ふべく御重届く

室生寺代僧增上寺廟所に納經拜禮を勤む

*快意登城の後增上寺廟參す

桂昌院五七日忌につき末寺出仕し法事を營む

*御臺所於傳之方御簾中及びその女中綱豐の女中へ八朔の祝儀物を遣す

廿七日、晴、

○一、公方様へ梨子一籠獻上被成候、わく籠、朝五ツ時、護持院御使僧同道ニ而、御本丸中之口坊主衆へ賴上候而申入候由、

松平右京大夫殿迄口上、

公方様爲可奉窺御機嫌、梨子一籠獻上仕候、宜御披露奉賴候由、

指上候而、御側衆ゟ被仰渡候、後刻披露可致候間、罷歸候様ニと被仰渡候事、

○一、和劦室生寺代僧春智、今日於增上寺納經拜礼相務候、從僧壹人、增上寺中月窓院ニ而裝束仕、寺社御奉行御宿坊へ罷越、役人案內ニ付相務候由、

○一、今日、桂昌院様五七日ニ被爲成候ニ付、末寺被召寄法事御務被成候事、

一、四ツ谷東福院(龍巖房)御由緒御座候ニ付、被召寄候事、

一、攝劦寶積院(久安寺)罷越候ニ付、列座ニ而被相務候、

一、末寺藥王寺(江戸、市ケ谷)・光德院(武藏豐島郡高田村)・南藏院・莊嚴寺(同郡幡ケ谷村)・觀音寺(同郡上戸塚村)・玄國寺(武藏豐島郡諏訪谷村)・密藏院(同荏原郡下北澤村)・多門(聞)院・明王院(江戸、芝三田中寺町)・觀藏院(江戸、淺草新寺町)・大乘院(江戸、淺草新寺町)・龍泉寺(江戸、下谷龍泉寺町)・千手院(江戸、下谷御簞笥町)、

一、當院衆中不殘、

右何茂へ、御布施百疋ツヽ被下候事、

一、御法事御仕廻候已後、增上寺御參詣、

一、三之丸攝取院殿・本珠院殿ゟ御文ニ而、御牌前備候而、衆中振廻候様ニと、御重之内一組來ル、

一、高野山天德院、願之通增上寺ニ而納經被仰付候由、今日久世讚岐守殿被仰渡候、

廿八日、晴、

一、御本丸へ御上り、尤表向御礼無之、增上寺江も御參詣、

一、御臺様幷御女中、八朔之祝儀物上ル、

一、御簾中様幷御女中、

一、五之丸様幷御女中、

一、大納言様付之御女中、(常盤井、水無瀬氏信女)

一、公方様付之右衞門佐殿已下之女中へ、公方様御

*桂昌院快意に遺物を下す

*桂昌院海說房長春房寺中大聖護國寺に遺物を下す

*御臺所快意に見舞ひとして薩摩燒香爐香箱を下す

快意增上寺廟參す

本郷本町より出火

牧野康重屋敷塀まで燒失するも屋敷內は無事

*桂昌院高野山御影堂建立に五百兩を施入す

快意增上寺廟參の後三の丸へ上る

忌明候而可遣候由、

一、八重姫君様へ上ル、并女中へも、

〇一、室生寺代僧春智、寺社奉行衆不殘罷越、納經相務難有奉存候、一兩日中發足仕候由、御暇乞共ニ仕廻申候、

一、此方ゟハ使僧ニ而、久世讃岐守殿へ被仰遣候ハ、室生寺代僧春智、昨日拜礼納經首尾好相務難有奉存候、將又野山天德院儀、來月四日納經被仰付難有奉存候、右旁御礼申上度、以使僧如此候由、岳禪相務、

廿九日、　晴、風吹、

一、增上寺御參詣、三之丸へも御上り候、

一、夜七ツ前ゟ本郷本町ゟ出火、壹町餘燒失、

一、牧野周防守殿（康重）境塀迄燒失、屋敷內無別條、日比野七郎右衞門殿類燒、

晦日、　晴、

一、增上寺御參詣、三之丸江茂御上り候、

一、桂昌院様ゟ僧正江、御目録ニ而御遺物御拜領、

一、海說房（尙彥）・長春房・寺中五ケ寺・上刕八幡大聖寺（碓氷郡八幡村、大聖護國寺）江茂、御目録ニ而御遺物拜領、

一、國分寺并方丈出家衆・寺中所化不殘、御金被下之候、

〇一、御臺様ゟ爲御尋、豐小路殿・おつう殿ゟ御文ニて、さつま（薩摩）燒香呂香箱たきから入、并薯蕷一箱御拜領被成候事、

〔八　月〕

八月朔日、　天氣好、

一、御靈前法事相濟、當日之御礼ハ無之、

〇一、高野屋（江戸在番）鋪ゟ使僧來候、右者、桂昌院様ゟ御影堂（高野山）御施入金五百兩、御繁昌之御內僧正（快意）被願上置、可被下置候旨兼而御意御座候處、只今迄三之御丸ニ御預被申候而、昨日御請取歸り被成候、依之、昨日在番迄歡喜院方（護國寺役者）ゟ以

*護國寺八朔の表向禮はなし

快意桂昌院施入金子の高野山在番請取證文を三の丸へ持參す

*室生寺加增さる

快意三の丸女中衆へ虎屋の芋くきを贈る

*海說房長春房寺中五人遺物拜領御禮のため三の丸へ上り御座之間の位牌を拜す

*快意善峯寺成就坊岩倉寺西室坊らを振舞ふ

手紙、今度御請取被申候樣ニと申遣候、依之、瑞心院ゟ使僧圓淸房、寶城院ゟ元淸房、右兩所ゟ使僧兩人被差越候、寶性院ゟ田中半右衞門と申侍壹人被差越候、出來合料理出之候、其後御出かけニ、右三人へ御逢被成、直ニ金子五百兩御渡し被成候、則請取手形兩在番ゟ被差越、御受取被成、三之御丸へ御持參被成候、

一、三御丸ゟつゝら（葛籠）壹ツ參候、封之儘受取置候樣ニと、長空院殿・音光院殿兩人方へ御ふミ（文）ニ而被遣候、御返事相認、御ふミ箱ハかへ（返）し申候、

一、三之丸へ御ふミニ而、（虎屋）とらのいもくき壹折被遣候、

一、松平出雲守殿（義昌）・同但馬守殿（友親、後ニ友著）御兩所ゟ、昨日御使者ニ而、一位樣（桂昌院）御忌例之內、御祈禱被仰越候、右之料物銀子被遣候、今般御返礼申遣、

一、大村因幡守殿（純長）ゟ殘暑見舞使者、昨日一種來候御返礼申遣、

一、五ツ過ゟ御出被成候、今日も表向御礼無御座候由、

一、金子五兩淺草（新寺町）觀藏院持參、受取置候、請取證文遣、重而差引可然候、

一、和州室生寺（宇陀郡室生寺村、澄岸）へ、御用之義ニ付、被罷下候樣被仰遣候、

二日、　晴、

○一、室生寺願之通五拾石之所、昨日於御城被仰渡候由、依之、今日御老中方へ御廻り被成候、

一、寺社御奉行所へも、右之御礼ニ御務被成候、

一、海說（尙彥）・長春・寺中五人（護國寺）、三御丸へ罷上り候、去卅日・昨朔日兩日□內、御遺物拜領仕候爲御礼、何茂罷上り候、御座之間へ罷通御位牌奉拜候、僧正ニ茂御上り被成候、

一、好（善）峯（京都、善峯寺）成就坊・岩倉（京都）西室坊・圓月坊（善峯寺成就坊弟子）・民ア卿・少（攝津、本山寺）納言、今日御振舞被成候、

一昨日觀藏院（江戸、淺草新寺町）持參之五兩、御手前之金子共、今

*護國寺桂昌院六七日忌法事
*快意增上寺廟參す
*快意登城するに論議あり
*德川家宣へ三日月待御札を獻上す
室生寺寺領の由緒
*快意增上寺廟參の後三の丸へ上る
*本庄宗資室死去す

日長谷川平七方へ相渡ス、勿論右之旨申上候、
手形取、

三日、　晴、

一、三宅備前守殿（康雄、寺社奉行）・本多彈正少弼殿（忠晴、同上）へ、今日御廻り被成候、

一、三宅備前守殿役人丹羽作左衞門・矢木仙右衞門ゟ、兩人方（護國寺兩役者、普門院榮傳・歡喜院）へ手紙ニ而、和州室生寺從御先代御朱印地ニ候哉、只今迄之御朱印高何程□□候哉、近代之御朱印地ニ候ハヽ、いつ比被仰付候哉、是又承度由、

右之通相尋來候、右之旨僧正へ御窺申、返答申遣候、如左、

御手紙致拜見候、然ハ和州室生寺、從御先代御朱印地ニ御座候哉御尋被成候、當御代元祿十三年辰初而御朱印致頂戴候高三十石、新知ニ被仰付候以前ハ、三十石餘之除地ニ而御座候、以上、

歡喜院
普門院（護國寺役者、榮傳）

丹羽作左衞門樣
矢木仙右衞門樣

右之通、草案被仰付、返答申遣、

四日、　晴、

一、桂昌院樣六七ケ日法事相濟、寺中・長屋不殘時齋被仰下候、御廟參勿論被成、

一、今日ハ兼而被爲仰出、御本丸へ御上り被遊候、論義被仰付候由、

五日、　晴、

一、大納言樣（德川家宣）へ、三日月御札折上ル、

一、增上寺へ御參詣、三御丸へも御上り被成候、其外無別條、

一、松平隱岐守殿（定直）へ、御返書遣、

六日、　晴、

一、旲照院殿（本庄宗資室、森氏）、今朝明六ツ時御死去、

快意本庄資俊牧野康重富田知郷らへ悔みに出づ
*快意三の丸へ御茶子餅を遣す
*快意近藤昔用森頼俊らへ本庄宗資室悔みの使僧を遣す
快意三の丸へ登城の後増上寺廟參す
*三の丸女中護國寺へ銀茶釜食籠等を寄進す
三の丸女中快意に晒綿入り寝間着紅縮緬を遣す
*快意増上寺廟參の後三の丸へ上る
*唐招提寺藏松院長谷寺能滿院歸寺の暇乞ひ
上州仙藏寺
*大般若經轉讀
開山講
*快意登城す

松平豊後守殿（本庄資俊）・牧野周防守殿（康重）・冨田甲斐守殿（知郷、中奥小姓）・
六角主殿殿（廣豊、表高家）、
右之衆中へ、爲御悔御出被成候、
三御丸・増上寺へも御出被成候、
一、戸澤下野守殿（正庸）へ、御返書爲持遣、
一、七ツ前、御歸寺、
一、開山講、今晩相勤候、
一、三御丸ゟ、今晝時、
さらし（晒）御わた（綿）入ノ御ねまき（寝巻）、二、
紅ちりめん（縮緬）四巻、
右、せつしゆ院殿（攝取）本しゆ院殿（珠）ゟ御ふミニ而、僧正へ被遣候、
九目結御紋之柳こり（行李）ニ入參候、受取いたし、御
こりハかへし（返）申候、
一、上州千藏寺（仙）（緑埜郡西平井村、琳譽房）入來、亮尚院（護國寺寺中）ニ宿、
七日、朝之内小雨、曇、
一、御㚑前法事相濟、時齋被仰付候、開山月次之齋（亮賢）
食也、

一、三御丸へ、
御茶ノ子餅被遣、大重箱、壹組、大食籠、貳荷、
一、近藤登之介殿（昔用）、興津伊織殿、
一、森河内守殿（頼俊、三の丸用人）、大澤右衞門殿（基隆、奥高家）、
右衆中へ、㚑照院殿御悔之使僧遣候、
一、攝取院殿本壽院殿（珠）ゟ御ふミニ而、
銀ノ御茶釜壹ツ、御紋付、
御食籠壹ツ、
御文庫二ツ、
右之通被遣候、
一、増上寺・三御丸へ御上り被成候、七ツ時御歸寺、
一、藏松院（大和、唐招提寺）・能滿院（大和、長谷寺）入來、近々發足之由、依之、御
暇乞ニ罷越候、御逢被成候、
一、大般若轉讀今晩在之候、
八日、雨、
一、御靈前法事相濟、
一、御本丸（徳川綱吉）へ被爲召候由、兼而被仰出ニ付、御登城、

護國寺寶藏金

*寺中ら本庄資俊牧野康重らへ本庄宗資室の悔みに出づ

三の丸より糯米を下す

*德川家宣へ月次大般若經轉讀の御札を獻上す

快意增上寺廟參の後三の丸へ上る

照遍法印

*快意增上寺廟參の後三の丸へ上る

快意三の丸より拜領の糯米を方丈寺中に配る

*桂昌院遺品の紋付長持紋付幕緞子幔香臺香爐煙草盆等寄進さる

一、增上寺へも御參詣、

一、竹田藤右衛門殿（政武、小普請方）、御役替被仰付候爲御祝義、金子五百疋被遣、使僧ニ而、右之金子ハ寶藏金之內ゟ被遣候、

一、昨日、森川新兵衛殿（好生、三の丸賄頭）平井吉右衛門殿ゟ手紙ニ而、御糯可被下由被仰越候、今日車二領〔輛〕ニ而、御用屋敷へ取ニ遣候、

九日、　晴、

一、增上寺・三丸へ御出、

一、照遍法印之弟子知新房、昨夕ゟ參候、今朝ハ御逢被成候、

一、御出かけニ、內藤十郎左衛門（正房、新番）御出ニ而、御逢被成候、公方樣（德川綱吉）御機嫌爲窺、

一、糯拾三俵、方丈（快意）へ、

同　三俵、歡喜院、

同　三俵、普門院、

同斷、　醫王院、

貳俵、　亮尚院、

同斷、　蓮花院、

〆貳拾六俵也、寺中へ今日相渡候、

一、寺中五人、今日、
松平豐後守殿・牧野周防守殿・冨田甲斐守殿・
森河內守殿へ、
旻照院殿爲御悔罷出候、

一、大納言樣（德川家宣）へ、
月次大般若御札等上ル、

十日、　雨、

一、增上寺・三御丸へ、御出被成候、

一、今朝、上州千藏寺（仙）御相伴、

一、三御丸長せい院（淸）壽光院殿ゟ御ふミニ而、
御紋付御長持之內壹ツ、
九ツ目結御紋之紫はふたへ（羽二重）之御幕　二張、
どんす（緞子）の幔　二張、
麻之幕、
御香臺　二ツ、

桂昌院七七日忌法事あり快意惣出家中へ布施を下す

快意增上寺廟參の後三の丸へ上る

快意ら登城し奥にて料理を下され後天台宗と論議あり

＊快意誓願寺へ本庄宗資室の諷經に出る

＊快意桂昌院付女中おみねへ見舞ひを贈る
護國寺桂昌院遺物を拜領す

御香呂、　御たはこ(煙草)盆、
御氣安、　御よりかゝり(寄)、
　其外、色々參候、
一、(マヽ)

　　十一日、　晴、

一、桂昌院樣七七日ニ而御座候ニ付、朝齋被仰付、惣出家中へ青銅五十疋ツヽ被下候、
一、增上寺御參詣、三之丸へ茂御上り候、
一、午時、御本丸へ御上り被成候、奥ニ而御料理被下候、夜ニ入御歸、拜領物羽二重十五疋、
一、(隆光)護持院大僧正・(江戸、最純)覺王院大僧正・(寛永寺、義天)淩雲院大僧正・(江戸、英岳)進休庵僧正・(快意)護國寺・(山王社別當、智英)觀理院僧正・(淺草、韋祐)大護院・(愛宕、義山)圓福寺・(愛宕、運壽)眞福寺・(本所、隆慶)彌勒寺・京善峯民部卿・攝劦本山寺少納言、此方ゟ長春房、右之衆上り申候由、天台宗与論義被仰付有之候由、御歸候而御物語被成候事、
一、桂昌院樣付御用人、竹本土佐守(長鮮)、
　堀筑後守(秀雪)、
　松田志摩守(貞直)、
　木下伊豆守(信眞)、
右之衆中列名ニ而御手帋來ル、桂昌院樣御遺物被下之候由、御目錄ニ而、
一、かけもの(掛物)、　紅白川筆、
一、唐金花生、
一、御書たな(棚)、
一、金百兩、
右之外ニ、御脇息箱入ニて參候事、

　　十二日、　晴、

一、淺艸誓願寺(本庄氏菩提所)へ、靈松院との御諷經ニ御越被遊候事、從僧壹人被召連、納經被成候事、
一、三之丸御用人衆へ、今日先御使僧ニて御礼被仰遺候、
一、三之丸付御女中おミねとのへ、爲御見廻煎茶一箱・干菓子一箱被遣候、

七夕の祝儀あり快意登城す

忌中の間控へし綱吉の御祈禱札を獻上す

*快意柳澤吉保と相談し隱居願書を呈す

快意常磐井らへ七夕の祝儀を遣す

*快意桂昌院八十の賀の後隱居したく兼々桂昌院に願ふ

快意三の丸用人廣敷番頭らに見舞ひを遣す

*德川光貞死去につき普請鳴物停止の觸

役者普門院榮傳藥王寺へ移轉につき寺中亮尙院跡役とさる

十三日、　曇晴交、

一、今日、七夕爲御祝義諸大名登城、獻上物如例、依之、僧正登城被遊候事、

一、公方樣(徳川綱吉)御忌中御札守不指上候ニ付、今日御祈禱之御札不殘上ル、

一、右衞門佐殿(常磐井、水無瀨氏信女)御並之衆へ、七夕・八朔之祝義物護持院へ聞合、今日遣申候、

一、(マヽ)

十四日、　晴、

一、三之丸御用人五人江、索麪一箱式者曲物ニて被遣候、

一、御廣鋪番頭江、六尺丸柹一籠ツヽ、爲御見廻被遣候、

一、攝取院(殿脱カ)(三の丸女中衆)・本珠院殿(同上)・正德院殿(同上)・淸源院殿四人へ、井樓(蒸籠)貳組ツヽ被遣候、

一、其外衆中御扈從衆江も、かき(柹)被遣候、

一、普門院(護國寺役者、榮傳)事、來ル十七日、藥王寺(江戶、市ケ谷)へ入院被仰付候、依之、亮尙院(護國寺寺中、豁如)儀、普門院江移住被仰付、跡役相務候樣ニと被仰渡候、亮尙院江者醫王院(護國寺寺中)移住、醫王院江者蓮花院(護國寺寺中、覺祐)移住被仰付、蓮花院江者深譽房入院仕候樣ニと被仰付候事、

一、今日、松平美濃守殿(柳澤吉保)へ御越、御面談之上、隱居之御願書御渡し被遊候、

來春、一位樣(桂昌院)八十之御賀被爲相濟候ハヽ、隱居仕度旨、兼〻一位樣江茂申上置候、然所御逝去被遊候、願之通被仰付候ハヽ、難有奉存候、

以上、

右之書付御渡候節、美濃守殿(柳澤吉保)御挨拶ニ茂、七拾歲迄ハ被相務可然候、乍然被願候段尤存候、公方樣ゟ御免可被遊候哉、兎角何分ニ茂任御意御尤候由、念比被仰談候由御物語之事、

一、三宅備前守殿ゟ御手紙來ル、御返書遣候、

德川對山殿(光貞)逝去ニ付、普請者今日一日停止、鳴物者今日ゟ廿日迄、七日停止之旨被仰出候間、可被

*綱吉休息之間に快意を召し先に側用人より傳へらる旨を直接命ず

綱吉家宣へ月次の御札守を獻上す

諸大名御機嫌窺ひに惣出仕につき快意も登城す

綱吉側用人を以て快意の隱居願ひを許さず本丸御臺所迄の乘輿を免ずるを命ず

*快意愛宕圓福寺義山の入院振舞ひに出る

*役者普門院藥王寺へ入院す

得其意候、以上、

八月十四日　　三宅備前守

護國寺僧正

十五日、晴、

一、公方様・大納言様へ、月次之御札守上ル、

一、爲窺御機嫌、諸大名今日惣出仕ニ付、僧正ニ茂登城被遊候事、

一、御本丸於御座之間、松平美濃守殿・松平右京大(輝貞、側用人)夫殿列座ニ而被仰渡候ハ、隱居被願候段達上聞候所、未極老ニ茂不罷成、病身与申ニ而茂無之、住職相務候盛りニて候間、願之段御免不被遊候間、可被得其意候、且又諚意ニ而、御臺所前迄、駕籠御免被仰出候間、向後乘り候様ニ可被致候由、卽席若御年寄衆御呼被成被仰渡候ハ、護國寺儀、隱居被願候所、御免無之、御臺所前迄乘物御免被遊候間、御門へ可被申渡候由、○又候本意ニ而無御座候ニ付、何とそ上意違背之様御座候へ共、可被成事御座候ハヽ、再三被仰上被下間敷候哉と被仰候へ共、上意之事、又候願候事難成旨被仰候由、

一、於御休息間、御直之御意ニ茂、未老年病身之事ニても無之、住持盛り之節隱居願候段、御免不被遊、乘物御免之由難有御意、依之、難及御辭退、

一、美濃守殿・右京大夫殿(松平輝貞)被仰渡候ハ、右之儀共ニ付、御老中方へ參候事無用之由被仰渡候、依之、爲御礼御越不被遊候、

十六日、晴、

一、今日、圓福寺入院振舞ニ付、御越被成候事、

一、糀町紀刕様(徳川光貞)へ、對山様御逝去之御晦〔悔〕被仰置候由、

一、御裏御門乘輿御免ニ付、井戸對馬守殿(良弘、留守居)供廻り提札書付ヲ以、請取ニ御使僧被遣候事、

十七日、晴、

一、藥王寺(市ケ谷、榮傳)今日入院、其外一昨日被仰付候面〻茂、今日入院之事ニ候、

一、普門院(豁如)・亮尙院爲御祝義三百疋ツヽ、醫王院(覺祐)・蓮花院(深響房)貳百疋ツヽ指上候、直ニ僧正ゟ爲御祝義

*三の丸御殿取壊しにつき地鎮安鎮等の押札を放つ南都彌勒院來寺

被下候、

一、南都彌勒院(賴孝、本庄宗資弟)兼約ニ入來、御面談候、

一、終日御在院、

十八日、　晴、

*藥王寺入院につき隱居當住を振舞ふ

一、藥王寺入院ニ付、今日隱居(音俊房證覺)・當住(依道房榮傳)被召寄、御振舞被遊候、當住爲祝儀金千疋持參、

一、今日、寺社奉行久世讃岐守殿(重之)江御越被遊候、先日者增上寺御法事之內ハ、首尾好御務珎重奉存候由被仰置候筈ニ候、

*快意三の丸御宿下りの女中を見舞ふ

一、生(正)德院殿(三の丸女中衆)・清源院殿(三の丸女中衆)・順心院殿(同上)・木下伊豆守殿・松田志摩守殿・高勝院殿(三の丸女中衆)、右之衆へ御見舞、御用人衆江茂先日御遺物拜領之御礼ニて御越被遊候事、

一、久世讃岐守殿へ御使僧遣候、先比者增上寺御法事中、久〻御務被成、首尾好御仕廻珎重奉存候、以使僧申上候印迄一種進之候由、

わく籠梨子一籠、

一、昨日、間宮播磨守殿(信明、小普請奉行)ゟ御手紙來ル、三之丸取壞候ニ付、地鎭・安鎭之外、御札共出家被指出、爲御放候樣ニと、稻垣對馬守殿(重富、若年寄)被仰候間、申遣候由被仰越候、依之、出家中指遣候而、御安鎭其外帋札爲放候、拾七年已前元祿二年己巳年十一月御安鎭之御札共也、賢廣僧正代、

十九日、　雨天、

一、終日相替儀無之候、

一、晝過ゟ、三之丸御宿下り之女中方へ御見舞、

一、眞田伊豆守殿(幸道)・牧野駿河守殿(忠辰)・小笠原右近將監殿(忠雄)へ、爲御見廻(舞)なし(梨)・ぶとう(葡萄)、一籠、各へ被遣候事、

廿日、　大雨、

一、(マヽ)

*快意登城す

一、今日、御本丸江御上り候樣ニと、護持院ゟ手帋來ルニ付、御上り候、御本丸御登城、相巡候而、護持院ニ而、夕飯御上り候而、七ツ半過御歸、

*綱吉家宣御臺所於傳之方御簾中へ月次の御札を獻上す

御影供

廿一日、　晴天、

一、例之通、朝飯過御影供相濟、

一、終日御在院之事、

一、覺印房・海說房(尚彦)・長春房・周宣房、夕飯・そは(蕎麦)切御相伴被仰付候、

*醍醐三寶院門主への書狀を鳳閣寺へ託す

一、三寶院(醍醐寺、高賢)御門主樣御坊官へ之御狀、下谷芳覺寺(鳳閣)へ賴遣候、

*留守居より平川口出入りの札を受取る

一、本田下總守(多)(康命)樣へ、昨日之御返礼申遣候事、

*京都善峯寺成就坊暇乞に來寺

一、本田能登守(多)(忠常)樣へ、御參府之御使僧遣候、

廿二日、　晴天、

桂昌院祥月命日につき全ての所化に齋を振舞ふ

一、於茶之間、寺中・所化中不殘御齋有之、

快意增上寺廟參す

一、四ツ半過、增上寺へ御佛詣、

*家宣へ初めて八朔の御札を獻上す

一、安藤長門守(信友)殿へ、昨日之御返礼御使僧遣候、

一、鎌(謙)德院(奧山玄建、奧醫師)へ、昨日御出之御返礼申遣候、

一、松平出雲守樣へ、爲冷氣之御見舞、一種被遣候、ふとう・なし、一籠遣候、

*快意登城す

廿三日、　晴天、

一、御本丸(徳川綱吉)・西ノ御丸(徳川家宣)・御臺樣(綱吉室、鷹司教平女)・五ノ丸樣(於傳之方、綱吉側室)・御簾中(家宣室、近衛基熙女)樣へ、例月之通御札指上候、

一、四ツ半時ゟぜうあん院殿へ御見舞、直ニ進休庵へ御振舞ニ御越、

一、井戸對馬守殿(良弘、留守居)ゟ平川出入之札、大久保玄番(蕃)頭殿(忠兼、留守居)へ取ニ遣候樣ニ申來候故、卽御使僧遣候得者、平川出入之札五枚、玄蕃殿(大久保忠兼)ゟ使僧之仁請取參候、

一、京都善峯成就坊、廿五日ニ發足、御暇乞ニ被參候ニ付、出來合出候、御留主故御逢不被遊候、

一、八朔之御祝儀獻上之義、三宅備前守殿へ、歡喜院御窺ニ罷越候處ニ、公方樣・大納言樣へ例年獻上仕候樣ニ可指上候由被仰渡候、

一、大納言樣江者、當年始而八朔獻上被成候、同樣ニ獻上物被仰付候事、

廿四日、

一、松平備前守殿(長矩)へ、御病氣御見舞御使僧遣候、

一、四ツ半過、御本丸江御登城ニ而、天台宗之論議

*役者普門院快意に入院祝儀の御膳を振舞ふ

*綱吉家宣へ八朔の祝儀を獻上す

*快意仁和寺門主諸院家へ離末の祝儀を遣す

護國寺離末につき仁和寺へ開山亮賢受領の末寺許可状を返進す

*快意牧野成貞室を見舞ふ

御座候由、長春茂被致登城候、
一、小池坊(大和、長谷寺、亮貞)・圓福寺江、廿九日ニ此方へ御出之御案
内申遣候、乙訓寺(山城乙訓郡今里村、元貞)・榮淳房・知音房・卓然房へ
茂申遣候、
一、覺印房、初瀬(大和、長谷寺)へ明日發足ニ付、御室(仁和寺)江離末之御
祝義御使僧御頼被成候、
一、銀五枚、　仁和寺御門主様(寛隆法親王)江、
一、金三百疋、　菩提院前大僧正(仁和寺、頼遍)江、
一、金貳百疋ツヽ、　眞光院殿(仁和寺、忠雄)・尊壽院殿(同上)・自性院殿(仁和寺)、へ、
一、御室ゟ之御料帋、開山亮賢之時分被遣候、此度
離末被仰付候故返進、卽右何茂覺印房持參被申
候、
一、金五百疋、覺印房へ被遣候、
一、同斷、近藤文次郎江被遣候、
一、金貳百疋、通法寺(河内古市郡通法寺村)使僧教岸房へ被遣候、
　廿五日、　晴天、
一、覺印房・近藤文次郎・通法寺使僧教岸房、
右何茂今朝七ツ時發足、
一、終日御在院之事、
一、今日、普門院(護國寺役者、豁如)入院之御膳指上候ニ付、御出被成
候、
一、今日、公方様・大納言様へ、八朔之御祝儀ニ十
帖壹卷宛獻上、中ノ御口迄使僧ニ而被獻之候、
登城無之候、
一、織田内匠様(長清)へ、御參府候ニ付、御使僧遣候、
一、松平主殿様(忠雄)へ、昨日御參府之御案内申來候ニ付、
御返礼申遣候、
　廿六日、　晴天、
一、四ツ過ゟ本壽院殿(珠)へ御越、夫レゟ牧野備後殿(成貞)奥
方御見舞被成候、七ツ半過御歸、
一、三宅備前守殿へ、昨日獻上首尾能仕候御礼ニ使
僧遣候、
一、鍋嶋紀伊守殿(元武、奥詰)、昨日之御返礼申遣候、
一、榊原式部少殿(政邦)へ、御在處江之御返事、歩行使ニ而

*長谷寺小池坊二百石を加増さる
*乙訓寺百石を寄進さる
隆光快意らを振舞ふ
*快意小笠原長重へ加増の祝儀を遣す
護國寺月次の御禮あり
綱吉家宣へ月次の御札を献上す
快意綱吉御機嫌窺ひの檜重を献上す
*庚申待
*快意小池坊亮貞隆光英岳らを振舞ふ
快意登城す

遣候、

廿七日、　曇天、風吹、

一、本田〔多、下同ジ〕淡路守（忠周）様御出、御逢被成候、蕎麦出之、
一、九ツ時ゟ護持院江、御兼約ニ而御振舞ニ御出被成候、
一、三宅備前守殿ゟ御手帋ニ而、被仰渡候候義有之候ニ付、普門院罷越候、○御觸留寫置候、

廿八日、　晴天、

一、於茶之間、例之通御礼相濟、
一、公方様・大納言様江、例之通御札指上候、
一、公方様江窺御機嫌、檜重壹組獻上、松平右京殿迄御使僧ニ而指上候、
右之通、護持院ゟ御手帋ニ而申□□、今朝獻上被成候、
一、御本丸江、四ツ時御登城被成候、
一、本田淡路守殿へ、昨日之御返礼申遣候、
一、井伊掃部頭（直通）殿へ、昨日壹籠使者ニ而被遣候御返礼申遣候、
一、小池坊御加増貳百石被仰付候、
（山城乙訓郡今里村）乙訓寺新知百石被仰付候、
一、御本丸ゟ御拜領物來ル、羽二重拾五疋、

廿九日、　晝時ゟ雨降、

一、終日御在院之事、
一、小笠原佐渡守（長重、老中）様、御加増之御祝儀被遣候、
金五百疋、昆布壹箱、
一、松平出羽守（吉透）様、御病氣之御見舞遣候、
一、小笠原信濃守（長圓）様、昨日御在處ゟ之御使□御返礼申遣候、
一、普門院庚申待、御客御座候ニ付、御出不被成候、
一、今日、小池坊・護持院・進休庵・眞福寺・圓福寺・大護院・彌勒寺・金地院（元云）・乙訓寺・壽命院・昌春房（主眞）・日輪院（護持院役者）・新長谷寺（江戸、關口）・圓明院青山・卓然房小池坊・金剛院中嶋・金剛院西大寺・保壽院（紀伊、根來寺）・久野□兵衞殿、
右何茂御振舞、

小池坊亮貞快意に寺領加増の祝儀を贈る
*快意月次の御禮に登城す
*快意小池坊亮貞へ加增の祝儀を遣す
*快意乙訓寺へ寺領拝領の祝儀を遣す
覺王院最純快意を振舞ふ
德川綱條快意に在所の松茸を贈る
*彌勒寺にて慈雲院殿年忌の曼陀羅供あり
綱吉へ月次の御札を獻上す
家宣へ庚申待御札を獻上す
*快意登城す

一、小池坊、昨日御加増之爲御祝儀、黄金壹枚・扇子壹箱御持參、海說房・長春房・尙〔昌〕春房・寺中五間へ、金百疋宛被遣候、

　晦日、　晴天、

一、四ツ半時、覺王院兼約之御振舞御越候、葛壹箱御持參被成候、御歸榮隆院(堀田正俊室、稲葉正則女)殿へ御立寄被成候、

一、榮隆院殿へ、しるあめ壹壺・室生茶壹箱、冷氣之御見舞先達而御使僧ニ而遣候、

一、水戸宰相(德川綱條)様、昨日御使者ニ而、御在處之松たけ(茸)壹籠參候御返礼使僧遣候、

一、青山播磨守(幸督)殿へ、御參勤之御礼相濟候御祝申遣候、

一、公方様江御月次之御札指上候、

一、大納言様江茂庚申待御札上ル、

〔九　月〕

　九月一日、　晴、

一、月次之御礼登城、

一、小池坊(大和、長谷寺、亮貞)僧正へ、御加増爲御祝詞、白銀十枚御持參被成候事、

一、乙訓寺(山城乙訓郡今里村、元貞)へ、紗綾壹卷、

一、英諄房へ、貳百疋、

一、知音房・卓然房へ、百疋ツヽ爲御餞別被遣候事、

一、信刕練光寺(埴科郡松代)ゟ使僧到着、

　二日、　雨天、

一、彌勒寺(江戸、本所)ニ而、慈雲院殿就年季〔忌〕曼荼羅供修行、依之、着座ニ御越被成候事、侍四人、從僧兩人被召連候事、

一、慈雲院殿へ、爲香奠銀貳枚持參之事、

一、御月番久世讃岐守(重之、寺社奉行)殿ゟ、今明日中壹人可罷越候旨手帋來ル、

　三日、　晴、

一、御本丸へ登城被成候、海說房(尙彥)・長春房ニ茂罷上り候、

*御臺所御簾中八重姫へ重陽節句の祝儀を献上す

御能あり快意隆光金地院元云覺王院最純ら拜見す

*室生寺加增の御禮に下向す

眞言天台の論議あり

進休庵英岳と金地院元云の法問あり

*家宣より明日御成につき登城すべき奉書來る

快意前田綱紀へ冷氣見舞ひの大和柹を遣す

快意稲垣重富へ修復終了の御禮を遣す

一、久世讃岐守殿へ、歡喜院(護國寺役者)罷越御觸承候、
一、和州室生寺(宇陀郡室生村、澄岸)、公義ゟ被爲召候ニ付、今日到着之事、
一、於御本丸御座之間内舞臺ニ□、御能三番御座候由、護持院(隆光)大僧正・金地院(元云)・覺王院(淺草、最純)大僧正・進(江戸、英岳)休庵僧正・大護院(淺草、尊祐)・圓福寺(愛宕、義山)・眞福寺(愛宕、運壽)・彌勒寺(本所、隆慶)、被爲召御能拜見、
一、眞言・天台兩宗ニ而論義、且又進休庵、金地院ゟ法問御座候由、

四日、晴、

一、加賀宰相殿(前田綱紀)へ、冷氣爲御見舞大和柹一籠被遣候、
一、護持院(隆光)御弟子昌春房(主眞)へ、爲御餞別金貳百疋被遣之、
一、織田山城守殿(信休)・藤堂和泉守殿(高睦)・小笠原右近將監(忠雄)殿へ、今日御見舞、加藤遠江守(明英、若年寄)も同斷、

五日、雨天、夜中降、

一、稲垣對馬守殿(重富、若年寄)へ、大和柹一箱被遣候、是ハ當院御修復相濟難有由爲御礼被遣之、
一、御臺様(綱吉室、鷹司教平女)・御簾中様(家宣室、近衛基熙女)・八重姫君様(徳川吉孚室、綱吉養女)へ、重陽之御祝儀物上ル、并女中方へ茂如例被遣候、
一、終日御在院、
一、室生寺(大和宇陀郡、澄岸)到着ニ付、今日、寺社奉行并松平美濃守(柳澤吉保)殿・同右京大夫殿(松平輝貞、側用人)へ、役者同道ニ而罷越候事、
護國寺方迄御加增五十石拜領被仰付、難有仕合奉存候、依之、罷下り御礼申上候由ニて、
一、大納言様(徳川家宣)ゟ御奉書、

明六日、公方様(徳川綱吉)、西丸江被爲成、御能茂有之候間、四ツ時已前、西丸□可罷出旨、大納言様被仰出候、以上、

九月五日　間部越前守(詮房、西の丸側衆)

護國寺僧正(快意)

御請、

御手帋奉拜見候、明六日、公方様、西之御丸江被爲成、御能茂御座候付、四ツ時前可罷上

之旨、大納言様被仰　出難有仕合奉存候、以
上、
　　九月五日　　　　護國寺僧正
　間部越前守様

　六日、　雨天、午過晴、

西の丸への御成延引す

一、辰刻過、西之御丸江登城被遊候所、御成相延、御歸被成候事、

岳禪岩槻領某寺に入院す

一、岳禪、今日岩付領へ入院仕候ニ付、御目見仕罷越候事、

快意稲垣重富へ修復終了の御禮に出る

一、稲垣對馬守殿へ、御修復相濟難有奉存候由、御礼ニ御越被遊候事、

　七日、　晴、

護持院最勝講

一、於護持院最勝講就有之、辰刻過御越、御務被遊候筈、

室生寺寺社奉行へ加增の御禮願ひに出る

一、和劢室生寺、今日寺社奉行所久世讃岐守殿江罷越、公義江御礼願ニ罷越候様、僧(快意)正被仰付被罷越候、尤普門院同道仕候様ニと被仰付候、(護國寺役者、豁如)

巳待*

一、於亮尙院、巳待相務申候事、
一、夜ニ入、普門院・室生寺へ中根長大夫方ゟ手紙ニて、大納言様江茂同様ニ獻上可被致と存候、先年之獻上物如何成事ニて候哉、承度旨被申越候ニ付、元祿十三年十一月廿八日、始而新知拜領之御礼登城、於御白書院壹束壹卷ｏ獻上仕、御目見御礼相務候□申遣候、

　八日、　晴、

*海說房長春房ら長谷寺交衆に出立す

一、今朝、海說房(尙彥)・長春房・周仙房(宣)・照山房、初瀬(大和、長谷寺)へ罷立候、
一、久世讃岐守殿役人加藤平馬方ゟ、藥王寺(江戸、市ケ谷)・室生(大和宇陀郡)寺□御礼之節、順如何様ニ候哉と尋來ル、右之段奉窺候所、室生寺儀ハ一派之靈地ニ而御座候ニ付、御礼之節者室生寺藥王寺と次第克候由申遣候、
一、松田志摩守殿(貞直)御出、御面談有之、
一、南都大乘院殿御使者松井兵部卿、一昨日到着之

寺中亮尚院快意に入院祝儀の御膳を振舞ふ
快意須知孫左衛門を見舞ふ
*織田正姫來寺
護國寺節句の惣禮あり
*秋元喬知屋敷より出火
快意本丸西の丸へ登城す
上總の空溫觀春來寺
本丸大奥より例年通り重陽の祝儀を下す
綱吉家宣御臺所御簾中八重姫へ月次大般若經轉讀の札守を獻上す

由ニ而來ル、且又御直書一通持參候事、
一、亮尚院、今日入院振舞、御膳被差上候事、
一、御膳被召上候而、須知孫左衛門（藤堂高睦家臣）殿江御見廻（舞）ニ御越被成候、孫左（須知）殿へ綿三把、御内方へ縮緬□□□□壹巻被遣候、是ハ夏中□□□□殿隱居被致候ニ付、爲御祝義被遣候事、

重陽、　晴、夜ニ入雷鳴、
一、於御茶之間、惣御礼有之候、
一、護持院大僧正ゟ御手帋ニ而、西之丸御礼先ニ御仕廻候様ニ、□□□□□□四ツ時□□□ニ而御本丸へ西之丸へ御上り可被成候由、御同道之筈□□御返事有之、
一、御本丸・西之丸へ、御出仕被成候事、
一、上總空溫・觀春入來、御目見有之、
一、御本丸大奥公方様ゟ、例之通重陽御祝義銀三枚拜領、
一、公方様（徳川綱吉）・大納言様・御臺様・御簾中様・八重姫君様へ、例月大般若御札守上ル、

十日、　晴□、
一、護持院大僧正ゟ御手帋、今日皆〻登城仕候様ニと、松平右京大夫（輝貞、側用人）殿ゟ申來ル、隙入於有之、不及登城候由如此申來候、依之、午前登城被遊候事、
一、織田正姫様（織田信武女）御兼約ニ而、今日御出、御留主ニ而饗應有り、
一、今朝五ツ時、秋元但馬守（喬知、老中）殿御屋敷ゟ出火承合候所、不及付届候由、
一、御本丸ニ而、例之登城之衆中御上り候由、御仕舞有之、紬十五疋拜領、夜ニ入御退出、

（裏表紙）

六册之内

（表紙）

五
寶永二乙酉
快意僧正代
日記　共六
九月十一日
十月卅日迄

（原寸、縦二四・二糎、横一七・二糎）

（表紙裏標目）

「一、御老中・寺社方御役替之音物奥記之、
九月廿一日、
一、大御老中・若御老中・御側御用人被仰付候事、
九月廿六日、
一、室生寺御加增御内意、
九月廿七日、
一、藥王寺繼目御礼被仰付候事、
九月廿八日、
一、藥王寺繼目御礼相勤候事、　附、室生寺ハ病氣ニ付延引、
十月廿八日、
一、室生寺御加增之御礼、
十月廿六日、
一、室生寺ヘ御修復金貳千貳百兩遣之、

右ハ、桂昌院樣御殘り金快意僧正願ひニ而、於二御用部〔屋脱カ〕役者歡喜院請取罷歸り候事、

同十二月七日、右金子之儀ハ松平豐後守殿ヘ御預ケ被成候處、本多能登守殿爲替被成候ニ付、醫王院事木下善右衞門殿ゟ受取被申候而、直ニ本多家來宮田与一兵衞方ヘ爲替之金子ニ相渡候、手形醫王院請取被歸候事、」

〔九　月〕

十一日、　晴天、

新長谷寺住持快意を振舞ふ

龍眼肉

一、今日、新長谷寺(江戸、關口)兼約ニ而、九ツ時御出被成候、御初尾貳百疋・羽二重貳疋・龍眼肉壹箱・茶壹箱被遣之候、

一、織田正姫様(織田信武女)へ、昨日御出之御使僧遣候、織田山城守様(信休)へ茂御傳言被仰遣候、中山助之進・永田傳左衞門へ茂同斷、

一、板倉甲斐守様(重寛)へ、昨日之御返礼申遣候、

西の丸より奉書

一、御奉書來ル、

來ル十三日被遊御能候間、可罷出之旨、大納言様(徳川家宣)被仰出候ニ付、如此ニ候、以上、

九月十一日　間部越前守(詮房、西の丸側衆)

護國寺僧正(快意)

追而、五ツ半時、西丸江可罷出候、以上、

一、御手紙奉拝見候、來ル十三日御能被遊候ニ付、西御丸江五ツ半時可罷上之旨、大納言様被仰出、難有仕合奉存候、以上、

九月十一日　護國寺僧正

間部越前守様

一、内藤式部様(正友、大坂定番)へ、昨日御返礼御使僧遣候、

十二日、　曇、晝時ゟ天氣、

*南藏院及び莊嚴寺の弟子長谷寺交衆につき暇乞ひに來寺

一、南藏院(武藏豐島郡高田村)弟子存知、庄(莊)嚴寺(武藏郡幡ケ谷村)弟子頼山、明後十四日初瀨(大和、長谷寺)江罷上り候ニ付、御暇乞ニ參、御逢被成候、兩人へ金子百疋宛被下候、

*快意徳川頼職松平義昌へ見舞ひに出る

一、紀伊國様(徳川頼職)江御見舞ニ御越被遊候、次而ニ松平出雲守様(義昌)へ茂御見舞、間部越前守様へ、昨日御奉書之御礼ニ御越被遊候、八時御歸、

*秋元喬知へ出火見舞ひを遣す

一、秋元但馬守様(喬知、老中)、出火之御見舞御使僧遣候、

一、興津能登守様(忠閭)、昨日御出之御返礼申遣候、

*酒井忠擧へ祈禱札を遣す

一、酒井雅樂頭様(忠擧)へ、御禱(祈脱カ)之御札、御歸使僧ニ而遣候、

一、伊達左京亮(村豐)様へ、昨日御出之御返礼、且又明後
十四日、此方へ御出之御案内申遣候、

*寺社奉行の差紙

一、久世讃岐(重之、寺社奉行)様ゟ御手紙來ル、
申談儀有之候間、今明日中、役僧壹人可差遣
候、已上、
九月十二日　久世讃岐守
護國寺僧正
卽刻(護國寺役者)歡喜院罷越候、

間部詮房の奉書

一、御奉書來ル、
明十三日、御能御延引候間、不及出仕候、爲
其如斯候、已上、
九月十二日　間部越前守
護國寺僧正

一、御手帋奉拜見候、明十三日御能被遊御延引候
間、罷上間敷之旨、奉畏候、已上、
九月十二日　護國寺僧正
間部越前守様

*快意松平輝貞に綱吉の冷氣御機嫌窺ひの大和柿獻上日限を窺ふ

一、松平右京太夫(輝貞、側用人)様へ、窺獻上之歡喜院罷越候、
口上之覺
冷氣爲可奉窺　御機嫌、來ル十四・十五兩日
之內、大和柹獻上仕度奉存候、宜御差圖被成
可被下候、獻上仕候ハヽ、其元樣迄差上可申
候間、奉賴候、已上、
九月十二日　護國寺

*長谷寺より獻上の觀音開帳の御札到著す

一、和刕北之坊(長谷寺)ゟ開帳之御札來ル、七日□飛脚ニ而
參候、

十三日、　晴天、

*信濃練光寺使僧歸國

一、練光寺(信濃埴科郡松代)使僧慈圓房、今朝信刕へ罷立候、爲御餞
別ゆかた(浴衣)壹ツ使僧へ被下候、練光寺へ御返書、
同隱居へ御返事・剃刀壹對宛被遣之候、
一、終日御在院之事、

*護國寺例年の月見あり寺中所化中法樂を勤む

一、例年之通御月見、大書院ニ而、寺中幷所化中不
殘法樂相務候、其後寺中於茶之間、御相伴ニ而

大久保忠朝へ依頼の祈禱札を遣す

快意綱吉へ冷氣御機嫌窺ひの大和柹を獻上す

快意柳澤吉保へ冷氣見舞ひの大和柹を贈る

快意伊達村豐を振舞ふ

*徳川頼職死去につき普請鳴物停止の觸

夜食出ル、

十四日、　晴天、

一、終日御在院之事、

一、大久保加賀守(忠朝)様御頼之御札、使僧ニ而遣候、

一、公方様(徳川綱吉)江為窺冷氣之御機嫌、大和柹壹籠被獻之候、松平右京大夫様へ歡喜院持參申候、

一、松平右京大夫様へ、大和柹壹籠獻上之御殘り被遣之候、

一、松平美濃守(柳澤吉保)様へ、冷氣之御見舞トシテ、大和柹壹籠被遣之候、

一、京極甲斐守(高住)様へ、御返礼申遣候、

一、伊達左京亮様御兼約束ニ而、此方へ御出、御相客、板橋与五左衛門(季盛、御先鐵炮頭)殿・石原市左衛門(次春、持筒頭)殿・同數馬(次家)殿、辻月□、御家來萩野七郎与兵衛殿・加藤分左衛門殿・萩野□□□・大森元右衛門殿・宮川与右衛門殿、

三汁七菜御料理出之、

山ニ而、小豆餅 栗子餅・名酒出之、

後段蕎麥切・小付少々出之候、

一、御奉書來ル、

被差上候柹壹籠、首尾能披露相濟、此段為可申入如此ニ候、以上、

九月十四日　松平右京太夫

護國寺

一、御手紙奉拜見候、獻上仕候御柹、首尾能御披露被遊被下候由、難有仕合奉存候、以上、

九月十四日　護國寺

松平右京太夫様

一、徳川内藏頭(頼職)殿就御逝去、普請者明十五日迄、鳴物來ル廿日迄御停止ニ候、此旨可被相觸候、

以上、

九月十四日　久世讃岐守

護國寺僧正

*桂昌院生前に快意の取次ぐ寺院へ金子を寄進す
*護國寺月次の御禮あり
*九月の浴油供開白
*德川頼職死去につき快意御機嫌窺ひに登城す
*御臺所へ大久保忠朝依頼の御札を遣す
*家宣へ月次の御札守を獻上す
*綱吉へ月次の御札守を獻上す

一、徳川內藏殿就御逝去、普請者明十五日迄、鳴物者來ル廿日迄御停止之旨、奉得其意候、以上、

九月十四日　護國寺僧正

久世讃岐守様

一、桂昌院様御存生之內、取次被成候出家中へ被遣候金子御用御屋敷ニ而、五人之御用人□歡喜院手形仕候而、請取罷歸候、

一、金三百兩、　舘林 福壽院、

一、金百兩、　同所 惣德院、

一、金貳百兩、　泉刕 國分寺、

一、金貳百兩、　西大寺 金剛院、

右之通、歡喜院請取罷歸候、

一、御直ニ西大寺（大和）金剛院へ、右之金子御渡被成候、泉刕（泉郡）國分寺へ茂同斷、兩人へ者、御直ニ松平豐後守（本庄資俊）殿・五人之御用人衆へ、御礼ニ參候樣ニ被仰渡候、松平美濃守殿へハ、豐後守（本庄資俊）殿ニ而聞合參候樣ニ被仰付候處ニ、豐後守殿ニ而承候處、美濃殿（柳澤吉保）へ茂參候樣ニ被仰付候、

一、高野山天德院（紀伊、本庄家位牌所）へ茂、金三百兩御用屋敷ニ而被下之候由、

十五日、　晴天、

一、於茶之間、例之通御礼相濟、

一、今朝、浴油開白、室生寺（大和宇陀郡、澄岸）修行候樣ニ御頼被成候、

一、徳川內藏頭殿御逝去ニ付、月次之御礼者無御座、窺御機嫌五ツ半時御登城被成候、

一、御臺樣（綱吉室、鷹司教平女）へ、大久保加賀守殿御頼之御札差上候、

一、西之御丸江、月次之御札備守（守備カ）差上候、

一、酒井隼人（忠胤）樣へ、昨日御出之御返礼申遣候、

一、御本丸江、月次之御札守・備差上候、

一、曾我播磨守（助興）樣へ、御出之御返礼申遣候、

一、竹本土佐守（長鮮）樣・木下伊豆守（信貞）樣・森河内守（頼俊）樣・堀筑後守（秀雪）樣、昨日之御礼ニ使僧遣候、

一、酒井雅樂頭樣へ、一昨日之御返礼申遣候、

*観音堂法事

護國寺神明祭禮

快意紀州屋敷へ徳川頼職死去の悔みに出る

本丸より九月御祈禱の初穂届く

護國寺東照宮法樂

*快意柳澤吉保邸へ參り歸路護持院へ寄る

一、筧助兵衞(爲勝、書院番)様へ、御出之御返礼申遣候、

一、鈴村頼母(伊達村豐家臣)へ被遣候箱壹ツ、大森元右衞門へ頼遣候、

十六日、　終日曇、

一、例年之通、神明祭礼法樂有之、其後於茶之間、寺中御相伴ニ而石(赤カ)飯出ル、

一、四ツ半時、紀刕御屋敷江御悔御越被成、九ツ半時御歸、

一、御本丸ゟ御文ニ而、例之通御初尾銀拾枚來ル、

一、醫王院(護國寺寺中、覺祐)御膳被差上候ニ付、御出被遊候、

一、松田志摩守(貞直)様へ、御使僧被遣候、

十七日、　晴天、

一、例之通、權現(東照大權現)御法事相濟候、

一、終日御在院之事、

一、藤堂和泉守(高睦)様江、昨日之御返礼申遣候、

一、大聖院(護持院寺中カ)、明十八日爰許發足ニ付、爲御餞別、金子千疋、ゑり(襟)卷壹ツ、

御使僧ニ而被遣之候、養命坊(京都)へ之御狀頼遣候、

十八日、　晴天、

一、於観音堂御法事相濟、

一、終日御在院之事、

一、伊達左京亮様へ、御返礼申遣候、

十九日、　晴天、

一、天野山(河内、金剛寺)惣中へ之返書遣候、

一、大久保加賀守様へ、昨日之御返礼申遣候、

一、本田〔多〕吉十郎(忠孝、護國寺火番)様へ、昨日之御返礼申遣候、

一、松平攝津守(義行)様へ、昨日之御返礼申遣候、

一、松平出雲守様、來月十八日ニ、此方へ彌御出被下候様ニ、御使僧遣候、

一、九ツ時、松平美濃守様へ御出、御歸護持院へ御寄被成候、七ツ半過御歸、

廿日、　晴天、

一、終日御在院之事、

一、蓮花院(護國寺寺中、深譽房)御膳被差上候ニ付御出、

快意歸山の高野山天德院へ餞別を遣す

一、高野山天德院へ、御手紙歩行使ニ而、爲御餞別
羽二重貳疋被遣之候、
一、松平美作守(本庄宗彌)様へ、昨日御出之御返礼申遣候、
一、酒井玄番[蕃](忠佳)様へ、御出之御返礼申遣候、
一、夜ニ入、御月番久世讃岐守様ゟ御觸之手帋來ル、
御返事有之、

九月浴油供結願し綱吉へ御札守を獻上す

廿一日、曇天、夜雨、　歡喜院當番、
一、今朝、浴油結願、
公方様へハ、今日御札守・御備折指上ケ申候、

高野山天德院暇乞に來寺

一、高野山天德院御出、御面談、近日發駕ニ付被罷
越候、
一、終日御在院、

*大久保忠增井上正岑老中に久世重之若年寄に松平忠周側用人に任ぜらる

寺社方支配內に鳥飼主有無取調べの觸

一、久世讃岐守殿へ、普門院(護國寺役者、豁如)罷越、御觸承之罷歸候、
寺社方支配之內ニ、鳥飼置候者有之候者、右
鳥之品幷飼主之名銘々書付、早々可差出候、
飼主者地主欤大屋江預ケ置可申候、以上、
酉九月廿一日

右之證文相認候寫
寺社方支配之內ニ鳥飼置候者有之候者、右之
鳥之品、幷飼主之名銘々書付、早々可差出候、
飼主(者地主脱カ)欤大屋江預置可申候旨被仰渡候、右御觸
之通吟味仕候處、護國寺境內幷支配屋敷之內、
鳥飼置候者一切無御座候、以上、
寶永二酉ノ年九月廿二日　護國寺內　普門院㊞
寺社御奉行所
御役人中
一、今日、於御座之間、被仰付候御役替、
大御老中　大久保隱岐守(忠增)様
井上大和守(正岑、若年寄)様
若御老中　久世讃岐守様
松平伊賀守(忠周)様
右、伊賀守(松平忠周)様御儀、松平右京大夫様同格□被
仰付候由、

快意増上寺廟參後金地院の振舞ひに參る

快意老中若年寄側用人に就任の大名邸へ祝ひに參る

護國寺境内及び支配屋敷内に鳥飼置く者はなし

*護持院へ御成祝ひとして麸代を遣す

*快意織田信休を振舞ふ

綱吉家宣へ月次の御札星供の御札守を獻上す

家宣八重姬へ浴油供の御札を獻上す

*間部詮房の奉書

廿二日、　曇天、雨降、

一、増上寺御參詣、金地院御兼約之御振舞ニて、御越被遊候事、

一、今日、金地院江御越ニ付、大久保氏(忠増)・井上氏(正岑)・久世氏(重之)・松平氏(忠周)江、爲御悦御越被成候事、

一、當院末寺舘林町(上野邑樂郡)福壽院弟子覺音・惣德院(同邑樂郡舘林)儀、御用御座候ニ付、先比兩役者手帋ニ而、出府仕候樣申遣候所、惣德院事病氣ニ付、弟子慈圓与申僧爲名代覺音同道ニ而、今日罷越候事、

一、去ル廿一日ニ、久世讃岐守殿ニ而御觸御座候ニ付、證文相調、普門院持參仕候所、御役替ニ付、本多彈正殿(忠晴、寺社奉行)へ可指出旨御指圖ニ付、彈正少弼殿へ持參仕納罷歸候由、

廿三日、　晴、

一、公方樣・大納言樣(徳川家宣)へ、月次札守上り候ニ付、御星供之御札守・御備折指上候、

一、大納言樣・水戸八重姬君樣(徳川吉孚室、綱吉養女)へ、浴油之御札守・御備折指上候事、

一、去ル廿一日御役替之方へ、御祝儀音物爲御悦、今日御越被遊候事、

一、大久保杢頭樣(カガ樣之事)(忠朝)へも、加賀守殿(大久保忠増)御悅申遣候、

一、藥王寺(市ケ谷、榮傳)へ被遣候物、綸子之時服壹ツ、錦手皿貳十人前、葛一箱、

廿四日、　晴、

一、護持院へ、明日御成之御悦被仰遣候、如例麸代金貳百疋被遣候事、右使僧ニて遣候事、

一、織田山城守殿(信休)御兼約ニ付御出被成候、御相客、織田能登守殿・鈴木市兵衞殿・御坊主衆露三、

中山介之進殿

生駒八郎左衞門殿

生駒左内殿

右之通、御振舞中小性上ケ申候、客寮ニて、

一、大納言樣ゟ御奉書、

來ル廿七日、公方樣、西丸江被爲成、御能茂

*柳澤吉保邸へ御成につき快意詰む

*大和室生寺七十石を加増され都合百石となる

護持院へ御成につき快意詰む

四座法則

*綱吉御臺所生靈の祝ひに西の丸へ御成につき快意登城

地震

有之候間、四ツ時以前、西丸江可罷出旨、大
納言様被　仰出候間、如斯候、以上、
　　九月廿四日　　　間部越前守
　護國寺僧正

御手帋奉拜見候、來ル廿七日、公方様、西御
丸江被爲成、御能茂御座候付、可罷出候旨大
納言様被　仰出、難有仕合奉存候、四時以前、
登城可仕候旨奉畏候、以上、
　　九月廿四日　　　護國寺僧正
　間部越前守様

　廿五日、晴、
一、今日、如例護持院江公方様被爲成候ニ付、御越
被遊候事、長衣・紋白御袈裟、四座法則御持參
候事、伴僧怡春、
一、織田山城守殿へ、昨日御出之返礼申遣候事、
一、未刻過地震、夜半時又地震、

一、今日、公方様御機嫌克護持院へ被爲成、還御被
遊候由、
　廿六日、雨天、巳刻晴、
一、松平美濃守殿へ、今日公方様被爲成候ニ付、如
例御詰□□、
一、今日、右之御宅ニ而、美濃守殿（柳澤吉保）被仰渡候者、室生
寺御加増七拾石ニ被成、都合百石被成可被下候
由、御内意ニ而被仰聞候由、右者、室生寺村（大和宇陀郡）公義
納り方貳分五厘ニ御座候ニ付、八拾石之寺領之
内へ込高ニ而可被下候哉と、僧正（快意）へ御談合ニ□
□、左候ハヽ、無《シニ》二込高一高百石之御朱印ニ被成
可被下候由御願被成候故、都而百石之御朱印、
　廿七日、
一、今日、西御丸へ、公方様・御臺様、御生靈之爲
御祝儀被爲成候由、早天ゟ西御丸へ御詰被成候
事、御能五番、御仕舞も御座候□□方御退出御
歸寺、

一、和泉室生寺持病指發候ニ付、以代僧、自然明日御加増之御礼被爲仰出候而も、登城仕かたく奉存候、斷申遣候へハ、明日御礼相務候樣ニ被仰出候所、病氣候ハヽ、追而快復次第可願出旨、本多彈正□□ニ而被仰渡候、

一、三宅備前守殿(康雄、寺社奉行)ゟ藥王寺方江御手帋ニ而、申達候事有之候間、可參之由被仰遣候ニ付、藥王寺罷越候へハ、明日繼目之御礼被仰付候間、左樣可被相心得候、此旨本多彈正殿ニ而被仰付候間、可□□被仰渡候ニ付、彈正殿へ罷越候所、明日繼目之御礼被仰付候間、五ツ半時登城可仕旨、御書付ヲ以被仰渡候、

廿八日、　晴、風吹、

快意月次の御禮に登城す

一、月次之御礼登城、

綱吉家宣へ月次の御札守を獻上す

家宣へ千座祈禱の御札守を獻上す

一、公方樣・大納言樣へ、月次之御札守指上候ニ付、大納言樣へ千座之御札守指上候事、

市ケ谷藥王寺入院御禮に登城す

一、市谷藥王寺、今日繼目之御礼ニ登城、獻上之覺、

一、公方樣江、　十帖壹卷、

一、大納言樣江、　十帖壹卷、

右之通獻上、先住新知拜領之御礼之節も、十帖壹卷指上候ニ付、右之通被願候、

五本入扇子臺アリ、
大御老中
大久保加賀守樣
稲葉丹後守(正往)樣
土屋相摸守(政直)樣
小笠原佐渡守(長重)樣
秋元但馬守樣
本多伯耆守(正永)樣
井上河内守(正岑)樣

五本入臺アリ、
御側御用人
松平右京大夫樣
松平伊賀守樣

五本入臺アリ、
若御老中
加藤越中守(明英)樣
稲垣對馬守(重富)樣
永井伊豆守(直敬)樣
久世讃岐守樣

鳥居播磨守様(忠榮)
三宅備前守様、
堀左京亮様、(直利)
本多彈正少弼様(忠晴)

寺社奉行
音物無之、

流星多きにつき綱吉祈禱を命ず
*乾風立ちにつき火の用心の御觸
藥王寺本丸白書院疊緣にて綱吉家宣に目見
*護國寺月次の御禮
*快意登城す
備中遍照院
*三の丸御寢所取壞され地鎭の折に用ひし土公供道具戻さる

一、頃日、流星多相見候間、御祈禱可相務旨被仰付候間、八字文殊之法百座相務候樣ニと被仰付候事、

一、藥王寺儀登城、御白書院之御疊緣ニ而、公方樣・大納言樣江御目見ヘ相務候由、三宅備前守殿・本多彈正少弼殿御差圖被成候由、

廿九日、　晴、

一、寺社御奉行三宅備前守殿・本多彈正殿ヘ、御使僧被遣候、昨日藥王寺儀、首尾好繼目之御礼相務、難有仕合奉存候由被仰遣候事、

一、終日御在院之事、

一、備中遍照院(淺口郡西阿知村)儀ニ付、今日御室院家衆ヘ連書被遣候、則遍照院ヘ相渡候事、

一、小普請方御奉行間宮播磨守殿(信明)ゟ御手帋ニ而、三之丸御寢所取壞候ニ付、明日出家衆可指出候旨、稻垣對馬守殿被仰渡候由、右者地鎭之物有之候ニ付、如此申來り候事、

一、頃日乾風立候間、火之元入念、支配之面〻江茂急度可被相觸候、以上、

九月廿九日　　本多彈正少弼様

護國寺僧正

〔十　月〕

十月朔日、　晴天、　普門院(護國寺役者、豁如)當番、

一、於茶之間、例之通御礼相濟、

一、四ツ時、御登城被成候、八ツ半時御歸、

一、高野山高祖院・花王院(紀伊)江之書狀壹通、永代寺(江戶)ヘ賴遣候、

一、三之丸ゟ地鎭之節土公供之具來候、泰元請取罷歸候、

*本堂にて發心即到の算題にて桂昌院追善の論議あり

*結衆は八十餘人

快意増上寺廟參

快意三の丸播取院本珠院へ大根を贈る

桂昌院百箇日逮夜につき開山堂にて理趣三昧の法事あり

*隆光筑波山へ登山につき快意暇乞に出る

開山堂にて桂昌院百箇日忌法事

一、松平播磨守(頼隆)様へ、御使僧遣候、

一、松平能登守(頼如)様へ茂、同斷、

一、本田吉(多)十郎(正孝、護國寺火番)様へ、御使僧遣候、

一、御本丸ゟ御茶拜領被成候、

二日、　晴天、

一、四ツ時、増上寺へ、明日桂昌院様御百ケ日ニ而御座候ニ付、此方ニ而御追善論議御座候故、今日御參詣被成候、八ツ過御歸、

一、大こん(根)百本宛、播取院殿(元三の丸女中衆)・本珠院殿(同上)へ、御文歩行使ニ而被遣之候、

一、桂昌院様、明日御百ケ日ニ付、於開山堂ニ、寺中・所化中不殘理趣三昧御法事相勤候、入相前ゟ出座、

一、松平大學頭(頼貞)様へ、御返礼ニ使僧遣候、

三日、　晴天、

一、於開山堂、寺中・所化中不殘出座、桂昌院様御百ケ日ニ付、理趣經壹卷ニ而御廻向早、

一、四ツ過時ゟ、於本堂御追善之論議、發心即到、結衆八拾有餘、問者識典、講師蓮花院(護國寺寺中、深譽房)被相勤候、

一、護持院(隆光)・進休庵(江戸、英岳)・大護院(淺草、尊祐)・圓福寺(愛宕、義山)・眞福寺(愛宕、運壽)(本所、隆慶)・彌勒寺・寶仙寺(武藏多摩郡中野村、龍壽)・延壽寺、

右何茂御出座、右六人之御衆江御布施金貳百疋宛、寶仙寺へ者羽二重壹疋、延壽寺へ金子百疋被遣之、所化中へ不殘鳥目貳十疋宛御布施被遣之候、

一、論議已後、御料理出之、

二汁五菜、

一、能分之衆へハ小書院ニ而、一汁五菜之料理出之、

一、惣所化中へハ、飯臺ニ而、一汁三菜之料理出之、

其後菓子□□□《まんちう》《かき》燒出之候、

四日、　晴天、

一、四ツ時、護持院江明日筑波山(常陸)へ御發足ニ付、御暇乞ニ御越被成候、竹本土佐守(長鮮)殿・堀筑後守(秀雪)殿へも御寄被成候、

本丸西の丸へ三日月待御札を獻上す

一、三日月之御札備、御本丸・西之御丸江例之通指
上候、

一、澁江松軒様（直治、醫師）へ、昨日御出之御返礼申遣候、

本庄宗長新知貳萬石を拜領す

一、久世大和守様（重之、若年寄）へ、昨日之御返礼申遣候、

一、松平内膳正殿（本庄宗長、中奥小姓）、今日被爲召、新知二萬石被仰出
候由、

五日、晝ゟ曇、

快意本庄宗長邸へ新知拜領の祝に參る

一、四ツ時ゟ、松平内膳正殿へ御悦ニ御越、九ツ半
過御歸、

*快意登城す

快意三の丸性徳院へ大根を贈る

*快意本庄宗長へ新知拜領の祝儀を遣す

松平輝貞の奉書

一、本珠院殿（元三の丸女中衆）・清源院殿（同上）・性徳院殿（正、下同ジ）（元三の丸女中衆）・高勝院殿（元三の丸女中衆）・廣（同上）長院殿・順心院殿（同上）・正壽院殿（同上）・淨安院殿（同上）へ、來
ル十一日此□□御越候様ニ、御文ニ而申遣候、

一、性徳院殿へハ、例之通大こん（根）七拾本遣候、

一、御奉書來ル、

明六日、可被罷上旨被仰出候、晝時分可有登
城登城可有之候、以上、

十月五日　松平右京太夫（輝貞、側用人）

護國寺（快意）

御手帋奉拜見候、明六日可罷上之旨被仰出、
難有仕合奉存候、晝時分登城可仕旨奉畏候、
以上、

十月五日　護國寺

松右京太夫様

一、金三百兩　舘林福壽院名代覺音

一、金百兩　（同所カ）□□惣徳院名代（慈圓）

右之通、於茶之間、御直ニ右兩人へ御渡被遊候、

六日、晝過ゟ雨、

一、四ツ半時、御本丸江御登城被成、七ツ時御歸、

一、松平出雲守様（義昌）江、明後八日御出之御案内申遣候、

一、松平内膳正様江、新知（貳萬石）御拜領之御祝義、使僧
ニ而遣候、

金五百疋、

昆布一箱、

快意三の丸清源院へ大根を贈る
*快意護持院へ参る
*例月の大般若經轉讀
*快意松平義昌を振舞ふ

一、大久保杢頭(忠朝)様へ、一昨日一種來候御返礼申遣候、
一、冨田甲斐守(知郷、中奥小姓)様へ、御返礼申遣候、
一、清源院殿へ、大根九拾本御文ニ而遣候、
一、おいと殿へ御文ニ而、來ル十一日御案内申遣候、
但シ御使僧ニ而遣候、
一、本生院殿・榮壽院殿・延壽院殿・清境院殿・長盛院殿・長壽院・おこん殿・おけ□殿・覺生院殿・おつま殿・おミね殿、
右何茂、十一日ニ御出候様御文進候、

七日、　晴天、

開山講法事

一、例之通開山講、御齋於茶之間、寺中・所化中不殘□之候、
一、伊東駿河守(祐崇)様・松平但馬守(友親、後ニ友著)様へ、明八日彌御出被成候御案内申進候、
一、松平豊後守(本庄資俊)様へ、昨日之御返礼申遣候、

加藤明英室快意を振舞ふ

一、加藤越中守(明英、若年寄)様奥方様へ、兼而御約束ニ而、御振舞ニ御越被成候、先達而御使僧ニ而、兩種被遣之、
□んし　壹箱、
かうせい□　壹箱、
一、九ツ時御出、直ニ護持院へ御見舞被成候而、加藤越中守殿へ御越被成候、

八日、　雨、

一、大般若例之通相濟、
一、松平出雲守様御兼約ニ而、此方へ御出被成候、御料理三汁九菜、御相客衆中様、伊東駿河守様・松平右近(義方)様・同但馬守(友親、後ニ友著)様・大久保金兵衛(忠倫)様・大岡次右衛門(忠久、御先鐵炮頭)様・齋藤治右衛門様・菅沼新三郎(貞業、小姓組)様・多門平次郎(正忠、小姓組)様・出雲守様御内國枝七郎右衛門殿・同直右衛門殿・青野宇右衛門殿、其外出雲守(松平義昌)様・右近(松平義方)様・但馬守(松平友親)様・駿河守(伊東祐崇)様御刀番衆へ料理出之候、後段蕎麥切・小付有之、
一、大久保加賀守(忠増)様、昨日之御返礼申遣候、
一、加藤越中守様、津山平右衛門殿迄、昨日之御返礼申遣候、

松平輝貞の奉書

一、御奉書來ル、
明後十日、可罷上之旨被仰出候、晝時分登城
可有之候、以上、
十月八日　松平右京太夫
護國寺

一、御手紙奉拜見候、明後十日可罷上之旨被仰出、
難有仕合奉存候、晝時分登城可仕旨奉畏候、
以上、
十月八日　護國寺
松右京太夫樣

九日、曇、

本丸西の丸へ大般若經轉讀の御札を獻上す

一、御本丸・西御丸江、例之通大般若之御札・備指
上候、
一、終日御在院之事、

十日、晴天、

快意登城す

一、九ツ半時、御本丸江御登城被成候、七ツ半過御歸、

一、御本丸ゟ御拜領物羽二重拾疋來ル、
一、攝取院殿・本珠院殿、御文ニ而、明日御出候樣
ニ申遣候、

十一日、晴、

*桂昌院付比丘尼方女中衆を振舞ふ

一、今日、一位樣(桂昌院)付之御比丘尼方女中被仰遣御振舞、
正壽院・おいと御方・攝取院・本珠院・生得院・
清源院・淨安院・覺性院・榮壽院・本性院・廣
長院・淳心院・迎攝院・長盛院・壽光院・長壽
院・雲松院・おもと殿・おきくとの・お□□と
の・おこん殿・おしんとの・おまちとの・空知
との・理(利)清との・清□(関カ)・珠林・智光・暎餝・妙
言・頎心・さもん、
右之衆中、今日御振舞被成候、朝茶漬食、晝貳
汁五菜、晩そは(蕎麥)切・小付、山(護國寺境内)ニ而茶菓子、尤御
持參之御菓子も山ニて出之、家來中ハ晝計料理
下々江も振舞申候こと、
一、今日、御本丸へ晝時ゟ御上り被成候、御能御仕

舞御座候由、夜ニ入御歸寺、拜領物被成候由、

*快意三の丸土藏一棟の移建を願ひ許さる

一、間宮播磨守殿(信明、小普請奉行)ゟ御手帋ニ而、御願之三之丸御土藏一ケ所奉窺候所、可進之旨稲垣對馬守殿(重富、若年寄)被仰渡候由申來ル、

十二日、晴、晝時雨降、

一、昨日御拜領物郡内嶋十五疋、御小人相添來ル、

一、終日御在院、

一、寺中移替ニ付、入院振舞被仰付、寶積院(攝津、久安寺)相伴被仰付候事、

一、御本丸ゟ御使ニ而、松平右京大夫殿ゟ御手紙御狀箱ニ入來ル、

一、且又、卽刻松平右京大夫殿ゟ御狀箱來ル、右何も御返事御直筆ニ而被遣候事、

綱吉天變恠異の祈禱を命ず

一、公義ゟ、今日天變恠異之御祈禱被仰付候由被仰付、明日ゟ開白仕候筈ニ而御座候事、

十三日、雨天、

隆光筑波山より歸府

一、昨日、護持院大僧正樣(隆光)筑波ゟ御歸ニ付、爲御悅御越被成、夫ゟ四ツ谷(江戸)東福院へ御振廻(舞)ニ付御越被成候、御持參羽二重貳疋被遣候事、

一、東福院隱居へ、襟卷一、・煎茶一壺、愛染院(江戸、市ケ谷)へ、襟卷一、被遣候事、

十四日、曇天、

*中嶋金剛院來寺

一、中嶋金剛院(武藏埼玉郡末田村、澄意)御越、一宿被致候、

*於傳之方より八重姫疱瘡の祈禱を命ぜられ同日文殊法御札を獻上す

一、八重姫君樣(德川吉孚室、綱吉養女)御疱瘡被遊候ニ付、五之丸樣(於傳之方、綱吉側室)ゟ御祈禱被仰付、御當卦文殊法廿一座今日開白仕候、御手前ニても藥師法廿一座被仰付、御札守一所ニ、今日八重姫君樣へ指上候事、

*御臺所八重姫疱瘡の祈禱を命ず

一、御臺樣(綱吉室、鷹司教平女)ゟ八重姫君樣御祈禱被仰付候而、不動法廿一座被仰付候、

*快意八重姫御機嫌窺ひに參る

一、八重姫君樣へ、窺御機嫌今日御越被遊候事、

一、高野寶性院(紀伊、高野山、唯心)へ、爲御暇乞紗綾壹卷被遣之、御使僧ニ而□□、

十五日、晴、

*快意月次御禮に登城す

一、月次之登城被遊候事、

御臺所より命ぜらる八重姫疱瘡の祈禱札を獻上す

仁和寺門跡より公儀御祈禱を勤む由の奉書屆く

快意庄田安通へ朦氣見舞ひを遣す

和泉國分寺出入り

*冬報恩講の論議あり算題は一門普門

*快意松平義昌へ朦氣見舞ひを遣す

本庄資俊八重姫疱瘡平癒の祈禱を依賴す

一、昨日、御臺樣ゟ被仰付候御祈禱相務、今日御札守指上候事、

一、昨日、御室御門主樣(仁和寺、寛隆法親王)ゟ公義之御祈禱、先月御務被遊候由ニ而、奉書并昆布一箱、菩提院殿(仁和寺、賴遍)ゟ來ル、

一、嵯峨大覺寺御門主樣(性應法親王)、井關式ア卿殿爲御使者被罷越候、兼而御願之事、於京都埒明不申候ニ付、今度御所司へ御屆被仰入、御當地(江戸)寺社奉行へ御願被仰遣候由、色帋一枚・□□五十枚、僧正(快意)へ被下候□、

一、庄田小左衛門樣(安通)へ朦氣爲御見舞、御使僧并素麪一箱被遣之、

十六日、

一、今日、國分寺(和泉泉郡)出入ニ付、御勘定所御帳面、堺御奉行所御帳面、御代官所萬年長十郎殿御帳面共、拜見可被成之由、本多彈正少弼殿(忠晴、寺社奉行)へ僧正御越被遊候所、御留主ニ而御歸、歡喜院(護國寺役者)御供仕罷越候事、

十七日、　晴、

一、八重姫君樣御疱瘡ニ付、松平豐後守殿御祈禱御賴被仰下候事、

一、本多彈正殿へ爲御帳面請取、歡喜院罷越候所、內山貞右衛門殿出合、彈正(本多忠晴)罷出候節申置候、御勘定所御帳面、堺御奉行所之御帳面、御代官所御帳面何茂大切成御帳面□儀御座候へハ、手前差置候儀候、別而大切奉存致封印、側ニ差置候躰ニ御座候へハ、其元へ遣候事如何□□、毛頭指おさへ遣不申譯ニてハ無御座候、右之段故、指越不申候間、被得御便之節、自宅へ御出、緩ゝ一覽被成候樣ニと被存候由、依之、請取不罷歸候事、

一、今日、一門普門之論義有之、如例大衆へ料理被下之候、一汁二菜ニ而候、

一、能分・大護院・寶泉寺なと(仙)へ、□汁五菜ニ而出之候事、

一、松平出雲守殿へ、爲御朦氣御見舞御使僧被遣候、大和柹一箱被遣候事、

*快意三の丸用人坊主衆御用番衆らを振舞ふ

八重姫己れの疱瘡平癒祈禱を執行につき快意に檜重を下す

*大師堂の入佛供養あり

藤堂高睦母松林院參詣す

*御影供二箇法要あり

*快意進休庵へ參る

十八日、　晴、

一、護持院(隆光)大僧正様ゟ御手帋來ル、
今日、於御本丸御能被遊候間、登城候様ニと被
仰越候ニ付、御上り被成候事、夜ニ入御歸寺、

一、水戸八重姫君様ゟ御文ニ而、今度御疱瘡御祈禱
精誠相務候由被爲聞召、依之、御檜重被下候由
ニて來ル、御返事相濟候、

一、今日、於御本丸ニて拜領御座候由、

十九日、　晴、

一、終日御在院、

一、今日、藤堂和泉守(高睦)殿御母公松林院殿、御兼約ニ
付御出、且亦和泉守殿奥方御同道被成候、三汁
八菜之料理不殘出ル、

廿日、　晴、晩方雨降、

一、藤堂松林院殿へ、昨日御出之爲返礼、歡喜院被
遣候事、

一、藤堂和泉守殿奥方へハ、文泉被遣候、

一、今日、三之丸付御用人已下、坊主衆・御用番衆
迄、頃日廻狀遣候而、今日御振舞被遊候事、都
合貳拾九人、三汁七菜ニて出之候、後段そは切・うとん(饂飩)・
小付等出之候、

一、終日御在院之事、

一、□〻被爲成候旨、小普請方へ被仰出候ニ付、今
日ゟ掃除人足・大工等入込申候事、

廿一日、　晴天、

一、朝七ツ時、大師堂入佛有之、僧正御出被成、寺
中何茂罷出候、

一、朝飯後、御影供二箇法要、寺中・所化中不殘出
仕、直綴・七條、

一、晝法事上り、於茶之間、寺中・所化中御振舞被
成候、

一、晝飯後、進休庵へ御出被成候、六ツ過御歸、

一、三宅備前守(康雄、寺社奉行)様ゟ御觸來候ニ付、歡喜院罷越候、

廿二日、　晴、

護國寺桂昌院の法事

*本丸西の丸へ月次の御札を獻上す

快意增上寺廟參後牧野成春の振舞ひに赴く

*於傳之方八重姫平癒酒湯の祝及び祈禱の初穂を下す

寺社奉行下役人鳥飼吟味帳面を持參につき役者境內に鳥飼の者無き旨の奥書を記す

*快意根生院隱居の祝儀振舞ひに參る

*快意八重姫酒湯の祝儀に參る

一、桂昌院様御法事例之通相濟、其後於茶之間、寺中・所化中不殘御齋出候、
一、四ツ時、增上寺江御參詣、兼約ニ而、牧野備前守（成春）様へ御振舞ニ御立寄被成候、
一、近〻被爲成候ニ付、今日ゟ御殿疊表替仕候、
一、山村十郎右衛門殿江、廿四日、成瀬隼人正殿（正幸、尾張德川家付家老）□□御出候ニ付、御案内申遣候、
一、松平攝津守（義行）様へ、御返礼申遣候、
一、佐竹源次郎（義格）様へ、昨日之御返礼申遣候、
一、本田〔多〕彈正様ゟ寺社下役人、鳥飼置候御吟味之帳面被致持參候、

於護國寺境內、鳥飼置候者〔無カ〕□御座候、勿論鷄ニ而茂飼置不申候、以上、

護國寺役者
普門院印

如此、帳面奥書仕候而指越候、

廿三日、晴、

一、終日御在院之事、

一、御本丸・西ノ御丸江、例月之通御札指〔上候カ〕□□、
一、加藤越中守様、冷氣之御見舞ニ、柹壹箱御使僧ニ而被遣候、
一、松平內膳正様、御出之御返礼申遣、
一、成瀬隼人正様、明日此方へ御出之義、御延引被下候様ニ御使僧遣候、

廿四日、晴、

一、終日御在院之事、
一、五之丸様ゟ、八重姫君様御疱瘡被遊、御酒湯之御祝義として、さあや（紗綾）三卷、御祈禱之御初尾銀拾枚・昆布壹箱、御文ニ而參候、
一、御成先御見聞〔分、下同ジ〕、武田〔竹、下同ジ〕藤右衛門殿被參候、
一、堀筑後守殿・竹本土佐守殿へ、御返礼申遣候、

廿五日、晴、

一、根生院隱居（榮專）之御祝儀振舞□□ニ付御越被成候、
爲御祝儀白銀三枚御持參、
一、八重姫君様、御酒湯御掛り被遊候御祝義ニ御越

稲垣重富御成先の検分に來寺

*快意願ひにより桂昌院遺金の中より室生寺修復金護國寺桂昌院位牌堂造立金等を拜領す

八重姫疱瘡平癒の祝儀銀十枚を下す

京都善峯寺岩倉寺眞如堂への返狀

被成候、
一、稲垣對馬守殿御成先御見聞ニ御越被成候、八ツ半過、於大書院蕎麥切・小付めし(飯)・茶くわし(菓子)出之候、勿論僧正茂御歸被成候、武田藤右衞門殿御□□(相伴カ)、
一、内々御願之金子、明日御渡可申候間、御役者尤宰領等茂被仰付、御用屋敷迄四ツ時過御出可被成候、御金多候間□□□可被成候、爲□□如此御座候、以上、
十月廿五日　　堀筑後守
護國寺僧正
一、八重姫君様ゟ銀拾枚、御文ニ而、御祝儀として來候、
一、内藤式部少輔(正友、大坂定番)様御返狀、歩行使ニ而遣候、
一、招提寺(大和)江之狀四通、圓成院(大和、藥師寺)へ頼遣候、
一、善峯(京都)・岩倉(同上)へ之書狀三通、眞如堂江之御返狀、木下善右衞門(信親、本庄資俊家臣)殿へ頼遣候、

廿六日、　晴、
一、九ツ半時、本多彈正少輔(忠晴、寺社奉行)殿様へ、國分寺儀ニ付御越被成候、
一、歡喜院、御用屋敷江御願之御金請取罷歸候、宰領添嶋半藏被遣候、
一、堀田伊豆守(正虎)様へ、御返狀歩行使ニ而被遣候、
一、堀筑後守殿ゟ先日被遣候御願之書□、松平美濃守(柳澤吉保)様江遣候間、先日之通願之書付被成遣候様ニ申來候故、卽認候而、此方ゟ(堀)筑後守殿迄御手紙ニ而遣候、
一、貳千貳百兩、　室生寺(大和宇陀郡)御修福(復)金、
一、金三百兩、　桂昌院様御位牌(堂脱カ)御造立也、
一、貳百兩　福壽院(上野邑樂郡館林)へ被下候、
一、金百兩　惣徳院(上野邑樂郡館林)へ被下候、
右之通、桂昌院御殘り金僧正御願ニ而、於御用屋敷歡喜院請取罷返候、
廿七日、　書過ゟ曇、

冬報恩講結願論議あり算題は四聖四隅

快意三の丸用人らへ桂昌院遺金拝領御禮の使僧を遣す

室生寺本丸白書院にて加增の御禮を勤む

一、今日、四聖四隔〔隅〕ノ論議御通シ被成候□、結願論議ニ而、寶仙寺其□〔外カ〕能分之衆中、於小書院壹汁五菜料理御相伴ニ而出之、其外所化中へ壹汁貳菜ニ而出之候、

一、室生寺(澄岸)、本多彈正少弼様ゟ御手紙ニ而、三宅備前守様へ罷越候様ニ申來候、就夫三宅備前守様へ罷越候ヘハ、明廿八日御礼被仰付候由被仰渡候、

一、堀筑後守殿・竹本土佐守殿・木下和泉守殿(信眞)・森河波〔内〕守殿(頼俊)・松田志摩守殿(貞直)へ、昨日之御礼御使僧被遣候、

一、六角主殿殿(廣豐、表高家)へ、昨日之御返礼申遣候、

　廿八日、　晴、

一、今朝、(澄岸)室生寺御加增之御礼被仰付候ニ付、登城仕候、御礼申上候所ハ、御白書院□ニ而被仰付候、伴僧法忍罷越候、

　公方様(徳川綱吉)江、　壹束壹卷、

　大納言様(徳川家宣)江、　壹束壹卷、

右之通獻上、

大御老中

　土屋相摸守(政直)様

　小笠原佐渡守(長重)様

　稲葉丹後守(正往)様

　秋元但馬守(喬知)様

　大久保加賀守様

　本多伯耆守(正永)様

　井上河内守(正岑)様

　松平右京太夫様

　松平伊賀守様

右拾本入、

　久世大和守様

　加藤越中守様

　永井伊豆守(直敬、若年寄)様

　稲垣對馬守様

*武藏金剛院澄意根生院住職に任ぜらる

快意登城す

*御能あり快意登城す

本丸西の丸へ月次御札を獻上す

上野泉福寺

*庚申待

*牧野成春所替となり加增さる

大和藥師寺圓成院歸寺につき暇乞に來寺

右五本入、

鳥井（居）（忠榮、寺社奉行）播磨守樣

三宅備前守樣

堀（直利、寺社奉行）左京亮樣

本多彈正少弼樣

右者進物なし、

一、四ツ半時、御登城被成、八ツ過御歸、

一、御本丸・西之御丸江、例之通御札指上候、

一、上刕泉福寺被參、老僧死去之由ニ而、金子被指上候、隱居存生之內、御廻向被下候樣ニ与被申置候由、

廿九日、　晴、

一、三宅備前守樣・本多彈正少弼樣□□室生寺首尾能御礼相勤候由、使僧ニ而御礼被仰遣候、

一、天野彌五右衞門殿へ、先日之御返礼申遣候、

一、藥師寺圓成院發足ニ付、暇乞ニ□參、羽二重壹疋被遣候、

一、根生院、今日金剛院（武藏埼玉郡末田村、澄意）へ住職被仰付候、七ツ時ゟ根生院へ御出御持參、

一、縮緬五巻、

一、金千疋、

右之通、御持參被成候、

晦日、　晴天、

一、四ツ時過、御能ニ付御登城□□、夜四ツ前御歸、

一、室生寺、本多彈正殿ゟ被召、先年御暇之義御尋之由、

一、庚申待ニ付、醫王院（護國寺寺中、覺祐）江例之通、僧正ニハ御登城故、御越不□□、

一、於御城、郡內十五疋御拜領之事、

一、今日、牧野備前守殿所替、幷御加增被仰付候由、

（裏表紙）

六册之内

（表紙）

六

寶永二乙酉

快意僧正代

日記　共六

十一月初日ゟ

十二月廿九日迄

（原寸、縦二四・四糎、横一七・二糎）

（表紙裏標目）

「十一月二日、

一、室生寺御暇願ニ付書付差上ル事、

十一月十一日、

一、室生寺始而御暇拜領物等記之、

十一月十四日、

一、觀藏院添地拜領之事、

十一月廿一日、

一、室生寺發足、

十二月九日、

一、室生寺御朱印、御老中不殘、寺社御奉行堀左京亮

殿御列座ニ而、快意僧正へ御渡し被成受取御歸り

候事、」

夕方少し地震
*松平輝貞邸へ御成あり快意詰む
快意月次の御禮に登城す
快意增上寺門秀大僧正任官の祝儀を遣す
*快意室生寺住持御暇頂戴したき旨の願書を出す
綱吉家宣へ庚申待の御札洗米を獻上す
牧野成春七千石を加増され三河吉田へ轉封さる
快意牧野成貞同室へ成春の加増轉封の祝を申遣す

〔十一月〕

霜月初日、　晴、夕方少地震、

一、月次之御登城有之、

一、去ル廿九日、増上寺(門秀)御儀、大僧正任官被仰出候ニ付、爲御祝義金五百疋・昆布一箱被遣候、

一、公方様(徳川綱吉)・大納言様(徳川家宣)へ、庚申待之御札・御洗米上ル、

一、牧野備前守殿(成春)七千石御加増、幷參刕吉田へ所替被仰付候ニ付、右御悦ニ御越被遊候事、

一、牧野備後守殿(成貞)幷奥方へ、右之御悦御使僧ニて被仰遣候事、

一、松平右京大夫殿(輝貞、側用人)へ、明日公方様被爲成候御悦ニ御越被遊候事、

一、御月番本多彈正少弼殿(忠晴、寺社奉行)へ歡喜院(護國寺役者)罷越、室生寺御(大和宇陀郡、澄岸)暇之願申上候ヘハ、先刻於殿中、護國寺(快意)へ面談ニ申入候間、委細願之通書付ニ仕、追而被指出候様ニと被仰渡候、

二日、　晴、

一、今日、松平右京大夫殿へ、公方様被爲成候ニ付、如例御詰被遊候事、

一、室生寺御暇願ニ付、普門院(護國寺役者、豁如)被遣候所ニ、昨日於殿中彈正少弼殿(本多忠晴、寺社奉行)御直談ニ而、委細致書付可被差出候旨被仰渡候ニ付、左之通、(室生寺諱名澄岸、)

奉願口上之覺

和刕室生寺事ハ、弘法大師(空海)從大唐御傳來之祕記幷本尊等、彼山之石窟ニ御納、隨分御祕藏之靈山ニ而、高野山与同前於眞言宗崇敬仕名山ニ而御座候、依之、眞言宗之僧侶悉《コト〳〵ク》毎朝彼之山ヲ拜候作法、幷灌頂修行之節者、必彼之山ヲ拜申御事ニ而御座候、此故ニ格式茂隨分結構御座候、去ル比新知拜領仕候、城刕乙(乙訓郡今里村)訓寺より□格式能御座候、乙訓寺住持先日御暇拜領仕候、室生寺儀、先年新知拜領之節者、

*音羽町西藏院入院の御禮に來寺
*快意增上寺門秀大僧正任官の祝儀に参る
*快意圓福寺入院論議に出仕す
*寺社留帳
興福寺門主の所願は京都所司代にて申渡す習ひ
*綱吉家宣へ三日月待の御札守を獻上す
*快意根生院へ弘法大師興教大師の木像行法壇等を寄進す
根生院澄意入院挨拶に來寺
*夜に入り松平頼豐屋敷より出火

如何仕候欤御暇拜領不仕候、右之格式之寺
ニ而御座候間、此度御暇拜領仕候樣ニ奉願候、
以上、
　十一月　護國寺僧正(快意)
右之通相認、本多彈正殿へ普門院持參仕候事、
一、牧野備前守殿へ御加增、并所替之爲御祝義、樽代五百疋・昆布一箱被遣候事、
一、南都大乘院(興福寺、隆尊)御門主樣御内松井兵部卿・藤木河内守被罷越、御月番本多彈正殿(忠晴、寺社奉行)へ今朝被爲召候而被仰渡候ハ、御門主御願之事者、於京都被仰付候間、早〻罷歸候樣ニと被仰渡候ニ付、右之段爲可申□□人被罷越御歸之筈、被得御意候事、
三日、晴、
一、上野安中(碓氷郡)妙光院使僧泉福寺、今日罷立候由ニ付、羽二重壹疋被下之候、妙光院へ御返翰被遣候事、
一、根生院(湯島、澄意)入院ニ付、今朝御出御對面之事、

一、音羽町(江戸)西藏院、繼目之御礼ニ被罷越候、御目見被仰付候事、
一、增上寺大僧正へ、御任官御祝義ニ御越、且又圓福寺入院論義御務ニ、彼院へ御越被遊候事、
一、初瀨(大和、長谷寺)喜多坊ゟ窺御機嫌書狀□到來之事、
四日、曇、夜ニ入少雨、
一、本多彈正少弼殿ゟ御觸書來ル、寺社留帳ニ記之、
一、公方樣・大納言樣へ、三日月待之御札守上ル、
一、根生院へ御寄進物被遣候覺、
　一、弘法大師(空海)木像、厨子共ニ、
　一、興教大師(覺鑁)木像、厨子共ニ、
　一、行法檀(壇)二通、机・佛具皆□、
　右之通、今日被遣候、
一、終日御在院、
一、室生寺ゟ、於寮舍夕料理被指上候、寺中・東福院御相伴、
一、夜ニ入、寅下刻、松平讃岐守樣(賴豐)大名小路御屋敷

*備中遍照院の件につき仁和寺門跡院家衆より書状到來す

快意屋敷類焼の大名ら及び近所の衆へ見舞ひの使僧を遣す

*快意家宣御馳走の御能を拝見す

松平忠周の奉書

*牧野成春同室快意を振舞ふ

ゟ出火、松平備前守(長矩)殿・松平丹波守殿・松平伊(綱
豫守殿・土井周防守(利益)殿・青山備前守(幸能、側衆)殿・酒井左(忠
政)
眞)備門尉殿・丹羽遠江守(長守、江戸町奉行)殿、右之衆類焼、辰刻時
迄火不消候、
一、初瀬(大和、長谷寺)へ用事ニ付、書中ニて申遣候事、
　五日、　晴、
一、出火ニ付、類焼幷近所之方〻江、爲御見舞御使
僧被遣候事、
一、晝時御奉書來ル、
明六日四ツ時、罷出候様被仰出候間、登　城
可有之候、以上、
十一月五日　松平伊賀守(忠周、側用人)
護國寺(快意)
御請、
御手帋奉拜見候、明六日四ツ時、登　城可仕
旨奉畏候、以上、
十一月五日　護國寺
松▨《ヒ》伊賀守様

一、終日御在院、
一、仁和寺(寛隆法親王)御門跡様院家衆中ゟ、備中遍照院(淺口郡西阿知村)事ニ付
返状來ル、右者町飛脚ニ而來ル、護持院(隆光)江茂御状
來ル、此方ゟ相達申候事、町飛脚宿玄關帳記之、
　六日、　晴、
一、辰刻過、御本丸江登城被遊候所、今日大納言様
被爲入、御能御馳走ニ付、拜見被仰付候、夜ニ
入御退出、
一、新長谷寺(江戸、關口)幷西藏院(大和、長谷寺)先住、明日發足ニ付、爲御餞
別襟巻一領ツヽ被遣之候事、
一、今日、彈正少弼殿(澄岸)へ室生寺罷越、御暇彌奉願候
由申上候へハ、來ル十日晩窺ニ罷越候様ニと、
役人被申渡候ニて御座候事、
　七日、　雨天、
一、牧野備前守殿幷奥方へ御越被遊候、奥方へ煎茶
一箱御持參被遊候事、

佐竹義格快意を振舞ふ
*地震
胡蘿蔔
*快意護持院へ茶の口切振舞ひに参る
*快意内藤政森室死去につき柳澤吉保へ悔みに参る
快意曾我助興同助元同助勝らを振舞ふ
*火元用心の觸
巳待
東大寺龍松院暇乞に來寺
月次大般若經轉讀の御札を獻上す
棟梁大谷出雲

一、佐竹源次郎（義格）殿へ、御兼約之御振舞ニ付、備前守（牧野成春）殿御仕廻已後御越之由、

八日、曇天、

一、初瀬（大和、長谷寺）海說房（尙彥）ゟ町飛脚ニ而、胡蘿蔔一包來ル、

一、終日御在院、

一、御兼約ニ而御振舞被成候、曾我播磨守（助興）殿・同周防守（助元、中奥小姓）殿・同彌五郎八（助勝、書院番）殿・山岡介右衛門殿・伊勢因齋老・三浦平右衛門 片桐團右衛門 播磨守殿御家來兩人、右之通、今日何茂御出之事、

一、於蓮花院（護國寺寺中）、今夜巳待相務候ニ付、御夜食於彼院被召上候、

一、南都龍松院（東大寺、公盛）、御暇乞ニ被參候事、

九日、晴、

一、月次大般若之御札守上ル、

一、松平内膳正（宗長、中奥小姓）殿御出、御對話、

一、大澤越中守（基躬、奥高家）殿御出、對面、夕料理出之候、

一、棟梁大谷出雲入來、懸御目候、

一、戌刻地震、

十日、晴、

一、於護持院、論日并茶之口切振舞ニ付、御越被成候、

一、内藤山城守（政森、小姓）殿奥方死去ニ付、爲御悔松平美濃守（柳澤吉保）殿へ御見廻候事、

一、本多彈正少弼殿ゟ御觸書來ル、

火之元之儀、毎度被仰出候通、彌入念候様支配〳〵江茂可被相觸候、以上、

十一月十日　本多彈正少弼

護國寺僧正

右之御返事申遣候事、

一、今日、本多彈正少弼殿へ、室生寺伺ニ被罷越候所、被仰渡候ハ、明日御暇被下置候間、明十一日五ツ半時登城仕、そてつ（蘇鐵）之間ニ相詰被在候様ニと被仰付候由、

十一日、晴、

*愛宕眞福寺快意を振舞ふ
室生寺檜之間にて御暇を下さる
室生寺御暇下さる御禮に老中側用人若年寄寺社奉行を廻禮す
快意攝津寶積院歸寺につき餞別を贈る
*牧野康重御祈禱を依頼す
*末寺淺草觀藏院寺社奉行に願ひ木村源太左衞門上ケ屋敷を拜領す

一、終日御在院、

一、今日、室生寺御暇被下置候ニ付登城、昨日被仰付候通、時刻無相違候、彈正少弼殿御指圖ニ而、檜之間ニ而、彈正殿御壹人ニ而御暇被下置、時服三拜領被仰渡候由、御老中御列座ニてハ無之候、退出已後、大御老中・御側御用人・若御老中・寺社奉行不殘御礼ニ被罷越候事、

一、明後日、寶積院(攝津、久安寺)發駕ニ付、爲御餞別郡內壹疋、小坂院へ襟卷壹領被下之候、

一、大澤越中守樣、御出之御返礼申遣候、

一、松平內膳正樣へ、御出之御返礼申遣候、

十二日、　晴、

一、終日御在院之事、

一、本多彈正少弼樣へ、室生寺御暇拜領仕候御礼使僧遣候、

一、安養寺(淺草、誓願寺內)(本庄氏菩提所)へ、先頃御見舞壹種來候御返礼申遣候、

十三日、　晴、

一、眞福寺(愛宕、運壽)江御兼約ニ而、御振舞御越被成候、次而ニ清源院(元三の丸女中衆)殿糀町御屋敷江御移り被成候御悅ニ御出被成候、御持參室生茶壹箱、蕎麥壹箱、暮六ツ過御歸、

十四日、　晴、

一、國分寺(和泉郡)義ニ付、九ツ時、本多彈正殿へ御越被成候、

一、牧野周防守(康重)樣、昨日御祈禱賴來候ニ付、御家來村井孫大夫殿迄、御口上書御使僧ニ而被遣之候、

一、淺艸觀藏院(新寺町)致伺公、先刻本多彈正樣へ被爲召、兼而願之木村源太左衞門上ケ屋敷拜領地ニ被仰付候旨被仰渡候、右被下置候趣、赦帳ニ茂願上ケ候由此赦之筋ニて被下置候譯ニ而無之候、數度寺社奉行所へ奉願候ニ付拜領被仰付候旨、今日秋元但馬守(喬知、老中)殿被仰渡候間、可得其意候由、彈正少弼殿直ニ被仰渡候、申渡ニ付、護國寺役者壹人席へ被指出可被仰渡候所ニ、及夕候ニ付、

*快意成瀬隼人正へ根生院澄意は徳川吉通有縁につき入院の御目見を勤めたき旨を願ふ

*本丸西の丸へ例月の御札を獻上す

快意月次の御禮を勤む

快意西の丸月次の御禮を勤む

淺草觀藏院拜領地の御禮に老中若年寄側用人寺社奉行を廻禮す

*牧野康重へ御祈禱札を遣す

*板倉重寛へ遣す九月の祈禱札忌中につき延引す

近所ニも候間、湯嶋根生院御呼被成、同席ニ而
右之通被仰渡候、且亦赦之筋与存、必増上寺江
罷越、礼なと申候事無用候、明日護國寺役者同
道ニ而、書付之通御礼ニ廻り可申候由被仰渡候、
一、大御老中、　一、若御老中、
一、御側御用人、　一、寺社奉行所、
右御書付之通致同道、歡喜院廻り申候筈ニ、觀
藏院へ申談遣候、

十五日、晴、

一、月次之登城被遊候事、
一、西之御丸江茂、同斷、
一、觀藏院事、昨日彈正少弼殿ニ而被仰渡候通、今
日歡喜院同道仕、方々御礼ニ廻り申候、

口上

私末寺淺艸觀藏院儀、兼而拜領之願寺社御奉
行所へ奉願候所ニ、昨晩本多彈正少弼樣江觀
藏院被爲召、數年寺社奉行所へ奉願候ニ付、

願之通拜領地被下置候旨被仰渡、難有仕合奉
存候、右御礼爲可申上、役者相添觀藏院指上
ケ申候由、
一、成瀬隼人正殿（正幸、尾張德川家付家老）へ被仰遣候、湯嶋根生院先頃入院
仕候、右根生院寺之儀ハ、尾劦樣（德川吉通）へ御縁茂御座
候譯、且亦右之僧者、私法縁之者ニて御座候間、
繼目之御目見へ奉願候、右根生院□私方へ罷越、
此旨奉願くれ候樣ニと申候ニ付、如此御座候由、
一、本多彈正少弼樣、役僧參候樣ニ申來候、
一、御本丸江御札・御備、例月之通指上候、
一、西之御丸江、右同斷、
一、牧野周防守樣へ御祈禱之御札遣候、是ハ御自分
之御祈禱愛染法長日之御札遣候、

十六日、晴、

一、松平主殿頭（忠雄）樣、昨日御使者之御返礼申遣候、
一、土井周防守樣、昨日御使者之御返礼申遣候、
一、板倉甲斐守（重寛）樣、九月御祈禱之御札遣候筈之處、

快意湯島根生院澄意の入院を祝ふ*

快意徳川吉孚の疱瘡を見舞ひ後藤堂高睦母松林院へ見舞ひに參る

佐竹義格快意に繪を贈る*

室生寺柳澤吉保に寺領加增の御禮を贈る*

快意舘林福壽院惣徳院拜領の桂昌院遺金を手渡す

御忌中故、忌明候ニ付御札遣候、

十七日、　曇、

一、本多彈正殿へ、歡喜院罷越、御觸書別帋ニ寫候、

一、松平信濃守(鍋島綱茂)様、御參府之御祝儀申遣候、

一、終日御在院之事、

一、牧野備前守様へ、昨日御使者之御返礼申遣候、

一、加藤遠江守(泰恒)様、御出之御返礼申遣、

一、西尾隱岐守(忠成)様、昨日一種來候御返礼申遣候、

十八日、　晝ゟ晴、

一、九ツ過、水戸中將(徳川吉孚)様へ御疱瘡被遊候ニ付、御見舞ニ御越、其以後染飯(井カ)藤堂大學頭(高睦)様御袋様(松林院)へ、御見舞ニ御越□

一、舘林福壽院(上野邑樂郡)・惣徳院(同上)兩寺へ、桂昌院様御殘り金拜領被致候ニ付、於茶之間、右兩寺江御渡被成候、

一、金百八拾兩、　福壽院江、

一、金百貳拾兩、　惣徳院江、

右之通、御渡被成候、兩寺江被仰渡候趣ハ、此御金之義乍兩院田□□買付、永〻寺修復仕候様ニ可仕旨被仰渡候、即證文取置候、

十九日、　天氣、風吹、

一、終日御在院之事、

一、根生院御祝儀之御振舞御越被成候、圓通寺・藥王寺・圓秀房、御近習之衆中不殘、御料理二汁五菜小書院ニ而出之候、

一、牧野備前守様、昨日之御返礼申遣候、

一、佐竹源次郎様用人衆ゟ兩人方へ手紙、先日御振之節、御約束之繪來ル、

一、室生寺、今日松平美濃守様へ被參候、持參室生煎茶壹箱・枝柹□箱、

口上之趣

今度、私義御影故、結構被仰付、難有仕合奉存候、此煎茶手作仕、隨分念ヲ入申付候、且又此枝柹者任二見(到)來一爲二冥加一、兩種進上仕度

奉存候間、宜御披露被遊可被下候由、取次之
衆被申候ハ、表向之御（音）印信請不被申候、其元（室生寺）
之義ハ各別之義ニ御座候間、後刻（美濃守）退出次第披
露可申候由ニ而、兩種納り申候、

一、大御老中・若御老中・寺社奉行衆へ不殘、明後
廿一日ニ發足仕候由ニ而被參候、

廿日、　晴、

一、松平豐後守（本庄資俊）様へ、御見舞ニ御越被成候、

一、圓能院・寶藏院、昨晩ゟ被參、御逢被成候、卽
今朝被歸候、

廿一日、　晴、

一、今日、室生寺發足之事、

一、若王寺（京都、東山）へ返書爲持遣候事、

一、備中遍照院儀ニ付、御室へ御狀被遣候間、遍照
院へ賴遣候事、

一、御本丸御奉書、
尙〻、爲御礼不及登城候、以上、

室生寺老中若年寄寺社奉行へ歸山の暇乞に參る

快意本庄資俊を見舞ふ

室生寺澄岸江戸を發つ

＊快意御成奉書到來につき側用人を廻禮す

護國寺へ御成の奉書

＊快意增上寺桂昌院廟に參詣す

來ル晦日、其許江可被爲成之旨被仰出候、可
被存其趣候、以上、
十一月廿一日　松平伊賀守
松平右京大夫
護國寺

御請之寫、
尙〻、爲御礼登城仕間敷旨奉畏候、
御手紙奉拜見候、來ル晦日、愚院江可被爲
成旨被仰出難有仕合奉存候、以上、
十一月廿一日　護國寺
松平右京大夫様
松平伊賀守様

一、右之御請相濟、松平美濃守殿・松平右京大夫
殿・松平伊賀守殿江爲御礼御越被遊候事、

一、御老中方・寺社方へハ、爲御礼御越無之候、

廿二日、　晴、

一、增上寺へ御參詣被成候、且又愛宕（江戸）下覺心院殿へ

松平長矩内保科新五郎邸類焼す

＊淺草覺王院へ御成

＊桂昌院の位牌堂御成の目障りにつき他所へ引移し後に元へ戻すこととす

上野門跡へ御成

＊根生院徳川吉通への御目見を聴さる

棟梁大谷出雲

快意松平義昌へ朦氣見舞ひを遣す

＊二十六夜待

＊綱吉家宣へ二十六夜待の御札守を獻上す

御見廻〔舞〕被成候事、
一、護持院へ御立寄之事、
一、松平備前守殿御内保科新五郎方類焼ニ付、染羽二重貳疋、金子五百疋被遣之候、
一、寺社御奉行不殘使僧被遣之、來ル晦日、可被爲成之旨被仰出難有仕合奉存候、御届爲可申上如此御座候由、
　廿三日、　晴、
一、終日御在院、
一、今日、上野御門主様（公辨法親王）へ、公方様被爲成候、
　廿四日、　曇、
一、終日御在院、
一、棟梁大谷出雲入來、御逢被成候、
　廿五日、　晴、
一、松平出雲守（義昌）殿へ、御朦氣爲御見廻薯蕷一箱被遣之候、
一、加藤源四郎（景利、小普請方）殿、御成前御幕かこひ（圍）見分ニ被罷越候事、
　廿六日、　晴、
一、今日、淺艸覺王院（最純）江、公方様被爲成候、
一、梶作右衞門（小普請奉行）殿御越、御位牌堂之儀、來ル晦日被爲成候ニ付、御目障ニ被成候間、外へ引候而、重而御成已後、本之所へ引候樣ニと、小普請御奉行間宮播磨守（信明）殿被仰渡候ニ付、明日ゟ爲引申候由御届有之候、
一、護持院へ御越被遊候事、
一、尾州御家老成瀬隼人正殿ゟ御手紙來ル、此間被仰越候湯嶋根生院儀、尾張殿（徳川吉通）へ御目見之事、來月四日朝五半時、市買（市ケ谷）屋敷迄御越候樣ニと被仰越候、右御返事申遣候事、
一、終日其外相替儀無之候、
一、例年之通、於方丈、廿六夜待被仰付候事、
　廿七日、　晴、夜ニ入雨降、
一、例年之通、公方様・大納言様へ、廿六夜待之御

札守上ル、

*鍋島綱茂來年の綱吉本卦御祈禱を依頼す

一、松平信濃守殿ゟ、來年公方樣御本卦御祈禱御賴被仰越候、

一、夜ニ入、御本丸ゟ明後日被爲成候ニ付、御請之文言書入被成度旨、松平右京大夫殿・松平伊賀守殿ゟ御手帋來ル、則御覽已後、書付之通不苦候由、則奥書被成、御印判被成被遣候事、尤新法張紙ハ寫此方扣之御請之書物ニはり付置候、

一、外ニ一紙來ル、右同斷、

一、御手帋御返事、

御手紙拜見仕候、御請書付文言書入被成度所御座候ニ付、御附紙被遣致拜見候、此附紙之通能御座候故、則奥書認直判形仕差上被申候、

以上、

十一月廿七日　護國寺

松平右京大夫樣

松平伊賀守樣

猶以、御別紙之書付、是又不苦候ニ付、判形仕進上申候、以上、

一、護持院大僧正ゟ御手帋來ル、明廿八日御本丸惣出仕ハ無之候旨申來候間、爲御知申入候由、

廿八日、

*本丸西の丸へ月次の御札守を獻上す

一、月次之御札守、御本丸・西之丸へ指上候事、

*本日の本丸惣出仕はなし

一、今日、御本丸惣出仕無之ニ付、御登城不被遊候事、

*寺社奉行室生寺加増地の國郡村附に相違なきや問合す

一、本多彈正少弼殿役人明石新藏方ゟ手帋來ル、

大和國宇多〔陀〕郡室生村
室生寺

右、今度御加增被下候國郡村附、相違無御座候哉、承合候樣ニと申付候御儀可被仰聞候、

以上、

十一月廿八日　明石新藏

普門院樣

歡喜院樣

右返書之扣、

*護國寺へ御成

快意松平輝貞へ御成の折御目通へ出る出家中の書付を持參す

*快意白銀昆布を拜領す

*快意內證に小袖銀香爐堆朱香臺を拜領す

*快意綱吉の御膳に相伴す綱吉快意を召す

快意御休息之間にて暫し綱吉快意を連れ庭へ出づ

御手紙致拜見候、室生寺御加增地之所、舊領
三十石之所ニ而、一所被下置候へ□國郡村附
相違無御座候、此方へハ未御加增地之御書付
不被下置候故不存候、以上、

十一月廿八日

廿九日、晴、夜曇、

一、松平右京大夫殿へ、明日御目通へ罷出候出家中
書付□持參被成候事、

御奉書來ル、

罷出候樣ニと被仰出候間、支度次第登城可有
之候、以上、

十一月廿九日　松平右京大夫

護國寺

右御請不仕候而、途中へ爲持上候所、早〻登城
被遊候、右被爲召候ハ、御成被仰出、御直ニ未
御礼も不申上候、如何可仕候哉と、右京殿□〔被カ〕仰
入候ニ付被爲召候由、於御休息之間緩〻御目見
御はなしなと申上、御庭へ被召連御出被成候由、

一、御目付衆堀田源右衞門殿御出、諸役人へ明日之
場所引渡、并所〻張紙御持參、

卅日、晴天、

一、御成四ツ半過、御參詣已後御殿へ被爲入、僧正〔快意〕
御拜領物、

下白銀　百枚、

上昆布　一箱、

右、御目錄ニて頂戴被成候事、

御內證ニ而拜領物御小袖三、箱入、銀ノ香爐、朱レ
堆ノ香臺箱入ニて頂戴被成候事、

一、御仕舞御〻五《七》番、御近習之內七番被相務候由、

一、御仕舞相濟候後、御膳被召上候、僧正へ御相伴
被仰付候事、

一、客殿ニ而、御老中之席へ役者壹人如例被召出、
如例僧中へ拜領物被仰付候由、白銀三拾枚、

一、寺社御奉行御前ニ而、銀臺頂戴被仰付、大目付

衆被指添候、右之所ニ而、三十枚之臺役者頂戴、

還御の後快意御供の老中側用人若年寄を御禮に廻る

一、歸御八ツ半過、卽刻御礼ニ御越被遊候方〻、土屋相摸守殿(政直、老中)・秋元但馬守殿・井上河内守殿(正岑、老中)・松平美濃守殿・松平右京大夫殿・松平伊賀守殿・永井伊豆守殿(直敬、若年寄)・久世大和守殿(重之、若年寄)、右御供之方ニ而御座候ニ付、爲御礼御越被遊候事、

一、大御老中土屋相摸守殿・秋元但馬守殿・井上河內守殿、御側御用人松平美濃守殿・松平右京大夫殿・松平伊賀守殿、若御老中永井伊豆守殿・久世大和守殿、

一、寺社御奉行鳥居播磨守殿(忠英)、

一、大目付衆仙石丹波守殿(久尚)、

一、相詰候衆、護持院・四ケ寺(江戸四箇寺)・進休庵(江戸、英岳)・西大寺(大和)金剛院(武藏埼玉郡末田村、賴雅)・中嶋金剛院、其外末寺・一山僧中御膳へ(前カ)罷出候、

一、手前ゟ獻上之覺、

　昆布一箱、　　御能扇三箱、

　御樽重一組、　　蜜柑一籠、

　枝柹一箱、

右之通、表向獻上之、

　生花　　三桶、

　檜重　　貳組、

右者內證ニて被指上候事、

〔十二月〕

　十二月朔日、　雨天、

*快意月次御禮に登城す

一、月次之爲御礼御登城、御歸已後、護持院へ御立寄被成候、

*快意御成の祝儀を寄す諸大名へ御禮の使僧を遣す

一、松平豊後守様(本庄資俊)、松平右京大夫様(輝貞、側用人)御家來萱沼段之助殿・田代貞右衞門殿・萩原与左衞門殿・井上五左衞門殿・森市兵衞殿、此五人之衆中者、昨日被參候而、終日被相詰、諸事勝手むき(向)世話被致候故、御礼ニ御使僧遣之候、細川越中守様(綱利)・青山備前守様(幸能、側衆)・水野飛彈守様(重矩、側衆)・本多淡路守様(忠周)・

榮隆院(堀田正俊室、稲葉正則女)様・織田山城守(信休)様・佐竹源次郎(義格)様・藤堂和泉守(高睦)様・□□□□□・小笠原右近將監(忠雄)様・□□□□□様・榊原式ア大輔(政邦)様・加賀宰相(前田綱紀)様・保田越前守(宗郷、側衆)様・中川淡路(成慶、同上)様・松平能登守(賴如)様・筧助(爲勝、書院番)兵衞様・松平大學頭(賴貞)様・松平駿河守(信望)様・宇津出(教信、側衆)雲守様・久留嶋帯刀(通政)様・松平大和守(基知)様・牧野駿(忠辰)河守様・一柳土佐守(直好、側衆)様・藤堂伊豫守(良直、同上)様・本多吉(忠孝、護國寺火番)十郎様・松平大膳大夫(毛利吉廣)様・安藤信濃守(定行、側衆)様・稲葉丹波守様、右御側衆へも、昨日御成之御礼申遣之候、其外ハ御使者之御返礼申遣候、

役者御成の御禮に寺社奉行を廻禮す

一、鳥居播广守(忠英、寺社奉行)様・本多彈正少弼(忠晴、同上)様・堀左京亮(直利、同上)様・三宅備前守(康雄、同上)様、昨日御成之御礼普門院(護國寺役者、豁如)罷越候、

役者歡喜院長谷寺交衆に出立す

一、歡喜院(護國寺役者)初瀨(大和、長谷寺)へ登山、晝立、爲御餞別金三百疋被遣之候、

二日、　晴天、風吹、

快意徳川吉宗へ家督相續の祝儀に参る

一、紀刕(徳川吉宗)様江御家督之御祝儀御出被成、御歸已後本多能登守(忠常)様へ、御兼約ニ而御振舞ニ御越被成候、

一、酒井隼人正(忠胤)様・織田山城守様・凌雲院(寬永寺、義天)様・佐竹源次郎様・榮隆院様・京極甲斐□(高住)・傳通院(小石川、祐天)様・水戸宰相(徳川綱條)様・筧助兵衞様、

右之通、御返礼申遣候、

*御成の節拝領の銀子を受取る

一、御本丸江、御拝領之御銀請取ニ知雲指越候、

一、銀百枚　護國寺(快意)江、

一、銀三拾枚　護國寺僧中江、

右者、一昨日御成之節、拝領仕候御銀、此僧江御渡し可被下候、以上、

極月二日　普門院印

歡喜院印

御納戸頭衆中

一、寒氣御機嫌伺薯蕷獻上之日限窺、松平右京大夫様へ普門院相越候、

口上書之覺

寒氣爲可奉窺　御機嫌、來ル四五日兩日之內、御指圖次第薯蕷獻上之仕度奉存候、獻上仕候ハヽ、其元様迄

差上可申候間、宜樣奉賴候、以上、

十二月二日　　護國寺

松平右京大夫樣

柳澤吉保書狀を以て自邸への御成に勝手に詰むやう申越す

一、松平美濃守樣(柳澤吉保)ゟ御手紙來ル、文言、

來ル四日、拙宅へ被遊　御成候付、例之通勝手へ御出可有之候、爲其如此候、以上、

十二月二日　　松平美濃守

護國寺

御返答、

御手紙奉拜見候、然者來ル四日、貴宅へ被爲成候付、御勝手へ可罷出之旨忝仕合奉存候、已上、

十二月二日　　護國寺

松平美濃守樣

一、菓子二重宛、藥王寺(市ケ谷、榮傳)・東福院(四ツ谷、龍巖房)・東條太郎大夫・おミねとの、右之通被遣候、

御臺所寒の見舞ひに食籠を下す

一、御臺樣(綱吉室、鷹司教平女)ゟ豐小路との御文ニて、寒之御尋として食籠一荷參候、

*松平輝貞へ寒の見舞ひを遣す

一、松平右京大夫樣へ、爲寒之御見廻、檜重壹組被遣之候、御使僧普門院相務候、

一、初瀨西藏院(大和、長谷寺)ゟ町飛脚ニ而、書狀箱來り候、

*快意御成の祝儀を寄す諸氏へ御禮の使僧を遣す

一、曾我播磨守(助興)樣・同周防守(助元、中奥小姓)樣・松平但馬守(友親、後ニ友著)樣・松平出雲守(義昌)樣・同奥方(龜姬、丹羽氏)樣・眞田伊豆守(幸道)樣・松平陸奥守(伊達吉村)樣・本多吉十郎樣・鍋嶋紀伊守(元武、奥詰)樣・松平主殿(忠雄)樣・神尾五兵衞(守親)樣・伊達左京亮(村豐)樣・本多下總守(康命)樣・松平讚岐守(賴豐)樣・細川越中守樣・酒井雅樂頭(忠擧)樣、

右之通、御返礼申遣候、

三日、　晴天、

*快意柳澤吉保へ御成の祝儀に參る

一、松平美濃守樣へ、御成之御祝儀御越被成候、且又大久保加賀守(忠增、老中)樣・井上河內守(正岑、同上)樣・松平伊賀守(忠周、側用人)樣へ、御轉任之御祝儀御越被成候、

一、成瀨隼人正(正幸、尾張德川家付家老)樣へ、根生院(湯島、澄意)、尾州樣(德川吉通)江御目見江被仰付候御礼御使僧遣候、

快意徳川綱條へ轉任の祝儀に参る

十*文字太夫

*柳澤吉保邸へ御成につき快意これに詰む

間部詮房の奉書

*綱吉快意に寒氣御尋として八代蜜柑を下す

一、水戸(徳川綱條)様へ、御轉任之御祝儀御越被成候、
一、松平(鍋島綱茂)信濃守様へ、御返礼申遣候、
一、織田山城守様へ、御返礼申遣候、
一、誓願寺(淺草、本庄氏菩提所)へ、同斷、
一、津輕越中守(信政)様へ、同斷、
一、間部越前守(詮房、西の丸側衆)様ゟ御奉書來ル、

明後五日、御能被遊候間、可罷出之旨被仰出候、五ツ時前、西丸江可罷出候、以上、

十二月三日　　間部越前守

護國寺

御手紙奉拜見候、明後五日、御能被遊候ニ付、拜見被仰付難有仕合奉存候、五ツ時、西御丸江登城可仕旨奉畏候、以上、

十二月三日　　護國寺

間部越前守様

一、松平右京大夫様御内豊嶋源太左衛門殿・渡邊九左衛門殿ゟ、明後五日、寒氣窺御機嫌薯蕷獻上□□様与、普門院方迄手紙ニ而申來候、
一、十文字太夫へ、金貳百疋御初尾被遣候、

四日、曇、

一、五ツ過、松平美濃守様御成ニ付、御詰被成候、
六ツ過御歸、
一、寒氣之爲御尋、八代密〔蜜、下同ジ〕柑壹箱御奉書來ル、

八代密柑一箱被下候間、可有頂戴候、以上、

十二月四日　　松平伊賀守

松平右京大夫

護國寺

猶以、爲御礼不及登城候、以上、

御手紙奉拜見候、八代密柑壹箱拜領仕難有仕合奉存候、以上、

十二月四日　　護國寺

松平右京大夫様

快意松平忠周大久保忠増井上正岑へ官位昇進祝の使僧を遣す

*快意西の丸に御能を拝見す

*快意寒氣御機嫌窺ひとして薯蕷を獻上す

本丸西の丸へ月次の御札を獻上す

*松平輝貞使者を以て自邸への御成に勝手に詰むやう申越す

松平伊賀守様

猶以、爲御礼登城仕間敷之旨奉畏候、以上、

一、松平伊賀守様・大久保加賀守様・井上大和守様、御官位御昇進之御祝儀、御使僧ニ遣之候、

（一、昆布一箱、
　一、御樽代五百疋、　松平伊賀守様

（一、昆布一箱、
　一、御樽代五百疋、　大久保加賀守様

（一、昆布一箱、
　一、御樽代五百疋、　井上大和守様

一、御本丸・西之御丸江例月之通御札・御備指上候、

一、加藤越中守様(明英、若年寄)、昨日之御返礼申遣候、

一、佐野豐前守様(直行)、昨日之御返礼申遣候、

一、竹本土佐守様、同斷、

一、成瀬隼人正殿ゟ根生院、尾張様(徳川吉通)江御目見へ之義、御用御座候ニ付、相延□□申來候、

一、松平大膳大夫様、御返礼申遣候、

一、松平釆女正様(定基)、同斷、

一、戸澤上總介様(正誠)、同斷、

一、本多淡路守様、同斷、

一、貞譽大僧正(増上寺隠居)江、同斷、

一、天徳寺(江戸、西久保)江、同斷、

五日、　夜少雪降、晝晴天、風□、

一、明六ツ時、西之御丸江御能拜見被仰付候故、御出被成候、御拜領物檜重壹組參候、

一、今朝、松平右京大夫様へ、寒氣窺御機嫌薯蕷差上候御殘り、松平右京大夫様へ壹箱、松平伊賀守様へ壹箱、松平美濃守様へハ、寒之御見舞と申候而壹箱被遣候、右三ケ所普門院罷越候、

一、松平右京大夫様ゟ御使者ニ而、明六□(日カ)被爲成候ニ付、例之通勝手迄□詰候様ニ申來候、西之御丸江御登城被成候故、御返答不申遣候、

一、松平右京大夫様ゟ御奉書來ル、

被差上候薯蕷一箱、首尾能披露相濟候、此段爲可申入如斯候、以上、

*上野大聖護國寺歳暮を遣す

*上野清水寺歳暮を遣す

*野田金乗院歳暮に來寺

松平輝貞邸へ御成につき快意これに詰む

*本庄資俊に預置く室生寺修復金を受取り爲替にて送金す

快意堀田榮隆院へ寒の見舞ひに家宣より拝領の檜重を遣す

十二月五日　　松平右京大夫

護國寺　西之丸江御登城ニ付、御請不仕候、

一、織田山城守樣へ、昨日之御返礼申遣候、

一、成瀬隼人正樣へ、昨日之御返事遣候、

一、松平右京大夫樣へ、今朝、薯蕷獻上首尾能御披露被遊、忝仕□（合カ）奉存候由、御使僧ニ而申遣候、

六日、　晴天、風少吹、

一、五ツ半時、松平右京大夫樣江被爲成候故、例之通御勝手江御請被成候、

一、堀田榮隆院殿へ、乍寒之御見舞、大納言樣（德川家宣）ゟ御拜領之檜重壹組被遣候、

一、松平豊後守樣、昨日之御返礼申遣候、

一、鎌（謙）德院樣（奥山玄建、奥醫師）へ、同斷、

一、松平隱岐守樣（定直）へ、同斷、

一、木下善右衛門殿（信親、本庄資俊家臣）へ、室生寺（大和宇陀郡）金子之義、本多能登守樣へ爲替御賴被成候ニ付、明日御渡被下候樣普門院手紙ニ而申遣候、

一、上州（碓氷郡八幡村、大聖護國寺）大聖寺ゟ爲歳暮之御祝儀、金貳百疋・□んしん三拾本飛脚ニ而參候、

一、同清水寺（片岡郡石原村、賢隆）ゟ爲歳暮之御祝儀、金百疋・粟貳袋參候、

七日、

一、野田（下總葛飾郡）金乘院、爲歳暮之御祝儀金百疋持參、御逢被成、卽襟卷壹ツ被遣候、

一、終日御在院之事、

一、今日、室生寺御修復金、松平豊後守殿御預ケ被成候處、本多能登守殿爲替被成候ニ付、醫王院（護國寺寺中、覺祐）木下善右衛門殿ゟ請取被申候而、直ニ宮田与一（本多家來）兵衛殿方へ爲替之金子ニ相渡し被申候、手形請取被致申候、

一、根生院明日御入院振舞被成候ニ付、嶋臺幷押貳ツ御菓子氷雪一箱・葛壹箱被遣之候、

一、松平右京大夫樣・松平伊賀守樣ゟ、御奉書來ル、明後九日、例年之通御能有之候間、晝前登城

*快意湯島根生院の入院振舞ひに参る

*快意桂昌院御用達の町人等を振舞ふ

*桂昌院御用達町人

可有之候、午ノ十月廿五日御能之節罷出候格
ヲ以、出家中□□□出候、右出家中之名書付
可差越候、□□、
　　十二月七日　　　松平伊賀守
　　　　　　　　　　松平右京大夫
　護國寺
猶以、護持院(隆光)・覺王院(淺草、最純)も左之通ニ候、爲御心
得申入候、以上、

*御臺所於傳之方御簾中及び八重姫付女中大奥女中へ歳暮を獻上す

*護國寺護持院覺王院御成祝儀の御能あり

御手紙奉拜見候、明後九日、例年之通御能被
遊候ニ付、晝前登城可仕之旨難有仕合奉存候、
午十月廿五日御能之節罷出候格ヲ以、出家可
指出之旨、卽別帋書付差上候、以上、
　　十二月七日　　　護國寺
　松▨《ヒ》右京大夫様
　松▨《ヒ》伊賀守様
八日、　晴天、

一、根生院(桂昌院)入院之御振舞ニ付、御越被成候、
一、一位様御用足シ申候町人、今日御振舞被成候、
おけや(桶屋)惣兵衞・百足屋六左衞門・□□屋七右衞
門・大かきや小左衞門・太田や淸介・小川や十
左衞門・八百や惣右衞門・水くわしや(菓子屋)佐兵衞・
萬や六兵衞・永樂や兵吉、右之通參□、罷歸候
節、郡内壹疋宛被下之候、
一、堀田伊豆守(正虎)様・内藤式部少輔(正友、大坂定番)様へ、御返事歩行
使ニ而遣候、
　九日、　晴天、
一、御臺様・五之丸様(於傳之方、綱吉側室)・御簾中様(家宣室、近衞基熙女)・八重姫様(徳川吉孚室、綱吉養女)付之御
女中、大奥御女中、例年之通御歳暮指上候、
一、四ツ時、御本丸江登城被成候、例年之通御能五
ツ半時、御歸松平右京大夫殿・松平伊賀守殿御
礼ニ參候儀、致無用候様ニ与御申候故、御礼ニ
御越不被成候、勿論御召連被成候出家共御礼ニ
不參候、今日御拜領物ゐり(樣)巻三ツ・檜重壹組・

*快意織田信休同正姫へ寒氣見舞ひを贈る

快意白書院にて室生寺寺領朱印状を渡さる

*快意長谷寺西藏院へ入院祝儀を遣す

*快意徳川吉宗へ轉任の祝儀に参る

*快意徳川吉通へ同岩之丞死去の悔みに参る

*護國寺茶口切振舞ひあり隆光大護院江戸四箇寺ら出る

伊達村豐快意を振舞ふ

*綱吉年中御祈禱料を下す

縮緬十五巻、御帰之節、御拝領物御紋付金紋壹巻・緞子金紋貳巻、普門院・醫王院（護國寺寺中、覺祐）・蓮花院（護國寺寺中、深譽房）・被召連候、縮緬貳巻宛拝領仕候、

一、今日、於御白書院、和刕室生寺御朱印、御老中不殘、寺社奉行堀左京亮殿御烈〔列〕座ニ而、僧正（快意）江御渡被成候、

一、尾張様（徳川吉通）御内服部澤右衛門殿へ、海雲へ御渡被成候金子、此方へ戻り申候ニ付、右之仁へ金廿七兩三歩割符〔賦〕ヲ以請取遣候、卽知春請取罷歸候、

十日、　晴天、

一、四ツ時前、昨日室生寺御朱印御頂戴候ニ付、大御老中・若御老中・寺社御奉行衆、右之通不□□□御越被成候、御帰ニ伊達左京亮様□兼約ニ而、御振舞御越被成候、

一、松平越中守（定重）様へ、昨日之御返礼申遣候、

一、安藤長門守（信友）様へ、右同斷、

一、京極甲斐守様へ、右同斷、

一、織田山城守様・同正姫（織田信武女）様へ、寒之御見舞密柑壹籠山城守様へ、檜重壹箱織田正姫様へ、右之通中山助之進迄口上書ニ而遣候、

一、初瀬（大和、長谷寺）西藏院江入院之祝儀ニ、羽二重壹疋・繪三福〔幅〕・金百疋被遣候、□□高野山（紀伊）蓮花定院被登候節、京前川茂右衛門方迄御頼被成被遣候、

十一日、

一、紀刕中將（徳川吉宗）様へ、御轉任之御祝儀ニ御越、同尾張様へ、岩之丞様御逝去被成候ニ付、御悔ニ御越被成候、

一、例年之通御茶之口切、護持院（隆光）大僧正・大護院（淺草、尊祐）・眞福寺（愛宕、運壽）・彌勒寺（本所、隆慶）・圓福寺（愛宕、義山）・根生院・西大寺（大和）金剛院・東圓寺（江戸、市ケ谷八幡別當）・慈德房・進休庵（江戸、英岳）大僧正・藥王寺・久能左兵衛殿・月輪院（護持院役者、隆元）・三木正盛、右之通御振舞ニ而御出被成候、

一、御本丸ゟ、例年之通、御銀百八拾持來ル、御文ニ而御返事相濟、

御臺所年中御祈禱料を下す

一、御臺樣ゟ、例年之通、御目錄銀拾枚御文ニ而來ル、
豐小路殿・おつうとのゟ、金貳百疋宛來ル、

八重姫年中御祈禱料を下す

一、八重姫君樣ゟ、例年之通、銀五枚・昆布箱御文
ニ而來ル、

十二日、　晴、

本丸大奥の御札張替へ

一、大奥江、今日御札はり（貼）ニ、出家五人指越候、

一、終日御在院、

覺鑁講

*山岡平右衞門中澤惣右衞門來寺

一、今晩、例年之通、於茶之間覺・す講御座候、例
年十一日之晩ニ而、論議有之候へ共、當年ハ冬講（冬報恩講）
三ケ條御通ニ被成候故、論義ハ無御座候、勿論
十一日ニ御振舞御座候付、今晩へ相延申候、

本庄資俊來寺

*本丸の御煤納

一、松平豐後守殿御出、御通り被成候而、御逢被成
候、

松平輝貞奉書

*西の丸の御煤納

一、松平右京大夫樣ゟ、御奉書來ル、
明日、御登城候ハヽ、無退出待可有之候、以
上、
十二月十二日　　松平右京大夫
護國寺
御手紙奉拜見候、明日登城仕候ハヽ、退出仕
間敷旨奉畏候、以上、
十二月十二日　　護國寺
松右京大夫樣

一、眞田伊豆守樣、御返礼申遣候、

一、松平豐前守樣へ、御返礼申遣候、

一、山岡平右衞門殿・中澤惣右衞門殿被參候而、於
小書院御逢被成候、

十三日、　晴天、

一、六ツ過、例年之通、御すゝ（煤）取ニ付御登城、出家
三人普門院大奥江罷上り候、

一、御本丸江、例年之通御札伴僧ニ而指上候、

一、西之御丸江御本丸御仕舞被成候而御越、御札指
上候、伴僧泰元被召連候、重而大奥江參候、伴
僧之內相勤申候樣ニ可仕候、西之丸江者各別ニ

伴僧出し申間敷候、
一、御拜領物例年之通、時服貳ツ・銀五枚、
一、御本丸ゟ御拜領物、時服貳ツ・眞わた(綿)百把、當
年初而御拜領被成候、

快意加增を受く衆らへ祝儀を遣す

一、今度、御加增被成候御方之樣へ、御祝儀遣候、
一、金三百疋、
一、昆布箱、　本多彈正少弼樣、
一、御樽代三百疋、曲渕越前守殿、(重羽、作事奉行)
一、御樽代三百疋、萩(荻)原近江守殿、(重秀、勘定奉行)
一、御樽代三百疋、小川杢左衞門殿、
一、金地院、御返礼申遣候、
一、誓願寺江、御返礼申遣候、
一、松平豐後守樣へ、御出之御返礼申遣候、
一、松平攝津守(義行)樣、御返礼申遣候、
十四日、　晴天、
一、終日御在院之事、

快意慈德房へ蜜柑襟巻を贈る

一、慈德房江御手帋ニ而、密柑壹籠・ゑり卷壹ツ被
遣候、

*間部詮房奉書

一、間部越前守樣ゟ、御奉書來ル、
明十五日、公方樣、西之丸江被爲成候間、四
ツ時前、西丸江登城可仕旨被仰出候、以上、
十二月十四日　間部越前守
護國寺
御請、
御手紙奉拜見候、明十五日、公方樣、西丸江
被爲成候ニ付、四ツ時前、西丸江可罷出之旨
奉畏候、以上、
十二月十四日　護國寺
間部越前守樣
一、三宅備前守樣御役人中ゟ、役者兩人之內壹人參
候樣手紙來ル、卽普門院罷越候處ニ、被仰渡候
趣ハ、和劦室生寺御加增之村付、明四ツ時御勘
定所ニ而御渡被成候間、兩人之內壹人可參之由
被仰渡候、

十五日、　晴天、晝前ゟ七ツ時迄風吹、

西の丸へ御成につき快意これに詰む

一、六ツ半時ゟ西之丸江御登城、御本丸江ハ月次之御登城ニハ御斷被仰上候而、御登城不被成候、

西の丸へ御成につき快意本丸月次の御禮に登城せず

一、今日、御本丸江御登城不被成候ニ付、松平右京大夫様・三宅備前守様へ、以使僧御斷被仰達候、

例年通り御祈禱の浴油供開白す

一、例年之通、浴油開白、醫王院へ相勤候様ニ被仰付候、

勘定所にて大和室生寺加増の村付書付を渡さる

一、御勘定所江普門院罷越候而、和劦室生寺村付請取罷歸候、是ハ萬年長十郎殿へ遣、此方ニハ寫計指置候様ニ、御勘定所ニ而被仰渡候、

覺

大和國宇多〔陀〕郡
室生村之内

一、高七拾石

内五斗四升九合　小物成高入、

右之所、今度室生寺江爲增知、從當酉年物成被下之候間、鄉村可被相渡候、御老中御證文者御勘定所入置如斯候、以上、

寶永貳年酉十二月　櫻井七右衛門印

志村忠兵衛印

竹村惣右衛門印

細井助九郎印

正木藤右衛門印

萩原源左衛門印

杁岡彌太郎印

萬年長十郎殿

一、松平備前守（長矩）様へ、御返礼申遣候、

十五日、　晴天、

*諸氏へ例年通り歳暮を遣す

一、例年之通、歳暮遣候覺、

一、大久保加賀守様、土屋相模守（政直、老中）様、秋元但馬守（喬知、同上）様、

本多伯耆守（正永、同上）様、井上河内守様、稲葉丹後守（正往、同上）様、

小笠原佐渡守（長重、同上）様、加藤越中守様、永井伊豆守（直敬、若年寄）様、

稲垣對馬守（重冨、同上）様、久世大和守（重之、同上）様、松平右京大夫様、

松平伊賀守様、松平豐後守様、牧野備後守（成貞）様、

牧野周防守（康重）様、内藤式部様奥様、冨田甲斐守（知郷、中奥小姓）様、

中澤源助（吉丘）殿、中澤惣右衛門（景貞）殿、板倉甲斐守（重寛）様、

快意酒井忠擧へ寒氣の見舞ひを遣す
*三官飴
*武藏慈林村寶嚴院弟子深性
*伊勢御師高木平右衞門
*柳澤吉保邸へ御成につき快意これに詰む
*護國寺煤拂ひ
*本庄資俊牧野康重富田知郷來年の綱吉本卦の御祈禱を依頼す
*松平忠雄快意を振舞ふ
*快意前田綱紀らへ寒氣の見舞ひを贈る

一、酒井雅樂頭様へ、寒之御見舞密柑壹籠被遣候、
一、山内九郎太郎様へ、御返礼申遣候、
一、相馬圖書頭(敍胤)様へ、同斷、
一、松平攝津守様へ、同斷、
一、松平但馬守様へ、同斷、
一、織田山城守様へ、同斷、
一、夕飯過、本多彈正少弼様へ、御加增之御悅ニ御出被成候、
一、養命坊(京都、専戒)僧正様、同智積院(覺眼)僧正様へ、町飛脚ニ而御返書前川茂右衞門店迄、六日切ニ遣候、
一、大和國室生寺村付之書出し、内藤式部少輔様御内梶田六左衞門殿迄頼遣候、
一、酒(坂)入半平(重信、膳所臺所頭)殿へ、御加增之御祝儀金三百疋被遣候、

十七日、　晴天、

一、終日御在院之事、
一、佐竹源次郎様江、寒之御見廻密柑壹籠被遣候、
一、松平出雲守様、右同斷、

一、丹羽遠江守様(長守、江戸町奉行)へ、一昨日之御返礼申遣候、
一、須知常休老(藤堂高睦家老)へ御手帋ニ而、三官あめ(飴)・密柑壹籠被遣候、
一、本庄宮内様(道章、小姓)へ、歳暮之御祝儀密柑壹籠被遣候、
一、(武藏)慈林村寶嚴院弟子深性へ、帯一筋被遣候、
一、(伊勢御師)高木平右衞門へ、御初尾金貳百疋被遣候、

十八日、　晴天、

一、□ツ半時、松平美濃守様へ御成ニ而、御越被成候、暮五ツ時御歸、
一、今日、煤掃除有之候、
一、松平豐後守様・牧野周防守様・冨田甲斐守様ゟ、公方様來年御本卦御祈禱申來ル、

十九日、　晴天、

一、兼約ニ而、松平主殿頭様へ御振舞ニ御越被成候、
一、加賀宰相様・松平備前守様・松平大和守様・松平讃岐守様・細川越中守様・藤堂和泉様・井伊(直通)掃部頭様・眞田伊豆守様・戸澤上總介様・牧野

駿河守様、

右之通、寒氣之御見舞一種宛、御使僧被遣候、

快意松平義昌へ同長次郎疱瘡の見舞ひを遣す

一、松平出雲守様へ、御同性長次郎様御疱瘡御（見脱カ）舞御使僧被遣候、

松平義昌室へ同長次郎疱瘡幷に寒氣の見舞ひを遣す

一、松平出雲守様奥様へ、長次郎様御疱瘡之御見廻、幷寒氣之御見舞干菓子一箱、御使僧ニ而被遣候、

一、本多彈正少弼様へ、昨日之御返礼申遣候、

一、松平豊後守様へ、昨日之御返礼申遣候、

一、牧野周防守様へ、昨日之御返礼申遣候、

一、冨田甲斐守様へ、昨日之御返礼申遣候、

一、中山出雲守殿（時春、勘定奉行）江、先頃室生寺村付、御勘定所ニ而請取候御届申進候、

一、今井九右衛門殿（兼直、代官）へ、寒之御見舞一種被遣候、

上野安中妙光院來寺

一、安中（上野碓氷郡）妙光院被參候而、茶之間ニ而御逢被成候、

松平信清來年の綱吉本卦の御祈禱を依頼す

一、松平越前守（信清）様ゟ、來年公方（徳川綱吉）様御本卦之御祈禱申來ル、

廿日、　晴天、

*鍋島綱茂快意を振舞ふ

一、御兼約ニ而、松平信濃守様へ御振舞ニ御越被成候、

一、初瀬（大和、長谷寺）小池坊月輪院へ、御用之義御座候而、御状箱被遣候、いせ（伊勢）屋孫七迄頼遣候、丹波□迄相届申候様ニ孫七迄申遣候、

一、松平豊後守様へ、昨日之御返礼申遣候、

廿一日、　晴天、夜四ツ過ゟ雨、

一、終日御在院之事、

一、松平出雲守様、昨日之御返礼申遣候、

一、松平越前守様、同斷、

一、本多淡路守様、同斷、

一、松平能登守様へ、御使僧遣候、

一、根來平左衛門殿（長安、目付）へ、御使僧遣候、

一、今井九右衛門様へ、歳暮之御祝儀縮緬貳卷被遣候、幷御手代三人へ金子貳百疋宛被遣候、

一、安藤長門守様御內神谷十藏殿・望月彦左衛門殿へ、爲歳暮羽二重貳疋宛被遣候、

節分の讀經

快意增上寺桂昌院廟に詣ず

快意圓福寺の振舞ひに參る

*長谷寺の海說房

*町飛脚

綱吉於傳之方御臺所德川家宣御簾中及び八重姬へ節分會の御札浴油供の御札寒中祈禱の御札を獻上す

*本多忠常より室生寺修復金の爲替手形添狀届く

*快意番醫師佐藤祐天同鹿倉有信へ歲暮を贈る

一、於護摩堂、節分之經御出座、其外寺中・所化中
出仕、其後於茶之間、御相伴ニ而何茂夜食出ル、

(ママ)
一、 廿二日、 晝過ゟ晴、

一、四ツ時ゟ增上寺江御參詣被成、御序ニ增上寺移
之御祝儀ニ、眞わた十把御持參被成候、圓福寺
御振舞ニ而御越被成候、暮六ツ時御歸、

廿三日、 晴天、

一、終日御在院之事、

一、御本丸・五之丸樣・御臺樣・大納言樣・御簾中
樣へ、節分會之御札・備折、浴油之御札・備折、
寒中之御札・備折、右之通差上候、

一、八重姬君樣へ、右同斷、

一、松平內膳正(宗長、中奥小姓)樣へ、一昨日之御返礼申遣候、

一、井上大和守樣、右同斷、

一、內藤式部少輔樣、大坂へ之御返書遣、且又御使
者之御返礼申遣候、

一、榊原式部大輔樣へ、御在所へ之御返書□□〔遣 候カ〕、

一、織田山城守樣、御使者ニ而、一種來候御返礼申遣
候、

一、松平兵部大輔(吉品)樣、御在所へ之御返書遣候、

一、岡部美濃守(長泰)樣御使者ニ而、御成之御悅申來候ニ
付、御返礼申遣候、

一、初瀨海說房(大和、長谷寺)へ、御用之義御座候ニ付、町飛脚ニ而
六日切ニ、京都前川茂右衞門(尚彥)へ書狀箱壹ツ差登
せ申候、

一、本多能登守樣御內宮田与一兵衞殿ゟ、和州室生
寺御修復金之爲替手形之添狀一通參候、

廿四日、 晴天、風吹、

一、終日御在院之事、

一、佐藤慶南(祐天、番醫師)へ、銀五枚、歲暮之御祝儀被遣候、

一、鹿倉以仙(有信、番醫師)へ、銀貳枚、右同斷、

一、木村宗竹へ、金五百疋、御成之御祝儀、且又歲
暮之御祝義被遣之候、

一、高橋永伯へ、右同斷、

*家宣本丸へ入るにつき快意登城す

御能あり快意本丸へ登城す

元桂昌院用人衆五人へ寒氣見舞ひを遣す

元桂昌院女中本珠院攝取院へ寒氣見舞ひとして燒饅頭天王寺蕪を遣す

*快意月次御禮を勧む

*五の丸様年忘れの御能あり快意拝見す

一、村流道清へ、金貳百疋、御成之御祝儀被遣候、
一、松平内膳正様へ、一昨日御出之御返礼申遣候、
一、南谷(紀伊、高野山)へ之御返事、永代寺(江戸)へ遣候、
一、普門院・花藏院へ之御返事、西大寺金剛院へ遣候、

廿五日、晴天、

一、御本丸江御登城被成候、御能御座候、御出候節、護持院江歳暮之御祝義白銀三枚御持參、兩役者へ金貳百疋宛被遣候、
一、歡喜院・文泉・通宣下向、

廿六日、晴、

一、三之丸方御用人衆五人へ、蜜柑一籠ツヽ爲御見廻被遣候事、
一、本珠院(元三の丸女中衆)殿爲見舞、胡麻餅一箱、攝取院(同上)殿へ燒饅頭・天王寺蕪被遣候事、
一、加賀宰相殿へ、昨日御祈禱被仰越候ニ付、相心得候由被仰遣候事、

一、堀田伊豆守殿へ、封狀返書被遣候、
一、本多淡路守殿へ、爲見廻枝柹一箱被遣候事、

廿七日、雨天、

一、今日、御本丸江大納言様被爲入候ニ付、兼而可致登城旨被仰出候故、巳刻登城被成候事、
一、謙德院へ、爲歳暮之祝義羽二重五疋被遣候、
一、中澤惣右衛門殿、昨日御切手番頭ニ被仰付候故、爲祝義樽代三百疋被遣候、
一、松平美濃守殿へ、餘寒爲御見廻氷砂糖一曲被遣候、
一、御糸御方様御縁組被仰出候ニ付、爲御悅干菓子一箱被遣候、

廿八日、雪降、

一、夜ニ入御退出、御能御座候由、
一、月次之御登城有之候、且又今日五之丸様爲御年わすれ(忘)、於御本丸御能被遊候ニ付、拜見被仰付候由、

一、金地院(元云)へ爲歳暮蜜柑一籠、凌雲院へ爲見舞漬松たけ(茸)一箱被遣候、御手帋ニて徒使、

加藤明英へ長日祈禱の札を遣す

一、加藤越中守殿へ、長日之札爲持遣候、

一、御能七番御座候由、白郡内絹十五疋拜領、

廿九日、

一、終日御在院、

井上政式石原次春綱吉本卦の御祈禱を依頼す

一、井上主水殿(政式、書院番組頭)・石原市左衛門殿(次春、持筒頭)、來年公方樣御本卦御祈禱御頼、

本庄道章綱吉本卦の御祈禱を依頼す

一、本庄宮内少輔殿ゟ茂、同斷、

快意寺中衆長屋所化らに風呂を馳走す

一、風呂被仰付、寺中・長屋所化中も被仰付候事、

快意寺中衆に饂飩を馳走す

一、本茶之間ニ而、うとん(饂飩)寺中御相伴ニて被下置候事、

六册

(裏表紙)

六册之内

*護國寺朔旦の祈禱修法

*護國寺正朔行事

*護國寺末寺ら年頭御禮

*綱吉當年本卦の御祈禱執行

*前田綱紀ら依頼の綱吉本卦の御祈禱を開白す

(表紙、補紙)

寶永三丙戌年

快意僧正代

日記

正月元日より

二月十日至

(原寸、縦二四・三糎、横一七・四糎)

〔正月〕

寶永三戌　元日、晴、

一、後夜ゟ護摩堂御務、已後本堂法事有之、

一、本御茶之間ニ而、惣中江御盃被下候、右相濟、御雜煮御祝有之、

一、於小書院、藥王寺(市ケ谷、榮傳)・東福院(四ツ谷、龍巖房)・寺中幷所化共江御盃被下、已後御雜煮・御茶如例被下候、

一、末寺共、今日ゟ勝手次第參候ニ付、雜煮被下、已後御盃銘々被下候、且又末寺弟子共同斷、

一、於護摩堂、公方樣(徳川綱吉)當年御本卦之爲御祈禱、僧正(快意)・寺中、今朝ゟ五大尊護摩廿一座御執行、

一、諸方ゟ御賴之御本卦之御祈禱、今日ゟ開白仕候分、

松平加賀守殿(前田綱紀)、

松平信濃守殿(鍋島綱茂)、

松平豐後守殿(本庄資俊)、

*修正會御祈禱
*萬歲福太夫
觀音堂修正會
庚申待
*快意年頭御禮に諸氏を廻る
快意年始に寺中を廻禮す
修正會御祈禱
江戸四箇寺護國寺末寺年禮に來寺
護國寺謡初め

牧野周防守殿(康重)、
內藤式部少輔殿(正友、大坂定番)、
一、晝御膳被召上候節、國分寺(和泉泉郡)・歡喜院(護國寺役者)御相伴、
一、申刻、例之通本堂修正之御祈禱有之、
一、今日、庚申待御務被成候事、

二日、　未明ゟ風雨、

一、朝、御雜煮御祝、國分寺・歡喜院、
一、寺中江年頭ニ御出被遊候事、
一、申刻、修正御務、
一、於本御茶之間、四ケ寺衆(江戸四箇寺)・末寺共へ御面談、御礼御盃有之、

三日、　雨天、

一、朝、御雜煮御祝、國分寺・歡喜院御相伴、
一、晝御膳之節も同斷、
一、夜ニ入御謡初、寺中御相伴、御茶之間ニ而、出家衆饗應之間ニて、雜煮祝有之、茶之間ニて一所ニ御酒被下候事、

一、申刻、修正之御祈禱御務被遊候事、
一、萬歲福大夫參上、如例賀詞仕候、

四日、　晴、

一、今日御務之分、
一、興津能登守殿(忠閭)、　一、佐野豊前守殿(直行)、
一、水野肥前守殿(忠位)、　一、佐野信濃守殿(勝由)、
一、小笠原佐渡守殿(長重、老中)、　一、本多伯耆守殿(正永、同上)、
一、井上河内守殿(正岑、老中)、　一、稲葉丹後守殿(正往、同上)、
一、加藤越中守殿(明英、若年寄)、　一、永井伊豆守殿(直敬、同上)、
一、秋元但馬守殿(喬房、詰衆)、　一、間部越前守殿(詮房、西の丸側衆)、
一、松平伊賀守殿(忠周、側用人)、　一、安藤信濃守殿(定行、側衆)、
一、松平主計頭殿(近鎮、留守居)、　一、大久保加賀守殿(忠增、老中)、
一、久世大和守殿(重之、若年寄)、　一、井伊掃部頭殿(直通)、
一、大久保長門守殿(教寛、西の之丸側衆)、　一、丹羽左京大夫殿(秀延)、
一、阿部飛騨守殿(正喬)、　一、西尾隠岐守殿、
一、鍋島紀伊守殿(元武、奥詰)、　一、本多吉十郎殿(忠孝、護國寺火番)、
一、松平大膳大夫殿(毛利吉廣)、　一、松平主殿頭殿(忠雄)、

一、青山播磨守(幸督)殿、　一、牧野備前守(成春)殿、
一、水野飛彈守(重矩、側衆)殿、　一、松平土左守(豐房)(佐)殿、
一、青山備前守(秘成)殿、　一、細川越中守(綱利)殿、
一、土屋相摸守(政直、老中)殿、　一、稻垣對馬守(重富、若年寄)殿、
一、松平美濃守(柳澤吉保)殿、　一、松平右京大夫(輝貞、側用人)殿、
一、酒井左衞門尉(忠眞)殿、

五
四日、ゝ　晴、

一、終日替儀無之候、大聖寺(上野碓氷郡八幡村、大聖護國寺)到着、
一、今日御務之方ゝ、御使僧ニても出ル、
一、松平大學頭(賴貞)殿、　一、松平能登守(賴如)殿、
一、傳通院(小石川、祐天)、　一、酒井玄番(忠佳)(蕃、下同ジ)殿、
一、保田越前守(宗郷、側衆)殿、　一、加賀宰相(前田綱紀)殿、
一、內藤式部少輔殿、　一、近藤登之介(昔用)殿、
一、貞譽僧正(增上寺隱居)、　一、靈雲寺(湯島)、
一、進休庵僧正(英岳)、　一、酒井新次郎(忠成)殿、
一、酒井隼人正(忠胤)殿、　一、堀左京亮(直利、寺社奉行)殿、
一、小笠原右近將監(忠雄)殿、　一、戶田淡路守(氏成)殿、

上野大聖護國寺出府
*修正會御祈禱快意年頭御禮に諸氏を廻る
*快意德川綱條八重姬へ年頭御禮に參る
*快意寺社年頭御禮に登城す
*快意西の丸へ上り側衆へ祝詞を述ぶ
*護國寺兩役者獨禮所にて年頭御禮を勤む

一、三宅備前守(康雄、寺社奉行)殿、　一、本多能登守(忠常)殿、
一、京極甲斐守(高住)殿、　一、藤堂和泉守(高睦)殿、
一、藤堂備前守(高堅)殿、　一、今井九右衞門(兼直、代官)殿、
一、佐竹源次郎(義格)殿、　一、加藤遠江守(泰恒)殿、
一、本多彈正少弼(忠晴、寺社奉行)殿、　一、織田山城守(信休)殿、
一、板倉甲斐守(重寬)殿、　一、根生院(湯島、澄意)、
一、御歸寺巳後、修正御務被成候事、

六日、　晴、

一、今日、例之通御務之方、
一、水戶中納言(德川綱條)樣、　一、八重姬君(德川吉孚室、綱吉養女)樣、
一、御本丸江例之通御登城、御年頭御務、公方樣・大納言(德川家宣)樣へ、
一、西之御丸へ御上り、御側衆へ御逢候而、御祝詞被仰上御退出、獻上物・御札之儀ハ、御本丸ニて一所ニ指上候故、西之丸江ハ御持參無御座候事、
一、普門院・歡喜院(護國寺役者、豁如)兩人、例之通獨礼所へ罷出、御目見御年頭相務候、

綱吉年頭御禮後奥に快意らを召し馳走す
*七草粥の祝
*星供開白
御臺所於傳之方御簾中及び女中方へ年頭祝儀を獻上す
快意切手方及び番所中へ年頭祝儀を遣す
快意年頭御禮に諸氏を廻る

一、御本丸御仕廻被遊候而、如例奥江被爲召、御吸物等頂戴、且又金紋貳卷御拜領、
一、御臺様(綱吉室、鷹司教平女)・五之丸様(於傳之方、綱吉側室)・御簾中様(家宣室、近衛基熈女)へ、如例年頭之獻上物御使僧ニて御上ケ被成候、御女中方へも例之通遣候、
一、御切手其外番所中へ茂同斷、
一、登城前、退出已後御務之方ゝ、
一、六角越前守殿(廣治)、　一、六角主殿殿(廣豐、表高家)、
一、越前殿奥方(六角廣治室、本庄宗資女)、　一、牧野周防守殿、
一、大澤越中守殿(基躬、奥高家)、　一、萩〔荻〕原近江守殿(重秀、勘定奉行)、
一、松平豐後守殿、　同美作守殿(本庄宗彌)、
一、松平內膳正殿(本庄宗長、中奥小姓)、　一、酒井雅樂頭殿(忠擧)、
一、冨田甲斐守殿(知鄉)、　一、本庄宮內少輔殿(道章、小姓)、
一、戸田大炊頭殿(忠時)、　一、中川淡路守殿(成慶、側衆)、
一、鳥井播磨守殿(忠英、奏者番)居、　一、本多下總守殿(康命)、
一、伊達左京亮殿(村豐)、

七日、　晴、

一、七種御粥御祝有之、
一、今日御務之方ゝ、晩方星供御開白、
一、松平出雲守殿(義昌)、　一、松平攝津守殿(義行)、
一、小笠原遠江守殿(忠基)、
一、尾張中納言様(德川吉通)、　一、東圓寺(江戸、市ケ谷八幡別當)、
一、松田志摩守殿(貞直)、　一、成瀨隼人正殿(正幸、尾張德川家付家老)、
一、松前伊豆守殿(嘉廣、留守居)、
一、紀伊中將様(德川吉宗)、　一、大久保玄番頭殿(忠兼、留守居)、
一、丹羽左京大夫殿(秀延)、　一、藤堂伊豫守殿(良直)、
一、松平信濃守殿、　一、松平大和守殿、
一、眞田伊豆守殿(幸道)、　一、戸澤上總介殿(正誠)、
一、眞福寺(愛宕、運壽)、　一、圓福寺(愛宕、義山)、
一、金剛院、鏡照院、　一、大久保杢頭殿(忠朝)、
一、松平陸奥守殿(伊達吉村)、　一、松平采女正殿(定基)、
一、一柳土佐守殿(直好、側衆)、　一、大村因幡守殿(純長)、
一、伊東駿河守殿(祐崇)、　一、井上遠江守殿(正長、側衆)、
一、相馬圖書頭殿(敍胤)、　一、木下和泉守殿(信眞)、

一、松平豐前守殿、(勝以、書院番頭)　一、中澤惣右衞門殿、(景貞、御裏門切手番頭)

一、終日相替儀無之候、

一、武刕八朔村(都筑郡)極樂寺入來、襟卷一領被下候、

武藏八朔村極樂寺

八日、　晴、

一、終日御在院、

一、護持院(隆光)大僧正御出、緩ゝ御語被遊候事、

護持院隆光年始に來寺

一、終日相替儀無之候、

九日、

一、今日御務之方、

一、堀筑後守殿、(秀雪)　一、竹本土佐守殿、(長鮮)

一、森阿波守殿、(賴俊)　右、今日登城御務、

一、巳刻、御奉書、

今日晝前登　城仕候様ニと被仰出候、以上、

正月九日　松平右京大夫

護國寺(快意)

松平輝貞奉書

右之御請、

御手帋奉拜見候、今日晝前登　城可仕之旨被仰出奉畏候、以上、

正月九日　護國寺

松右京大夫様

一、今日登城被成候ハ、公方様御誕生日之御祝儀ニ付被爲召候由、大納言様ニ茂被爲入候由、御仕舞有之、羽二重十五疋御拜領、

*綱吉誕生日の祝儀あり快意登城す

一、御本丸大奥ゟ御文ニて、今日公方様御誕生日之御祝儀有之ニ付、如例丸餅一荷御拜領、

*本丸大奥より綱吉誕生日の祝儀を下さる

一、於方丈、巳待有之、出家中不殘寄合、

*巳待

一、公方様御本卦御祈禱御賴之方ゝ、今日御祈禱開白、

*諸氏依賴の綱吉本卦の御祈禱を開白す

本庄宮内少輔殿、

松平越前守殿、(信清)

井上主水殿、(政式、書院番組頭)

松平内膳正殿、

石原市左衞門殿、(次春、槍奉行)

冨田甲斐守殿、

一、例年御頼方上ゝ様御祈禱も、今日開白仕候、

本丸西の丸八重姫へ大般若經轉讀の御札を獻上す

一、御本丸・西之丸・水戸御守殿へ(八重姫、綱吉養女)、如例大般若御札被指上候、

十日、晴、

快意年頭御禮に諸氏を廻る

一、松平讃岐守様(頼豐)、　一、久貝因幡守殿(正方、留守居)、
一、丹羽遠江守殿(長守、江戸町奉行)、　一、河邊四郎左衛門殿(正藏)、
一、大澤右衛門督殿(基隆、奥高家)、　一、井戸對馬守殿(良弘、留守居)、
一、松平備前守殿(長矩)、　一、本多淡路守殿(忠周)、
一、要津寺(本所、牧野家菩提所)、　一、彌勒寺(本所、隆慶)、
一、堀田伊豆守殿(正虎)、　一、水野隼人正殿(忠直)、
一、牧野備後守殿(成貞)、　一、堀長門守殿(直佑)、
一、安藤長門守殿(信友、奏者番)、　一、庄田小左衛門殿(安通)、
一、神尾五兵衛殿(守親)、　一、同外記殿(守宣)、

右之通、今日御務、

一、終日相替儀無之候、

諸方へ大般若經御札を遣すも三の丸御用人衆へは斷りにつき今年より止む

一、今日、例年大般若之御札方ゝ江遣候、三之丸方御用人衆へハ御斷被仰入、今年ゟ被遣間敷旨被仰渡候故相止、

十一日、曇、

一、松平但馬守殿(友著)、　一、中澤源助殿(吉丘)、
一、宇津出雲守殿(教信、側衆)、　一、三枝攝津守殿(守相、留守居)、
一、清源院殿(元三の丸女中衆)、御持參小杦拾束、
一、正德院殿(元三の丸女中衆)、右同斷、
一、高勝院殿(元三の丸女中衆)、　一、順心院殿(同上)、
一、中澤惣右衛門殿、

右之通、年頭之御札ニ御越被成候、

一、曲淵越前守殿(重羽、作事奉行)へ、年頭之御祝儀金五百疋被遣候、
一、間宮播磨守殿(信明、小普請奉行)・竹田藤右衛門殿(政部、同上)へ、金三百疋年頭之御祝儀被遣候、
一、相馬圖書頭様、御目錄來候返礼申遣候、
一、大村伊織様(純庸)へ、御出之御返礼申遣候、
一、東條信濃守様(正甫)へ、右同斷、
一、松平越中守様(定重)へ、御返礼申遣候、
一、藤堂備前守様(高堅)へ、右同斷、

快意前田綱紀へ同某疱瘡の見舞ひを遣す

金剛寶藏の論議

火元用心の御觸

*明星待

快意護持院へ節の振舞ひに参る

*播磨無量壽院

間部詮房奉書

*西の丸へ御成

快意登城す

一、戸田淡路守様へ、御出之御返礼申遣候、

一、加賀宰相様へ、若狭守（前田吉德）様御疱瘡御見舞御使僧被遣候、

一、例之通、於大書院金剛寶藏一山不殘相勤候、

一、本多彈正殿ゟ、御觸状來ル、

風立候間、火之元念ヲ入候様ニ被仰出候、以上、

正月十一日　本多彈正少弼

護國寺僧正（快意）

十二日、　晝迄雪降、

一、護持院へ御節ニ御出被成候、序ニ松平備前守様へ御年頭之御礼ニ御越被成候、

一、御奉書來ル、

明十三日、公方様西之丸江被爲成候間、可罷出之旨被仰出候、四ツ時前、登　城可有之候、以上、

正月十二日　間部越前守

護國寺僧正

御請、

御手紙奉拜見候、明十三日、公方様・西之御丸江被爲　成候付、可罷出之旨難有仕合奉存候、四ツ時前、登　城可仕旨奉畏候、以上、

正月十二日　護國寺僧正

間部越前守様

一、例年之通明星待、寺中・所化中不殘罷出候、

一、木村宗竹・高橋永伯、例年之通年頭之御祝儀金貳百疋宛被遣之候、

一、無量壽院（播磨）被參候而、今朝御暇乞申上、羽二重壹疋被下之候、

十三日、　晴天、

一、西之御丸江公方様被爲成候ニ付、登城被成候、五時御出、

一、河邊四郎左衛門殿、　森阿波守殿、

一、佐野豐前守殿、　堀萬次〔治〕郎殿（成知、小姓組）、

*大久保忠増観音へ参詣し又五月九月の綱吉御祈禱を依頼す

六角廣豐富田知郷らへ正月祈禱札を遣す

快意間部詮房へ加增の祝儀を遣す

*神田連雀町より出火

*安藤信友邸類燒す

大久保忠朝依頼の正月御祈禱札を綱吉へ遣す

*快意登城す

*大久保忠朝依賴の正月御祈禱札を御臺所へ遣す

靈嚴〔巖〕寺（江戸）、
右之衆中へ、御出之御返礼申遣候、
一、酒井玄番頭殿、　一、興津能登守殿、
一、川勝能登守殿（隆尙）、右同斷、
一、小笠原知性院様へ、御返礼申遣候、
一、六角主殿様・冨田甲斐守様・牧野周防守様・本庄宮內少輔様・興津能登守様・中澤惣右衞門殿、
右之衆中へ、板札一遣候、
一、間部越前守様へ、御加增之御祝儀左之通、
　一、昆布　一箱、
　一、御樽代　五百疋、
　十四日、　晴天、風少吹、
一、御頭痛氣ニ而、終日御休ミ被成候、
一、眞田伊豆守様、昨日一種來候御返礼申遣候、
一、大久保杢頭様兼ゝ御賴之御祈禱、公方様御札遣候、五月茂相務候樣申來、
一、今井四郎右衞門殿（兼豐）へ、昨日御出之御返礼申遣候、

一、戸澤下野守様（忠庸）へ、御返狀遣候、
一、高力平八郎殿（長行）江、先日御出之御返礼申遣候、
一、大久保加賀守様観音へ御參詣ニ付、僧正仁王門之內へ御出合被成候而、此方へ御同ニ而御立寄、客殿之上之間ニ而御逢、且又御直ニ五月・九月、公方様御祈禱御賴被成候、
一、岡部美濃守様（長泰）へ、御返礼申遣候、
一、酒井玄蕃頭様へ、御出之御返礼申遣候、
　十五日、　晴天、
一、□ノ上刻ゟ辰ノ刻迄火事、火元神□〔田〕連雀丁ゟ出火、
一、安藤長門守様、類燒ニ御逢被成候ニ付、御使遣候、
一、牧野備後守様・水野隼人正様・堀長門守様、火事御見舞ニ使遣候、
一、五ツ半時、御本丸江御登城被成候、
一、大久保杢頭殿御賴之御祈禱御札、御文ニ而御臺

本丸西の丸へ月次御祈禱札を獻上す

*勘七宅燒失により快意白米竹を贈る

正月浴油供を開白

*大工平兵衞宅燒失により快意白米を贈る

*根來長安

*內藤正房綱吉有卦の御祈禱を依頼す

様江指上候、
一、御本丸江(マヽ)西之御丸江、月次之御札指上候、
一、大久保加賀守様、昨日御出之御返礼申遣候、
一、淺野土佐守(長澄)様、右同断、
一、妻木平四郎(頼隆)殿江、右同断、
一、今朝、浴油御開白候處ニ、昨日ゟ御頭痛氣ニ而
醫王院(護國寺寺中、覺祐)江被仰付候、
十六日、晴天、
一、御風氣故、終日御在宿、
一、大澤右衞門督殿へ、御返礼申遣候、
一、通宣、尾刕七寺(名古屋)病氣ニ付御暇被遣、今日晝立ニ
仕候、
一、本多彈正殿ゟ御觸ニ付、歡喜院罷越候、其次而
ニ誓願寺(淺草、本庄家菩提所)へ御持參被仰付候、
一、香典貳百疋、　誓願寺江、
□廣三本入、
一、□本入、
香典貳百疋、　安養寺(誓願寺內、本庄家菩提所)、

一、御本丸ゟ御拜領物來ル、郡內拾五疋、昨日之御
拜領物也、
一、堀田伊豆守様へ、御返狀差遣候、
一、諏訪安藝(忠虎)様へ、右同断、
一、勘七宿致燒失候ニ付、白米貳俵・竹三把被遣候、
一、大工平兵衞致燒失候ニ付、白米貳俵被遣候、
十七日、少雨、
一、終日御風氣故、御在宿、
一、大久保杢頭様へ、御返礼申遣候、
一、根來平左衞門(長安、目付)殿江、御出之御返礼申遣候、
一、石川隼人(之明、書院番)殿江、御出之御返礼申遣候、
一、內藤重〔十〕郎左衞門(正房、新番)殿江、御出之御返礼、且又御賴
之御祈禱、明十八日ゟ開白仕候由御案內□遣、
一、北村小兵衞(行安)殿江、御出之御返礼申遣候、
十八日、終日雨、
一、御風氣故、終日御在院之事、
一、木下權之助(信名)殿、昨日之御返礼申遣候、

*中澤吉丘へ正月御札を遣す
*西大寺役者花藏院普門院極樂院
本丸へ御札御備を獻上す
本庄資俊室へ正月御札を遣す
*本庄宗長來寺
内藤正友へ正月御札を遣す
*快意壽光院へ疱瘡見舞ひを遣す
*信濃練光寺大隠居五十年忌
本多忠周へ正月御札を遣す
*大坂生玉南坊

一、本多吉十郎様へ、御悔申遣候、
一、増上寺(円秀)江、昨日之御出御返礼申遣候、
一、松平豊後守様江、右同断、
一、御本丸江、御札・備指上候、
一、松平豊後守様奥様(佐野勝由女)江、御札進候、

十九日、　晴天、風吹、

一、終日御在院之事、
一、松平大學頭様へ、御悔申遣候、
一、内藤式部様へ、御礼遣候、
一、板倉甲斐守様、同断、
一、安藤長門守様、昨日御使者之御返礼申遣候、
一、松平兵部大輔(吉品)様、御返状遣候、
一、本多淡路守様へ、御札遣候、
一、本多隠岐守(康慶)様へ、御返礼申遣候、
一、庄田小左衞門様へ、御出之御返礼申遣候、
一、阿部飛騨守様へ、御祈禱結願申遣候、
一、丹羽遠江守様へ、御出之御返礼幷御札遣、

一、中澤源助殿へ、御札遣候、
一、(大和)西大寺役者花藏院・普門院・極樂院へ之御返事、(西大寺)金剛院へ頼遣候、
一、(京都)東寺寶勝院へ之御返事、鎌〔謙〕德院(奥山玄建、奥醫師)へ御頼申候、
一、松平内膳正様御出、御逢被成候、

廿日、　晴天、

一、終日御在院之事、
一、松平内膳正様へ、御出之御返礼申遣候、
一、壽光院殿□(疱)瘡被成候ニ付、爲御見舞温飩五袋被遣候、
一、信州練光寺(埴科郡松代)大隠居俊筭法印五拾年忌ニ付、御追善御座候、大聖寺(和泉泉郡)・國分寺・寺中五間へ鳥目五拾疋宛、長屋之所化中・寺中之所化へ鳥目三拾疋宛、御布施被遣候、御齋御座候、
一、(攝津)大坂生玉南坊篠田立□へ之箱貳ツ、梶田六左衞門へ頼遣候、
一、榊原式部大輔(政邦)様へ、御返状遣候、

小池坊亮貞の年頭御禮の使僧入來

一、初瀬小池坊僧正（大和、長谷寺、亮貞）より年頭之御使僧、則成純房（周盛）被相務候ニ付入來、御逢被成候、

廿一日、　晴、

上丸子村大樂院

一、上丸子大樂院（武藏橘樹郡）入來、御目見仕候、襟巻一領被下之候、

*快意淺草筋の諸寺諸氏へ年禮に廻る

一、今日、淺艸筋年頭御務、

金三百疋、　大護院（淺草、尊祐）へ、

小枕三束、
ほんほり（雪洞）五本、　根生院（湯島、榮專）閑居へ、

越前綿五把、　堀田榮隆院殿（堀田正俊室、稻葉正則女）へ、

先日代僧被遣候節
音物被遣候、　誓願寺（江戸、淺草）、
安養寺、

煎茶一箱、　おみねとの（黒田新五郎殿ニ而）へ、

松平伊賀守樣、

右、伊賀守樣之儀、大名小路松平讃岐樣御揚上屋敷、去ル十八日ニ御拜領、將又追而可被爲成旨も被仰出候ニ付、爲御悦今日御越被成候事、

*正月浴油供結願し綱吉へ御札守を獻上す

一、今朝、浴油結願ニ付、公方樣へ御札守・御備折指上候事、大納言樣　八重姫君樣へハ、明後日月次相兼候而指上候筈ニて御座候事、

一、夕方御歸寺之事、

*快意本丸大奥女中へ年頭の祝儀を遣す

一、今日、御本丸大奧御女中方より年頭之爲御祝義、御目錄之通被遣候、御返事相濟候事、

。一、御月番彈正少弼殿（本多忠晴、寺社奉行）より御手紙ニて、役僧壹人可被差越候旨被仰越候ニ付、普門院罷越候事、委細者寺社留帳ニ記之、

廿二日、

*快意增上寺桂昌院廟所へ參詣す

一、如例增上寺へ御參詣、

一、右之御序ニ、石原市左衞門殿・妻木平四郎殿・松平越前守殿淺野土佐守殿（淺野吉長）・松平備後守殿御務候、

*快意愛宕眞福寺節の振舞ひに參る

眞福寺ニて、節御振舞ニ付御越候事、

*快意綱吉本卦御祈禱を勸む

一、今朝、御祈禱衆中へ、銀壹枚・羽二重壹疋ツヽ、被下候、是ハ當年公方樣御本卦之御祈禱相務候

快意護國寺の祈禱衆へ布施を下す

*綱吉御用につき快意を召す

*快意寺中普門院の節祝ひに参る

*快意護持院へ御成の祝儀を遣す

*長谷寺揚善房神奈川金藏院住持とさる

本丸西の丸へ月次御札守を獻上す

*備中遍照院

家宣へ正月浴油供の御札守備折を獻上す

*彌勒寺弟子高元房

八重姫へ正月浴油供の御札守を獻上す

ニ付、爲御布施被遣候事、
一、今朝、如例齋被仰付候事、
一、晝時御奉書、
明廿三日罷出候樣ニ与被　仰出候、晝過登
城可有之候、以上、
正月廿二日　松平伊賀守
護國寺
一、右之御請相認指上候而、眞福寺へ爲持指上候事、
御手帋奉拜見候、明廿三日罷出候樣ニ与被
仰出、難有仕合奉存候、晝過登　城可仕之旨
奉畏候、以上、
正月廿二日　護國寺
松伊賀守樣
廿三日、雨天、
一、御本丸・西之丸へ、月次之御札守上ル、
大納言樣へ、浴油之御札守・御備折上ル、
一、八重姫君樣へ、浴油之御札守上ル、

一、松平攝津守殿へ、御返書被遣候事、
一、午刻、御本丸江登城被成候、
一、南都一乘院（興福寺、信敬）樣へ御請、安田道乙老へ賴遣申候、
一、今日、御本丸へ被爲召候儀ハ、御用之事御座候由ニて、於御前緩々御目見、御茶菓子抔御頂戴
被成御退出、
廿四日、大風、
一、終日御在院、
一、今日、普門院ニ而節之御膳被差上候、國分寺（和泉泉郡）・
大聖寺・寺中□御相伴、
一、金貳百疋、護持院へ御使僧ニて、明日之御祝義
被遣候、
一、初瀨（大和、長谷寺）揚善房、今度神奈川（武藏橘樹郡）金藏院住持被仰付候由
ニ而、繼目ニ入來、
一、備中遍照院（淺口郡西阿知村）入來、願之段御聞被成候事、
一、彌勒寺弟子高元房入來、御面談、
廿五日、晴、

*快意寺中歡喜院の節祝ひに參る

一、五ツ過、護持院江御越被遊候事、伴僧怡春罷越
候事、
一、成純房へ紺地金紋五條けさ（袈裟）一領被遣候、神奈川
金藏院方へ爲入院之御祝義、羽二重壹疋遣候事、

護持院へ御成
快意詰む

一、護持院江午刻被爲成候由、

*作事奉行護國寺持佛堂に古疊を敷くことを禁じ新疊を用ゐさす

御室御所より諸方への年頭音物到來す

一、京都御室御所樣（仁和寺、寛隆法親王）ゟ年頭之御音物、町飛脚ニて到
來、護持院其外へ茂、此方ゟ相達候樣ニと申來
ル、
一、僧正へ昆布一箱・扇子一箱・油烟一箱・御奉書
貳通、
一、護持院へ扇子・油煙各一箱、奉書一通、進休庵・
大護院・四ケ寺、油煙五挺入、各一箱ツヽ、藥王寺・
日月院（日輪院・月輪院）・普歡院（普門院・歡喜院）、油烟三挺入、各一箱ツヽ、被下候、
御奉書一通ツヽ、

*快意日光門主へ年頭御禮に參る

一、長壽院殿（元三の丸女中衆）へ紅ちりめん（縮緬）一卷、如例年年頭之祝義
ニ被遣候事、
一、（マヽ）

廿六日、　晴、風吹、
一、終日御在寺ニ付、今日歡喜院方へ節ニ御越被遊
候事、國分寺（和泉泉郡）・寺中御相伴ニ罷越候事、
一、御作事奉行曲淵越前守殿ゟ兩者共（役脱カ）迄手帋來ル、
此方御持佛堂御疊、古御疊敷申候儀難成譯御座
候ニ付、新規ニ申付候間、御好茂御座候ハヽ、
御疊奉行衆へ申談候樣ニと被仰越候ニ付、則疊
方手代衆へ面談仕、御堂內大紋緣、惣緣かわ（側）薦
緣、廊下黑布緣ニ而疊敷候樣ニと申談候、尤御
ひさ付も□（好カ）申候、大紋緣ニて被仰付候樣ニと申
入候、
廿七日、　晴、風吹、
一、上野御門主樣（公辨法親王）へ御年頭ニ御越被遊候事、右御仕
廻候而、休レ進庵僧正へ御振舞ニ御越被遊候事、
一、御室ゟ參候品々、護持院・進休庵・大護院・靈
雲寺・四ケ寺へ相居申候、
一、近藤登之介殿御出、御面談、

火の元用心の御觸
*護國寺節の振舞ひあり隆光金地院元云英岳ら來寺
護國寺月次の御禮
快意月次御禮を勤む
本丸西の丸へ月次の御札備折を獻上す
桂昌院の遺命により柳澤吉保松平輝貞へ大般若經轉讀の御札守を遣す
*大和榮山寺より年頭祝儀到來す
快意表向御禮の後奥へ召され御仕舞を拜見す

一、本多彈正少弼殿ゟ風立候間、火之元入念候樣支配〱可申渡旨御觸書來ル、御返事遣候事、
一、河刕通法寺(古市郡通法寺村、賴雅)ゟ町飛脚ニ而、素麪一箱到來、

　廿八日、　晴、風立、

一、於御茶之間、何も御礼申上候事、
一、月次之御礼、例之通登城、
一、御本丸・西之丸へ、月次之御札守・御備折上ル、
一、松平美濃守殿・松平右京大夫殿へ、例之通大般若之御札守被遣候事、
附、松平伊賀守殿江者不被遣候、右御両所へ被遣候ハ、一位樣(桂昌院)御在世之内可遣候旨御意ニ付、依之、御札守被遣候、
一、大枝村(武藏埼玉郡)歡喜院、年頭ニ伺公仕候事、
一、今日、御本丸表向御礼相濟候已後、奥江被爲召、御仕舞拜見被仰付候由、例之通之衆中茂御上り候由、郡内拾五疋拜領、夜ニ入御退出、

　廿九日、　晴、

一、今日、例年之通節御振舞有之候、護持院大僧正・金地院(元云)・進休庵僧正・大護院・四ケ寺・中野寶(龍壽)仙寺・市谷東圓寺・西大寺金剛院・目白(江戸)新長谷寺・牛込(江戸)福生院・愛宕(江戸)金剛院・鏡照院・壽圭院・智積院榮存房・小池坊成純房・護持院ニ而月輪院(護持院役者、隆元)・大(護持院寺中)聖院・壽命院(同上)・根生院ニ而圓秀房・江嶋(相摸)岩本院、中根定八殿、木村宗竹老、久野左兵衞殿、

　卅日、　晴雲交、

一、信刕上田江松平伊賀守殿、同國飯山へ永井伊豆守殿、右御所替之爲御悅御越被成候事、
一、稻葉丹後守殿御次男織部殿(稻葉正佐)、一昨日初而御目見被仰付候ニ付、爲御悅御務被成候事、
一、當院末寺和刕榮山寺(宇智郡前山)坊中ゟ爲年頭之祝儀、書狀幷金子百疋相添指越候事、
一、晝過御歸寺之事、終日相替儀無之、
一、本多彈正少弼殿ゟ、今明日中役僧壹人可差出旨御手帋來ル、依之、普門院罷越、

出羽圓滿寺使僧禪智

一、出羽圓滿寺(最上郡新庄)使僧禪智罷越、御目見被仰付候事、

〔二　月〕

*柳澤吉保より書狀到來す

御能初あり快意両役者登城す

二月一日、　晴天、晝七ツ過、雪少降、

一、例之通御能初ニ而、四ツ半時御登城、暮六ツ半時御歸、例之通歡喜院(護國寺役者)・普門院(同上、豁如)罷上り候、御拜領物檜重壹組・縮緬七巻・羽二重貮疋宛、歡喜院・普門院、

一、六角越前守(廣治)様奥様(本庄宗資女)へ、御使僧遣候、

快意奥山玄建へ病氣見舞ひの使僧を遣す

一、鎌(謙)徳院(奥山玄建、奥醫師)へ、御病氣之御見舞御使僧遣候、

二日、　晴天、

一、松平美濃守(柳澤吉保)様・松平右京大夫(輝貞、側用人)様・松平伊賀守(忠周、同上)様、昨日之御礼ニ御越被成候、夫レヨリ彌勒寺(本所)へ御節ニ而御越被成候、七ツ過御歸、

一、松平土左(佐)守(山内豐房)様へ、昨日之御返礼申遣候、

一、松平肥前守(黒田綱政)様へ、御返礼申遣候、

*戸澤正誠快意を振舞ふ

一、武川小左衞門(行政)殿へ、御出之御返礼申遣候、

一、小栗五太夫(忠珍、西の丸裏門番頭)殿へ、御出之御返礼申遣候、

三日、　曇、

一、終日御在院之事、

一、松平美濃守様ゟ御手紙來ル、

來ル六日、拙宅江御　成被遊候ニ付、例之通
勝手江御出可有之候、以上、

二月三日　　松平美濃守

護國寺(快意)

御手紙拜見仕候、來ル六日□御　成被遊
候ニ付、例之通勝手江可罷出之旨、忝仕合奉
存候、以上、

二月三日　　護國寺

松平美濃守様

一、伊東大和守(祐實)様へ、昨日之御返礼申遣候、

四日、　晴天、

一、四ツ過、戸澤上總介(正誠)殿へ、御兼約ニ而御振舞御

綱吉家宣へ月次の御札備折を獻上す

*葛西泉神寺

*織田信休快意を振舞ふ

初午稲荷祭禮

*快意高野山の諸院へ書狀を宛つ

柳澤吉保邸へ御成あり快意詰む

*松平輝貞邸へ御成あり快意詰む

快意根生院節の振舞ひに參る

*本丸へ大般若經轉讀の御札を獻上す

*快意伊東祐崇へ悔みの使僧を遣す

*柳澤吉保より書狀到來す

越被成候、御次而、松平美濃守様へ御寄、

一、御本丸・西之御丸江、月次之御札・備差上候、

　五日、　晴天、

一、終日御在院之事、

一、亮尙院(護國寺寺中)江、御節ニ御出被遊候事、

一、初午ニ而、例之通稲荷祭□

一、內藤式部少輔(正友、大坂定番)殿へ、御返事持セ遣候、

一、藤堂備前頭(高堅)殿へ、御返狀持セ遣候、

一、山內五郎太夫殿・關六郎兵衞(治盛)殿(マヽ)

　六日、　大雨、

一、五ツ半時、松平美濃守様江御成ニ付、御詰被成候、七ツ過御歸、

一、上刕清水寺(片岡郡石原村、賢隆)被參候、

　七日、　晴天、

一、根生院(湯島)江、御節ニ御越被成候、

一、六角越前守殿江、御出之御返礼、

一、安中妙光院(上野碓氷郡)門末之內四間、夜食御振舞被成候、

　八日、　晴天、

一、葛西泉福寺(武藏葛飾郡)罷越、御逢被遊候、歸候節、羽二重壹疋被遣候、

一、四ツ過、織田山城守(信休)様へ、御兼約ニ而御振舞ニ御越、松平右京大夫様へ明九日御成ニ御詰候様ニ、御使者ニ而昨日申來候故、御悅御礼旁ニ御越、

一、遍照院(紀伊、高野山)・寶光院(同上)・修善院(同上)・慈眼院(同上)・大德院(同上)、右五人之衆へ、書狀并紙包□ツ宛、

一、無量壽院(紀伊、高野山、堯實)・藥王寺隱居(市ケ谷、證覺)へ書狀計、天德院(紀伊、高野山)使僧へ賴遣候、

　九日、　晝ゟ雨、

一、五ツ過、松平右京大夫様へ御成ニ付、御詰被成候、六ツ半御歸、

一、御本丸江、大般若御札差上候、

一、伊東駿河守(祐崇)様へ、爲御悔御使僧遣候、

一、松平美濃守様ゟ御手紙來ル、

寺中亮尚院中の眞了長谷寺留學に上る

出羽神宮寺修善院

明十一日、大納言（徳川家宣）様御　成被遊候間、勝手江
御詰可有之候、以上、
　二月九日　松平美濃守
　　護國寺
御返事ハ、御成ニ付御越候故、其通り申遣候、
一、亮尚院内眞了、明十日初瀬（大和、長谷寺）へ登山仕候條御暇乞
申上、金百疋被下候、
一、圓満寺（出羽最上郡新庄）使僧善知へ、圓満寺・神宮寺（同上）・修善院（同上）へ
書状・紙包頼遣候、
　十日、　終日雨、
一、御頭痛氣ニ而、御在宿之事、
一、織田正姫（織田信武女）様へ、御返礼申遣候、
一、松平大學頭（頼貞）様へ、同斷、

（裏表紙）

七册之内

（表紙）

二
スム　寶永三丙戌

快意僧正代

日記

二月十一日
三月廿九日迄

（原寸、縦二四・三糎、横一七・三糎）

（表紙裏標目）
「二月廿八日、
一、桂昌院様御殘道具拜領、
三月六日、
一、門前御支配替之節付届、
三月十五日、
一、甲州歸命院開帳、」

*家宣柳澤吉保邸へ御成につき快意勝手へ詰む

*西大寺金剛院快意を振舞ふ

*快意唐招提寺薬師寺の僧中及び圓成院へ書状を宛つ

〔二月〕

二月十一日、曇、夕方ゟ雨、

一、松平美濃守（柳澤吉保）殿江、大納言（徳川家宣）様被爲成候ニ付、御勝手江御詰被成候、朝五ツ時御出被成候、暮六ツ半時御歸、

十二日、晝時晴、

一、松平美濃守殿江、昨日大納言様被爲成候御祝義、御使僧ニ而兩種被遣候、

一、昆布　一箱、

一、久（九）年母　一箱、

一、西尾隱岐守（忠成）様へ、去ル九日、松平右京大夫（輝貞、側用人）殿へ公方（徳川綱吉）様被爲成候、御詰被成、御縁被仰付候御祝義御使僧ニ而申遣候、

一、西大寺（大和）金剛院江、御振舞御越被成候、

一、招提寺（大和）僧中（惣カ）幷薬師寺（大和）僧中（惣カ）・圓成院（大和）書状、月輪院（護持院役者、隆元）へ頼遣候、

快意眞如堂本山寺岡村卓如へ書狀を宛つ

*快意明日涅槃會につき月次御禮出仕を斷る

上野泉藏寺

*甲斐歸命院護國寺にて出開帳につき寺社奉行へ開帳證文を出す

*快意醫王院の節の振舞ひに出る

*快意東大寺金珠院同龍松院法隆寺中院へ返書を宛つ

*快意內山上乘院へ返書を宛つ

地震

一、眞如堂(京都)・本山寺(攝津)・岡村卓如へ之返狀、岡村道仙老へ賴遣候、且又成龍坊へ之返狀、右同斷、

一、尾刕ゟ通宣罷歸候事、

十三日、　曇天、

一、終日御在院、

一、上刕泉藏寺(仙、下同ジ)(綠埜郡西平井村、琳譽房)、昨夜普門院方(護國寺役者、豁如)へ到着、今朝御面談有之、

一、高野屋敷(江戸在番)隨心院入來、

一、甲刕歸命院入來、明日彈正少弼(本多忠晴、寺社奉行)樣江罷出、開帳之證文仕候樣ニと被仰渡候、就夫、護國寺役者へ案内申、明日同道仕候樣ニと被仰渡候間、明日壹人可致伺公候旨、願來リ候事、

一、招提寺(大和、唐招提寺)圓光院・法花院ゟ書狀來ル、藏松院ゟ書狀幷金百疋御札相添、右飛脚護持院迄到着ニ付、今日持參、

一、夜之內地震、

十四日、　雨天、

一、明日、御寺役ニ付、御斷被仰遣候分、松平右京大夫樣・寺社奉行鳥居播磨守(忠英)殿・西之丸御側衆大久保長門守(教寬)殿、右之衆へ明日寺役御座候ニ付、月次之御礼ニ登城不仕候、右御斷爲可申上以使僧如此候由、

一、甲刕歸命院於當山(護國寺)開帳仕候ニ付、本多彈正少弼(忠晴、寺社奉行)樣へ普門院同道ニて證文被仰付候、尤普門院儀ハ奥書仕、印形被仰付候分ニ而御座候、

一、終日御在寺ニ付、醫王院(護國寺中、覺祐)方へ節御振舞ニ御越候事、

一、吉野社(大和)僧兩人へ返書、月輪院迄賴遣候、

一、東大寺(大和)金珠院・法隆寺(同上)中院・東大寺龍松院(公盛)へ返書、本所智傳方へ賴遣候、

一、內山(大和)上乘院へ返書、岡部美濃守(長泰)樣へ爲持仕候事、

一、今日普門院義、本多彈正弼(少脫カ)殿へ開帳證文ニ罷越候所、御取込ニ付、いつ成共勝手次第序も無可有之候間、致伺公奥判仕候樣ニと、役人被申渡

候事、

十五日、　晴、夜ニ入薄雪降、

涅槃會につき快意月次御禮に出仕せず

一、今日、月次之御登城御斷被仰遣候、

*快意本庄宗長佐野勝由らを振舞ふ

一、例年御茶間之御礼無之、寺中計奥ニて御礼申上候計ニ候、

一、末寺入來、粥出ル、

末寺出仕し涅槃會あり

一、巳刻出仕有之、

一、藥王寺(市ケ谷、榮傳)・光德院(市ケ谷)・南藏院(武藏豐島郡高田村)・觀音寺(武藏豐島郡上戸塚村)・觀藏院(淺草新寺町)・大乘院(淺草新寺町)・玄國寺(武藏豐島郡諏訪村)・明王院(芝三田中寺町)・密藏院(武藏荏原郡上北澤村)〔閑〕・多門院(四ツ谷角筈新田)・龍泉寺(下谷龍泉寺町)・千手院(下谷御簞笥町)・庄〔莊〕嚴寺(武藏豐島郡幡ケ谷村)、右之通罷越候、

一、終日御在寺、

本丸西の丸へ月次の御札守を獻上す

一、今日、月次之御札守、御本丸・西之丸へ上ル、

十六日、　晴、風吹、

一、今日、酒井雅樂頭(忠擧)殿へ御振舞之筈ニ而御座候所、手前御用ニ付、延引被仰遣候、

安中妙光院

一、安中妙光院(上野碓氷郡)幷末寺入來、御逢、

十七日、　晴、

一、(マヽ)

一、今日御兼約ニ付、御振舞被成候方ゝ、松平美作守(本庄宗彌)殿・同內膳正(本庄宗長、中奥小姓)殿・佐野信濃守(勝由)殿・興津能登守(忠閭)殿・近藤登之助(昔用)殿・冨田甲斐守(知鄉)殿、將又美作守(本庄宗彌)殿手醫者兩人、美作守殿・內膳正殿中小性計上ケ候而、出來合振舞申候、

一、智積院(京都)使僧圓通寺、近ゝ罷歸候由ニ付、爲御餞別はなた(縹)被遣候、御屆御賴候事、

一、養命坊(京都、專戒)へ、狀一通、　一、智積院(覺眼)へ、同、

一、普門院(六波羅密寺)六ハラ、同、　一、巧智房、同、金子入、

一、覺忍房、同、金子入、　一、寶性院、同、清水寺

一、蓮臺寺(京都)へ、箱壹ツ、

右之通御屆候樣ニと賴遣候事、

一、圓福寺(江戸、愛宕)寺中壽慶院〔圭〕方へ、醍醐報恩院(寬順)殿へ狀箱一ツ、賴遣候、右之內、釋迦院(醍醐寺、有雅)殿・稻荷愛染寺(京都)方へ

*快意諸氏へ出火見舞ひを遣す
神田明神下より出火
間部詮房の奉書
*快意隆光ら西の丸に御能狂言を拝見す
彦根北野寺への返書井伊直通役所へ託す
快意西の丸へ登城
綱吉へ月次御札守備折を献上す
*快意諸寺諸氏へ書状を宛つ

之返書入遣申候、
一、夜ニ入、七ツ時分出火、神田明神下、
一、西之丸大納言様ゟ御奉書、間部越前守殿(詮房、西の丸側衆)ゟ來ル、明十八日御能被遊候間、五ツ半過、登城有之候様ニと、右之御請相濟候、
一、岡村卓如老・小川与兵衞殿へ返書、岡村道仙老へ、今日直ニ頼遣候事、
一、北野寺(近江、彦根)へ箱壹ツ、掃部頭殿(井伊直通)役所へ頼遣候、

十八日、　晴、

一、朝五ツ前、西之丸へ登城被遊候事、
一、今日、月次之御札守・御備折、如例公方様(徳川綱吉)へ上ル、
一、小池坊(大和、長谷寺)使僧成純房罷歸候ニ付、爲御餞別羽二重壹疋被遣候事、
一、駿府東泉院(富士郡六所淺間別當、精海)・南都藏松院(唐招提寺)・(唐招提寺)圓光院・法花院・江府惣持寺(坂田郡下司村、亮超)・河邊三郎左衞門・吉野山(大和)竹林院へ返書共、護持院ニ而、月輪院方へ御届被下候様ニと頼遣候、

一、今日御使僧ニて、昨夜出火見廻ニ被遣候、本多能登守殿(忠常)・三宅備前守殿(康雄、寺社奉行)・堀左京亮殿(直利、寺社奉行)・内藤式部少輔殿(正友、大坂定番)・酒井隼人正殿(忠胤)・小笠原右近將監殿(忠雄)・北村小兵衞殿(行安)・藤堂和泉守殿(高睦)・同備前守殿(高堅)、
一、小普請奉行加藤源四郎殿(景利)御出之事、普請見廻候、
一、今日、於西之丸御能被遊候ハ、爲御歴(瀝カ)御能九番、狂言四番御座候由、護持院(隆光)大僧正・凌雲院(寛永寺、義天)大僧正・金地院(元云)・覺王院(淺草、最純)大僧正・進休庵(江戸、英岳)僧正・觀理院(山王社別當、智英)僧正、右何茂(マヽ)ニも御上り候事、
一、大納言様ゟ縮緬五卷御拜領、

十九日、　晴、

一、今日、方々へ頼遣候覺、
一、三井寺(近江)院家衆へ狀、　淺艸寺町ニ而大高爲春老へ、
一、加刕寶代坊(白山)へ狀、　醫王院方ゟ可屆由、
一、東福寺(京都)靈源院、同、　大塚(江戸)大慈寺へ、
一、東大寺清凉院へ、同、　勸進所智傳房へ頼遣ス、

*黑田忠恆おみね并に御臺所付すれ來寺
*鍛冶橋外より出火
*快意涅槃會につき月次御禮不出仕につきこの日綱吉快意を召す
松平輝貞奉書
*市ケ谷東圓寺快意を振舞ふ

一、永代寺へ貳通、南谷、　永代寺中 功德院賴遣ス、
一、山口志摩守殿へ、同、　本所 大德院留主居へ、
一、松井兵部卿(大乘院門跡候人)へ、同、　大乘院様御使者旅宿 松本外記所へ石町三丁目、
一、勢刕八羽内匠(光尚)へ、同、　中橋北壹丁目ニ而 壺屋喜介方へ、
一、大坂天鷲寺江、(箱壹ツ、　上野寺中 覺壽院へ賴、
一、濃刕立政寺、一通、　本所 彌勒寺へ賴、
一、醍醐光臺院へ、狀、　下谷 鳳閣寺へ賴、
一、終日御在院、
一、晝時、御奉書來ル
明廿日罷出候様ニと被　仰出候、四ツ半時過、
登　城可有之候、以上、
二月十九日　松平右京大夫
護國寺(快意)
御請、
御手紙奉拜見候、明廿日罷出候様ニと被　仰
出難有仕合奉存候、四ツ半時過、登　城可仕
之旨奉畏候、以上、
二月十九日　護國寺
松右京大夫様
一、黑田新五郎殿(忠恒、表右筆)幷おミね殿、御本丸御臺様(綱吉室、鷹司教平女)付御すれ殿同道ニて入來、御對談、饗應有之候、
一、夕六ツ時過、鍛冶橋外出火ニ付、四ツ過迄燒失、
廿日、　晴、
一、五(四)ツ時過、登城被遊候事、去ル十五日寺役ニ付、月次之登城不被遊候故、今日被爲召御目見被仰付、御料理被下置、緩ゝ於御休息間御拜顏被遊候事、今日者當僧正(快意)計被爲召候由、
一、七ツ前退出、已後市谷東圓寺(江戸、市ケ谷八幡別當)へ御振舞御越被成、夜ニ入御歸寺、
一、御月番鳥居播磨守殿ゟ御觸手帋來ル、卽刻普門院罷越候、御觸之趣、寺社方御觸留ニ記之、
廿一日、　雨天、
一、朝寅刻、當院末寺藥王寺(市ケ谷、榮傳)弟子得道(度)、御戒師、假

名・實名被下候、

傳良房

快音

右之通、御書付被下候、藥王寺も入來、教授普門院、

一、月番鳥居播磨守殿ゟ御觸書一通來ル、御返事遣候、則寺社奉行御觸帳ニ記之、

一、終日御在寺之事、

一、播刕無量壽院之御返書、榊原式部大輔殿(政邦)屋敷苅部長左衞門所へ頼遣候、

一、藥王寺儀傳良召連、今朝得道〔度〕ニ付、御戒師之御礼ニ被罷越候、金三百疋傳良持參、御礼相務候、

一、御夕飯後、染井藤堂松林院殿へ、年頭御見廻旁御越被遊候、香包十、御持參、且又須知常休方(藤堂高睦家老)へ、越前綿三屯・扇子拾握入一箱被遣候、

廿二日、　晴、

一、今日、如例增上寺桂昌院樣御佛殿へ御參詣被遊候事、

一、昨日、松平美濃守殿御養娘、大久保加賀守殿(忠增、老中)御子息傳吉(郎脱カ)殿(大久保忠方)へ縁組被仰出候ニ付爲御悅御越、且又增上寺御參詣、金地院ニ而御振舞有之、御越被遊候事、

一、播刕多多〔田〕院へ箱壹ツ、幷南都傳香寺御返書、西大寺金剛院へ頼候、

一、宇治(山城)惠心院之返書箱入、右者南坊(大坂)ゟ被居候樣ニと、篠田際玄老へ頼遣候、則内藤式部少輔殿へ頼、大坂ニ遣候事、

一、來ル廿五日、松平備前守殿(長矩)御發駕ニ付、爲御暇御使僧被遣候事、

廿三日、　四ツ時ゟ雨、

一、伊勢慶香〔光〕院へ御返事、深川屋敷へ爲持遣候事、

一、終日御在院之事、

一、蓮花院(護國寺寺中)江、御節ニ御越被遊候、

一、桂昌院樣御位牌堂、幷廊下江疊敷申候、

*柳澤吉保養女大久保忠方と縁組につき快意祝ひに參る

*金地院快意を振舞ふ

*快意攝津多田院南都傳香寺へ返書を宛つ

*快意宇治惠心院へ返書を宛つ

末寺藥王寺弟子得度

快意藤堂松林院へ年頭見舞ひに參る

*快意伊勢慶光院へ返書を宛つ

*快意寺中蓮花院へ節の振舞ひに出る

快意增上寺桂昌院廟所へ參詣す

*桂昌院位牌堂同廊下に疊を敷く

野田金乘院
間部詮房の奉書

*快意松平信清井内右近を振舞ふ

*牛込福生院快意を振舞ふ

*越前綿

*行海律師

*本丸西の丸へ月次御札守備折を獻上す

*御臺所御簾中於傳之方及びその女中衆へ節句祝儀を獻上す

西の丸へ御成快意詰む

廿四日、　朝曇、八ツ時ゟ晴、
一、終日御在院之事、
一、野田(下總)根〔金〕乘院被參、茶之間ニ而御逢被遊候事、
一、間部越前守樣ゟ御奉書來ル、
明廿五日、公方樣西丸江被爲　成候間、可罷出之旨被　仰出候、四ツ時前、登　城可有之候、以上、
二月廿四日　間部越前守
護國寺僧正
御手紙奉拜見候、明廿五日、公方樣西御丸江被爲　成候ニ付、可罷出之旨被仰出難有仕合奉存候、四時前、登　城可仕段奉畏候、以上、
二月廿四日　護國寺僧正
間部越前守樣
廿五日、　曇、
一、五ツ過、公方樣西御丸江被爲成候ニ付、御登城被成候、暮六ツ前御歸、
一、上劦泉藏寺被歸候ニ付、羽二重壹疋被遣之、
廿六日、　晴天、晝過曇、雷壹ツ鳴、
一、松平越前守(信清)樣・井内右近樣御兼約ニ而、此方へ御振舞被成候、御家來小林監物・久保玄忠・山崎覺太夫〔右衞門〕、右衆中御相伴、小書院ニ而、高橋又右衞門・次郎右衞門、客部屋ニ而、刀番衆貳人後段迄出之、
廿七日、　晴天、
一、晝時ゟ牛込(江戸)福生院へ御振舞ニ御越、暮六ツ半時御歸、越前綿三把御持參之由、
一、行海律師江御返事、いせ(伊勢)屋孫七方へ賴遣候、
廿八日、　晴天、
一、御本丸幷西御丸江、例月之通御札・備差上候、
一、御臺樣幷御女中衆へ、
一、御簾中(家宣室、近衞基熙女)樣幷御女中衆へ、
一、五之丸(於傳之方、綱吉側室)樣幷御女中衆へ、

本丸女中衆八重姫及びその女中衆へ節句の祝儀を獻上す

一、御本丸御女中衆へ、
一、八重姫様(徳川吉孚室、綱吉養女)幷御女中衆へ、
右之通、例之通御節句差上候、

*湯殿山大日坊快意月次御禮を勤む

*越後五智院

快意松平信庸鍋島綱茂を振舞ふ

一、四ツ時前、御登城被成候、御出かけニ大枝(武藏埼玉郡)歓喜院御逢被成候、
一、淺野土佐守(長澄)様へ、昨日一種來候御返礼申遣候、
一、石川彌兵衞殿・森彌五左衞門(定尚)殿、先頃御出之御返礼申遣候、

護國寺桂昌院遺品の道具を拝領す

一、今日、於御本丸、秋元但馬守(喬知、老中)殿・加藤越中守(明英、若年寄)殿御両人ニ而被仰渡候ハ、一位様(桂昌院)御殘道具被下置候間、右之旨可被得其意候由被仰渡候、其節爲御礼、美濃守(柳澤吉保、側用人)様・右京大夫(松平輝貞、同上)様・伊賀守(松平忠周、同上)様なとへ可罷越候哉と被仰候所、急度御越候ニハ及不申候、序而次第御礼被仰可然候由被仰候ニ付、急度爲御礼御越不被遊候、

*御臺所御馳走の御能あり快意拝見す

*高野山隨心院暇乞に來寺

*觀藏院弟子全教上巳の祝に來寺

廿九日、　晴天、晝時ゟ曇、風少吹、

一、榊原式部太輔(政邦)様へ、御返書御使僧ニ而遣候、
一、今井九右衞門(兼直、代官)殿御役御免之御祝義遣候、
一、湯殿山(出羽)大日坊へ之返事、幷南都藥師寺奥院江之返事、月輪院へ頼遣候、
一、越後五知(智)院(魚沼郡小長谷村)へ之返事、歓喜院(護國寺役者)ゟ遣、
一、夕飯過、松平紀伊守様・松平信濃守(鍋島綱茂)□御出被成候、松平紀伊守(信庸、京都所司代)様へハ御參府之御悦、松平信濃守様へハ御暇之御悦、

〔三　月〕

三月一日、　晴、

一、今日、御本丸月次之御礼ハ無御座候へ共、御臺様(綱吉室、鷹司教子女)へ御振舞之御能御座候ニ付、拝見被仰付、依之、登城被成候事、
一、高野山(紀伊)隨心院(嘉運)入來、近日罷登り候ニ付、爲御暇乞致參上候由、御面談、
一、觀藏院(淺草新寺町)弟子全教罷越、觀藏院就病氣、代僧ニ而上巳之祝詞申來ル、

家宣御簾中上巳の祝に本丸へ入る

一、今日、御本丸へ大納言様(徳川家宣)幷御簾中様(家宣室、近衛基熙女)ニも御上り被成候事、

二日、　雨天晝夜、

*役者上巳祝に寺社奉行を廻禮す

快意酒井忠住へ中奥小姓就任の祝を遣す

一、酒井玄番(蕃)殿(忠住)、中奥御小性ニ被召出候ニ付、爲御悦御使僧被遣候事、

護持院月輪院快意を振舞ふ

一、月輪院(護持院役者、隆元)方へ、御振舞御越被遊候事、

庚申待

一、今日、庚申、當番亮尚院(護國寺寺中)ニ而御座候ニ付、御夜食ニ御越被遊候事、

一、終日相替儀無之候、

上巳、　晴、

*綱吉家宣へ三日月待御札守庚申待御洗米を獻上す

快意上巳御禮に登城す

一、御登城御出掛ニ、衆中礼御請□□、如例艸餠出ル、

一、昨夜庚申ニ而、公方様(徳川綱吉)・大納言様へ、御札上ル筈ニて御座候得共、明日月次之御札守指上候故、一所ニ指上候様ニと被仰渡候間、明日指上申筈ニて御座候事、

一、松平大膳大夫(毛利吉廣)へ、昨日御使者ニて、來ル十六日ニ御出被下候様ニと、被仰越候返礼申遣候事、

一、晝過雷鳴、

護國寺上巳の御禮

一、今日、寺社奉行四ケ所へ、普門院(護國寺役者、豁如)爲御名代被遣候事、

一、右之序、本多彈正少弼殿(忠晴、寺社奉行)ニ而、歸命院(甲斐)開帳之證文奧書・奧判、普門院仕罷歸候事、

四日、　晴、晝ゟ風吹、

一、月次之三日月待御札守公方様へ上ル、幷大納言様へも上ル、今日庚申待御札・御洗米も上ル、

一、終日御在寺、

*大枝村歡喜院古本寺離末時の借用金を返濟す

一、大枝村(武藏埼玉郡)末寺歡喜院、古本寺離末□節、金子不申入候ニ付、此方ニて三十両御借被遣候、右之手形其節根生院(湯島、澄意)御預り被成候所、今日御持參候而、當番へ御渡、長谷川平七方へ手形相渡ス、

根生院澄意來寺

一、根生院御出、寛々御對話有之、

一、右之外、相替儀無之候事、

五日、　晴、風終日吹、夜ニ入風雨、

快意藤堂高睦を振舞ふ

*快意護持院の花見に參る

*護國寺桂昌院遺品の道具を請取る

*代官今井兼直御役御免につき門前町屋の支配を雨宮勘兵衛に依賴す

高山茶屋

*開山講

*護國寺桂昌院遺品の道具を請取る

一、今日御兼約ニ付、藤堂和泉守(高睦)殿御招請、御相客
衆守能吉兵衛(安明)殿・舘野忠左衛門(勝直)殿・田邊惣十郎(良勝)
殿・佐山平太夫殿、右之衆御誘引、中澤惣右衛(景貞、御裏門切手番頭)
門殿・同彦次郎(中澤景林、大番)殿儀、今日爰元ニ而、始而御知人
ニ罷成度旨、兼而僧正へ惣右衛門(中澤景貞)殿御申ニ付、
兩人御越相伴、幷取持ニて御座候、
一、須知常休(藤堂高睦家老)入來、取持有之候事、
一、和泉守(藤堂高睦)殿中小姓衆客殿床之間、徒之衆後之間ニ而
料理出之、
一、大書院ニ而、本段幷付後段出ル、高山御茶屋(護國寺境内)ニ而
御菓子出ル、委細賄所役人方ニ記之、
一、增上寺大僧正(門秀)へ御使僧遣候、來ル十六日可被召
寄候由、彌致參上、御礼可申入旨被仰遣候事、
一、竹本土佐守(長鮮)殿・堀筑後守(秀雪)殿・松田志摩守(貞直)殿・木
下伊豆守(信眞)殿御連書ニて、一位樣(桂昌院)御用屋敷御殘道
具、明日御渡可被成候由御手帋來ル、右御道具
品々御渡ニ付帳面來ル、則爲寫役者請取書仕、
明日取ニ遣申筈ニ而御座候、

　六日、　晴、終日靜、

一、護持院ニて、花見御座候ニ付、任御兼約、今日
御越被遊候事、
一、今日、一位樣御用屋敷へ歡喜院(護國寺役者)罷越、御殘り道
具請取候、森阿波守(賴俊)殿・竹本土佐守殿・堀筑後
守殿・木下和泉守殿御立合、帳面之通少々請取
申候事、
一、門前町屋幷巣鴨領(武藏豐島郡)百姓地、今井九右衛門(兼直、代官)殿御支
配之所、御役御免ニ付、門前支配雨宮勘兵衛殿
へ被仰付候故、今日歡喜院御使ニ罷越候而、門
前之儀宜樣ニ御支配賴存候由申入候事、

　七日、

一、開山講、如例衆中へ齋被下候事、
一、下總豐(寶)塔院入來、御目見幷齋被下、剃刀一對被
下之罷歸候、
一、今日茂一位樣御用屋敷へ歡喜院罷越、御道具請

細川綱利芝の屋敷に快意を振舞ふ

*牧野康重來寺

取歸候、昨日御立合之衆御引渡有之候事、
一、細川越中守殿(綱利)芝御座敷へ御兼約之御振舞ニて、
今日僧正(快意)御越被遊候事、

八日、　晴、

大般若經轉讀

一、大般若轉讀如例有之、

桂昌院遺品道具の請取を全て終へる

一、今日茂壹ツ橋御用屋敷へ歡喜院罷越、御道具不
殘請取罷歸候、

*快意登城す

*綱吉家宣へ大般若經轉讀の札守を獻上す

一、此間、御用人衆ゟ御渡シ候御道具之帳面之通一
冊相認、加藤越中守殿(明英、若年寄)へ持參仕、御道具昨日切
ニ不殘御用屋敷ニて請取申候、右請取申候御帳
面寫指上候、右御斷爲可申上、以使僧如此御座
候由、歡喜院務、

*御休息之間にて御能あり

快意藤堂高睦家老らを振舞ふ

一、今日、御兼約ニて、藤堂和泉守殿御家老藤堂造
酒之丞、其外御用人小性頭小性衆保田藤介・佐
伯友之進・栗田十兵衞・磯谷多內・藤堂衞士・
戸波喜內・藤堂淸藏、右之衆中入來、

*西の丸に近衞基熙馳走の御能あり

一、護持院ゟ御手帋來ル、

明九日、於御本丸御能被遊候間、登城可仕之
旨、右京大夫殿(松平輝貞、側用人)ゟ被仰越候間申入候由、
一、夕方、牧野周防守殿(康重)へ御兼約ニて御越、御面談
有之、五ツ時御歸寺、

十(九)日、　晴、酉刻少雷、

一、巳刻過、登城被遊候事、
一、今日、公方樣・大納言樣へ、昨日之大般若之御
札守差上候事、
一、細川越中守殿へ、一昨日之御礼、且又昨日之御
使者之返礼申遣候事、
一、今日、於御休息之間御能被遊候、爲御歷(灑カ)之由、
初夜時御歸寺、
一、今日、西之丸ニても御能被遊候由、近衞前殿下(基熙)
殿被爲入候ニ付、

十日、　終日靜、

一、御奉書來ル、
今日罷出候樣ニ被仰出候間、九ツ半時分、登

城可有之候、以上、

三月十日　松平伊賀守(忠周、側用人)

護國寺(快意)

一、御請、

御手紙奉拜見候、今日可罷出之旨被仰出奉畏候、九ツ半時、登　城可仕之段奉得其意候、以上、

三月十日　護國寺

松伊賀守様

一、青蓮院(尊祐)御門主様・圓滿院(三宮有定)御門主様ゟ、年頭之御使者參候ニ付、例之通從是も爲御祝義金貳百疋ツヽ、御使僧ニて被指上候事、

一、昨日、御本丸ニて御拜領物來ル、桑染五疋・水染五疋・茶染五疋、都合拾五疋、右御小人兩人相添來ル、

一、午刻過、御本丸江登城、

一、京極甲斐守(高住)殿并同姓修理殿(高榮)御出、山(護國寺境內)御見物已後、於書院寛〻御面談有之候、

一、甲劦歸命院開帳本尊今日入堂之事、右者四ツ谷內藤宿新町ゟ□(迎カ)來、

一、門前御支配被成候雨宮勘兵衞殿(代官)、今日初而御出、町御見分、并御面談饗應有之、

一、大塚(江戸)通御代官清野与右衞門(貞平)殿へ、御支配ニ付、坂上片町寺領ニ付、宜御支配被成被下候様ニと御使僧被遣候、

一、明日巳待ニて御座候ニ付、蓮花院(護國寺寺中、深譽房)當番ニて相務候、

十一日、晴天、

一、四ツ時、御本丸ニ而御能御座候ニ付、御登城被成候、

一、雨宮勘兵衞様へ、御出之御返礼申遣、

一、織田內匠頭(長清)様へ、同斷、

一、京極甲斐守様・御同性(姓)修理様へ、御出之御返礼申遣候、

*甲斐歸命院本尊開帳場に入堂

雨宮勘兵衞支配を依頼さる門前町屋を見分す

*巳待

青蓮院門主圓滿院門主の年頭使者來寺

*本丸に御能あり快意拜見す

桑染水染茶染

快意登城す

京極高住同高榮來寺

高野山無量壽院龍光院來寺
牧野康重使者御祈禱初穗を持參す

快意寬永寺庭園を拜見す

*本丸西の丸へ月次の御札備折を獻上す
快意出開帳の甲斐歸命院住持を振舞ふ
*快意月次御禮を勤む

十二日、　晴天、

一、高野山無量壽院(紀伊、堯實)幷龍光院(晃朝)御出、御對話被成候、

一、牧野周防守樣御使者牧要被參候而、小書院ニ而御逢、御祈禱之御初尾持參、

一、上野御門主(寬永寺、公辨法親王)樣へ御兼約ニ而、御庭拜見ニ御越被成候、段〻之御馳走ニ而、六ツ時御歸、

一、牧野備後守(成貞)樣、明十三日御出之御案內御使僧遣候處、御出被成候筈、

一、彌勒寺(本所、隆慶)へ茂、進休庵(江戶、英岳)僧正樣へ茂、明十三日御出候樣ニ御使僧遣候、

十三日、　雨、

一、牧野備後守樣今日御出之所、雨天故、御延引ニ罷成候、

一、四ツ半過、上野御門主樣江、昨日□御礼ニ御越、進休庵へ御立寄被成候、

一、甲州皈命院御振舞、幷被召連候出家中不殘下〻迄御料理□由申□候處ニ出□下〻茂指合ニ付、□出□參候、

一、須知常休江、昨日藤堂和泉守樣ゟ爰元御近習之者共へ、御能見物ニ參候樣ニ被仰越候故、罷越候御礼□御使僧ニ而御口上書被遣候、

一、松平攝津守(義行)樣、御返礼申遣候、

一、奧山鎌德院(謙)(玄建、奧醫師)樣、御出之御返礼申遣候、

一、松平大和守(基知)樣、御返礼申遣候、

十四日、　雨、

一、終日御在院之事、

一、織田山城守(信休)樣、御返礼申遣候、

一、京極甲斐守樣へ、同斷、

一、淸野与右衞門(貞平、代官)殿江、御出之御返礼申遣候、

一、藤堂半藏殿江、昨日之御返事步行使ニ而遣候、

十五日、　雨、

一、御本丸・西御丸江、例之通御札・御備折差上候、

一、五ツ半時、月次之御登城、

一、南都彌勒院(賴孝、本庄宗資弟)・興福寺四聖□・傳香寺へ之御返事、

快意及び織田信休内中山助之進長谷寺観音の初午開帳料を寄進す

*本丸西の丸へ月次の御札備折を獻上す

甲斐歸命院本尊の出開帳開白す

*快意藤堂松林院を振舞ふ

快意歸命院開帳に參詣す

毛利吉廣快意を振舞ふ

*智積院覺眼來寺

*覺王院最純快意を振舞ふ

黄檗山への返書目白洞雲寺へ託す

*快意藤堂高睦家老を振舞ふ

西大寺（大和）金剛院へ頼遣候、
一、根生院御内覺心房、初瀬（大和、長谷寺）江明日發足ニ付、黄金貳枚開帳料頼遣候、壹枚ハ御手前ゟ初午之開帳料、壹枚ハ又織田山城守殿（信休）御内中山助之進ゟ頼參候開帳料ニ而候、袈裟地壹衣海説房（尙彦）へ被遣候、金百疋覺心房へ爲御餞□（別カ）被遣之候、右之通御使僧文泉房□、
一、甲州歸命院開帳今日ゟ開白、僧□□□御□□（登城カ）前ニ付、御參詣不被成候、
一、松平大膳大夫樣、先刻之御返礼申遣候、

十六日、　晴天、

一、四ツ時、皈命院開帳御參詣、御初□銀三枚御持參被成候、
一、四ツ半過、松平大膳大夫樣へ、御兼約ニ而御振舞御越被成候、
一、增上寺（円秀）江、昨日之御返礼申遣候、
一、黄檗山（山城、宇治）へ之兩度之書翰之返翰、目白洞雲寺（江戸）へ頼遣候、

十七日、　雨少降、

一、終日御在院、相更義無之候、

十八日、　晴天、

一、松平大膳大夫樣へ、昨日之御□
一、終日御在院之事、
一、御本丸、例之通御札・備差上候、西御丸へ同斷、
一、御兼約ニ而、藤堂松林院（藤堂高睦生母）樣、且又淸心□（院カ）樣御同道ニ而御出、終日御馳走、御供侍衆・御女中不殘御振舞被成候、
一、堀左京亮樣（直利、寺社奉行）へ御觸ニ付、歡喜院罷越候、

十九日、　雨、

一、知（智）積院僧正樣（覺眼）御出、御對話被成候、
一、覺王院（淺草、最純）へ御兼約ニ而、御振舞御越被成候、

廿日、　晴天、

一、智積院僧正へ、昨日御出之御返礼申遣候、
一、藤堂和泉守樣御家老御兼約ニ而御振舞、藤堂半

快意牧野康重邸へ参る
*快意覺心院を振舞ふ
*綱吉家宣御臺所御簾中於傳之方へ例月の御札守を獻上す
正御影供
東海寺長勝院來寺
快意增上寺桂昌院廟所へ參詣す
*快意境内の山にて寺中及び寮衆寺中の所化らを振舞ふ
*染井の柳澤吉保下屋敷より出火

藏・加藤□藏・藤堂兵助・須知常休・吉田喜悦、
家來迄御馳走出申候、
一、暮合時ゟ、牧野周防守様へ御越被成候、
廿一日、晴、
一、末寺中不殘集會、尤出錢持參、朝如例粥、
一、巳刻過、法事(正御影供)御出座、右相濟、然時小書院ニて
御振舞被遊候、末寺幷所化不殘□出候、
一、東海寺(武藏、品川)長勝院御出、御面談、料理出ル、
一、内藤式部少輔(正友、大坂定番)殿へ御返書遣申候、徒使ニて遣候、
廿二日、晴、
一、如例、增上寺へ御參詣、
一、酒井雅樂頭(忠擧)殿へ、明日御當地御發駕ニ付、爲御
暇乞御越候事、
一、辻伯耆守方へ、醫王院(護國寺寺中、覺祐)罷越候ニ付、爲御暇乞金
百疋被遣候、
一、智積院僧正へ、御參府之御悦として、今日御見
廻被成候事、

一、智積院僧正へ、爲御祝義白銀貳枚御持參之事、
一、夕方前、御歸寺之事、
廿三日、晴、
一、今日、覺心院入來、御兼約ニ付御振舞有之、
一、公方様・大納言様・御臺様・御簾中様・五之丸(於傳之方、
綱吉側室)様へ、例月之御札守上ル、
一、堀田伊豆守(正虎)殿御内須藤源藏へ、病氣爲御見舞食
籠被遣候事、
一、愛宕(江戸)青松寺へ、昨日始而御越被成候御礼、又今
日爲御礼御出被成候御礼、旁今日御使僧被遣候
事、
廿四日、晴、
一、終日御在院、
一、今日山(護國寺境内)ニ而、寺中幷兩寮中・寺中所化不殘御振
舞、
一、夜亥刻、染井松平美濃守(柳澤吉保)殿御下夜(屋)敷出火有之候、
廿五日、晴、

快意登城す
前田綱紀藤堂松林院らへ近火見舞ひを遣す
*隆光智積院覺眼を振舞ふ
澁江松軒老
快意松平賴豐へ暇乞に參る
*寛永寺へ御成
本丸に御能あり
*快意佐藤慶南老鹿倉意仙老を振舞ふ
御裏門通木札改め
*快意月次の御禮を勤む
*本丸西の丸へ月次御札守備折を獻上す
*新長谷寺本尊不動明王開帳

一、今日、御本丸登城、四ツ過、
一、昨夜出火ニ付、松平加賀守(前田綱紀)殿御下屋敷御居住ニ付、幷藤堂松林院殿幷誓(清カ)心院殿・須知常休老爲御見廻御使僧被遣候、
一、松平大學守(賴貞)殿へ、來月三日ニ彌御出被下候樣ニと、昨日御使者之御礼旁申遣候、
一、澁江松軒老(直治)へ、呂春房眼藥之儀御賴被遣候、
一、松平讃岐守(賴豐)殿へ爲御暇乞、今日御越被遊候事、
一、今日、於御本丸御能被遊候由、夜ニ入御歸寺、郡内嶋十五疋御拜領、
一、大久保玄蕃頭(忠兼、留守居)殿御內辻源兵衞与申仁ゟ手帋來ル、
御裏御門通木札相改候ニ付、明廿六日四時、玄蕃頭廣間迄可被指出候由、右各樣迄申入候樣ニと玄蕃頭申付候由、
相心得候段、返事申遣候事、

廿六日、晴、

一、大久保玄蕃頭殿へ智雲罷越、木札五枚相改り、前〻之通請取歸候、
一、大護院(淺草、鎌祐)ゟ御兼約之土砂取ニ參候ニ付、一袋被遣之候、
一、今日、護持院ニて智積院御振舞被成候ニ付、僧正ニ茂御越被遊候事、

廿七日、晴雨交、

一、終日御在寺之事、
一、今日、寛永寺御門跡樣へ、公方樣被爲成候由、
一、今日、佐藤慶南老(祐天、番醫師)・鹿倉意仙老(有信、番醫師)兩人、御兼約ニて御振舞、

廿八日、風吹、

一、月次之御登城有之、
一、御本丸・西之御丸江、月次御札守・御備折上ル、
一、大久保甚左衞門(忠門、書院番)儀、今日歡喜院方江參候ニ付、山ニ而御茶菓子御振舞被下候事、
一、新長谷寺(江戸、關口)本尊不動明王、今朝ゟ開帳ニ付、役者

壹人被遣被下候様ニと願ニ付、普門院へ被仰付

被遣候事、

廿九日、　風吹、夕方曇、

快意藤堂松林院を見舞ふ

一、晝過ゟ藤堂松林院殿へ御見廻被遊候、夕方御歸

寺之事、

求肥

一、右御音物求肥拾箱、臺有、

藤堂松林院快意に庭の青物雜花牡丹花を贈る

一、御歸已後、須知常休老ゟ文泉方迄手帋ニて、御

庭之青物幷雜花貳桶、牡丹花二筒、右、松林院

殿ゟ被遣候由ニて來ル、

地震あり

一、夜ニ入、少地震、

（裏表紙）

七册之內

（表紙）

三
スム

寶永三年

快意僧正代

日記

桂昌院様御靈屋ニ御位牌寫〔移〕

丙戌
四月朔日

六月十五日迄

（原寸、縦二四・〇糎、横一七・二糎）

（表紙裏標目）

「

四月十二日、

一、明信院様御三回忌、

四月十七日、

一、觀藏院病死御燒香願、

　附、存生之内後住願、

四月十八日、

一、智積院正僧正轉任、

五月廿二日、

一、桂昌院様御一周忌納經願、

六月十日、

一、觀藏院弟子善教留主居被仰付候事、

六月十二日、

一、智積院へ爲御暇乞音物等付居、

五日ニ、

　附、此方へ爲暇乞入來アリ、

」

〔四　月〕

快意月次御禮を勤む
*末寺淺草延命院返濟金を持參す
大雨
*快意智積院覺眼を振舞ふ
*相客は隆光英岳大護院尊祐江戸四箇寺ら目黒瑞聖寺
*今井九右衞門死去につき同兼豐へ悔みを遣す
桂昌院位牌堂雨漏につき屋根の葺直しを願ふ
大雨により內土藏の壁落つ

四月朔日、　曇、

一、月次之御登城、五時過御出、

一、覺王院（淺草、最純）・凌雲院（寛永寺、義天）、明後三日之御案内、御手紙ニ而
被仰遣候、

一、夜寅刻過ゟ大雨、及夘刻、

二日、　晴、

一、目黒瑞聖寺（武藏）へ、一昨日御出之返礼申遣候事、

一、戸澤上總介（正誠）殿へ御使僧、昨日下野守（戸澤忠庸）殿御參府之
御礼相濟候御悦、且又御手透次第御出可被下候
樣ニと申遣候事、

一、御同苗下野守殿へ、御參府之御礼相濟申候御悦
被仰遣候事、

一、加藤源四郎（景利、小普請奉行）殿へ、兩人方ゟ手帋遣候者、御位牌（桂昌院）
堂内雨漏有之候間、早ゝ被仰付ふき（葺）爲直被下候
樣ニと申遣候、且又內土藏壁落申候儀、所ゝ土
瓦之損茂有之候間、手代衆被遣候見分被仰付候
樣ニと、此旨も申遣候事、

三日、

一、淺艸（江戸）延命院返濟金之內五兩持參、歡喜院（護國寺役者）取次、
長谷川平七方へ相渡申候、尤延命院方へも請取
調遣置候事、

一、今日、智積院（京都、覺眼）僧正御招請ニ付、御相客護持院（隆光）・
進休庵（江戸、英岳）・大護院（淺草、尊祐）・圓福寺（愛宕、義山）・彌勒寺（本所、隆慶）・眞福寺（愛宕、運壽）・根（湯島、澄意）
生院・覺忍房・西大寺（大和）金剛院・南都龍松院（東大寺、公盛）・川
邊四郎左衞門（正蔵）殿・水上源右衞門殿・川邊太左衞
門殿・久能左兵衞殿・秋田屋源四郎、右之衆中
御出、

一、今井四郎右衞門（兼豐）殿へ、御同性（姓）九右衞門殿御死去
ニ付、御悔申進候、

一、植松多右衞門手代長七へ、今度桂昌院樣御須彌
坦塗り被仰付、手付金拾兩相渡候、請取長谷川
平七へ相渡候、

綱吉快意に登城を命ずるに隆光書狀を以てこれを報ず

一、護持院大僧正(隆光)ゟ、昨日御手紙ニ而、明後四日四ツ半時、登城可被成候由被仰出候旨、申來ル、

四日、　晴天、

一、今日御登城之處、御用ニ付御延引被遊候段、護持院ゟ申來ル、

快意松平忠周へ加增の祝儀に出づ

一、松平伊賀守様(忠周、側用人)、今月一日ニ壹萬石御加增被仰出候ニ付、爲御悅御出被成候、

一、松平伊賀守様へ、爲御加增之御祝儀、

　一、昆布　一箱、

　一、御樽代　五百疋、

右之通、御使僧ニ而遣候、

本丸西の丸へ例月の三日月待御札を獻上す

一、御本丸・西之御丸江、例月之通三日月之御札・備折差上候、

五日、　晴天、

一、おミねとの(元三の丸女中衆)・ゑん壽院との(延)(元三の丸女中衆)へ、彌明日御出候様ニと御文ニ而申進候、

進休庵英岳快意を振舞ふ

一、進休庵へ御兼約ニ而御振舞御越、御序ニ藤堂和泉守(高睦)様へ御立寄被成候、七ツ過御歸、

六日、　晴天、

*快意元三の丸女中衆を振舞ふ

一、終日御在院之事、

一、延壽院殿・おミね様(元三の丸女中衆)・高長院殿(同上)・覺性院殿、御振舞被成候、

一、松平大學頭様(頼貞)、來十七日此方へ御振舞被成候ニ付、御案内申遣候、

七日、　雨、

一、終日御在院之事、

一、伊達左京亮様(村豐)へ、彌明八日御出被下候様御案内申遣候、

八日、　雨、

*快意伊達村豐を振舞ふ

一、終日御在院之事、

一、伊達左京亮様御出ニ付、御相客之衆雨宮近江守(正長)殿・板橋与五左衞門殿(季盛、先手鐵炮頭)・辻月丹御家來衆平野民彌・萩野矢治馬・今橋久兵衞・潤津新五左衞門・宮刈与右衞門、其外御供之中小性客部屋ニ而料

*鰭ケ崎東福寺入院の祝儀に來寺

快意登城す

*桂昌院位牌堂ほぼ造營を終ふ

松平義行相馬紋胤より參府の案内來る

*鶴姫三回忌につき快意增上寺へ參詣す

本丸西の丸へ大般若經轉讀御札を獻上す

*快意參府の祝に松平義行淺野綱長相馬紋胤邸を廻る

理出之、
一、護持院ゟ御手紙ニ而、明九日、四ツ半時登城之
由申來ル、
九日、　晴天、
一、四ツ時、御本丸江登城、暮五時御歸、
一、大久保甚左衞門(忠門、書院番)殿・黑田新五郎(忠恒、表右筆)殿・井關彌右衞(親房、新番)
門殿・永井金八殿、歡喜院江被參候ニ付、此方
ニ而夕料理進之候、
一、松平攝津守(義行)樣・相馬圖書頭(紋胤)樣御參府之御案內、
御使者ニ而申來候故、御返礼申遣候、
一、御本丸ゟ御拜領物來ル、紋紗靑地貳卷・赤地三
卷・豐心丹一壺、・振藥、壹包、
一、御本丸・西御丸江、大般若之御札・御備折差上
候、
十日、　晴天、
一、終日御在院之事、
一、山內九郎太郎殿へ、先頃御出ニ付、歩行使ニ而

御返礼申遣候、
一、鰭ケ崎(下總葛飾郡)東福寺入院之祝儀ニ被參、御逢被成候、
羽二重壹疋被遣之候、
十一日、　陰晴交、
一、終日御在寺、
一、御位牌堂(桂昌院)大方造畢ニ付、爲御祝儀、間宮播磨守(信明、小普請奉行)
殿へ郡內嶋五疋被遣候、御使歡喜院則相務申候、
十二日、　曇天、午ゟ雨降、
一、今日、明信院(鶴姫、德川綱教室、綱吉女)樣御三回忌ニ付、增上寺へ御參詣、
御香奠銀壹枚、麻上下ニて御供侍兩人、六尺已
下常之通、伴僧泰元相務候、眞福寺(愛宕)ニ而御支度
之筈、
一、御裝束直綴・御五條袈裟ニ而御務被遊候、
一、松平攝津守樣・松平安藝守(淺野綱長)樣・相馬圖書頭殿へ、
御參府之爲御悅、今日御越被遊候事、
一、護持院へ茂御越被遊候事、
一、申刻、西之丸御丸ゟ御奉書來ル、

西の丸より奉書あり明日御成につき登城を命ず

明十三日、公方様(徳川綱吉)西之丸江被爲成候ニ付、四
時、可罷出之旨被　仰出候、以上、
四月十二日　間部越前守(詮房、西の丸側衆)
(快意)護國寺僧正

奉書の請状

右之御請、
御手帋奉拝見候、明十三日、公方様西之御丸
へ被爲　成候ニ付、可罷上之旨返(難)有仕合奉存
候、四時、登　城可仕之旨奉畏候、以上、
四月十二日　護國寺僧正
間部越前守様

一、夜中大雨、

十三日、　晴、晝已後雨降、

西の丸より奉書あり雨天につき御成延引の旨を傳ふ

一、西之丸ゟ御奉書來ル、
雨天ニ付、今日　御成御延引候間、可被得其
意候、以上、
四月十三日　間部越前守
護國寺僧正

御請、
御手帋拝見仕候、雨天ニ付、今日　御成御延
引被遊候旨奉得其意候、以上、
四月十三日　護國寺僧正
間部越前守様

一、伊達左京亮殿ゟ、先比此方へ御出之御礼被仰越
候ニ付、従是も今日御礼御使僧被遣候事、

一、朽木監物殿へ、一昨日御參府之御礼被仰上候御
悦申遣候事、

*地震兩度

一、夜ニ入、兩度地震、

一、終日御在寺之事、

十四日、　晴、

一、終日御在寺之事、

*加藤明英室雨天につき觀音參詣を止む

一、今日、加藤越中守殿(明英、若年寄)奥方観音御參詣旁ニて御出
之筈之所、昨夜之雨天ニ付、御延引之御斷申來
ル、

*鎌倉等覺院暇乞に來寺

一、鎌倉等覺院(相模、鶴岡八幡宮寺供僧)儀、明後日罷立候由ニ而、御暇乞ニ

境内所々の修復を間宮信明へ願出づ

地震

*例月の經堂法事

*快意急ぎ登城につき護國寺月次の御禮は無し

西の丸より奉書あり明日御成につき登城を命ず

*本丸西の丸へ月次の御祈禱札を獻上す

*西の丸へ御成につき快意登城す

罷越御目見、剃刀壹對被下之候、
一、境内所ゝ破損有之候故、願書ヲ以、間宮播磨守殿へ差出之候、
一、晝過地震、
一、晝過、西之丸ゟ御奉書來ル、
明十五日、公方樣西丸江被爲成候間、可罷出之旨被　仰出候、四ツ時過、可有登　城候、以上、
四月十四日　間部越前守
護國寺僧正
一、右之御請寫留、
御手帋奉拜見候、明十五日、公方樣西御丸江被爲　成候付、可罷上之旨被　仰出難有仕合奉存候、四時過、登　城可仕之旨奉畏候、以上、
四月十四日　護國寺僧正
間部越前守樣

一、護持院ゟ御手帋來ル、明十五日、御本丸之御能御延引被遊候由爲御知、
十五日、　晴、
一、經堂法事、如例御務、
一、今日登城御急候ニ付、惣中御礼無之候、
一、巳刻、護持院へ御越被成、且又西之丸へ御同道ニて御上り被成候由、
一、御本丸・西之丸へ、例月之御祈禱之御札守上ル、
一、今日者月次之御礼無御座候、諸大名江御暇被下之ニ付右之由、參府御礼も有之、
一、大納言樣(德川家宣)ニ茂、御本丸江不被爲成候由、
一、今日、公方樣西之丸へ被爲成候ニ付登城、御能御座候由、申刻御歸寺、
一、高野山西南院(紀伊、宣英)へ箱壹ツ、高野屋敷無量壽院(江戸在番)内元純房へ賴遣候事、
一、松平大學頭殿へ、明後十七日彌御參詣被成、且又終日御語被下候樣ニと被仰遣候、例之通御相

客、并家老中・御用人衆なと被召連被下候様ニ
と被仰遣候事、

十六日、　晴、

一、大護院(江戸、淺草)ニ而、京智積院御振舞ニ付、今日御越被
成候、
一、午刻過地震、
一、越谷(武藏埼玉郡)迎攝院入來、御面談、白郡内絹壹疋被遣候、
一、鍋嶋紀伊守(元武、奥詰)殿御養女御原との、近日中山備前守(信敏)
殿へ婚姻相調被申候ニ付、今日御使僧ニて、縮
緬三卷被遣候事、
一、大護院ゟ御歸暮時、
一、夜中夜明迄雨降、

十七日、

一、東照宮(東照大權現)法樂如例有之、
一、伊達左京亮殿へ、昨日御暇乞ニ御出ニ付、爲御
返礼今日御使僧被遣候事、
一、淺艸(新寺町)觀藏院事、就病氣須原通玄(數原宗達、奥醫師)老御藥服用仕度
之旨願候故、御使僧ニて御賴被仰遣候、御留主
之由、
一、今日、松平大學頭殿觀音御參詣ニ付、手前江御
立寄、緩々御語被下候様ニと兼而被仰越候ニ付、
今日御參詣有之、御振舞被成候、御相客中山主(信
庸、小姓組組頭)馬殿計、御家老衆小原孫太夫殿・岡田彦左衞門
殿、小性頭三宅平太左衞門殿、御醫者衆小平次・
狩野休古老、其外小性衆三人、是ハ御供ニて被
罷越候ニ付御留メ、
一、大書院ニ而、大學頭(松平賴貞)殿・中山主馬殿・小平次休
舌、
一、小書院ニ而、孫太夫・彦左衞門・平太左衞門殿、
一、客殿之裏ニ而、小性衆三人、
一、御歸候而、途中ゟ御使者來ル、返礼ニ使僧被遣
候、
一、今朝、淺艸(新寺町)延命院入來、觀藏院事病氣段々差重
り、千死一生之儀ニ御座候、就夫弟子善敎儀壹

*松平賴貞觀音堂に參詣し快意大書院にてこれを振舞ふ
快意淺草大護院における智積院覺眼の振舞ひに赴く
地震
越谷迎攝院來寺
鍋島元武養女婚姻につき快意祝儀を遣す
護國寺東照宮法樂
伊達村豐暇乞ひに來寺
*末寺淺草觀藏院住持瀬死につき弟子を看坊に願ふ
病氣の末寺觀藏院須原通玄調合の藥服用を願ふ

*觀藏院死去につき弟子本寺住持の燒香を願ふも快意護國寺は御祈禱所故不可なる旨を告ぐ

本山末住山の僧は後住とせず

人之儀御座候間、宜様ニ看坊ニ被仰付被下候様ニと奉願候、末住山ニ而御座候故、後住之儀難願候故、先兩役者（普門院・歡喜院）方迄内證ニ而奉願候由申來り候、右觀藏院願之由、

一、右之段申上候所、尤思召候、末住山之儀故、後住与有之候而ハ難被仰付候ニ付、先留主居ニ可被仰付候間、追而願來候様ニと被仰渡候、

一、先刻延命院罷歸、觀藏院江爲申聞候所、難有奉存候由ニて、御礼爲名代同所大乘院罷越候事、

一、申刻前、善教爲名代玄識房入來、先刻大乘院（淺草新寺町）罷歸候而間も無御座、觀藏院儀相果申候、兼而存生之内申置候ハ、相果候ハヽ、御末寺（本寺）へ奉願、何とそ御燒香被遊被下候様ニと可奉願旨申置候、尤御祈禱所之事ニ而、願上ケ候へ与も難成事ニてハ御座候へ共、申上見候様ニと申置候間奉願候由、

一、御返答ニ被仰遣候ハヽ、尤思召候由、乍然公義御祈禱所之儀有之候故、何方へも御斷申遣、燒香ニ御越不被遊候由、其邊護持院抔之末寺相果候節之例茂可有之候間、其通ニ可致不苦候、將又進休庵僧正（英岳）事ハ、由緒も有之候間願見可申候、御遠慮ニも可有之候哉、又者御越可有之候哉、其段難計候へ共、先願見候様ニと被仰遣候、此方ゟハ御名代ニても被遣事も御祈禱所故御遠慮候由、

十八日、　晴、

*濱御殿へ家宣御簾中八重姫御成

一、今日、濱之御殿江大納言様・御簾中（家宣室、近衛基熙女）様・八重姫（徳川吉孚室、綱吉養女）君様被爲成候由、

*快意智積院覺眼へ僧正轉任の祝儀を遣す

一、智積院僧正へ、御轉任之御祝儀、御使僧ニて金五百疋被遣之候、

一、淺野土佐守（長澄）殿・久留嶋帶刀（通政）殿・織田山城守（信休）殿へ、去ル十四日ニ御暇御拜領之御悦御使僧被遣候、

*藤堂高睦暇乞ひに來寺

一、藤堂和泉守（高睦）殿、爲御暇乞御出ニ付、御逢被遊候事、

本庄宗彌護國寺で出開帳の甲斐帰命院本尊に詣づ

一、松平美作守殿(本庄宗彌)、開帳御參詣ニ付御立寄、御面談、
夕料理出之、

一、右之外、相替儀無之候、

十九日、　晴、

快意愛宕圓福寺の智積院覺眼振舞ひに赴く

一、今日、圓福寺(愛宕)ニて、則住持(義山)ゟ智積院(覺眼)御振舞ニ付、
僧正(快意)ニ茂御越被遊候事、

一、藤堂和泉守殿、昨日爲御暇乞御出被成候故、爲
御返礼御使僧被遣候事、

一、加藤遠江守殿(泰恆)へ、御暇御拜領之御悅申遣ス、

快意小笠原忠基室男子平產の祝詞を遣す

一、小笠原遠江守殿(忠基)へ、奥方御男子御平產之御祝詞
申遣候事、

一、御同氏右近將監殿(小笠原忠雄)へも、右之御悅申遣候事、

廿日、　晴天、

一、終日御在院之事、

加藤明英室觀音に詣づ

一、加藤越中守樣奥方、御兼約ニ而觀音御參詣、直
ニ蓮花院(護國寺寺中)江御越、其後爰元江御出、御料理出之、
付候之女中衆・御供廻り、御歩行迄料理出之候、

*元三の丸女中衆甲斐帰命院出開帳に詣づ

一、攝取院殿(元三の丸女中衆)・本珠院殿(同上)・生得院(同上)(殿脱カ)・淸源院殿(同上)・瑞正(同上)
(院脱カ)殿・長松院殿(盛)・くうちとの(空知)(元三の丸女中衆)(同上)開帳御參詣ニ而、御
居間ニ而御料理出之候、

一、松平攝津守樣、御返礼申遣候、

一、淺野土佐守樣へ、御出之御返礼申遣候、

廿一日、　晴天、

*快意伊達村豐邸へ暇乞ひに赴く

一、伊達左京亮樣へ、御暇乞ニ御越、御歸り根生院
御振舞御越被成候、

一、安藤長門守樣(信友、奏者番)、御參府之御悅申遣候、

一、加藤越中守樣へ、奥樣へ御出之御礼申□□、

一、鍋嶋記(紀)伊守樣へ、御返礼申遣候、

一、小川杢左衞門殿へ、御出之御返礼申遣候、

*桂昌院位牌を位牌堂に移し法事あり
*光明眞言法

一、桂昌院樣御位牌移シ申候ニ付、暮合過ゟ一山不
殘出仕御法事有、光明眞言法一座、衆僧ハ光明
眞言誦之、

廿二日、　晴天、

*例月の桂昌院法事

一、桂昌院樣例之通御法事有之、御齋出之、

快意増上寺桂昌院廟所に参詣す

*牧野忠辰室死去す

安川仙庵

*快意牧野成貞を振舞ふ

綱吉御臺所家宣於傳之方へ月次御祈禱札を獻上す

*松尾寺福壽院

黃檗山萬福寺悅山和尚

一、五ツ半過、增上寺江御佛詣被成候、御次而ニ松平大和守殿(基知)・淺野土佐守殿江御暇□御越被成候、九ツ過御歸、

一、桂昌院様御位牌昨日御移シ被成候ニ付、寺中・所化中江蕎麥切御振舞、爲御布施寺中五間へ青銅三拾疋宛、所化中江貳拾疋宛被遣之候、

一、安川仙庵被參候而、一同ニ蕎麥切御振舞、絹縮壹反被遣候、

廿三日、　晴天、

一、御本丸江御能御座候而、御登城之筈候處、御用之儀ニ付御延引被遊候旨、護持院ゟ御手紙來ル、

一、公方様・御臺様(綱吉室、鷹司教平女)・大納言様・御〔五〕之丸様(於傳之方、綱吉側室)へ、月次之御札・備折差上候、

廿四日、　晴天、

一、終日御在院之事、

一、黃檗山悅山和尚(山城、宇治、萬福寺)へ、御返礼申遣候、

一、小田切土佐守殿(直利、小姓組番頭)へ、御出之御返礼申遣候、

一、牧野備後守殿(成貞)へ、明日御出被下候様ニと、御使僧遣候、

一、愛宕青松寺(江戸)へ、明日備後守殿御出ニ付、御出被下候様ニ御支僧遣候、

一、牧野駿河守様(忠辰)奥方様御死去ニ付、御悔申遣候、

一、三宅備前守殿(康雄、寺社奉行)ゟ御觸ニ付、昨日御手紙來候ニ付、今日、歡喜院罷越候、御觸別紙ニ寫置候、

二十五日、　晴天、

一、終日御在院之事、

一、牧野備後守殿御出ニ付、御相客之衆、護持院(隆光)・進休庵・要津寺(本所、牧野家菩提所)・彌勒寺・宕(岩)本院(相摸、江島)、御近習之衆三人被召連候、小書院ニ而料理出之候、

一、松尾福壽院ゟ町便ニ而、寒乾餅壹箱來ル、

一、加藤遠江守殿へ、御出之御返礼申遣候、

廿六日、　晴天、

一、終日御在院、

一、大久保加賀守殿(忠增、老中)江、御返礼申遣候、

溫淸房武藏大智寺へ入院す

一、酒井隼人正殿（忠胤）江、御出之御返礼申遣候、
一、牧野備後守殿へ、御出之御礼申遣候、
一、羽二重壹疋、溫淸房大知寺（智）（武藏入間郡勝呂郷石井村）江入院之御祝儀ニ被遣候、
一、さらし（晒）貳疋、おきくとのへ、御こん（婚）礼之御祝儀ニ御文ニ而、歩行使ニ而被遣候、

*快意召使の者町奉行所にて入牢を命ぜらる

本丸に御能あり快意登城す

廿七日、　終日曇、
一、御本丸御能御座候ニ付、四ツ過登城、暮六ツ半御歸、御拜領物晒拾五疋來ル、

護國寺月次の御禮

快意月次御禮を勤む

廿八日、　終日雨、
一、於茶之間、如例御礼相濟、
一、四ツ時、月次之登城被成候、退出以後、藤堂和泉守殿江御暇乞御越被成候、

本丸西の丸へ月次御祈禱札を獻上す

一、御本丸・西御丸、月次之御札・備折差上候、

快意本丸へ登城す

*備中遍照院

織田正姫へ婚禮の祝儀を遣す

廿九日、　晴天、晝時ゟ夕立雷鳴、
一、御本丸江登城被成候、七ツ過御歸、
一、織田正姫殿（織田信武女、内藤政貞室）御婚礼之御祝儀紅白之紗綾三巻、御

使僧ニ而被遣候、
一、織田山城守殿へ茂、御祝義申進候、
一、誓願寺（淺草、本庄氏菩提所）へ、一種來候御返礼申遣候、
一、松平陸奥守（伊達吉村）様へ、御國元へ御發足ニ付、御使者來候御返礼申遣候、
一、坪内能登守（定鑑、江戸町奉行）殿へ御使僧遣候、

御口上

今度召遣候者共御世話故○（牢舎被仰付、）跡〻之者共之仕置ニ罷成候而、別而忝奉存候、御礼旁以使僧申入候、
一、曾根久米右左衞門殿へも、御礼申進候、
一、細川越中守（綱利）様へ、兵ア大輔（細川吉利）様御悔申上候、
一、三宅備前守殿へ御使僧遣候、
今度召使之者、町奉行所ニ而牢舎被仰付、右爲御知旁以使僧申入候、
一、遍照院（備中淺口郡西阿知村）事ニ付、御室（仁和寺、寛隆法親王）ゟ御奉書來ル、
一、昌春房（哲辨）病氣ニ付、薬師寺宗仙院（元常）へ爲御見（舞脱カ）被成候、

*御臺所御簾中於傳之方八重姫へ端午の祝儀を獻上す

護國寺月次の御禮

快意月次御禮を勤む

五月の御祈禱浴油供開白す

本庄資俊室より五月の初穗屆く

*庚申待

*土佐五臺山

*護國寺二世賢廣祥月命日

爲其國分寺(和泉泉郡)被遣候、

晦日、　晴天、

一、終日御在宿、

一、松平豊後守(本庄資俊)様へ昨日之御出之御返礼、且亦來月此方へ御出被下候様被仰遣候、奥方(佐野勝由女)様へ茂、同斷、

〔五　月〕

五月一日、　晴、

一、於御茶之間、惣御礼有之、

一、月次之登城被成候事、

一、今朝ゟ爲御名代、醫王院(護國寺寺中、覺祐)浴油供開白、

一、未刻、御歸寺之事、

一、松平豊後守(本庄資俊)殿奥方(佐野勝由女)ゟ、如例當月之御初穗金三百疋來ル、

一、其外相替儀無之候、

二日、　曇晴交、

一、御臺様(綱吉室、鷹司教平女)、御簾中様(家宣室、近衛基熙女)、五之丸様(於傳之方、綱吉側室)、八重姫君様(徳川吉孚室、綱吉養女)、

右、今日端午之御祝儀物上ル、幷女中方へ茂例之通被遣候、

一、終日御在院、

三日、　晴、

一、萬福寺(山城、宇治)悦山和尚へ、此間御使僧之返礼申遣候事、

一、眞田伊豆守(幸道)殿へ、當月御祈禱之案內申遣候事、

一、高野(紀伊)學侶在番兩院へ、端午之祝儀物來ル返礼申遣ス、

一、藤堂和泉守(高睦)殿へ、去ル卅日ニ御當地御發駕之案內被仰越候ニ付、返礼申遣候事、

一、本多市左衛門(正芳、新番頭)殿へ、此間御出之返礼申遣ス、

一、於歡喜院(護國寺役者)、今夜庚申待、當番、

一、土左(佐)國五臺山(長岡郡五臺山村)へ箱壹ツ、麻田十郎右衛門方へ御屆給候様ニと賴遣候事、

一、今日、賢廣(護國寺二世)僧正御忌日ニ付、長屋之衆中へ非時

被仰付候、

四日、　晴、晩來雨、

一、公方様(徳川綱吉)・大納言様(徳川家宣)へ、三日月待幷庚申待之御札守上ル、

一、松平陸奥守殿(伊達吉村)へ、一昨日御發駕案内御使者來ル返礼申遣候事、

一、観世太夫座箕輪半之丞、幷地謡三人へ金子被遣候、半之丞へ貳百疋、地へ百疋ツヽ、

一、御在寺、

一、六角越前守殿(廣治)へ爲御見廻、笋五本、被遣候、其外、相替儀無之候、

端互(午)、　晴、午ゟ雨、

一、於御茶之間、惣御礼有之、

一、辰刻前、登城被成候事、

一、御本丸大奥ゟ白銀三枚・粽▒(拾)把、例年之通御拜領、右御返事指上候事、

一、寺社奉行衆へ、爲御名代普門院(護國寺役者、豁如)ヲ以、當日之御祝詞被仰遣候事、

一、未刻前御歸寺、

一、右之外、相替儀無之候、

一、御本丸ゟ來り候粽、御祈禱衆中へ被下候事、寺中五ケ院同斷、

六日、　雨天、

一、終日御在寺、

一、公方様・大納言様御祈禱御星供、蓮花院(護國寺中、深譽房)今宵開白之、

一、本多淡路守殿(忠周)御出、御面談有之、

一、高野山(紀伊)ゟ藥王寺(市ケ谷、證覺)隱居、初瀬(大和、長谷寺)ゟ長春房、右同道ニて、今日到着之事、

七日、　雨天、

一、開山講如例御務、衆中へ朝飯出ル、

一、今宮大明神之法樂有之候、

一、終日御在寺之事、

一、夜四ツ時過、茗荷谷(江戸)御男衆屋敷之内二軒燒失、

綱吉家宣へ三日月待庚申待御札を獻上す

観世太夫座箕輪半之丞地謡

*綱吉家宣御祈禱の星供開白す

*高野山に隱棲の藥王寺隱居江戸に下る

護國寺端午の御禮

快意端午の御禮に登城す

*開山講

本丸大奥端午の祝儀を下す

*今宮大明神法樂

*茗荷谷の男衆屋敷内二軒燒失す

恆例の大般若經轉讀
*甲斐歸命院出開帳の日延べを許可さる
市ケ谷薬王寺隆光快意英岳大護院尊祐江戸四箇寺を振舞ふ
綱吉家宣御臺所御簾中於傳之方八重姫へ大般若經轉讀御札を獻上す
*快意須知常休夫妻を振舞ふ
綱吉家宣八重姫へ浴油供御札を獻上す
*黄檗山悅山和尚來寺

一、右之外、相替儀無之候、燭臺四本薬王寺へ被遣候、

八日、　雨天、

一、大般若轉讀如例有之、
一、安藤長門守殿(信友、奏者番)・內藤重(十)郎左衛門殿(正房、新番)へ、昨夜御近所出火見廻ニ御使被遣候事、
一、市谷薬王寺江、今日護持院大僧正(隆光)・智積院僧正(覺眼)・進休庵僧正(英岳)・大護院(尊祐)・四ケ寺(江戸四箇寺)、其外衆中招請ニ付、當院僧正(快意)ニ茂御越被遊候事、
一、飯田次郎右衛門殿(伴有)入來、染帷子一端被下候、

九日、　雨天、巳刻過晴、

一、公方様、　大納言様、　御臺様、
御簾中様、　五之丸様、　八重姫様、
右、大般若御札守上ル、
一、公方様・大納言様・八重姫様へ、浴油供御札守・御備折上ル、
一、松平彦太夫殿(忠明)へ、病氣爲御見廻、今日御使僧指遣候事、

一、松平攝津守殿(義行)へ、一昨夜近所出火ニ付、昨日御使者來返礼申遣ス、
一、終日御在寺之事、
一、歸命院(甲斐)事、此間寺社御奉行所江罷出、日延、將又歸命院開基已來十八萬日ニ罷成候間、廻向仕度候旨願候所、今日寄合列席ニ而、願之通十五日日延被仰付候由、御月番本多彈正少弼殿(忠晴、寺社奉行)ニ而、彈正少弼殿被仰渡候由、廿一日ゟ廻向始申候段茂申上罷歸候由ニて御座候事、

十日、　晴、

一、須知常休(藤堂高睦家老)老幷妻なと御振舞之事、
一、終日御在寺之事、
一、備中遍照院(淺口郡西阿知村)願事ニ付、今日御室院(仁和寺)家衆へ連名之御狀被遣候事、
一、今日、黄檗山悅山和尚御出、於大書院御面談、

十一日、　晴天、

一、終日御在院、

足利惠生院

*快意町奉行へ先に入牢の六尺二人の出牢江戸拂を願ふ

本丸より恆例の五月御祈禱の初穗を下す

*快意目黑瑞昌寺の振舞ひに赴く

快意近習表侍御祈禱衆寺中の所化らに芝居を見物さす

快意大久保忠增同傳吉郎へ水痘見舞ひを遣す

一、足利(下野)惠生院被參、於茶之間御逢被遊候、
一、黄檗悅山和尚へ、御出之御返礼御使僧遣候、
一、堀筑後(秀雲)殿・竹本土佐守(長鮮)殿・松田志摩守(貞直)殿・木下和泉守(信眞)殿・森阿波(賴俊)殿へ、來ル廿日・廿一日・廿三日・廿四日、此內御差合無御座候日御出被下候樣申遣候、
一、御本丸ゟ例之通、御祈禱之御初尾銀五枚、御文添來ル、

十二日、　晴天、

一、終日御在院、
一、今日御近習不殘、表侍不殘、御祈禱衆幷寺中之所化皆〻、根生院(湯島、澄意)御近習不殘、芝居江被遣候御事、
一、大久保加賀守(忠增、老中)樣、御同姓傳吉郎(大久保忠方)樣、御水痘之御見舞御使僧遣候事、

十三日、　晴天、

一、來ル十七日、織田山城守(信休)殿此方へ御出ニ付、御相客之衆中へ御案內申進候方〻、織田(土方)內記(豐義)殿・織田能登(信有)殿・同市正(信有)殿・內藤主殿(政貞)殿・織田讚岐(信明、高家)殿、御使僧ニ而申遣候、
一、坪內能登守(定鑑、江戸町奉行)殿へ御使僧ニ而、
今度六尺兩人牢舍被仰付候處ニ、此者共出牢之義奉願候、其上、江戸御構之無地追放被仰付被下候ハヽ、忝奉存候、右爲可申入以使僧申達候、
一、目黑(武藏)隨(瑞)昌寺へ御出、御持參扇子拾本入、悅山和尚へ御見舞御持參無之候、高野屋敷へ茂御見舞御持參、
一、縮貳反　無量壽院(高野山、堯實)へ、
一、縮緬壹卷　龍光院(高野山、晃朝)へ、
一、紗綾壹卷　寶城院(高野山)へ、
一、晒壹反　元淳房(無量壽院御內)へ、
右之通、御持參被成候、
一、明十四日、四ツ半時御登城之由、護持院ゟ御手

上總空溫房
*本丸西の丸へ例月の御祈禱札を獻上す
上總快春房
快意登城す
大久保忠朝へ依賴の御祈禱札を遣す
智積院覺眼日光社參より戻る
*御機嫌窺ひの筭獻上につき側用人に指示を仰ぐ
快意愛宕眞福寺求聞持堂の道具を寄進す
快意月次御禮を勤む

紙來ル、
一、上總空溫房被參、於茶之間御逢、晒壹反被遣候、
一、同國快春房被參御逢、剃刀壹對被下候、
十四日、　終日雨、
一、四ツ時、御本丸江登城、七ツ半時御歸、
一、大久保杢頭(忠朝)殿へ、御賴之御祈禱之御札遣候、
一、增上寺へ、廿一日・廿三日四五九日、右之內此方へ御振舞之義申遣候、
一、智積院へ、日光(下野)ゟ御歸御悅、幷十八日ニ護持院御出候間、御語候樣申遣候、
一、織田山城守樣、彌十七日ニ御出被下候樣申遣候、
一、誓願寺(淺草、本庄氏菩提所)へ、來月五日ニ御越之由、御返答御使僧遣候、
一、愛宕(江戶)眞福寺へ、求聞持堂之諸道具御約束ニ而被遣候、
十五日、　終日曇、
一、月次之御礼登城、其以後御能有之候、拜領物晒

拾疋來ル、五ツ時御歸、
一、御本丸・西御丸江、例月之通御札差上候、
一、坪內能登守殿へ、御使僧遣候、是ハ六尺給金持參仕候故御斷、且亦出牢被仰付被下候樣ニ申遣候、
一、竹本土佐守殿へ、彌廿日御出被下候樣ニ申遣候、
一、松平信濃守(鍋島綱茂)殿へ、御返狀差遣候、
十六日、　少雨、
一、筭獻上ニ付、松平右京大夫(輝貞、側用人)殿へ歡喜院御窺ニ罷越候、

口上之覺

爲可奉御機嫌窺、來ル十八日・十九日兩日之內、御差圖次第筭獻上之仕度奉存候、獻上仕候ハヽ、其元樣迄差上可申候間、宜樣奉賴候、以上、

五月十五日　護國寺(快意)

一、夕飯過ゟ津輕越中守(信政)殿へ、御暇乞ニ御越被成候、

一、小日向(江戸)西藏院祭礼、御門前通り申候、
一、眞田伊豆守殿へ、御返礼申遣候、
一、本多吉十郎(忠孝、護國寺火番)殿、御返礼申遣候、
一、御門前名主休圓、五社ニ神前ニ而湯花差上候、

十七日、　曇、

一、稲葉丹後守(正往、老中)殿へ、御悔ニ御使僧遣候、
一、堀田伊豆守(正虎)殿へ、同斷、
一、榮隆院(堀田正俊室、稲葉正則女)殿へ、同斷、
一、大久保杢頭殿へ、御返礼申遣候、
一、織田山城守殿御兼約ニ而此方へ御出、御相客之衆中、織田美濃守(信就)殿・內藤主殿殿・土方內記(豐義)殿・織田能登守(信門、高家)殿・同市正殿・長谷川三卜、山城守(織田信休)殿御家來中山助之進・生駒佐內・同八郎右衞門・永田傳左衞門、其外御相客衆中不殘中小性迄料理出之候、

十八日、　晴天、

一、四ツ時ゟ松平加賀守(前田綱紀)殿へ、御移之御悦ニ御出被成候、
一、窺御機嫌笋、松平右京太夫殿迄獻上之被成候、歡喜院罷越候、
一、松平美濃守(柳澤吉保)殿へ、御見舞として笋壹籠被遣候、
一、松平伊賀守(忠周、側用人)殿へ、笋壹籠獻上之御殘りとして被遣候、
一、御本丸江、千座之御札守・折差上候、
一、松平(本庄資俊)豐後守殿奥方(佐野勝由女)へ、御祈禱御賴之御札被差遣候、
一、御兼約ニ而笋振舞、護持院・知(智)積院・圓福寺(愛宕、義山)・眞福寺(愛宕、運壽)・根生院・進休庵・金剛院西大寺・川邊(正歳)四郎左衞門殿、右之御方御出、
一、御奉書來、

被獻候笋一籠、首尾能披露相濟候、右爲可申入如斯候、以上、

五月十八日　　松平右京大夫

小日向西藏院の祭禮護國寺門前を通る
*綱吉へ御機嫌窺ひの筍を獻上す
門前名主休圓境內の五社神前に湯花を供ふ
*本丸へ千座御祈禱の札守を獻上す
*本庄資俊室へ依賴の御祈禱札を遣す
快意織田信休を振舞ふ
*快意筍を隆光智積院覺眼らに振舞ふ
*松平輝貞の奉書

*快意元桂昌院附用人衆帳番衆添番衆ら役人衆を殘らず振舞ふ

快意屋敷拝領の祝に大久保忠增間部詮房邸へ赴く

*御影供

*境内にて出開帳の甲斐歸命院十八萬日の廻向を始む

*阿部正喬依頼の公儀御祈禱結願す

*快意護國寺向屋敷の筭を寺中衆所化衆に振舞ふ

御請、

御手紙奉拜見候、差上候筭一籠御首尾能御披露被遊ᴄ被下難有仕合奉存候、以上、

五月十八日　護國寺

松右京大夫樣

一、松平右京大夫殿へ、獻上筭首尾能御披露被遊被下難有仕合奉存候由、御礼として御使僧遣候、

十九日、　晝過ゟ晴、

一、四ツ時、御屋敷御拜領之爲御悅、大久保加賀守殿・眞鍋(間部)越前守(詮房、西の丸側衆)殿へ御越被遊候、

一、秋元但馬守(喬知、老中)殿へ、昨日御見舞として筭來候爲御礼御越被遊候、

一、松平豐後守殿へ、御返礼申進候、

一、丹羽遠江守(長守、江戸町奉行)殿へ、御礼進候、

一、內藤主殿殿へ、御返礼申進候、

一、同奥方へ、御返礼申遣候、

廿日、　晝時ゟ雨、

一、終日御在院之事、

一、桂昌院樣附之御用人衆・帳番衆・添番衆・御用書衆・坊主衆、其外御役人衆不殘御振舞被成候、

一、土方內記殿へ、御返礼申遣候、

一、織田山城守殿へ、一種來候御返礼、幷此中御出之御返礼申遣候、

一、牧野周防守(康重)殿、一種來候御返礼申遣候、

廿一日、　晴、

一、御影堂法事、如例有之、

一、歸命院願之通十八萬日之廻向、今日被始候由、

一、加藤越中守(明英、若年寄)殿ゟ、昨日一種來ル返礼、御使僧ニて被仰遣候事、

一、阿部飛驒守(正喬)殿兼而御賴之公義之御祈禱、今朝結願ニ付、如例瀨下治兵衞江御切帋被遣候事、

一、向屋敷(江戸、大塚)御後薗之筭御振舞ニ而御越被遊候、寺中幷所化衆御振舞被仰付候、安川仙庵も被召寄候、

一、根生院ゟ御手帋來ル、
明日早朝、大護院・四ケ寺一同ニ、鳥居播磨(忠英、寺社奉行)守殿・本多彈正少弼殿へ、來月增上寺ニ而御法事之內納經拜礼被願候、且亦護持院ゟも役者壹人願書ヲ以被仰出候間、護國寺ゟも役者壹人被指出候樣ニと、護持院御傳言之由被仰聞候由、
一、歸命院廻向之儀、暮方迄興行ニ付、自然參詣も有之候ハヽ不苦候間、亥刻迄も參詣爲仕候樣ニと被仰付候事、
廿二日、　晴、
一、(桂昌院)御位牌堂御法事如例相務候、衆中へ朝飯被仰付候事、
一、增上寺御法事御奉行鳥居播广守殿・本多彈正少弼殿へ御願書被添、則普門院被遣候、右兩方へ書付被遣候寫、
來月於增上寺、桂昌院樣御法事之內、拜礼幷納經奉願候、以上、
五月廿二日　　護國寺僧正
右、大奉書半切ニて相調、美濃紙ニて上包、上下折ル、上書ニ、護國寺僧正、
一、增上寺へ御參詣、右之序ニ、圓福寺ニて智積院僧正御亭主ニ而、護持院其外御振舞之由、依之、僧正ニ茂御越被成候事、
一、大久保長門守殿(教寛、西の丸側衆)御病氣ニ付、爲御見廻御使僧被遣候、
一、松平彥太夫殿御死去ニ付、爲御悔御同姓次郎右衞門殿・新藏殿へ御使僧被遣候、
一、普門院、寺社御奉行所へ罷越、願書差出候所、追而此方ゟ可申談候由、御返答ニて御座候由、大護院・四ケ寺者一同ニ被罷越被願候由、普門院事ハ外へ不構願被罷歸候、
一、昨日、歸命院方へ被仰付候者、參詣茂多有之候ハヽ、夜中茂不苦候間、參詣爲致候樣ニと被仰

*快意增上寺の桂昌院廟所に參詣す
*愛宕圓福寺にて智積院覺眼亭主となり隆光快意らを振舞ふ
甲斐歸命院十八萬日の廻向に夜中の參詣を許可す
*快意松平忠明死去悔みの使僧を遣す
桂昌院位牌堂法事
快意桂昌院一周忌法事の拜禮納經を願ふ

*快意元三の丸廣敷番頭衆らを振舞ふ

本丸に御能あり快意登城す

綱吉家宣御臺所御簾中於傳之方へ月次御札を獻上す

*中嶋金剛院來寺

*柳澤吉保松平輝貞へ五月祈禱の札守を遣す

*本庄資俊へ五月祈禱の札守を遣す

護國寺茶屋の疊交換に古疊薄緣を下さる

*内藤正友依賴の綱吉家宣御祈禱の札守を遣す

付候故、今夕ゟ參詣入申候事、

廿三日、　雨天、

一、於御本丸御能被遊候ニ付、巳刻登城、

一、公方様・大納言様・御臺様・御簾中様・五之丸様へ、月次之御札守上ル、

一、曲渕越前守殿（重羽、作事奉行）ゟ兩人方迄御手帋來ル、

其元御茶屋之疊御請取被成度之旨奉窺候所、其元へ相渡し候様ニ被仰渡候、右之段御疊奉行衆江茂申渡候、尤御疊小屋人足ニて爲持進候様ニと申付候由、

廿四日、　晴、

一、織田内匠殿（長清）へ、返書爲持遣候事、

一、御疊小屋ゟ兩御茶屋御疊、今日請取、

一、八拾五疊　古疊、

一、拾七枚半　古薄緣、

右之通請取申候、手形幡野市郎兵衛殿（春勝、疊奉行）・宮村孫左衛門殿（疊奉行）・榊原七左衛門殿（次春、疊奉行）江調遣候事、

一、終日御在院ニ付、兼約之御振舞有之、日比野七郎右衛門殿（忠次、元三の丸廣敷番頭）・守能吉兵衛殿（安明、同上）・森彌五左衛門殿（定尚、同上）・平井吉右衛門殿（寶之）・中澤源三郎殿（建尋、大番）、右之衆中、前後段迄、

一、中嶋金剛院（武藏埼玉郡末田村、秀慶）入來、御面談、晒壹疋被遣之候、

一、備中遍照院儀ニ付、御室ゟ御返書町飛脚ニて到來、

廿五日、　晴、

一、黄檗悅山和尚ゟ爲御暇乞、昨日使僧來ル返礼、且又自此方爲御暇乞晒布三疋御音物、右御使僧ニて被遣候事、

一、松平美濃守殿・同右京大夫殿（松平輝貞、側用人）へ、例之通御祈禱之御札守被遣候事、

一、松平豐後守殿へ、例之通御札守遣候、

一、内藤式部少輔殿（正友、大坂定番）御頼之公方様・大納言様之御祈禱御札守、上屋敷迄爲持遣候事、

一、曲渕越前守殿へ、昨日御疊不殘請取、且又預御

世話辱候由申遣候事、
一、戸澤上總介(正誠)殿へ、返書爲持遣候事、
一、町奉行坪内能登守殿へ、家來牢舍永〻仕候ニ付、自然病死ニても仕候へハ無本意候間、出牢被仰付被下候樣ニと申遣候事、
一、本多淡路守殿へ、例之通御札守遣候、
一、庄田小左衛門(安通)殿へ、例之通御札守遣候、且又明日彌御出被下候樣ニと被仰遣候事、
一、護持院ゟ手帋來ル、
今日登城可被成候、例之刻御上り可被成候旨被仰越候ニ付、巳刻半時登城、夜ニ入御退出、今日八重姫君樣被爲入候ニ付、御能拜見被仰付候由、

廿六日、　晴、

一、終日御在寺之事、
一、藤堂和泉守殿染井屋敷ニ而、誓心院樣御參詣ニ付、方丈ニて御振舞、本堂廊下ニても饗應有之、
一、藤堂与吉殿内方・須知常休老内方御振舞之事、
一、藤堂備前守(高堅)殿御出、御面談、
一、板倉甲斐守(重寛)殿へ、例之御札守爲持遣候、
一、織田山城守殿へ、昨日御使者ニて御暇乞被仰越候返礼申遣候事、
一、阿部飛彈守殿ゟ、昨日御使者ニ而、御祈禱料來ル返礼申遣候事、
一、申刻迄、新長谷寺(江戸、關口)不動開帳ニ付御參詣、御初尾銀壹枚御持參候事、

廿七日、　晴風吹、晝ゟ雨、

一、黑田新五郎(忠恒、表右筆)殿御出、御面談有之、
一、御兼約ニて、庄田小左衛門(安通)殿御振舞、相客衆差合候ニ付、小左衛門殿計御出御語候事、
一、去ル廿五日ニ、京御室ゟ遍照院儀ニ付御返書、院家衆連名ニて來候趣者、備中遍照院儀、新古(新義・古義)爭論ニ付、仁和寺住侶ゟ後住被仰付候由、御門(寛隆法親王)主被仰候由、則遍照院へ被仰渡候之所、左候ハ

*藤堂高堅來寺
快意町奉行へ長らく入牢の家來の出牢を願ふ
*板倉重寛へ五月祈禱の札守を遣す
*阿部正喬より御祈禱料届く
本多忠周へ五月祈禱の札守を遣す
庄田安通へ五月祈禱の札守を遣す
*關口新長谷寺の不動開帳す
本丸に八重姫馳走の御能あり快意登城す
*快意庄田安通を振舞ふ
*備中遍照院後住爭論
藤堂誓心院観音に參詣す

丶、寺社奉行所へ出訴可仕候旨申候ニ付、如何様共勝手次第仕候様ニと御意被遊候故、右之段彌勒寺迄御手紙御添被遣候事、

一、藤堂備前守殿へ、昨日御出之返礼申遣候事、

廿八日、　雨天、午ゟ晴、夕方雨、

一、御茶之間ニ而、如例惣御礼、

一、例之刻、月次之御登城被成候事、

一、公方様・大納言様へ、月次之御札守上ル、

一、右之外、相替儀無之候、

廿九日、　雨天、巳刻ゟ晴、

一、備中遍照院入來、彌勒寺ゟ御添状被下、昨日本多彈正少弼様へ出訴仕候、爲御知伺公仕候由、

一、於開山堂、聖憲法印(根來寺中性院)爲追善理趣經讀誦、一山衆中へ如例素麪御振舞被成候事、

一、終日御在寺之事、

一、今日、松平攝津守様ゟ御使者來ル、御同姓萬三郎(義孝)様、昨日御目見被仰上候御吹聽被仰越候ニ付、

護國寺月次の御禮
*市ケ谷藥王寺隱居來寺
快意月次御禮を勤む
綱吉家宣へ月次御祈禱の札守を獻上す
*護國寺月次の御禮
備中遍照院後住爭論につき寺社奉行所へ出訴す
*甲斐歸命院出開帳及び十八萬日廻向結願
根來寺聖憲法印追善の法會あり
*快意月次御禮を勤む

從此方茂御返礼、且又御悅旁被仰進候ニ付、暑氣爲御見舞氷砂糖一壺被遣之候、

一、松平出雲守(義昌)様へ、先刻御使者ニて、明後日彌御出被下候様ニと御案內被仰聞候ニ付、明後日彌伺公仕、御礼旁可得御意候由被仰遣候事、

一、藥王寺隱居被罷越、逗留、

〔六　月〕

六月朔日、

一、於茶之間、如例御礼相濟、

一、甲州皈命院開帳、幷十八萬日之廻向結願、辰ノ下刻、

一、皈命院爲御悅御使僧被遣候、

一、四時、如例月次之登城、八時前御歸、

二日、　晴天、

一、大岡七郎左衛門(政春、先手鐵砲頭)殿へ、加增之御祝儀御使僧遣候、

一、松平出雲守(義昌)殿へ、御兼約ニ而御振舞御越被成候、

快意黑田直邦へ病氣見舞ひを遣す
*本丸裏門の切手增印あり
注文の眞言八祖像京より到著す
寺社奉行へ歸命院出開帳の閉帳を屆出る
*智積院覺眼暇乞に來寺
*淺草誓願寺快意を振舞ふ
快意六角廣治同室六角廣豐を振舞ふ

三日、　晴天、
一、松平主殿頭殿（忠雄）へ、御暇御拜領ニ付、御悅御使僧
遣候、
一、黑田豐前守殿（直邦、小姓）御病氣ニ付、御見舞御使僧遣候、
一、松平出雲守殿へ御礼申進候、并奥方樣（龜姫、丹波光重女）へ茂御傳
言申遣候、
一、六角越前守殿（廣治）へ、明日彌御出之御案内申遣候、
一、六角主殿殿（廣豐、表高家）へ茂、同斷、
一、昨二日、舟廻シニ而、八祖（眞言八祖像）御着、送狀知〔智、下同ジ〕積院（京都）役者
巧海房・圓說房兩人名所ニ而參候、
一、本多彈正少弼殿（忠晴、寺社奉行）へ、皈命院開帳一昨朔日ニ相濟
申候由、爲御付届歡喜院（護國寺役者）罷越候、
一、松平陸奥守樣（伊達吉村）、御返礼申遣候、
一、織田山城守殿（信休）へ、御暇乞ニ夕飯過ゟ御越被成候、
四日、　晴天、
一、終日御在院之事、
一、六角越前守殿、同主殿殿（六角廣豐、表高家）・同奥方（六角廣治室、本庄宗資女）御兩所、御兼

約ニ而、此方へ御振舞被成候、
一、榮隆院殿（堀田正俊室、稻葉正則女）へ、伊豆守殿（堀田正虎）御參府被成候ニ付、爲御
悅御使僧遣候、
一、誓願寺（淺草、本庄氏菩提所）江、昨日御返礼申遣候、
一、榊原式部大輔樣（政邦）へ、御返礼申遣候、
一、大久保玄蕃頭殿（忠兼、留守居）ゟ、御裏御門之增印有之候ニ付、
此方へ被遣候木札取ニ參候故、御使僧ニ而爲持
遣候得□增印被成候而御越被成候、
一、京都知積院ゟ町飛脚ニ而、八祖之注文御越被成
候、
五日、　晴天、
一、知積院僧正（覺眼）爲御暇乞御出、御逢被成候、御持參
金五百疋、
一、誓願寺江御兼約ニ而御振舞御出、其次而ニ、堀
田伊豆守殿（正虎）へ御參府之御悅、本多能登守殿（忠常）へ八、
御暇御拜領之御悅御越被成候、
六日、　晴天、

*快意桂昌院一周忌の納經拜禮を聽さる

一、終日御在院之事、
一、藤堂備前守(高堅)殿へ、御返礼申遣候事、
七日、晴天、

開山講

一、例之通開山講、於茶之間御齋出之、
一、終日御在宿之事、

*太田政資快意を振舞ふ

綱吉家宣御臺所於傳之方八重姫へ祇園物忌を獻上す

一、御本丸(徳川綱吉)・西御丸(徳川家宣)・御臺樣(綱吉室、鷹司教平女)・五之丸樣(於傳之方、綱吉側室)・八重姫君(徳川吉孚室、綱吉養女)樣へ、例之通祇薗殿御物忌差上候、其外御女中衆へ茂進候、

*入牢の六尺二人出牢江戸拂に處さる

一、堀左京亮(直利、寺社奉行)殿ゟ御觸狀來ル、歡喜院罷越候、御觸寫置候、
一、和州室生寺(宇陀郡、澄岸)ゟ町飛脚ニ而煎茶來ル、幷護持院(隆光)・根生院(湯島、澄意)・彌勒寺(本所、隆慶)・織田正姫(織田信武女、内藤政貞室)殿へも參候故、何茂相居候、
八日、折々雨、

快意甲斐歸命院西信寺を振舞ふ

一、終日御在宿之事、
一、皈命院(江戸、大塚)・西信寺御振舞被成候、

*本丸西の丸へ例月の大般若經轉讀の御札を獻上す

一、高野山無量壽院(紀伊、堯實)御出、御對話、

一、本多彈正少弼殿ゟ役僧御召、歡喜院罷越候、右者桂昌院樣御一周忌ニ付、於增上寺納經拜礼御願通御直ニ被仰渡候、
九日、時々雨、
一、四ツ半過、御兼約ニ而、太田文〔次〕治郎(政資、西の丸桐間番)殿へ御振舞御越、御持參、
一、染帷子三反　太田文治郎殿、
一、晒貳疋　同御親父(資武)江、
一、兼而牢舍被仰付候六尺貳人、今日出牢被仰付、江戸追放〔拂〕ニ罷成候由、關谷宇右衞門ゟ歡喜院迄申來ル、
一、今度、桂昌院樣御一周忌ニ付、納經拜礼御願之通被仰付候故、本多彈正少弼殿・鳥井〔居〕播磨守(忠英、寺社奉行)殿へ歡喜院御礼ニ罷越候、
一、藥王寺(市ケ谷、榮傳)儀、今日納經拜礼ニ寺社奉行へ罷出、
一、御本丸・西御丸へ、例通大般若御札差上候、
十日、天氣、

一、終日御在宿之事、

淺草觀藏院先住の弟子善敎師僧死去につき看主に任ぜらる

一、淺草觀藏院(新寺町)先住弟子善敎、今度觀藏院被相果候ニ付、善敎看主ニ被仰付爲御礼、金三百疋・扇子箱持參、御逢被成候、爲祝儀晒壹疋被下候、

信濃練光寺使僧諦了

一、信州練光寺(埴科郡松代)使僧諦了、今日御暇被下候而發足、爲御餞別帯地壹筋被下候、

六尺出牢につき快意坪內定鑑三宅康雄へ御禮の使者を遣す

一、坪內能登守(定鑑、江戸町奉行)殿・三宅備前守(康雄、寺社奉行)殿へ、今度六尺出牢被仰付候、只今迄諸事御世話故、首尾能相濟申候、爲御礼歡喜院罷越候、

一、申下刻ゟ雨降、夜ニ入少〻、

六月十一日、　歡喜院當番、

一、雨天、晝時ゟ晴、

本丸に御仕舞あり快意登城す

一、御本丸江登城被遊候、御仕舞五拾番程御座候由、夜ニ入、初夜過御歸寺、拜領有之候由、

一、牧野周防守(康重)殿へ、昨日御在所江之御暇初而御拜領之御案內御使者之返禮、且又御發駕前一日此方へ御出御語被下候樣ニと被仰遣候、右御使僧ニ而、

十二日、　晴、

一、御本丸ニて、昨日御拜領物來ル、御小人衆爲持被參候、晒布八疋・越後縮七端都合十五、

一、小笠原信濃守(長圓)殿へ、御參府之御礼被仰上候御悅ニ御越候事、

*智積院覺眼歸京につき快意暇乞に赴く

一、智積院僧正明日發駕ニ付、爲御暇乞御越被遊候事、

一、白銀三枚、
一、斗帳二卷、　智積院僧正江、
一、白縮緬、一卷、　西光寺江、
一、金貳百疋ツヽ、　智積院弟子衆兩僧、
右之通、御餞別ニ被遣候、
一、紙包、一、　養命坊(京都、專戒)僧正へ、
一、長箱、一、　蓮臺寺(京都、榮慶)權僧正へ、
一、紙包、一、　同閉居僧正へ、
一、箱、一、　愛宕中將(通晴)殿江、

*河内通法寺より素麵届く
*若年寄仁王門より石段下迄の敷石敷設を許可す
六角廣治快意を振舞ふ
快意六角廣豐の目白屋敷へ赴く
*綱吉甚暑の窺ひとして快意に熟瓜を下す
快意伊達宗贇松平忠雅へ参府の悦を申遣す
快意諸氏へ暇拝領の悦を申遣す
*松平輝貞の奉書

一、書狀、一、　　　　菩提院(仁和寺、賴遍)僧正へ、
一、書狀、一、　　　　稲荷(京都)愛染寺へ、
一、書狀、一、　　　　(巧海房
圓說房)江、
右之品〻、西光寺相屆被下候樣ニと申遣候事、
一、今日、六角越前守殿へ、兼約之御振舞ニて御越
被遊候、尤目白御屋敷主殿(六角廣豐、表高家)殿へも御越候事、
一、帋布三端、　　　　六角越前守殿へ、
一、越後縮三端、　　　同主殿江、
一、越前綿三屯、　　　越前守殿奥方へ、
右御音物、普門院(護國寺役者、豁如)御先へ被罷越候ニ付賴遣候事、
一、松平攝津守(義行)殿へ、昨日御使者之返礼申遣ス、
一、伊達遠江守(宗贇)殿・松平下總守(忠雅)殿御兩所へ、御參府
之御悦被仰遣候、
一、小笠原右近將監(忠雄)殿、　　酒井左衞門尉(忠眞)殿、
眞田伊豆守(幸道)殿、　　牧野駿河守(忠辰)殿、
水野隼人正(忠直)殿、　　堀長門守(直佑)殿、
右、御暇御拜領之御悦被仰遣候、

一、河刕通法寺(古市郡通法寺村、賴雅)ゟ素麵箱來ル、
一、稲垣對馬守(重冨、若年寄)殿ゟ御封手帋來ル、
昨日被申聞候仁王門より石壇〔段〕坂下迄敷石願之
者之儀、勝手次第御申付可有之候、以上、
六月十二日　　　　稲垣對馬守
護國寺
右、御返事仕差上候事、
十三日、　晴、
一、終日御在寺之事、
一、公方樣(德川綱吉)窺御機嫌之御使普門院被相務候、來ル十
四日十五日兩日之內、熟瓜獻上仕度之旨被仰遣
候、尤口上書如例持參之事、
一、未刻、御奉書、御小人相添え熟瓜一籠御拜領、
甚暑付被遊　御尋候、因玆、熟瓜一籠被下之
候、可有頂戴候、爲御礼不及登　城候、以上、
六月十三日　　　　松平右京大夫(輝貞、側用人)
護國寺

＊松平輝貞の奉書

御請之寫、

御手帋奉拜見候、甚暑ニ付、　御尋被爲遊被下、因茲、熟瓜一籠拜領仕難有ヿ〔奉〕頂戴候、爲御礼登　城仕間敷之旨奉畏候、以上、

六月十三日　　護國寺

松右京太夫樣

一、右、御小人衆へ素麪・吸物・酒なと出之候由、長持かつき(担)壹所ニて飯振廻候由、

本庄宗彌來寺快意對面す

一、松平美作守(本庄宗彌)殿御出、御對面、

＊寶藏の蟲干し快意暑氣御尋の拜領物につき側用人を廻禮す

一、先刻、暑氣御尋之拜領物ニ付、松平右京大夫殿・松平伊賀守(忠周、側用人)殿へ、爲御礼御越被遊候事、

十四日、　晴、

一、松平主殿頭殿ゟ、今日御發駕之案內、昨日申來候返礼申遣候事、

一、松平美作守殿、昨日爲御見廻〔舞、下同ジ〕御出候返礼申遣候事、

一、御奉書來ル、

明十五日晝時前、登　城可有之候、以上、

六月十四日　　松平右京大夫

護國寺

一、右御請、

御手帋奉拜見候、明十五日晝時前、登　城可仕候旨奉畏候、〔以上、脫カ〕

六月十四日　　護國寺

松右京大夫樣

一、今日、寶藏虫干、大書院ニて如例、晝之內兩人ツヽ番有之、夜ニ入、出家兩人利山(護國寺寺中)・順忍(同上、覺祐)相務申候、下男兩院ゟ出ル、亮尚院・醫王院ゟ、方丈ゟ男壹人出ル、

上野大聖護國寺同清水寺使僧來寺

一、上刕八幡大聖寺(碓氷郡八幡村、大聖護國寺)出府、幷清水寺(上野片岡郡石原村、賢隆)使僧了智罷越候事、

十五日、　晴、

＊經堂法事
＊護國寺月次の御禮

一、經堂法事相濟、如例惣御礼、

本丸西の丸へ例月の御札守を獻上す

一、御本丸・西之丸へ、例月之御札守上ル、

快意暑氣の御機嫌窺ひとして熟瓜を獻上す

一、暑氣爲窺御機嫌、例之通熟瓜一籠被指上候、普
門院持參、
一、松平右京大夫殿・松平伊賀守殿江、御殘り一籠
ツヽ被遣候、
一、松平美濃守(柳澤吉保)殿へ、暑氣爲御見舞瓜一籠被遣候、

黒田直邦へ病氣平癒の普賢法札守を遣す

一、黑田豐前守殿御病氣爲御見廻、御使僧并普賢法
廿一座執行被仰付候御札守被遣候、

*護國寺神田屋敷

一、松平土左〔佐〕守(豐房)殿御在所ニ而御病氣ニ付、爲御見舞
御使僧被遣候、

快意登城す例年通り夏切の茶壺拜領す

一、晝時前、登城被遊候所、例年之通夏切之御茶壺
一箱入、御休息間ニ而御直ニ御拜領之事、後刻
御小人衆壹人相添御茶壺來ル、

*快意桂昌院一周忌の納經拜禮日限を窺ふ

松平輝貞の奉書

一、松平右京大夫殿ゟ御奉書、
被獻候熟瓜一籠、首尾好遂披露、此段爲可申
入如此候、以上、
六月十五日　　松平右京大夫

護國寺

御請之寫、
御手帋奉拜見候、差上候熟瓜一籠、御首尾好
御披露被爲遊被下、難有仕合奉存候、以上、
六月十五日　　護國寺
松平右京大夫樣

一、未御歸寺不被遊候故、御請不仕候所、護持院且
又神田屋敷ニ被成御座候由承候ニ付、右之御請
相認候而口上も申上候、今朝差上候熟瓜一籠、
御周備克御披露被爲遊被下難有仕合奉存候、其
節未歸寺不仕候ニ付御請延引仕候、右御請、且
又御礼爲可申上、以使僧如此御座候由、
右之御奉書御請、御使僧之衆持參仕候事、
一、今朝、本多彈少弼殿へ、納經拜礼之日限窺ニ普
門院被罷越候所、御書付ヲ以被仰渡候、
六月十八日納經拜礼、
護國寺僧正

右、五半時、彈正(本多忠晴、寺社奉行)宿坊迄可被相越候、

大聖護國寺桂昌院一周忌の納經拜禮を願ふ

一、今朝、普門院被罷越候ニ付、大聖寺ニも出府之事ニ候間、拜礼願候様ニと被仰聞候ニ付、普門院同道ニて彈正少弼殿へ被罷越願被申候所、直ニ廿一日ニ納經拜礼仕候様ニと被仰渡候由、口上覚持參、

口上覚

去年、於增上寺　御法事之節、納經拜礼相務候、當月茂爲冥加納經拜礼相務度奉願候、以上、

上刕八幡
大聖寺

快意老中若年寄へ暑氣見舞ひの瓜を遣す

一、秋元但馬守殿(喬知、老中)・本多伯耆守殿(正永、老中)・稲葉丹後守殿(正往、老中)・加藤越中守殿(明英、若年寄)・稲垣對馬守殿へ、爲暑氣御見廻瓜一籠ツヽ被遣候、

京善峯寺の民部卿攝津本山寺逗留す

一、民ア卿(善峯寺成就坊弟子)・少納言(攝津、本山寺)、今日ゟ此方ニ逗留之事、

御臺所祇園御守の初穂を下す

一、御臺様ゟ祇薗殿御守返り申候、例之通、御初尾五百疋拜領被成候、

(裏表紙)

七册之内

（表紙）

四

寶永三丙戌年

快意僧正代

日記

六月十六日ゟ

八月廿日迄

（原寸、縦二四・四糎、横一七・二糎）

（表紙裏標目）

「六月十六日、

一、桂昌院様御一周忌ニ付、一七日法事、

六月十八日、

一、桂昌院様御法事、納經拜礼、

六月廿九日、

一、北蒲田用水入用金申來ル事、

七月晦日、

一、鴨巣領之儀音羽町同前支配頼候事、〔巣鴨〕

八月四日、

一、增上寺招請、

八月十八日、

一、國分寺出入落着、」

〔六　月〕

六月十六日、　雨天、夕晴、

一、終日御在寺、

○七
一、堀左京亮殿(直利、寺社奉行)へ普門院(護國寺役者、豁如)罷越、御觸之趣承之、留帳ニ記之、

一、今夕ゟ桂昌院樣御一周忌之御法事、於御位牌堂(護國寺)御務被遊候、右理趣三昧、

一、御本丸大奥(綱吉室、鷹司教平女)幷五之丸樣(於傳之方、綱吉側室)ゟ祇薗御守御戻シ、御初尾貳百疋ツヽ來ル、

一、夜中、堀左京亮殿ゟ御觸之御手帋來ル、明日役僧可差出之旨、

十七日、　晴、

一、終日御在寺、

一、今日ゟ於御位牌堂、三時之法事御務、

一、東照宮(東照大權現)法樂、例之通御務、

一、朝、於御位牌堂、光明眞言三昧、

一、晝、唱禮、

一、普門院、寺社奉行堀左京亮殿へ罷越、御觸承之、罷歸留帳記之、

一、堀田榮隆院殿(堀田正俊室、稲葉正則女)ゟ御位牌堂へ、蒔繪御茶椀・御茶臺、幷御香奠被相添被指上候、

一、竹本攝取院殿(元三の丸女中衆)へ爲病氣御見舞、青物一籠被遣候、

一、夕於御位牌堂ニ(マヽ)て舍利講、

十八日、　晴、

一、於御位牌堂、朝、光明眞言三昧、

一、觀音堂法事如例、

一、辰刻前、增上寺へ御出駕、

一、愛宕圓福寺ニて御支度、

一、增上寺ニて、今日納經拜礼御務、

一、榊原式部大輔殿(政邦)・松平出雲守殿(義昌)へ、爲暑氣御見廻熟瓜一籠ツヽ、御使僧ニて被遣候、

一、公方樣(德川綱吉)へ、千手法御札守上ル、

一、本多伯耆守殿(正永、老中)へ、明日之返礼申遣、

*堀田榮隆院桂昌院位牌堂に蒔繪茶碗茶臺を寄進す

護國寺位牌堂にて桂昌院の一周忌開白す

本丸大奥於傳之方祇園御守の初穗を下す

*觀音堂法事

*快意增上寺の桂昌院一周忌に納經拜禮を勤む

護國寺東照宮法樂

*綱吉へ千手法御札守を獻上す

快意愛宕圓福寺にて裝束を著し增上寺の本多忠晴宿坊源興院に入る快意增上寺山門より乘輿本堂前に至る

一、愛宕圓福寺ゟ御装束被成、増上寺ニ而、本多彈(忠晴、寺社奉行)正少弼殿御宿坊源興院へ御越被成、依御指圖六
ツ前御越被遊候由、且又山門前乘輿、侍四人麻
上下、御草履取兩人、白張烏帽子參內傘持同斷、
御挾箱兩人裝束無之、
一、山門側ゟ役者、并從僧被召連候由、

役者（普門院）
香呂陶箱（文泉）
納經（智雲）　僧正(快意)

快意納經拜禮の裝束は七條法服

一、僧正御裝束七條・法服、
一、役者壹人色長衣・紋白五條袈裟、右役者ハ今般
初而被召連候、
一、從僧兩人白法服・白五條袈裟、
一、納經者階之下ニ而、請取役罷出取候由、
一、香呂陶箱持者御着座之御側ニ置之、
一、役者ハ階上唐戶側ニ罷有、御燒香終り出堂被遊
候節、例之通御供之由、

---

*京都若王寺

*桂昌院一周忌の舍利講

一、右御仕廻候而、又彈正少弼殿(本多忠晴、寺社奉行)御宿坊江御歸御裝
束等御取、彈正殿ゟ御料理御振舞之由、役者并
從僧へ茶菓子出、
一、御法事□御奉行土屋相摸守殿(政直、老中)へ御越、拜礼御務
難有思召候御礼被仰候由、
一、鳥居播磨守殿(忠英、寺社奉行)御宿坊江茂御越候而被仰置候由、
一、本多彈正少弼殿御宿坊へ御立寄、旁御礼被仰入
候由、
一、増上寺御歸ニ圓福寺(愛宕)へ御越、御休息被成候由、
一、唱禮、御留主ニ而相務候、
一、堀田榮隆院殿へ、昨日之御返礼申遣候、
一、黑田豐前守殿(直邦、小姓)へ、御病氣見廻(舞)之使僧遣申候、
一、京若王寺へ金子入書狀、品川豐前守殿(伊氏、高家)へ遣候所、
使者罷歸候由ニ而、取次之衆へ賴置候由、文泉
務、
一、夕、舍利講、

十九日、　晴、風吹、

*河内通法寺土佐五臺山同常通寺への觸頭廻狀

朝桂昌院一周忌の光明眞言三昧あり

晝桂昌院一周忌の唱禮あり

夕桂昌院一周忌の舍利講あり

御影供

快意登城す

*三輪素麵

桂昌院一周忌の土砂加持作法あり

一、終日御在寺、
一、加藤越中守殿（明英、若年寄）へ、昨日御使者ニて兩種來返礼申遣候、
一、朝、光明眞言三昧、
一、晝、唱禮、導師御務之事、
一、夕御膳之節、東福院（京都、善峯寺成就坊弟子）・民部卿・少納言（播津、本山寺）御相伴被仰付候、
一、夕、舍利講、
　廿日、　晴、
一、朝、光明眞言三昧、
一、御影供、今朝相務候樣ニ被仰付務也、
一、今日登城被遊候、護持院（隆光）其外天台宗ニ茂登城之由、民部卿・少納言・長春房同斷、
一、晝、唱禮、
一、七ツ前御歸寺之事、
一、今夕ゟ土砂加持作法御務被成、藥王寺（市ケ谷、證覺）閉居・大聖寺（上野碓氷郡八幡村）・國分寺（和泉泉郡）・藥王寺（市ケ谷、榮傳）・光德院（市ケ谷）・南藏院（武藏豐島郡高田村）、其外

一山出家中人數二十一口之積也、
一、愛宕圓福寺ゟ河內通法寺（古市郡通法寺村、賴雅）、幷土佐五臺山（長岡郡五臺山村）・定（常）通寺（高知郡）へ廻狀各二箱、此方ゟ相達給候樣申來候間請取申候、
　廿一日、　晴天、
一、明六ツ時、土砂加持御勤、衆僧昨日之通、
一、仁和寺尊壽院（隆證）殿ゟ、松平豐後守（本庄資俊）殿・木下伊豆守（信眞）殿書狀相屆申候、
一、四ツ時、日中御修行、導師根生院（澄意）御出御勤被成候、勿論僧正ニ茂御出座被成候、
一、松平加賀守（前田綱紀）樣、御返礼申遣候、
一、傳通院（小石川、祐天）へ、同斷、
一、南都大乘院（興福寺、隆尊）樣ゟ御書、幷兩種來ル、御本丸豐小路殿ゟ御□、
一、大和三輪索麵貳拾把、護持院□御約束ニ付被遣候、
一、七ツ時御法事、導師根生院（湯島、澄意）御勤被成候、御前ニ茂

御出座、

　廿二日、　晴天、暮合ゟ夕立雷鳴、

桂昌院一周忌末寺衆僧總人數三十七人出仕し執行さる

一、明六ツ時土砂加持、衆僧昨日之通、
一、日中、衆僧今朝之外ニ末寺衆、御法事以後不殘御齋出ル、其後爲御布施金百疋宛被□衆僧惣人數三拾七人、

快意增上寺の桂昌院廟所に參詣す

一、御齋過、增上寺へ御參詣、
一、長春房も參詣被致候、爲御香典金貳百疋被致持參候、
一、南都龍松院（東大寺、公盛）發足ニ付、爲餞□（別）羽二重貳疋被遣候、

　廿三日、　曇、折々小雨、

一、終日御在宿之事、

内藤政貞室織田正姫死去す

一、松平土左守（山内豊房）様御悔、西野惣右衞門迄申遣候、
一、織田山城守（信休）様へ、正姫殿（織田信武女、内藤政貞室）御死去ニ付御悔申遣候、
一、素麵壹箱、　鳥井（居）播磨守殿、
一、糒壹箱、　本多彈正少弼殿、
右者、桂昌院様御法事首尾能御勤被成候爲御悅被遣候、
一、小笠原信濃守（長圓）様へ、御出之御返礼申遣候、
一、松平豊後守様へ、壹種來候御返礼申遣候、

*牧野康重へ在所出立の日取を遣す

一、牧野周防守（康重）様へ、御在所へ之御發足之御日取遣候、且亦彌廿九日ニ御出被下候様申進候、

*本丸西の丸へ例月の御札を獻上す

一、御本丸・西御丸、例之通御札指上候、
一、酒井陽光院殿へ、壹種來候御返礼申遣候、
一、堀左京亮殿ゟ、明五ツ時過、役僧壹人參候様ニ御手紙ニ而申來ル、

　廿四日、　時々少雨、

○
一、堀左京亮殿へ、歡喜院罷越候御觸承之候、別紙寫置候、
一、松平攝津守（義行）様へ、御返礼申遣候、
一、大村因幡守（純長）様へ、同斷、

*本丸惣出仕あり快意登城す

一、四ツ時過、御本丸へ諸大名方惣出仕故、御登城被成候、九ツ過御歸被成候、
一、小笠原右近將監（忠雄）殿御發足ニ付、御案內申來候故、

快意曾我助興等を振舞ふ

*藤堂高堅へ暑氣見舞ひを遣す

快意南都彌勒院を振舞ふ

攝津久安寺惣代池之坊來寺

前田綱紀へ暑氣見舞ひを遣す

堀田正虎へ暑氣見舞ひを遣す

御返礼ニ御使僧遣候、
一、曾我播磨守殿（助興）御兼約ニ而、此方へ御振舞、御相
客之衆中御同姓周防守殿（助元、中奥小姓）・遠山久四郎殿（安算、書院番）・山岡
助右衛門殿（景寛、小姓組）・遠山十助殿（安速）・曾我彌五八郎殿（助勝、書院番）、秋
元小左衛門殿（成朝、書院番組頭）、御家來林利右衛門・片岡□右衛
門殿、曾我伊与守殿（祐忠）御家來阿部□之進殿、
一、南都彌勒院（賴孝、本庄宗資弟）、御振舞被成候、
一、清水寺使僧良知房（上野片岡郡石原村、賢隆）被歸候ニ付、晒壹疋・御返状、
清水寺へ被遣候、同半疋良知房へ被遣候、
一、攝州久安寺惣代池之坊被參候而、料理御振舞、
　廿五日、　晴天、
一、終日御在院之事、
一、松平加賀守様へ、熟瓜壹籠爲暑氣之御見舞被遣
候、
一、松平攝津守様へ、右同斷、
一、松平陸奥守様（伊達吉村）へ、御返礼申遣候、
一、堀田伊豆守様（正虎）へ、爲暑氣之御見舞、わらひ（蕨）の粉

壹箱被遣候、
　廿六日、　明七時風雨、晝時晴天、
一、終日御在院之事、
一、金地院（元云）へ御返礼申遣候、且亦袈裟地二領被遣候、
一、藤堂備前守様（高堅）へ、爲暑氣之御見舞、熟瓜壹箱被
遣候、
一、松平豐後守様（本庄資俊）へ、糒壹箱、御口上同斷、
一、内藤主殿様（政貞）へ、御悔申遣候、
一、戸澤上總介様（正誠）へ御返状、幷一種來候御返礼申遣
候、
○一、堀左京亮殿へ、御觸ニ付致證文、歡喜院持參仕
候、別帋ニ寫置候、
　廿七日、　晴天、
一、終日御在院之事、
一、永井伊豆守殿（直敬、若年寄）へ、御返礼申遣候、
一、本多淡路守殿（忠周）へ、同斷、
一、京都上乘院僧正御登りニ付、紙布貳枚御使僧

快意智積院覺眼へ精好素絹を贈る

*快意稻垣重富へ妹子死去の悔みを申遣す

*快意土屋政直へ娘子死去の悔みを申遣す

下總光明寺

快意月次御禮を勤む

*快意安中妙光院を振舞ふ

本丸西の丸へ例月の御祈禱御札を獻上す

*伊奈忠順代官所六郷領蒲田村用水圦修復金を御料私領より割合にて出金さす

ニ而被遣候、
一、延命院へ、扇子三本入被遣候、
一、精好素絹壹衣、京都蓮臺寺僧正(栄慶)へ御狀相添、知〔智〕(京都)積院迄御届被下候樣ニ、上乘院へ御賴被遣候、
一、釋伽〔迦〕院殿(醍醐寺、有雅)へ之御狀壹通、同斷、
一、智積院(覺眼)へ之御狀壹通、同斷、
一、內藤式部少輔(正友、大坂定番)樣へ、御返狀爲持遣候、
一、下總光明寺御逢、色衣之御祝儀晒布壹反被遣候、

廿八日、晴天、

一、四ツ時前、月次之御登城、直ニ御能有之、夜五ツ時御歸、御拜領物越後縮三拾反、
一、長春房被召連、紗綾三卷拜領被致候、
一、御本丸・西御丸へ、例月之通御札差上候、
一、牧野周防守樣へ、明日御振舞之御案內申遣候處ニ、御不快故相延申候、

廿九日、晴天、

一、堀田伊豆守樣へ、御返礼申遣候、

一、終日御在院之事、
一、竹本土佐守(長鮮)殿へ、御役儀(西の丸新番頭)被仰付候爲御祝儀、金三百疋被遣候、
一、攝取院殿へも御悅申遣候、
一、稻垣對馬守(重冨、若年寄)樣へ、御妹子御死去ニ付御悔申遣候、
一、土屋相摸守樣へ、御娘子御死去ニ付御悔申遣候、
一、松平豐後守樣へ、御暇拜領之御悅申遣候、
一、牧野周防守樣へ、御不快之御見舞申遣候、
一、南都彌勒院、明日發足ニ付、羽二重貳疋被遣候、并大乘院御門跡へ之狀箱御賴被遣候、
一、安中(上野碓氷郡)妙光院、御振舞被成候、
一、伊奈半左衞門(忠順、關東郡代)殿役人ゟ手帋來ル寫、
未得御意候共、以手帋致啓上候、然者半左衞門御代官所六鄉領北蒲田村(武藏荏原郡)用水圦壹ケ所戶前致破損候ニ付、修復御普請申付候、右入用金御料并御私領方割合ニ而爲出候樣ニと、御勘定御奉行方被仰渡候故、割合帳面仕上申候所

ニ、公義御吟味相濟申候、右割合寫致、追而藏田市右衞門与申町人持參可致候間、其節御役人中ゟ割合金御渡候樣ニ被仰付可被下候、右之段、各樣迄可申進旨半左衞門申付候間、如斯御座候、以上、

六月廿九日　　伊奈半左衞門内　永田茂右衞門

田口勘兵衞

護國寺

御役者中

右、返事得其意候由申遣候事、

〔七　月〕

七月一日、　晴、

一、月次之登城例之刻、朝之內惣中御禮申上候事、

一、御退出以後、護持院ニ而夕料理被召上候由、

一、午過地震、

一、來ル十三日己巳待之所、盆中故取替、今夕於歡（護國寺役者）喜院相務候、

一、內藤式部少輔（正友、大坂定番）殿へ、返書爲持遣候事、

二日、　雨天、

一、終日御在寺、

一、松平（本庄資俊）豐後守殿御出、緩々御對談、

一、攝刕久安寺代僧罷歸候ニ付、寶積院（久安寺）へ御返書被遣候、且又同國多田院へ茂一封賴遣候、

一、高野山（紀伊）天德院（本庄家位牌所、問津）・慈眼院（寛傳）・發光院（辨仙）へ御狀被遣候、發光院へ帋包一被遣候、右何も無量壽院ニて元純房へ賴候、

三日、　晴、

一、終日御在院、

一、嵯峨（京都）清凉寺寺僧寶性院・寶仙院入來、御逢被成候事、

一、森（賴俊）阿波守殿御出、御面談有之、

一、午刻地震、

一、午巳後少雨、

*本庄資俊來寺快意と歡談す

*攝津久安寺代僧歸國す

*嵯峨清凉寺の寶性院寶仙院來寺

快意月次の御禮を勤む

護國寺月次の御禮

地震

*地震

巳待

*藥王寺隱居弟子寶藏院上野小野の得成寺に入院す
綱吉家宣へ三日月待の御札守を獻上す
御臺所於傳之方御簾中八重姫へ七夕の祝儀を獻上す
*綱吉善峯寺の民部卿長春房本山寺の少納言を召すに快意も登城す
英岳快意を振舞ふ
*庚申待
快意松平義昌へ伊東祐崇室平産の悦を申遣す
*快意大聖護國寺願の書付を松平輝貞に呈出す
*綱吉家宣へ庚申待の御札守を獻上す

四日、　晴、

一、公方様(徳川綱吉)・大納言様(徳川家宣)へ、三日月待之御札守・御洗米上ル、

一、右序ニ、大奥(綱吉室、鷹司教平女)・五之丸様(於傳之方、綱吉側室)・御簾中様(家宣室、近衞基熙女)・八重姫君様(徳川吉孚室、綱吉養女)へ、七夕之御祝儀物上ル、幷御女中方へも例之通遣候事、

一、松平豊後守殿・内膳正殿(本庄宗長、中奥小姓)へ、一昨日御出之返礼申遣候、

一、進休庵僧正(江戸、英岳)へ、御振廻(舞、下同ジ)ニ御越候ニ付、松平加賀守殿(前田綱紀)御暇拜領之御悅ニ御越、且又小笠原右近將監殿(忠雄)へ御發駕已後候へ共、爲御見廻御越被遊候事、

一、松平出雲守殿(義昌)へ御使僧被遣候、伊東駿河守殿(祐崇)奥方平産ニ付、御悅被仰遣候、

五日、　晴、夜ニ入少雨、

一、兼而、今日御登城之筈ニ付、巳刻御本丸江御上り被成候事、

一、藥王寺(市ケ谷、證覺)隱居弟子寶藏院事、上刕小野(甘樂郡)得成寺へ入院仕候ニ付、爲御暇乞被罷越、御目見已後ニ萌黄紋紗五條袈裟一領被下候、

一、八ツ過、本丸ゟ民部卿(京都、善峯寺成就坊弟子)・長春房・少納言(攝津、本山寺)被爲召候由、早々登城可仕之旨、護持院ゟ申來候故、何茂罷上り候事、

一、戌刻、御歸寺被遊候由、

一、御能五番御座候由、

一、今夕、於蓮花院(護國寺中、深譽房)庚申待當番、僧正(快意)御退出夜ニ入候ニ付、御越不被成候事、

一、於御本丸、晒布拾五疋拜領被成候事、

一、民部卿・長春房・少納言、各拜領物有、

六日、

一、上州大聖寺(碓氷郡八幡村、大聖護國寺)願之儀、書付ヲ以於御城、松平右京大夫殿(輝貞、側用人)へ被仰入候、則書付茂御留置被成候事、

一、未明時大雨、巳後晴天、

一、公方様・大納言様へ、庚申待之御札、幷御洗米

奥山謙徳院
*護國寺七夕の惣禮あり
*快意本丸西の丸に七夕の御禮を勤む
*快意七夕の祝儀に本庄資俊邸へ赴く
快意伊東祐崇室平産の悦を申遣す
*役者七夕の祝儀に寺社奉行を廻禮す
*夜に入り本庄資俊來寺歡談す
*吉野山久保坊快音來寺
浦寺地藏院八王子寶生寺へ入院す
中野寶仙寺來寺
*大般若經轉讀

上ル、
一、奥山謙徳院(玄建、奥醫師)法印へ、七夕御祝儀物晒布五疋被遣
候、
一、安藤長門守殿(信友、奏者番)御留主居役神谷十藏・望月彦左衛
門方へ、爲七夕之御祝儀如例晒布貳疋ツヽ被遣
候、
一、伊東大和守殿(祐實)へ、御參府之御案内有之候ニ付、
返礼申遣候、
一、伊東駿河守殿へ、奥方御平産之御悦被仰遣候、
奥様へも、同斷、
一、松平攝津守様(義行)へ、來ル廿四日ニ御出被下候様ニ
と被仰遣候、其節御同姓萬三郎様(義孝)も御同道被成
被下候様ニ被仰遣候事、
一、終日御在寺、
一、浦寺地藏院(武藏足立郡)事、八王子寶生寺(武藏大幡村)江入院ニ付、御見
廻旁致伺公候由、御逢被成候、
一、中野寶仙寺(武藏多摩郡、龍壽)御出、御面談有之、

一、夜ニ入大雨、
七夕、　曇晴交、夜中大雨、
一、於御茶之間、惣中御礼申上候事、
一、御本丸・西之丸江登城、御長衣ニ而、例之通護
持院ニて御装束被成候、
一、今日者御老中方御務無之候、
一、護持院へ、當日之御祝儀金貳百疋御持參候事、
一、松平豐後守殿へ、當日之御祝儀ニ御越、
一、寺社奉行所へ、當日之祝詞被仰遣候、普門院(護國寺役者、豁如)被
相務候、
一、松平豐後守殿夜ニ入御出、寛ゝ御語御歸候事、
八日、　曇晴交、晝ゟ風吹、
一、終日御在寺、
一、吉野山(大和)久保坊快音入來、御面談有之、
一、眞田伊豆守殿(幸道)へ、昨日御祝詞被仰越□返礼申遣
候、同名出羽守殿(信弘)へも、同斷、
一、今朝、大般若轉讀有之、

九日、　巳刻ゟ雨降、

一、終日御在寺、

本丸西の丸へ大般若經轉讀の御札を獻上す

一、御本丸・西之丸へ、大般若之御札上ル、

稲葉正往へ妹死去の悔みを申遣す

一、稲葉丹後守殿(正往、老中)、御妹御死去之御悔申遣候、

伊達吉村へ母死去の悔みを遣す

一、松平陸奥守殿(伊達吉村)へ、御母義様御死去ニ付て御悔申遣候、

吉野山櫻本坊久保坊先に上野門主より追放さるに桂昌院法事に際し増上寺御赦帳に附け赦免を願ふが一層の取成しを快意に願ふ

一、吉野(大和)山櫻本坊・久保坊儀、先年従上野御門主様(寛永寺、公辨法親王)御追放被仰付候ニ付、先比桂昌院様御法事之節、自観(申脱カ)与出家願主ニ而、増上寺御赦帳ニ付故、猶更護國寺様(快意)ゟ増上寺(門秀)へ御使僧被遣被下候ハ、願之筋も宜罷成候間、増上寺へ被仰遣被下候様ニと、久保坊願來候ニ付、今日御使僧ニて、口上ニ御頼被仰付候事、

一、右之次ニ、盆後ニ招請被成度之旨茂被仰遣候事、

堀田正虎堀田榮隆院へ稲葉正往妹死去の悔みを遣す

一、堀田伊豆守殿(正虎)并榮隆院殿(堀田正俊室、稲葉正則女)江、爲御悔御使僧被遣候事、

十日、　曇、風吹雨降、

一、兼而護持院江御聞合、今朝五ツ時、爲(窺脱カ)御機嫌檜重一組獻上被成候、松平右京大夫殿迄御使僧ニて被遣候事、

一、黒田豊前守殿(直邦、小姓)へ、昨日御使者ニて、目録來ル返礼申遣候、

一、本多淡路守殿(忠周)へ、先日御出之返礼申遣候、

一、藤堂与吉殿へ、先日入來之返礼、并此間御頼被仰遣候圓福寺へ御逢被下候由忝存候由、御礼旁被仰遣候事、

一、凌雲院大僧正(寛永寺、義天)へ、昨日一種來ル返礼申遣候事、

一、淺艸安養寺(誓願寺内、本庄氏菩提所)へ、一種來ル返礼申遣候事、

一、終日御在寺之事、

＊松平輝貞奉書

一、未刻、御奉書來ル、

殘暑爲(窺)御機嫌、檜重一組被獻之、則遂披露候、此旨爲可申達如此候、以上、

七月十日　　松平右京大夫

護國寺

御手帋奉拜見候、殘暑爲窺御機嫌、御檜重獻
上仕候所、御首尾好御披露被遊被下、難有仕
合奉存候、以上、

七月十日　護國寺

松右京大夫樣

一、右御請相濟、御使僧ヲ以、右京大夫殿へ被仰遣
候ハ、殘暑爲窺御機嫌、今朝檜重獻上仕候所、
御首尾好御披露被遊被下、依之、先刻ハ御奉書
被成下忝奉存候、右御礼爲可申上、以使僧如此
御座候由、

一、被獻候御檜重者、主水方ニて被仰付候、護持院
へ御頼被遊候由、

*長谷寺の見龍房來寺

一、初瀨(大和、長谷寺)見龍房入來、夕料理御相伴ニて御振舞被遊
候、

十一日、晴天、

一、增上寺(門秀)へ、來ル廿五日ニ御出被下候樣ニ与御案

內申遣候、

一、天德寺(江戸、西久保)へ、廿五日之御案內申遣候、

*本丸に御囃子あり快意登城す

一、護持院ゟ御手紙ニ而、
今日哦〔俄〕ニ御囃子被遊候間、只□〔今カ〕登　城可被成
候由申來ル、

一、八時、御本丸江登城被成候、

一、本多能登守(忠常)樣へ、御返礼申遣候、

十二日、晴天、

一、四ツ時、護持院へ御用御座候而御越被遊候、

*快意唐招提寺藏松院同龍藏院らへの返書を月輪院へ依頼す

一、南都招提寺藏松院・龍藏院、川邊三郎左衞門殿
へ之御返狀、月輪院(護持院役者、隆元)へ頼遣候、

一、佐藤慶南(祐天、番醫師)老へ、白銀三枚被遣候、

一、上田自三へ、金子三百疋被遣候、

一、近藤道珉へ、金子貳百疋被遣候、

一、岡村道仙へ、金子貳百疋被遣候、

十三日、晴天、

一、傳通院(小石川、祐天)・誓願寺(淺草、本庄氏菩提所)へ、廿五日御出被下候樣、御使

*一乘院門跡死去につき御簾中へ悔みの使僧を遣す
*松平義昌同室へ娘子縁組の悦を申遣す
板倉重寛大坂へ出立につき快意暇乞を申遣す
*上野仙藏寺來寺
快意向屋敷の開山堂廟へ參詣す
護國寺施餓鬼會
本丸西の丸へ例月御祈禱の御札を獻上す
快意誓願寺の本庄宗資廟へ詣づ

僧ニ而被申遣候、
一、牧野周防守(康重)様、來ル廿一日彌御出被下候様ニ申
遣候、
一、板倉甲斐守(重寛)様へ、大坂へ御發駕ニ付、御暇乞申
遣候、
一、森阿波守様・六角主殿(廣豐、表高家)様・大澤越中(基躬、奥高家)様、來ル廿
日、松平豊後守様招請仕候間、御出被下候様ニ
申遣候、
一、四ツ時、護持院へ御出被成候、八ツ過御歸、
十四日、　晴天、
一、如例年、向屋敷(江戸、大塚)・開山堂へ御廟參、
一、例年之通、四ツ時ゟ施餓鬼之法事、一山出座、
十五日、　晴天、
一、例月之通、御本丸・西御丸へ御札差上候、
一、冨田甲斐守(知郷)殿へ、廿日之御案内申遣候、
十六日、　晴天、
一、誓願寺安養院(本庄宗資)殿御廟參被成候、

一、南都一乘院(興福寺、信敬)御門跡様御逝去ニ付、御簾中様江御
文ニ而、御悔御使僧差上候、
一、松平出雲守様へ、御娘子様御縁組被仰出候爲御
悦、御使僧被遣候、且亦奥方様(龜姫、丹波光重女)へ茂御悦申入候、
一、松平越中守(定重)様御參府之爲御屆、御使者參候ニ付、
御返礼申遣候、
一、松平兵部太輔(吉品)様御參府之御悦申遣候、
一、上州仙藏寺(緑埜郡西平井村、見識房)登着ニ付、御逢被成候、
十七日、　晴天、
一、長春房、誓願寺へ御廟參ニ被遣候、
一、終日御在院之事、
一、近藤登之助(昔用)殿へ、廿日ニ御出被成候様御案内申
遣候、
一、雨宮勘兵衛(護國寺門前支配代官)殿・清野与右衛門(貞平、代官)殿へ、來月五日ニ
招請申度由案内申遣候、
一、織田山城守(信休)様へ、御返状遣候、
一、大澤右衛門督(基隆、奥高家)様へ、廿日ニ御出被下候様ニと御

佐竹義格へ縁組の悦を申遣す

*本庄資俊招請のところ不快につき延引す

綱吉へ月次の御札を獻上す

快意隆光英岳江戸四箇寺西大寺金剛院駿河東泉院らを振舞ふ

*快意武藏大智寺大聖護國寺善峯寺民部卿らを振舞ふ

*大智寺入院につき江戸を發つ

案内申遣候、

十八日、　晴天、夜ニ入夕立、

一、終日御在院之事、

一、佐竹源次郎(義格)様へ、御縁組被仰出候御悦申遣候、

一、六郷伊賀守(政晴)様へ、御出之御返礼申遣候、

一、公方様江、月次之御札差上候、

一、護持院・進休庵・圓福寺(愛宕、義山)・眞福寺(愛宕、運壽)・根生院(湯島、澄意)・彌勒寺(本所、隆慶)・西大寺(大和)金剛院・東泉院(駿河富士郡六所淺間別當、精海)・大智寺(武藏入間郡勝呂郷石井村)・川邊四郎左衞門(正歳)殿・久野左兵衞殿・秋田屋源四郎、御兼約ニ而御振舞、

十九日、　晴天、

一、終日御在院之事、

一、松平豊後守(本庄宗彌)様・同美作守様・内膳正様、明日御出之御案内申遣候、

一、牧野周防守様へ、明後廿一日彌御出被下候様ニ、御案内申遣候、

一、六角越前守(廣豐、表高家)殿へ、明日豊後守(本庄資俊)殿御出ニ付、其元様ニも御出被下候様ニと被仰遣候所、御不快ニ付御斷有之、

廿日、　晴、

一、今日、御兼約ニて、松平豊後守殿招請被成筈之所、御不快ニ付御斷之御使者來ル、

一、近藤登之介殿・森阿波守殿へ、今日豊後守殿御不快ニ付、招請致延引候御斷被仰遣候事、

一、明日、牧野周防守殿御出ニ付、興津能登守(忠閭)殿・佐野信濃守(勝由)殿へ、御出候様ニ申遣候事、

一、終日御在院ニ付、勝呂大智寺・八幡大聖寺(上野碓氷郡八幡村)・善峯民部卿・攝刕少納言・初瀬長春房抔へ、夕料理被下之候、

一、大智寺へ、入院之祝義物、金五百疋・羽二重壹疋被遣候、

廿一日、　晴、

一、大智寺今朝入院、普門院方ゟ罷立候、普門院同道、

地震

快意牧野康重を振舞ふ

*藤堂高睦へ病氣見舞ひを遣す

桂昌院位牌堂法事

快意增上寺の桂昌院廟所に參詣す

*末寺館林福壽院拜領の桂昌院殘金にて御宮等を修復す

林信篤快意を振舞ふ

綱吉御臺所於傳之方へ月次の御札守を獻上す

家宣御簾中へ例月の御札守を獻上す

一、民部卿・長春房・少納言、今朝發駕、
一、夘刻過地震、
一、今日、御兼約ニて、牧野周防守殿御振舞被成候、
興津能登守殿ニても御出、周防守殿(牧野康重)家老牧野八
郎左衞門被罷越候事、夜ニ入何も歸宅、

廿二日、　晴、

一、(桂昌院)御位牌堂御法事相濟、齋御振舞、
一、增上寺へ御參詣、
一、兼約ニ而、林大學頭(信篤)殿へ御振舞ニ御越、唐帋貮
本御持參被成候事、
一、夜ニ入、四ツ時大雨雷鳴、

廿三日、　晴、

一、公方様・御臺様(綱吉室、鷹司教平女)・五之丸様へ、例月之御札守上
ル、
一、大納言様・御簾中様へ、御札守上ル、
一、增上寺大僧正(円秀)様へ、明後廿五日彌御出被下候様
ニと申遣候、尤役者中被召連被下候様ニと申遣
候、
一、松平攝津守殿へ、明廿四日彌御出被下候様ニと
申遣候事、
一、牧野周防守殿へ、一昨日御出之返礼ニ、昨廿二
日御使者來ル返礼申遣候事、
一、藤堂和泉守殿(高睦)御病氣ニ付、爲御見舞屋敷藤堂与
吉殿迄文泉被遣候、
一、末寺舘林(上野邑樂郡)福壽院使僧地藏寺罷越、御目見へ仕候、
桂昌院様御殘金ニ而、御宮等修復仕候ニ付、右
爲御礼指越候由、
一、護持院ゟ御手帋ニて、明後廿五日登城被成候様
ニと申來ル、
一、南都喜多院(興福寺)殿へ箱壹ツ、西大寺金剛院へ頼遣候
事、

廿四日、　雨天、

一、夜ニ入少雨、
一、松平出雲守殿御息女御死去ニ付、今日松平攝津

*伊東祐崇室死去につき祐崇同祐實へ悔みを遣す

*本丸大奥女中松枝死去す

*本丸に御能あり快意登城す

*伊東祐崇室死去につき松平義昌同室松平義方らへ悔みを遣す

*護國寺月次の御禮

*本丸西の丸へ月次の御札守八朔の祝儀を獻上す

*八重姫へ八朔の祝儀を獻上す

*快意登城す

守殿御出御延引被遊候由、未明、攝津守殿(松平義行)ゟ御手帋ニて被仰越候事、

一、明日登城被成候ニ付、增上寺・天德寺・傳通院・誓願寺何茂へ、御延引被下候樣御斷被仰遣候事、

　廿五日、　雨天、

一、伊東駿河守殿奥方(松平義昌女)御死去ニ付、松平出雲守殿幷奥方・右近將監殿(松平義方)・長次郎殿へ御悔被仰遣候事、

一、御本丸へ登城被成候筈ニて御座候所、今日御能御延引之由、護持院ゟ申來ル、

一、護持院へ御手帋來ル、明後廿七日御能被遊候間、晝時ゟ御登城候樣ニと、

　廿六日、　雨天、

一、室賀甚四郎殿(正勝)へ使僧被遣候、今日隙ニて罷在候、風呂可申付、此方ニ而夕飯參候樣ニ御出被成間敷哉と被仰遣候所、御隙入候由御斷、御返答、

一、終日御在寺、

　廿七日、　曇晴交、

一、伊東駿河守殿奥方、去ル廿四日ニ御死去ニ付、大和守殿(伊東祐實)・駿河守殿(伊東祐崇)江茂御悔被仰遣候事、

一、御本丸大奥松枝殿、去ル十八日御死去ニ付、松平越中守殿(定重)へ御悔被仰遣候、

一、御本丸御能御座候ニ付、例之刻登城被遊候事、

一、午刻、護持院ゟ御手帋來ル、

今日之御能御延引、明廿八日登城ニ而御座候間、今日登城被成間敷候旨被仰越候へ共、先刻御出駕護持院へ御立寄、夕料理被召上候由、

　廿八日、　曇、夕方雨降、

一、惣中御礼申上候、

一、今日、御本丸・西之丸へ、御札守指上候ニ付、八朔之御祝義物も指上候、八重姫君樣へ同斷、

右、方々御女中衆へ、如例醒井餅被遣候、

一、御本丸へ登城被遊候、御能有之、夜ニ入御退出、拝領物戻子五端、其内緋・萌黄、夜ニ入御小人

*越前瀧谷寺來寺

快意藤堂高睦を見舞ふ

*巣鴨村など諸村中の護國寺寺領分は舊來寺領の音羽町附として共に雨宮勘兵衛が支配す

*此度寺領分割あれど支配は從前通りとす

來月四日快意增上寺門秀振舞ひにつき淨土の諸寺へ案內を遣す

大覺寺門跡坊官井關式部來寺

衆相添來ル、

廿九日、　晴、

一、增上寺大僧正へ、昨日御使僧之返礼被仰遣候ニ付、來三日之儀御延引被下候樣ニと被仰遣候、三日ニ茂登城被成候樣ニと御意ニ付、右御斷被仰遣候所、來月四日ニ御出被成候筈、

一、藤堂和泉守殿、先比御不快ニ付、下谷屋敷迄御見廻、藤堂与吉殿へ御逢候由、

一、護持院ニて御振舞有之御越、夕方御歸寺、

晦日、　晴、

一、來ル四日ニ、增上寺御出ニ付、傳通院・天德寺・誓願寺へ案內申遣候、尤傳通院役者江茂被罷越候樣ニと被仰付候事、

一、靈巖寺(江戸)・雲光院(江戸)・安養寺(淺草、誓願寺內)、右之衆中へ增上寺御招請ニ付、御越候樣被仰遣候、大塚(江戸)西信寺へも罷越取持賴候由被仰遣候、

一、嵯峨大覺寺(性應法親王)御門主樣坊官井關式部卿入來、御面談、

一、越前瀧谷寺(坂井郡三國、貞範)入來、御面談、

一、終日御在寺、

一、大村筑後守(純尹)殿へ御返書、侍使ニ而遣候、右御在所へ、

一、門前町御支配御代官雨宮勘兵衛殿ゟ手帋來ル寫、

先日者、手代共方江預御手帋候御寺領音羽町幷小石川巣鴨村・雜司谷村高之內百石之分、前々ゟ音羽町附ニ而一所ニ支配致來候處、此度相分リ候故、御寺領之儀茂引分候間、跡々之通、音羽町一所ニ割付等茂出シ候樣ニ被成度、尤支配之儀も音羽町同事ニ不仕候而ハ差またき候段被仰下、則御紙面之趣御勘定所へ相達候所、右御寺領分音羽町並ニ拙者方ゟ支配仕候樣(筈)ニ御座候、尤清野与右(與右衞門、貞平、代官)江茂申合候間、左樣御心得可被成候、勿論百姓共江右之段被

仰渡候、一兩日中名主共勝手次第□拙者方迄
參候樣ニ可被仰付候、以上、
七月卅日　雨宮勘兵衞
普門院
（護國寺役者）歡喜院
右之通申來候間、得其意候由返書申遣候事、
一、上劦西平井（綠埜郡）仙藏寺見識房入來、此間仙藏寺住持
被仰付難有奉存候由、則御面談、
一、松平內膳正殿（本庄宗長、中奥小姓）御出、御面談、饗應有之、

〔八月〕

八月朔日、晴天、
一、六ツ半時、例之通於茶之間、上州之大聖寺（碓氷郡八幡村、大聖護國寺）・國分寺（和泉泉郡）・寺中所化中御礼相濟、直ニ御登城被成、
一、公方樣（徳川綱吉）江、壹束壹卷、
一、大納言樣（徳川家宣）江、同斷、
御老中・若年寄、其外松平美濃殿（柳澤吉保）・松平右京大夫殿（輝貞、側用人）・松平伊賀守殿（忠周、側用人）、御礼御廻り被成候、
一、寺社奉行衆へ、爲御名代歡喜院罷越候、
一、進休庵（江戸、英岳）へ、御病氣爲御見舞御使僧被遣候、

*進休庵英岳へ病氣見舞ひを遣す
上野仙藏寺見識房入院の御禮に出る
本庄宗長來寺
*快意室賀正勝を振舞ふ
護國寺八朔の御禮
*快意松平輝貞母親の病氣見舞ひに赴く
快意八朔の御禮を勤む
快意八朔の祝儀に老中若年寄側用人らを廻禮す

二日、晴天、
一、終日御在院之事、
一、眞田伊豆守殿（幸道）へ、御返礼申遣候、
一、增上寺（門秀）へ、明後四日彌御出被下候樣、御案內申
遣候、
一、天德寺（江戸、西久保）へ、同斷、
一、室賀甚四郎殿（正勝）御兼約ニ而御振舞、風呂有之候、
御相客內藤權十郎殿（正勝）・室賀小十郎殿（正房）・黑田兵庫
殿御出、
一、松平右京大夫殿へ、御袋樣（板倉重宗女）御病氣之御見舞ニ御
越被成候、
三日、晴天、
一、終日御在院之事、
一、傳通院（小石川、祐天）へ、明日御出之御案內申遣候、

快意增上寺門秀を振舞ふ
相客傳通院靈巖寺雲光院ら
＊大覺寺門跡坊官野路井大藏卿來寺
本丸西の丸へ三日月待の御札を獻上す
＊快意本庄宗資室一周忌につき誓願寺へ佛詣す
快意雨宮勘兵衛清野與右衛門を振舞ふ
＊松平忠周奉書
役者玉置千右衛門

四日、　終日曇、
一、終日御在院之事、
一、御兼約ニ而、增上寺大僧正御振舞、二汁七菜、
御相客之衆中傳通院・靈巖寺(江戸)・雲光院(同上)・西(江戸)信寺、伴僧不殘、中小姓貳人、行者壹人、何茂
料理出之、仕舞有之、役者三人參候、暮合時御
歸、
一、御本丸・西之丸へ、三日月之御札差上候、
五日、　晴天、
一、終日御在院之事、
一、御兼約ニ而、雨宮勘兵衛殿(護國寺門前支配代官)・清野与右衛門殿(貞平、代官)御
振舞被成候、御相客之衆松田志摩守殿(貞直)・石原市(次)
左衛門殿(春、檜奉行)・同數馬殿・雨宮勘七郎殿・青木与右
衛門殿・同彌三郎殿・小長谷勘左衛門殿・同五
兵衛殿・今井又左衛門殿(則次)・瀬尾順正老、雨宮勘(マヽ)
兵衛殿、本〆佐藤大助・高田東藏、役者玉置千
右衛門、右之衆中被參候、

一、牧野周防守殿(康重)へ、御國元へ御發足之爲御悅、毛
氈五枚被遣候、
一、相良志磨守殿(摩)へ、御返礼申遣候、
一、松平隠岐守殿(定直)へ、御參府之御悅申遣候、
一、野路井大藏卿(大覺寺宮坊官)被參候而、御逢被成候、
一、榮壽院殿御出、於小書院御逢、壹□(汁)五菜之料理
出之候、
六日、　晴天、
一、四ツ過、淺草誓願寺(本庄氏菩提所)へ、齡(靈照)松院殿(本庄宗資室)御一周忌ニ付
御佛詣、納經伴僧御先へ遣候、
一、松平伊賀守樣ゟ御奉書來ル、
今日九ツ時罷出候樣被　仰出候間、登　城可
被成候、若隙入も候ハヽ、無遠慮可被申越候、
重而可被爲　召旨被　仰出候、以上、
八月六日　　松平伊賀守
護國寺(快意)
御請、

*奉書請書
*快意牧野康重眞田幸道へ暇乞に赴く
*快意登城す
松平忠周奉書
*快意終日頭痛を患ふ
快意登城す
*本丸西の丸へ大般若轉讀の御札を獻上す
*地震
黒田忠恆來寺
*快意松平輝貞母死去の悔みに赴く
本庄資俊來寺

御手紙奉拜見候、然者、今日九ツ時罷出候様ニ被　仰出候ニ付、登城可仕旨奉畏候、以上、

八月六日　護國寺

松伊賀守様

一、松平伊賀守様ゟ御奉書來ル、

今日者不及登　城候、八日九ツ時分罷出候様被　仰出候、右之時分可被罷出候、以上、

八月六日　松平伊賀守

護國寺

一、先刻登城仕候ニ付、御請ハ不仕候、

一、傳通院へ、御返礼申遣候、

七日、　晴天、

一、酒井雅樂頭(忠擧)様へ、御使者ニ而、一種來候御返礼申遣候、

一、靈巖寺へ、御返礼申遣候、

一、黒田新五郎(忠恆、表右筆)殿御出候而、御逢被成候、

一、松平豊後守(本庄資俊)殿御出、御逢被成候、

一、牧野周防守殿御在所へ之御暇乞、且亦眞田伊豆守殿へ御暇乞、七ツ時前ゟ御越被成候、

八日、　晴天、

一、四ツ半時登城、八ツ半過退出、

一、松平豊後守様へ、御出之御返礼申遣候、

一、清野与右衛門殿へ、同斷、

九日、　晴天、

一、終日御頭痛氣ニ而、御引込被成候、

一、松平豊後守様へ、御返礼申遣候、

一、本多隱岐守(康慶)様へ、御出之御返礼申遣候、

一、御本丸・西御丸江、大般若之御札折差上候、

十日、　晴天、卯時地震、

一、有馬兵庫(則維)様へ、御返礼申遣候、

一、松平攝津守(義行)様へ、十二日ニ御出被下候様御案内申遣候、

一、四ツ過、松平右京大夫殿へ、龍泉院様御死去ニ付、爲御悔御越被成候、

備中遍照院

一、備中遍照院義(淺口郡西阿知村)ニ付、御室(仁和寺)菩提(賴遍)院殿・尊壽(隆證)院殿へ御狀箱被遣候、卽遍照院持參仕候、爲御餞別金三百疋被遣候、

十一日、　晴雨風交、

快意松平輝貞へ朦氣見舞ひを遣す

一、松平右京大夫殿へ、爲御朦氣御見舞靑物一籠被遣候、

一、終日御在寺、

*快意松平義行を振舞ふ

本多忠周來寺

一、本多淡路守(忠周)殿御出、御面談有之、

〇チ
一、堀左京亮(直利、寺社奉行)殿ゟ、今日中役僧壹人被差越候樣ニと、御手帋來ル、普門院(護國寺役者、豁如)罷越候、

一、護持院ゟ御手帋來ル、明後十三日御能被遊候間、四ツ半比、登城被成候樣ニと申來ル、

十三〔二〕日、　小雨、晝ゟ大雨、

一、終日御在寺、

*日光門主馳走の御能あり快意登城す

一、松平(山內豐隆)伊(猪)右衞門殿へ、昨日之御返礼被仰遣候ニ付、從是も爲御祝儀、岩茸・干瓢・昆布各一箱被遣候、

右者、土(佐)左守(山內豐房)殿御跡式被仰出候御祝儀ニて御座候、

一、松平隱岐守殿へ、昨日御使者ニて、御參府之御礼被仰上候ニ付、御目錄來ル返礼、

一、松平主殿頭(忠雄)殿へ、昨日御在着之案内被仰越候返礼申遣候事、

一、御兼約ニて、松平攝津守樣御招請被遊候、御相客佐野(勝由)信濃守殿・今福刑ア左衞門殿・加藤八郎右衞門殿・黑澤長三郎殿・矢橋傳左衞門殿・菅沼新三郎殿・大久保金兵衞殿、攝津守樣(松平義行)御家來衆横井淺右衞門殿・淺岡傳八郎殿、右之外御供中小性衆四人客殿裏ニて料理出ル、横井・淺岡兩人ハ小書院へ被罷通候所、料理之節大書院へ被召出候、

十四〔三〕日、　晴、

一、今日、日光(公辨法親王)御門主樣御登城、御能御座候ニ付、僧正(快意)樣ニも御上り被成候、時刻巳刻過、

一、松平隱岐守殿へ、爲殘暑御見舞梨子一籠被遣、
一、松平越中守(定重)樣へ、昨日兩種來ル返礼遣候、

十四日、雨天、

一、小笠原右近將監(忠雄)樣・安藤長門守(信友、奏者番)殿へ返礼申遣候、
一、終日御在寺、
一、經堂法事、今宵御務、

十五日、曇天、

一、八幡祭禮法樂御務、
一、於御本丸、例年之御月見御座候ニ付、巳刻已後登城被遊候、
一、松平豐後守殿へ、昨日御役者ニ而、目錄來ル返礼申遣候、
一、佐野三左衞門(茂包、小姓組)殿へ、明日本多淡路守殿御出ニ付、(マヽ)
一、御本丸・西之丸江、月次之御札守上ル、
一、於御本丸拜領物、紅白縮緬七巻・御檜重一組、御小人添來ル、

*本多忠周同忠貞を振舞ふ

經堂法事

八幡祭禮法樂

*快意仁和寺へ江島岩本院の色衣免許を取成し同寺院家衆代僧の上京を命ず

本丸にて例年の月見あり快意登城す

*松平信庸三男庸親京都にて死去につき悔みを遣す

*門前寺領の惣名主屋作なき殘地に屋作を願ふ

一、御歸寺已後、御茶之間ニて御夜食、寺中罷出候事、

十六日、雨天、晝ゟ晴、

一、今日、御兼約ニ而、本多淡路守殿・同姓主水殿(忠貞)招請被成候、大原六郎兵衞茂罷越候、御相客佐野三左衞門殿・大澤牧玄殿・深尾權左衞門殿、淡路守殿、主水殿、刀番兩人上り、客寮ニて料理出之、
一、榎嶋(江)岩本院色衣御免之儀、御取持被成被遣候所、(相摸)代僧ニ而上京仕候樣ニと、今日御室院家衆ゟ返翰到來、依之、卽刻岩本院方へ返翰爲持遣候、

十七日、晴、

一、松平紀伊守殿(信庸、京都所司代)三男(庸親)於京都死去ニ付、爲御悔御使僧被遣候、
一、江嶋岩本院へ、御室江之御返書御渡被成候、代僧爲登候ニ付願被申候故、右之譯ニ而御座候上、
一、愛宕三位殿(通晴)へ之御狀、菩提院殿迄御賴被遣候、
一、門前惣名主共罷越、雨宮勘兵衞殿へ殘地屋作□(之)

＊綱吉へ例月御祈禱の御札を獻上す
＊和泉國分寺境内境目爭論の裁許あり
松平忠周奉書
奉書の請書
＊快意登城す

□(儀カ)奉願候へハ、御地頭ゟ一往被仰下候へ□、吟
味□□(可　被カ)仰付候由被仰渡候由申來候、御使僧ニて
一往可被仰遣候由申渡候事、
一、晝過御奉書來ル、御請相濟寫、
明後十九日晝時、罷出候様ニ与被　仰出候間、
登　城可被成候、以上、
八月十七日　　松平伊賀守
護國寺
一、御手帋奉拜見候、明後十九日可罷上之旨、
被　仰出難有仕合奉存候、晝時登　城可仕之
旨奉畏候、以上、
八月十七日　　護國寺
松伊賀守様
一、國分寺(和泉泉郡)方へ、本多彈正少弼殿(忠晴、寺社奉行)役人中ゟ手帋來ル、
申渡儀候間、唯今罷越候様ニと被仰越候ニ付、
國分寺罷越候所、明日三宅備前守殿(康雄、寺社奉行)列席江罷
出候様ニと被仰渡候由、
十八日、　曇、
一、公方様江、月次之御札守上ル、
一、國分寺儀、今日三宅備前守殿江罷出候所、御列
座ニ而、彈正少弼殿(本多忠晴、寺社奉行)被仰渡候者、先年惣百姓相
渡申候通、境内相分ケ請取候様ニと被仰付候、
山惣坪數九千六百坪之所、國分寺へ貳千貳百四
十坪分ケ請取申筈ニ御座□淨福寺淨土宗
請取申候由、さいめ(境目)之儀、即席彈正少弼殿へ百
姓願候ハ、先年之さいめ之通ニ渡可申候哉、此
段茂被仰付被下候様ニと申上候へハ、如何様共
仕候様ニ地頭へ願候へと被仰渡候由、
淨福寺方、七千三百六十坪、
藥師堂方、二千二百四十坪、
一、終日御在寺之事、
十九日、　雨天、
一、巳刻過、登城被遊候所、途中ニて御奉書御請取、
護持院ニて御請被指上候由、

松平忠周奉書

今日罷出候樣ニと被　仰出候得共、被致無用、
明廿日晝時登城可有候、以上、
八月十九日　松平伊賀守
護國寺

奉書請書

今日登　城無用ニ仕、明廿日晝時登　城可仕
之旨奉畏候、以上、
八月十九日　護國寺
松平伊賀守樣

*快意登城す

一、此方へ茂、右之御文言ニ而御奉書來ル、先刻登
城仕候由ニ而御請不仕候、卽刻護持院へ爲持遣
候、

黑田直邦へ病氣見舞ひを遣す

一、黑田豐前守(直邦、小姓)殿へ、御病氣爲御見舞梨子一籠被遣
候、
一、松平兵部大輔(吉品)殿へ、來月八日可被召寄之御礼申
遣候事、
一、松平攝津守殿へ、一昨日返礼申遣候事、
一、七ツ時過御歸寺、

*快意藤堂高睦見舞ひの使僧を遣す

一、藤堂和泉守(高睦)殿御氣色御見舞ニ、藤堂与吉迄文泉
被遣候、
一、雨宮勘兵衞殿へ、門前百石之内屋作無之殘地ニ、
今度町屋立申度願、名主惣百姓願來候、御支配
被下候儀ニ御座候へハ、門前□ニ茂可罷成候
ハヽ、御吟味被成如何樣共奉賴候由被仰遣候、
右手帋ニ而申遣候、
廿日、　雨天、
一、巳刻過、御本丸へ登城被遊候、七ツ前御歸寺、
今日被召候ハ、此間御目見間も御座候ニ付、御
壹人計被爲召候由、
一、其外相替儀無御座候、
一、夕方ゟ雨止、

（裏表紙）

七册之內

（表紙）

五
寶永三丙戌
快意僧正代
改
日記
八月廿一日ゟ
十一月十日迄

（原寸、縦二四・三糎、横一七・二糎）

（表紙裏標目）
「九月十日、
一、家宣公無卦之御祈禱御札上ル、
九月廿八日、
一、田端東覺寺色衣兼帯、
十月十六日、
一、若老中被仰付候節付届、
十月十九日、
一、北蒲田用水入用金遣候事、
十月十日、
一、玄國寺弟子新加相勤候事、
十月十三日、
一、石上寺住持願惣門中罷越候事、
十月十九日、
一、公方様御風氣ニ付、御祈禱被仰付候事、
一、桂昌院様御殿勝手ニ取壊被仰出事、」

*快意増上寺の桂昌院廟所に参詣す
*上野清水寺來寺
本庄資俊へ在所出立の祝儀を遣す
*大覺寺門跡坊官野路井大藏卿帰京につき暇乞に來寺
*本丸西の丸へ例月の御祈禱御札を獻上す
*大村純庸へ同純長死去の悔みを申遣す
快意所用につき本庄資俊邸へ赴く

〔八　月〕

八月廿一日、　晴天、
一、松平越中守(定重)様へ、爲御見舞氷砂糖壹壺被遣候、
一、松平(本庄資俊)豊後守様御在所へ、御發足之爲御祝儀、
　一、昆布　壹箱、
　一、押懸　十具、
右之通、御使僧ニ而被遣候、
一、牧野備後守(成貞)様へ、一種來候御返礼申遣候、
一、眞田伊豆守(幸道)様へ、御返礼申遣候、
一、松平讃岐守(頼豊)様へ、御悔申遣候、
一、大村伊織(純庸)様へ、御同性(姓)(純長)因幡守様御病氣爲御見舞御使僧被遣候、
一、九ツ過ゟ藤堂松林院殿(藤堂高睦生母)へ爲御見舞御越、七ツ過御歸、
廿二日、　雨、
一、五ツ半過、松平豊後守様へ御用御座候而御越、
夫ゟ増上寺へ御佛詣被成候而、八ツ時御歸、
一、上州清水寺(片岡郡石原村、賢隆)被參候、
廿三日、　晴天、
一、終日御風氣故、御引込被成候、
一、本多吉十郎(忠孝、護國寺火番)殿御家老中根隼人被參、御逢被成候、
一、野路井(大覺寺宮坊官)大藏卿、廿五日ニ上方へ發足ニ付、御暇乞被參、御逢被成候、
一、御本丸・西御丸へ、例月之通、御札差上候、
一、増上寺へ、昨日之御返礼申遣候、
廿四日、　晴天、
一、終日御在院之事、
一、藤堂松林院様へ、御返礼申遣候、
一、大村伊織様へ、因幡守様御悔申遣候、
一、本多吉十郎様御家老河西藏人□殿・中根隼人殿へ、御出之御返礼申遣候、
廿五日、　晴天、
一、上州清水寺被歸候事、

一、終日御在院之事、
一、樂法寺(常陸眞壁郡本木村)江高元房被致入院候ニ付、爲繼目被參、
御逢被成候、
廿六日、　晝時ゟ雨、
一、今日御登城之處、道意御出被成、御延引ニ罷成
候而御歸、
一、有馬兵庫(則維)樣へ、昨日御使者之御返礼申□□、
一、大久保加賀守(忠增、老中)樣へ、御返礼申遣候、
一、松平大學頭(賴貞)樣へ、同斷、
一、松平出雲守(義昌)樣、來月二日ゟ七日迄之內御出被下
樣ニ、御使僧遣候、
一、松平但馬守(友著)樣、來月五日出雲守樣御出ニ付、御
案內申遣候、
廿七日、　雨、
一、終日御在院之事、
一、木下和泉守(信眞)殿、御出之御返礼申遣候、
一、牧野周防守(康重)樣、御在所へ之返狀遣候、

高元房常陸樂法寺住となる
*本丸西の丸へ例月の御祈禱御札を獻上す
*快意月次の御禮を勤む
*室生寺書狀國分寺より届く
*本丸に御能あり快意登城す
*間部詮房奉書

廿八日、　晴天、
一、御本丸・西御丸江、例月之通御札差上候、
一、四ツ時、月次之御礼登城、八時御歸、
一、向屋敷江昌春房(哲辨)見舞御越被成候、
一、室生寺(大和宇陀郡室生寺村、澄岸)ゟ書狀、國分寺(和泉泉郡)ゟ被屆候、
廿九日、　巳刻迄曇、晴天、
一、四ツ半時、御本丸へ御能ニ付登城、
一、松平大學頭樣へ、廿四日御越可被成候由被仰遣
候、
一、岡部美濃守(長泰)樣へ、御參府之御祝義申遣候、
一、御同姓內膳正(長敬)樣へ、御暇之御悅申遣候、
一、伊東大和守(祐崇)樣へ、御同姓駿河守(祐崇)樣御在所へ、御
暇御悅申遣候、
一、伊東駿河守(祐實)樣へ、御□□(在所)へ□御暇御悅申遣候、
一、間部越前守(詮房、西の丸側衆)樣ゟ御奉書來ル、
明晦日、西丸江公方(德川綱吉)樣被爲　成候ニ付、可罷
出旨大納言(德川家宣)樣被　仰出候間、四ツ時登　城可

*西の丸へ御成につき快意登城す

*昌春房哲辨死去し葬儀導師を大聖護國寺勤む

奉書請書

柳澤吉保書状

*德川綱條へ暇を給ひ大坂加番衆目見につき本丸の月次御禮はなし

有之候、以上、

八月廿九日　間部越前守

(快意)
護國寺僧正

右之御請、

御手紙奉拜見候、明晦日、西御丸江公方様被
爲　成候ニ付、可罷出旨大納言様被　仰出、
難有仕合奉存候、四時登　城可仕旨奉畏候、
以上、

八月廿九日　護國寺僧正

間部越前守様

一、松平美濃守様(柳澤吉保)ゟ御手紙來ル、
來三日、拙宅被遊御成候、例之通、勝手江御
出可有之候、爲□(其カ)如此候、已上、

八月廿九日　松平美濃守

護國寺

右之通申來候得共、登城故御返事不仕候、

晦日、　曇、折〻小雨、

一、公方様、西御丸被爲成候ニ付、五ツ半時登城被
成候、

一、有馬兵庫様へ、御返礼申遣候、

一、昌春房、明六ツ時死去被致候ニ付、導師上州(碓氷郡八幡村、大聖護國寺)大
聖寺江御頼被成候、

一、松平美濃守様へ、來三日、公方様被爲成御悦御
出被成候、

〔九月〕

九月一日、　雨降、

一、今日、御本丸月次之御禮惣出仕無之、依之、登
城不被遊候、(德川綱條)水戸様へ御暇被仰出、且又大坂番歸御目見被仰付候故、惣出仕無之由、

一、松平隱岐守(定直)殿御嫡刑部(松平定英)殿、去ル廿八日、始而御
目見被仰付候ニ付、爲御悦御使僧被遣候事、

一、常劦眞壁(眞壁郡本木村)樂法寺、明日入院ニ付、爲御祝義紺地
金紋袈裟地被遣候事、

*星供
*本丸西の丸へ星供の御札守を獻上す
地震
*中澤景貞快意を振舞ふ
末寺玄國寺新弟子津梁を伴ひ御目見あり今年護國寺冬報恩講での新學を願ふ
*快意松平義昌同義方同友著を振舞ふ
柳澤吉保邸へ御成につき快意これに詰む
安中妙光院泉福寺來寺

二日、　晴、

一、伊東駿河守殿(祐崇)ゟ、昨日御發駕ニ付、案内之使者來返礼申遣候、

一、巳刻地震、

一、末寺玄國寺(武藏豐島郡諏訪村)儀、弟子取候由ニ而召連罷越、御目見願候ニ付、御目見被仰付候事、法縁之者方ニて、護摩・加行等仕舞候ニ付、新學之儀當年中當院(護國寺)ニて相務候樣ニ奉願候、所化名津梁与申候由、

一、終日御在寺之事、

三日、　晴、

一、今日、松平美濃守殿(柳澤吉保)へ、公方樣(德川綱吉)被爲成候ニ付、御詰被遊候、辰刻過御出之事、夜ニ入御歸寺、

一、松平出雲守殿(義昌)へ、明後五日ニ御出被下候樣ニと被仰遣候、右近將監殿(松平義方)・但馬守殿(松平友著)へも申遣候、

一、上劦安中(碓氷郡)妙光院、幷泉福寺入來、御面談、右者御暇乞ニ罷越候事、

四日、　晴、

一、御星供、亮尙院(護國寺寺中)代普門院(護國寺役者、豁如)被相務候、

一、御本丸・西之丸へ、御札守上ル、

一、中澤惣右衞門殿(景貞、御裏門切手番頭)へ、朝御兼約御越被遊候事、

(銀子三枚、眞綿三屯、)　中澤惣右衞門殿へ、

紅縐紗壹卷、　同御内方へ、

一、紗綾壹卷、　中澤彥次郎殿(景林、大番)へ、

一、藥王寺(市ケ谷、榮傳)・歡喜院(護國寺役者)・亮尙院、御相伴罷越、

五日、　雨天、

一、御兼約ニて、松平出雲守殿・右近將監殿・但馬守殿御招請被遊候、御相客興津能登守殿(忠閭)・西尾十兵衞殿(教寛、小姓組)・大久保金兵衞殿(忠倫)・多門平次郎殿、右之衆中、

御家來國持七郎左衞門・同直右衞門・□野□郎右衞門殿、右之通被召連候、

刀番など、例之通料理振舞申候、

一、永井伊豆守殿(直敬、若年寄)・稻垣對馬守殿(重富、若年寄)へ、爲冷氣御見廻(舞)

本庄資俊在所へ出立す
庚申待
*開山堂法事
綱吉家宣へ庚申待の御札洗米を獻上す
昌春房一七日忌法事に父親中田伊右衛門及び親類を呼ぶ
中田伊右衛門法事の僧衆へ布施を出す
*綱吉家宣紅葉山へ社參す
*大般若經轉讀
小日向西藏院初て長谷寺へ交衆す

葡萄一籠ツヽ被遣之候、
一、今日、松平豐後守殿(本庄資俊)御當地御發駕ニ付、御悦旁ゝ御使僧被遣候事、
一、庚申待、醫王院(護國寺寺中、覺祐)ニて相務候事、

六日、晴、

一、公方様・大納言様(徳川家宣)へ、庚申待之御札上ル、御洗米、同斷、
一、松平豐後守殿ゟ、昨日發駕案内申來ル返礼申遣候、
一、今日、昌春房(哲辨)一七日ニ付、向屋敷ニて法事御務被成候、御自分(快意)ニ茂御越、一山出家中罷越候、齋有之、
一、巣鴨(武藏豐島郡)中田伊右衛門殿、幷類中被爲呼候、
一、終日御在寺之事、
一、中田伊右衛門方ゟ法事相務候衆中へ、布施被差出之候、
一、小日向(江戸)西藏院事、初而初瀬(大和、長谷寺)へ罷上り候故、爲御餞別羽二重壹疋被遣之候、

七日、晴、

一、今朝、國分寺(和泉郡)發足、
一、開山堂法事、已後朝飯如例、
一、眞田伊豆守(幸道)殿へ、御祈禱之案内申遣候、
一、大護院(淺草、尊祐)・彌勒寺(本所、隆慶)・根生院(湯島、澄意)なとへ、先日爲御悔御出之方、且御使僧參候方へ返礼申遣候事、
一、六角主殿(廣豐、表高家)殿へ、婚礼之祝儀物毛氈三枚・昆布一箱被遣候、
一、六角越前守(廣治)殿へ、右御祝詞被仰遣候ニ付、葡萄一籠被遣候、
一、終日御在寺之事、

八日、晴、

一、今日、公方様・大納言様、紅葉山(江戸城)へ御社參之由、
一、如例大般若轉讀有之、
一、終日御在寺之事、

九日、晴、

護國寺重陽の御禮あり
快意本丸西の丸老中らを廻禮す
本丸西の丸八重姫へ大般若經轉讀の御札を獻上す
*護持院根生院も家宣無卦の御札守を獻ず
*昌春房の遺物父親中田伊右衞門へ渡さる
江島岩本院牧野成貞邸にて隆光英岳快意らを振舞ふ
*快意登城す
家宣無卦に入り無量壽尊法の御札守を獻上す

一、惣中御礼申上候已後、御本丸・西之丸御老中方、御用人方御務、
一、護持院へ如例、當日之爲御祝儀鼓代貳百疋御持參、
一、未刻過、御歸寺之事、
一、御本丸・西之丸・八重姫君様(徳川吉孚室、綱吉養女)へ、如例大般若御札守上ル、
一、黒田豊前守(直邦、小姓)殿へ返礼申遣候事、

十日、　晴、未刻前地震、

一、牧野備後守(成貞)殿御宅ニて、江嶋(相摸)岩本院ゟ護持院(隆光)・進休庵(英岳)・當院(快意)僧正招請願候ニ付、今日御越被遊候事、
一、備後守(牧野成貞)殿奥方へ、煎茶一箱被遣候、當番手帋相添、不動院(牧野家祈禱所)方へ頼遣候、
一、大納言様、去ル七日ニ無卦ニ被爲入候ニ付、無量壽尊法一七日被仰付、今日御札守・御備折相添、梅小路殿迄被指上候事、

一、内藤式部少輔(正友、大坂定番)殿、大坂ゟ被仰越候由ニて、昨日公方様・大納言様、當月之御祈禱御頼被仰越候ニ付、返礼申遣候事、
一、右奥方へ、昨日之御祝儀使者來ル返礼も申遣候、
一、土井周防守(利益)殿、去ル七日參府ニ付、御悦申遣候事、
一、大納言様無卦之御祈禱御札守ハ、護持院・根生院ゟも今日被指上候、
一、昌春房遺物共、諸親類中ニ遣候様ニと、目録ニ而中田伊右衛門殿へ、普門院同席ニて相渡申候事、
遣候品〻書付、長谷川平七郎方ニ有之、

十一日、　晴天、

一、四ツ半時、御本丸江登城被遊候、
一、井伊掃部頭(直通)様へ、御使者ニ而、一種來候御返礼申遣候、
一、江嶋岩本院へ、色衣之御祝儀紗綾貳卷、御使僧ニ而被遣候、

快意慈得庵へ手作りの牛蒡大根饂飩粉等を遣す
*西の丸に御能あり快意登城す
慈得庵快意を振舞ふ
*土井利益へ日野資成室死去の悔みを遣す
間部詮房奉書
*巳待
*本多忠晴より御觸
*昌春房二七日忌
奉書請書
*大久保忠朝依頼の御祈禱札を遣す

一、酒井左衛門尉(忠眞)様へ、御返礼申遣候、
一、慈得庵へ御手紙ニ而、手作之午房・大根、幷温〔饂〕飩粉十袋被遣候、
一、御本丸ゟ、拝領物羽二重拾五疋來ル、

十二日、　晴天、風吹、

一、慈得庵へ兼約ニ而、御振舞御越被遊候、
一、京極甲斐守(高住)様へ、御返礼申遣候、
一、御奉書來ル、

明十三日、御能被遊候間、西丸江可罷出之旨被
仰出候、五ツ時登　城可有候、以上、
九月十二日　　間部越前守(詮房、西の丸側衆)
護國寺(快意)僧正

御請、
御手紙奉拝見候、明十三日、御能被遊候ニ付、
可罷上之由被　仰出、難有仕合奉存候、五時
登城可仕之旨奉畏候、以上、
九月十二日　　護國寺僧正
間部越前守様

一、(マヽ)

十三日、　晴天、

一、西御丸江御能御座候ニ付、登城被遊候、六ツ過御歸、拝領物檜重壹組來ル、
一、松平右京大夫(輝貞、側用人)様へ、爲御見舞ぶどう(葡萄)壹籠被遣候、
一、土井周防守様へ、日野玄蕃(資成、表高家)殿奥方死去ニ付、爲御悔御使僧被遣候、
一、今晩巳待、普門院ニ而相勤候付、御越被遊候、
一、本多彈正少弼(忠晴、寺社奉行)様ゟ御觸ニ付、歡喜院罷越候、別帋ニ寫置候、

十四日、

一、哲辨(昌春房)二七日ニ付、手前之所化中へ御斎有之候、
一、終日御在院之事、
一、大久保杢頭(忠朝)様へ、御頼之御祈禱相勤御札遣候、
一、本多彈正少弼様へ、昨日被仰渡候御請使僧ニ而遣候、

寺内末寺門前町屋火の元に留意すべき御觸の請書
*松平忠周奉書
*奉書請書
快意月次の御禮を勤む
本丸西の丸へ月次の御札星供の御札を獻ず
御臺所へ大久保忠朝依賴の御札を遣す
*快意登城す
*地震鎭めの祈禱に般若心經祕鍵を讀誦す
餘程の地震
夜中に二十二三度地震あり
神明社祭禮

昨日被仰渡候趣奉得其意候、則寺内幷末寺・門前町屋火之元之儀被仰渡候旨急度申付候、右御請爲可□上如此御座候、以上、

戌九月十四日　護國寺僧正

寺社御奉行所

十五日、　終日雨、

一、月次之登城被遊候、八ツ過、

一、御本丸・西御丸江、月次之御札、幷星供之御札・備差上候、

一、初瀬海説房(大和、長谷寺、尚彦)ゟ書狀來ル、

一、御臺様(綱吉室、鷹司教平女)へ、大久保杢頭殿ゟ御賴之御札・備差上候、

一、夜四ツ半時、余程之地震、就夫窺御機嫌登城有之候處、護持院迄御越被成候而御歸寺被成候、

地震、夜中廿二三度、

十六日、　晴天、

一、神明祭、如例年有之候、

一、御奉書來ル、

今晝時前可罷出旨被　仰出候、右之刻限登城可有之候、以上、

九月十六日　松平伊賀守(忠周、側用人)

護國寺

御請、

御手紙奉拜見候、今晝時前可罷上之旨被仰出奉畏候、以上、

九月十六日　護國寺

松伊賀守様

一、四ツ過登城、八ツ時退出被成候而、地震之御祈禱、一山不殘□(祕)鍵(般若心經祕鍵)讀誦仕候様ニ被仰付候、毎日壹卷宛讀誦仕筈ニ而候、

一、松平攝津守(義行)殿へ、地震之爲御見舞御使者來候故、御返礼申遣候、

十七日、　晴天、

一、終日御在院之事、

快意元桂昌院附の女中衆を振舞ふ

*堀田榮隆院へ冷氣見舞ひを遣す

*板倉重寛本庄資俊室へ依賴の祈禱札を遣す

信濃上田宗吽寺來寺

*横山一則山內所々檢分に來寺

*內山先達持明院

*京清水寺成就院來寺

高野山在番代り

本丸へ月次の御札を獻上す

一、桂昌院様附之御女中兼約ニ而御振舞被成候、攝取院殿・生得院殿・清源院殿・本性院殿・覺性院殿・延壽院殿・高長院殿・長壽院殿・□心院殿・正壽院殿・高勝院殿・空知殿・清閑殿・壽林殿・知光殿、右之通御出被成候、

一、(岩カ)□本院入來、御逢被遊候、

一、信刕(小縣郡)上田宗吽寺入來、御逢被成候、

一、大久保杢頭様へ、御返礼申遣候、

一、中山備前守(信敏)様奥様(信敏室、鍋島直能養女)へ、一種來候御返礼申遣候、

并備前守様へも御傳言申、

十八日、　晴天、

一、終日御在院之事、

一、高野山(紀伊)在番代り(江戸在番)如意輪寺(來義)被參候而御逢被遊候、

(高野山)寶城院も爲御暇乞被參、御逢被遊候、

一、御本丸へ、月次之御札差上候、

十九日、　晴天、

一、終日御在院之事、

一、堀田榮隆院殿(堀田正俊室、稲葉正則女)へ、爲冷氣之御見舞、室生茶壹箱被遣候、

一、板倉甲斐守(重寛)殿へ、御賴之御札遣候、

一、松平豐後守殿へ、御返礼申遣候、

一、松平豐後守殿奥方へ、御賴之御札遣候、

一、丹羽遠江守(長守、江戸町奉行)殿、御賴之御札遣候、

一、横山藤兵衛(一則、小普請方)殿所ゝ爲見聞御出、其外吟味方之衆被參候而見聞被申候、茶之間ニ而蕎麥出候、

廿日、　晴天、

一、終日御在院之事、

一、內山先達(大和)持明院被參、御逢被遊候、

一、清水寺(京都、隆性)成就院被參、御逢被成候、

廿一日、　曇晴交、

一、眞田伊豆守殿、御使者ニて一種來ル返禮申遣候、

一、西尾隱岐守(忠成)殿、今朝御出之返礼申遣候、

一、六角主殿殿へ、御使者返礼申遣候、

内藤正友依頼の祈禱札を綱吉家宣へ遣す

一、内藤式部少輔殿御頼之、公方樣・大納言樣御祈
禱之御札守進之候、
一、終日御在寺之事、

本庄宗長來寺

一、松平内膳正殿(本庄宗長、中奥小姓)御出、御面談、

西尾忠成來寺

一、西尾隱岐守殿、今朝御出、御面談、
一、高野在番寶城院近日歸山ニ付、爲御餞別縹紬一
領御侍使ニて被遣候、
一、内山持明院、近日罷歸候ニ付、襟巻一領被遣候、
右同斷、

　廿二日、　晴、

桂昌院位牌堂法事

一、(桂昌院)御位牌堂法事有之、朝飯衆中へ被下候事、

松平忠周奉書

一、增上寺へ御參詣ニ付御出駕之所、御奉書來ルニ
付、途中ゟ御歸寺、御請相濟、登城被遊候事、
今日罷出候樣ニと被仰出候間、晝時登　城可
有之候、以上、
九月廿二日　松平伊賀守
護國寺

右之御請寫、
御手帋奉拜見候、今日晝時可罷上之旨奉畏候、
以上、
九月廿二日　護國寺
松伊賀守樣

*綱吉桂昌院命日につき快意を召すに快意緩々と物語を申上ぐ

*快意增上寺の桂昌院廟所に參詣す

一、今日御上り候儀ハ、廿二日ニ付被爲召候而、緩
ゝ御物語なと仰上被候由、御退出已後、增上寺
へ御參詣、且又圓福寺(愛宕)へ御立寄御歸寺、
一、今日御意之趣、來月初方ニ可被爲成之旨、御直
ニ御意ニ而候由、御物語ニて御座候、
一、(京都、專戒)養命坊僧正・(京都、覺眼)智積院僧正・(京都、榮慶)蓮臺寺へ書狀被遣候
ニ付、圓福寺へ御頼被遣候、

　廿三日、

*綱吉御臺所於傳之方へ月次御祈禱九月浴油供の御札守を獻上す

一、公方樣・御臺樣・五之丸樣(於傳之方、綱吉側室)へ、月次之御札守上
ル、浴油之御札守も同斷、

*家宣御簾中へ月次の御札守を獻上す

*八重姫へ浴油供の御札守を獻上す

一、大納言樣・御簾中樣(家宣室、近衛基熙女)・八重姫樣、月次御札守上
ル、但シ八重姫君樣へハ浴油御札守計候、

本庄資俊庄田安通本多忠周へ九月の御札守を遣す

一、松平豊後守殿・庄田小左衛門（安通）殿・本多淡路守（忠周）殿へ、當月之御札守進之候、

吉野山竹林院來寺

一、吉野山（大和）竹林院入來、御面談有之、

本庄宗彌來寺

一、松平美作守（本庄宗彌）殿御出、御面談、

一、大和柿獻上窺ニ、松平伊賀守殿へ普門院被罷越候、

廿四日、晴、

末寺南藏院弟子存智長谷寺交衆に出立す

一、南藏院（武藏豊島郡高田村）弟子存智發足ニ付、百疋被遣候、書状も頼候、

一、阿部飛彈守（正喬）殿・有馬兵庫（則維）殿・松平讃岐守（頼豊）殿・松平美作守（本庄宗彌）殿・松平兵部大輔（吉品）殿へ、御使僧被遣候、

一、松平兵部大輔殿へ、爲御見廻御越候事、

須知常休快意を振舞ふ

一、御兼約ニて、須知常休（藤堂高睦家老）方へ御振舞御越被遊候、

六歌仙手鑑

一、郡内嶋貳疋、
一、六歌仙手鑑、　須知常休方へ、
一、紗綾壹卷、　同内方へ、

一、午刻過、御奉書來ル、御小人衆持參有之、御留主ニ而御座候哉、御在院ニて御座候哉与相尋候故、罷出候由取次申聞候所ニ、左候ハヽ、被仰渡候も御留主ニて御座候ハヽ、持歸候様ニとの御事候間、御奉書不差出持歸候由ニて罷歸候ニ付、此段御振舞之所へ由上候へハ、松平伊賀守殿迄御越候而、御留主故拜見不仕候由、御斷被仰入候由、

廿五日、晴、

一、護持院ゟ御手帋ニて、今日登城御延引候様ニと被仰越候事、

一、松平大學頭（頼貞）殿・織田山城守殿へ、御使僧被遣候事、

*觸頭圓福寺河内土佐國宛御觸廻状を護國寺より達するやう依頼す

一、愛宕圓福寺ゟ河刕通法寺（古市郡通法寺村、頼雅）・土佐國五臺山（長岡郡五臺山村）・定通（常）（高知郡）寺へ廻状箱入來ル、此方ゟ相達くれ候様ニと申來候而、請取置候事、

一、土佐國へハ岡宗壽方へ頼候而、屋敷ゟ屆給候様ニ仕候事、

鰭ケ崎東福寺來寺

*牧野成春室平產の御悅の使僧を遣す

松平忠周奉書

*松平賴貞快意を振舞ふ

*松平忠周奉書

寺領大塚町内に出火あり

綱吉へ御機嫌窺ひとして大和柹を獻上す

*御能あり快意登城す

一、終日御在寺之事、

一、鰭崎東福寺(下總葛飾郡)入來、御面談有之、

一、申刻時、松平伊賀守殿ゟ御奉書來ル、御内用之由、御直之御返書被遣候、御小人衆持參、

一、民部卿(京都、善峯寺成就坊弟子)・少納言(攝津、本山寺)兩僧へ御返書、岡村道仙留主居方へ賴遣候事、

〇一、本多彈正少弼殿ゟ、今明日中ニ役僧壹人可被差越候由、御返事濟、

一、申刻過、大塚町(江戶)御寺領之内出火有之、町並家三軒燒失、

　廿六日、　晴、

一、冷氣〇爲窺御機嫌、大和柹一籠獻上被遊候、右者松平伊賀守殿迄、普門院御添被遣候、

一、松平美濃守殿へハ、御殘一籠爲冷氣御見舞被遣候、

一、松平右京大夫殿へハ、御忌御免ニ而、此間登城被遊候由御悅旁ニ被遣候、

一、松平伊賀守殿へハ、御殘之由ニて被遣候、

一、牧野備前守(成春)殿奥方平產ニ付、爲御悅御使僧被遣候、備後守(牧野成貞)殿幷奥方江も御悅被仰遣候、

一、興津能登守殿御病氣御見舞使僧遣候、

一、御兼約ニて、松平大學頭(賴貞)殿へ御振舞、寺中被召連候事、夜ニ入御歸寺、

一、松平伊賀守殿ゟ御奉書來ル、

　被獻候大和柹一籠、首尾好遂披露候、此旨爲可申達如此御座候、以上、

　　九月廿六日　　松平伊賀守

　　　護國寺

一、右御請例之通差上候、已後、御使僧ニ而御礼被仰遣候事、

　廿七日、　曇、

一、昨日、護持院(隆光)ゟ御手帋ニて、今日御本丸へ御上り候樣ニと被仰越候ニ付、巳刻過登城被遊候、御能被遊候由、拜領物有之、戌刻過御歸寺、

大乗院門跡使者原舎人來寺

*田端等覺寺末寺東覺寺色衣非著用の寺格なれど無住の護國寺末寺淺草觀藏院を兼帶し色衣を許可さる

快意月次の御禮を勤む

*快意長屋御祈禱衆へ九月御祈禱料を下す

本丸西の丸へ御札守を獻上す

柳澤吉保松平輝貞へ九月の札守を遣す

護國寺山谷船改證文を出す

*快意月次御禮を勤む

一、須知常休方へ、昨日入來之返礼申遣候、

一、南都大乗院様(興福寺、隆尊)御使者原舎人入來、爲餞別金百疋被遣候、且居物、

一、松井兵部卿(大乗院門跡候人)へ、一通、　一、龍松院(東大寺、公盛)へ、一通、

一、新藥師寺(大和)奥院へ、一通、　一、彌勒院(奈良、賴孝、本庄宗資弟)へ、一通、

一、信㠶上田宗吽寺へ、爲餞別白羽二重壹疋被遣之候、

廿八日、　晴、夜ニ入、雨天、

一、昨日、於御城拜領被遊候白郡内拾五疋、御小人衆相添來ル、

一、月次之御登城有之、御退出之節、護持院へ御立寄被遊候由、

一、御本丸・西之丸へ、御札守上ル、右之節、松平美濃守殿・松平右京大夫殿へ、當月之御札守進之候、

一、此間、本多彈正少弼殿ニて、御觸有之候山谷船御改之證文相調、普門院持參、委細者寺社奉行御觸帳記之、

一、田端(武藏)等覺与樂寺末寺東覺寺(武藏豐島郡田端村)事、今度護持院ゟ色衣御免被成度候へ共、彼院色衣地ニて無之候ニ付、當院末寺淺艸(新寺町)觀藏院無住候間、兼帶御賴候而、色衣御免被成度候旨、日輪院(護持院役者)方ゟ被申越候故任其意候、御返事相濟候、依之、觀藏院留主居、同末大乗院(淺草新寺町)へ、右之段相心得候様ニと申遣候事、

廿九日、　雨天、

一、眞田伊豆守殿へ、昨日御在所之一種來ル返礼申遣候事、

一、終日御在寺之事、

一、長屋御祈禱衆中へ、羽二重壹疋ツヽ被下之候、且又當月之御祈禱料金百疋ツヽ被下之候、

〔十　月〕

十月朔日、　晴天、

一、月次之御礼登城被遊候、退出以後、愛宕眞福寺(運壽)

愛宕圓福寺快意らを振舞ふ

へ御兼約ニ而、御振舞ニ御越被遊候、毛氈貳枚
御持參、

護國寺内の桂昌院御殿勝手次第に取壊すやう命ぜらる

一、曲淵越前守殿(重羽、作事奉行)・竹田藤右衛門殿(政武、小普請奉行)ゟ御手紙ニ而、
桂昌院樣爰元之御殿、勝手次第手前ニ而取壊候
樣ニ申來候、卽當院□□之旨、對馬守殿(稲垣重富、若年寄)被仰渡
候由申來候、御留主故御返事不仕候、

快意凌雲院義天へ病氣見舞ひを申遣す

一、凌雲院(寛永寺、義天)大僧正御病氣之御見舞、御使僧遣候、
一、本多淡路守殿(忠周)、御返礼申遣候、
一、神保主水殿、御出之御返礼申遣候、
一、勝部庄左衛門國元へ罷越候ニ付、金□〔子カ〕貳百疋被
遣之候、

綱吉より茶壺拝領す

一、御本丸ゟ、御茶壺御拜領之由ニ而來ル、

二日、　晴天、

一、終日御在院之事、
一、松平攝津守(義行)樣へ、昨日之御返礼申遣候、

*松平忠周奉書

柳澤吉保書状

一、松平美濃守樣(柳澤吉保)ゟ御手紙來ル、
來ル五日、大納言樣(徳川家宣)私宅江被遊御成候間、勝
手江御詰可有之候、以上、

十
九月二日　松平美濃守

護國寺僧正(快意)

御手紙拜見仕候、來ル五日、貴宅江大納言樣
被遊　御成候ニ付、勝手へ可相詰之旨、忝仕
合奉存候、以上、

十月二日　護國寺

松平美濃守樣

三日、　晴天、

一、諏訪安藝守(忠虎)樣、御返礼申遣候、
一、松平伊賀守(忠周、側用人)□□(樣ゟカ)御奉書來ル、
今日晝時前、登　城可仕之旨被　仰出候、以
上、

十月三日　松平伊賀守

護國寺(快意)

御手紙奉拜見候、今日晝時前可罷上之旨、被
仰出奉畏候、以上、
十月三日　　護國寺
松平伊賀守様

*御能あり快意登城す
快意登城す川邊正歳護持院にて快意らを振舞ふ
*松平義行へ同義孝婚禮の悦を申遣す
横山一則山内の検分に出る
快意藤堂高敏邸へ赴く
本丸西の丸へ三日月待の御札を獻上す
*快意徳川綱條邸へ暇乞に赴く
玄猪の餅を拜領す
家宣柳澤吉保邸へ御成につき快意勝手へ詰む
*末寺の高崎石上寺住持頓死す

一、晝時前、登城被遊候、退出以後、八ツ過ゟ護持院へ御立寄、川邊四郎左衛門(正歳、新番)殿御振舞ニ付、御越被成候而、暮過御歸、
一、横山藤兵衛(一則、小普請方)殿、見聞ニ御越、御逢被遊候、

四日、　晴天、

一、夕飯過、藤堂大學頭(高敏)様へ御越被遊候、
一、御本丸・西御丸江、三日月之御札差上候、
一、御本丸ゟ、御玄猪之餅御文添來ル、

五日、　晴天、

一、大納言様、松平美濃守殿へ被爲成、五ツ時ゟ御出、御勝手江御詰被遊候、
一、有馬兵庫(則維)様へ、昨日之御返礼申遣候、
一、田端(武藏豊島郡田端村)等覺寺、今度爰元末寺之内觀藏院(淺草新寺町)兼帶ニ而、色衣願之通相叶候ニ付被參、御出かけニ御逢被成候、

六日、　晴天、

一、御本丸へ登城被成候、御能御座候由ニ而、暮五ツ半時御歸、其節、來ル廿一日ニ可被爲成旨、御直ニ被仰出候、
一、松平攝津守様へ、御同姓萬三郎(義孝)様御婚礼被仰出御悦申遣候、

七日、　晴天、

一、松平隱岐守(定直)様へ、右同斷、
一、水戸(徳川綱條)様へ、御暇乞ニ御越被遊候、
一、昨日、御成被仰出候ニ付、松平美濃様・松平右京大夫(輝貞、側用人)様・松平伊賀守様江、御礼ニ御越被遊候、
一、松平兵部大輔(吉品)様へ、御返礼申遣候、
一、高崎(上野群馬郡)石城《上》寺頓死被申候ニ付、門徒正福寺(上野群馬郡菊池村)付届ニ被參候、

八日、　曇、七ツ過ゟ夜中雨、

松平吉品快意を振舞ふ
*松平輝貞祈禱所石上寺の後住に壬生無量壽院先住を充てたく役者に諮る
家宣本丸へ入り快意登城す
本丸西の丸へ月次大般若經轉讀の御札を獻上す
冬報恩講論日にて四身配立の論議あり會下の所化らに夕飯を振舞ふ
*快意元三の丸女中衆を振舞ふ
末寺玄國寺弟子津梁新加を勤む
*鰭ケ崎東福寺先住弟子惠春來寺

一、松平兵部大輔様へ、御兼約ニ而御振舞御越被遊候、其外、終日相更事無之候、

九日、　晴天、

一、四ツ時、御本丸江大納言様被爲入候故、登城被成候、暮六ツ半時御歸、

一、御本丸・西御丸へ、月次之大般若御札差上候、

一、初瀬(大和、長谷寺、悠山)喜多坊・慈心院(同上、信有)ゟ、煎茶二箱大廻ニ而來ル、

十日、　晴天、

一、終日御在院之事、

一、四身配立之論日ニ而、中野寶仙寺(武藏豊島郡、龍壽)被參候、勿論會下之所化中被參候、夕飯御振舞、所化中へ者一汁二菜、能分(能化分)(者脱カ)之へ者小書院ニ而、御相伴ニ而、壹汁五菜之料理御振舞被成候、

一、諏訪村(武藏豊島郡)玄國寺弟子津梁新加相勤、爲御祝儀種子袈裟壹ツ被下之候、

一、松平右京太夫様御内淺井勝之丞ゟ、兩人之内逢申度由被申越候ニ付、夕飯過歡喜院(護國寺役者)被參候所、右京大夫殿(松平輝貞、側用人)家老淺井勝之丞面談ニて、高崎石上寺儀相果候ニ付、後住之儀、寂前壬生町(下野都賀郡)無量壽院、唯今ハ宇津宮(下野)ニ引込罷在候、右之僧ハ壬生領地之節ゟ右京大夫祈禱なとも申付候而、心易被存候ニ付、右之僧後住ニ被致度被存候、乍然何ニても支申事なとも御座候ハヽ、必ゝ可致無用候由ニて御座候、支申事なとも無之候ハヽ、宜頼候由右京大夫申候、若無量壽院ノ事難成候ハヽ、末寺ゟ看坊ニても爲致可指置候旨、右京大夫申候由、

十一日、　曇、晝ゟ雨天、

一、今日、御兼約ニ而、本壽院殿(珠)(元三の丸女中衆)、其外清源院殿(同上)・雲松院殿(同上)・理清殿(利)(同上)・下條頼母殿奥方御出、是ハ御兼約ニてハ無御座候、右下ゝ迄振舞申候、

一、鰭ケ崎(下總葛飾郡)東福寺先住弟子惠春入來、御目見被仰付、種子加沙地(袈裟)一領被下之、明日初瀬(大和、長谷寺)へ罷登り候由、是ハ海說房(尚彥)所屬之由、

疊奉行御殿廻りを検分す

一、御疊奉行衆淺香傳左衛門殿入來、御殿廻り見分有之、

一、▨加藤源四郎殿(景利、小普請奉行)御出、御普請場見廻有之、

一、(マヽ)

十二日、　晴、風吹、

本所彌勒寺快意を振舞ふ

一、彌勒寺(本所、隆慶)へ、御振舞ニ御越被遊候事、

*快意隆光と談じ石上寺後住に松平輝貞の推す僧とする案に同意す

快意飯田伴有切米拜領の祝儀を遣す

一、飯田次郎右衛門(伴有)殿へ、御切米拜領被申候爲御祝儀、郡內壹疋被遣之、永壽尼へ襟卷一領被遣之候、

快意隆光に上野石上寺後住の件を相談す

一、護持院(隆光)へ、石上寺住持之事御談合候事、

十三日、　晴、

日光門主に御成

一、今日、日光御門主(公辨法親王)樣へ被爲成候由、歸御七ツ過之由、

*石上寺末門中より同寺後住に先住直弟子を充てたく願出づ

一、松平右京大夫殿御家老淺井勝之丞ゟ、歡喜院方迄手帋來ル寫、

以手帋致啓上候、此間得御意候自觀□ニ付、昨日僧正(快意)樣ゟ日輪院ヲ以被仰下候趣、致承知

候、則右京大夫江爲申聞候所、被入御念忝被存候、不遲儀ニ御座候□、其內懸御目可申達由被申候、此段御序之刻宜被仰候樣、貴僧迄可申進由申付候間、如此御座候、以上、

一、右書狀返事遣候所、罷越委細申上候樣ニと被仰付候間、卽刻罷越候而□勝之丞殿へ遂面談、石上寺住持自觀ニ被仰付候儀、護持院とも致談合候所、何之障も無御座候、彌被仰付候樣ニと奉存候、御祈禱所之儀候間、一日も早ク被仰付可然奉存候由被仰遣候所、勝之丞返答ニも、いまた自觀方へ不申達、今朝以飛脚用事有之候間、出府いたし候ニと申遣候、出府之節爲申聞如何可致領掌候哉如何難計候、右御請ニ付、追而又委細可申上候由ニて御座候、

一、晝過、石上寺門中十五ケ寺惣代ニて、龍泉寺(上野群馬郡正觀寺村)・本光寺(上野群馬郡金古村)到着、惣門中連判ニて、石上寺住持之儀直弟傳智儀、住山拾ケ年住持相應ニ而御座候間、

住職被仰付被下候樣ニと願來り候、
一、小普請方横山□（藤）兵衞（一則）殿・棟梁大谷出雲入來、今日、本堂并御殿御床下改内見分有之、
一、曲澤東覺寺灌頂相務候ニ付、右道具拜借被仰付候事、

十四日、　晴、

一、石上寺門中兩僧へ朝飯被下之、御前ニ而直ニ被仰渡候趣、石上寺儀、右京大夫殿御領地ニ罷成、段〻結構御取立候事何茂存罷在事ニ候、此度石上寺相果候ニ付、後住之願惣門中連判ニて、直弟智傳（傳智カ）儀願來候へ共、先達而右京大夫殿被仰聞候趣者、石上寺住持之儀、思召寄有之由ニ而、從是不申通候所、右之仕合ニて城主御祈禱所、殊ニ段〻結構被仰付候上、此方ゟ彼是申入儀難成儀候、此方ゟ住持申付候事ニて候へハ、學數貳十年計ニて、見屆より可申付候間、罷歸候て何茂へ右之譯□申聞候樣ニと被仰付候、乍然右京大夫殿ゟ今度之住持之儀被仰遣□□上ニて、右被仰遣候僧領掌無之候ハヽ、願書之通如此相願來候旨可申入候、先夫迄願書御留置被遊候由ニて、右兩人今日晝立ニ而歸國之事、
一、終日御在寺之事、
一、内藤式部少輔殿（正友、大坂定番）へ、返書爲持遣候、
一、寺社御奉行所四軒へ御使僧、來ル廿一日、公方樣可被爲成之旨被仰出難有仕合奉存候、右御斷爲可申上如此候由、

十五日、　晴、

一、月次之登城、并例之通、西之御丸へ茂御上り被成候事、
一、御本丸・西御丸へ、例月之御札守上ル、
一、加藤越中守殿（明英、若年寄）へ、一昨日御使者ニて御祈禱料來ル返礼申遣候、
一、今日、本堂・護摩堂・御殿、各天井・御床下爲改、御小納戸衆松前陸奥守殿（當廣）・神保新五左衞門（長治）

小普請方棟梁本堂及び御殿床下の内見分あり
曲澤東覺寺灌頂道具を借用す
快意石上寺末門惣代を召し城主祈禱所の後住は城主の意向による旨を申渡す
*快意月次の御禮を勤む
*快意西の丸へ登城す
*本丸西の丸へ例月の御札守を獻上す
*加藤明英御祈禱料を寄す
*御成に先立ち小納戸衆ら本堂護摩堂御殿の天井床下を改む

出羽新庄の修善院長谷寺交衆に出立につき快意諸僧への書狀進物等を託す

闕東屋彌作

*松平忠周へ叔母翠松院死去の悔みを申遣す

幕府役替あり

殿御出、小普請方横山藤兵衛殿・加藤源四郎殿、
大工棟梁大谷出雲、
一、御小納戸衆御兩人へ、御本丸ゟ食事廻り小書院ニて仕度有之、大書院ニて御食事有之、此方ゟ食後水菓子・煎茶出ル、其外不出候、僧正ニ茂御立合無御座候、
一、出羽新庄(最上郡)修善院、明日初瀬へ罷登候ニ付、御頼物被遣之候、
一、小池坊(大和、長谷寺、亮貞)へ一通、　一、喜多坊(同上、悠山)へ一通、
一、慈心院(大和、長谷寺、信有)へ一通、　一、海說房(同上、尚彥)へ一通、
一、衣地紫緋二、　一、白郡内織一疋、
一、嶋郡内半疋、　一、闕東屋彌作(大和、長谷寺門前)方へ一通、
右、嶋郡内半疋ハ彌作方へ被遣候、當番書狀ニて被遣候、其外者海說房ゟ相達候筈ニ御座候、委細海說房へ被仰遣候由、
一、修善院へ爲餞別、白羽二重壹疋被遣候、
一、今日御役替之方、
一、西之丸若年寄、　御本丸若年寄ゟ　永井伊豆守殿(直敬)、
一、西之丸若年寄、五千石御加增、西之丸御側衆ゟ　大久保加賀守殿(長門)、
一、西之丸御側衆、　御本丸御側衆ゟ　保田內膳正殿(宗鄉)、
一、御本丸御側衆、御加增有、　御本丸御廊下番頭ゟ　土屋薩摩守殿(利意)、

十六日、晴、

一、大久保長門守殿(教寬、西の丸若年寄)へ、金三百疋・昆布一箱、御役替之御祝儀ニ被遣候、
一、大久保杢頭殿(忠朝)・同加賀守殿(忠增、老中)へ、御悅被仰遣候、宇津出雲守殿(利意、側衆)へも、同斷、
一、保田內膳正殿・永井伊豆守殿・土屋薩摩守殿(利意、側衆)へ、御悅被仰遣候、
一、松平伊賀守殿叔母翠松院殿死去ニ付、爲御悔御使僧被遣候、
一、戸田內藏介殿(忠就)へ、來月十二日松平兵部大輔殿致招請候間、御約束之通、其節御出被下候樣ニと被仰遣候、

有馬則維快意を振舞ふ

一、有馬兵庫殿へ、御兼約ニて御振舞ニ御越被遊候序、芝圓命院(江戸、赤羽稲荷別當)方へ御立寄被遊候、羽二重壹疋被下之候由、

一、大久保長門守殿へ、爲御祝儀御越被成候、

稲垣重富御成前の見分に來る

一、稲垣對馬守殿(重富、若年寄)、御成前御見分被仰付候事なと御座候由ニて御出被成候、小普請奉行間宮播磨守(信明)殿御出、小普請方加藤源四郎殿ニ茂御出、棟梁小林阿波罷越候、

御成に際し桂昌院位牌堂目障りにつき植樹にて隠すやう命ず

一、御位牌(桂昌院)〇堂外ゟ相見候分、此方山之松杦なと植込かくし候様ニと、稲垣對馬守殿奉行衆へ被仰渡候由、

一、御殿板塀之儀ハ、御成已後御願候□(様カ)ニと此方へ被仰渡候事、

一、右御留主之内御出被遊候故、御面談無之候、尤本堂・護摩堂・御殿なと見分被成、早〻御歸之事、

十七日、　晴、

一、小普請方加藤源四郎殿、普請場へ御見舞之事、

一、終日御在寺、

*快意藥師寺圓成院熱田社醫王院京都清水寺成就院を振舞ふ

一、南都圓成院(藥師寺)・尾府醫王院(愛智郡熱田)(熱田社神宮寺學頭)・京清水成就院(清水寺、隆性)、御振舞被遊候、

一、淺艸本願寺へ、一昨日御使者ニて、一種來ル返礼申遣候、

一、本多彈正少弼殿(忠晴、寺社奉行)へ、昨日御使者ニて、此間御居申候御成之儀御返答、將又御祝詞被仰下候ニ付、御返禮旁被仰遣候、

十八日、

*本丸大奥へ例月の御札守を獻上す

一、御本丸大奥へ、御札守上ル、例月之通、

一、有馬兵庫殿へ、昨日御使者來ル返礼申遣候、

一、佐野信濃守(勝由)殿へ、來月八日榊原式部(政邦)殿致招請候間、御出被下候様ニと申遣候事、

*淺草寺への御成延引す

一、今日、淺艸寺(江戸)へ公方様被爲成候筈之所、御延引之由、

一、晝時時雨、少〻霰なと降候、

綱吉風氣
快意松平輝貞同忠周の御機嫌を窺ふ
*松平輝貞奉書を以て御成延引を報ず
*松平輝貞綱吉風氣頭痛につき御祈禱を命ず
六郷領用水圦普請金御料私料割合にて出金す
護國寺負擔は五十一兩一匁八分七厘五毛
*堀直利書狀を以て御成延引を報ず

十九日、　晴、
一、公方樣少〻御風氣ニ被成御座候故、昨日覺王院へ御延引之由、依之、護持院□御越被遊、且又松平右京大夫殿・松平伊賀守殿へ、窺御機嫌御越被遊候事、
一、小普請方横山藤兵衞殿・棟梁出雲(大谷)入來候事、
一、六郷領(武藏荏原郡)用水圦御用御料・私料割合ニ而、御普請入用御勘定所ゟ被仰渡候ニ付、伊奈半左衞門(忠順、關東郡代)殿ゟ被申付候由ニ而、請負町人罷越候ニ付、金子渡シ候事、

割合高出金

一、高貳百貳石三斗　御領所分、
（出銀百貳拾六匁壹分五リン
一、高五拾六石九斗八升六合　增上寺料、
（出銀三拾五匁五分四リン
一、高五百石　護國寺領、
（出銀三百拾壹匁八分八リン
右、百石ニ付、六拾貳匁三分七リン五毛ツヽ之割ヲ以出ル、

一、護國寺領分金ニメ五兩拾壹匁八分八リン、請負町人方へ相渡シ申候、請取手形長谷〇川平七方へ相渡シ申候、
一、申刻過、松平右京大夫殿ゟ御奉書來ル、
明後廿一日、御成御延引被遊候旨被仰下、且又右京大夫殿ゟ御別帋ニて、冷氣故御風氣御頭痛抔被遊候間、御祈禱相務候樣ニと被仰越候、依之、今夕ゟ廿三日迄藥師之法百座衆中相務候事、
一、御月番堀左京亮(直利、寺社奉行)殿ゟ御封狀來ル、
明後廿一日、御成相延候間、左樣可有御心得候、以上、
十月十九日
上書、護國寺僧正　堀左京亮
御返事寫、
明後廿一日、御成相延候之旨、被仰下奉得其意候、以上、

十月十九日

半切上書、堀左京亮様　護國寺僧正

*松平輝貞奉書
快意松平輝貞の御機嫌を窺ふ

廿日、　晴、

一、松平右京大夫殿迄、爲窺御機嫌御越被遊候事、

一、晝過御歸寺、御風氣ニ而御引込被遊候、

一、右之外、相替儀無御座候、

地震

廿一日、　晴天、夘ノ刻地震、

一、終日御在院之事、

*快意增上寺の桂昌院廟所に參詣す
*松平輝貞奉書

一、水戸中納言様(徳川綱條)御使者ニ而、一種拜領被成候御返礼申遣候、

一、松平攝津守様へ、御返礼申遣候、

堀田正虎内須藤源藏快意の仲介により傳治を養子とす

一、堀田榮隆院様へ、須藤源藏養子願之通、傳治被仰付候故、爲御礼御使僧被遣候、

一、新達市之丞・向加右衞門へ、此度須藤源藏養子願之通、傳治被仰付被下忝候由、伊豆守(堀田正虎)殿へ可然頼候由、御使僧ニ而被仰遣候、

廿二日、　晴天、

一、增上寺へ御佛詣、

一、松平右京大夫様ゟ御奉書來、

只今罷出候様ニ被　仰出候間、登　城可有之候、以上、

十月廿二日　松平右京大夫

護國寺

增上寺へ御佛詣被遊候由ニ而、御請ハ不仕候、

一、松平右京大夫様ゟ御奉書來ル、

今日罷出候様ニ与被　仰出候得共、致無用、明後廿四日晝前登　城可有之候、以上、

十月廿二日　松平右京大夫

護國寺

御請增上寺御越候由ニ而、御請ハ不仕候而、先様へ申遣候、

一、板倉甲斐守(重寛)様へ、御返狀差遣候、

廿三日、　晴天、

一、終日御在院之事、

堀田榮隆院桂昌院位牌堂に詣づ

本丸西の丸へ例月の御札守を獻上す

快意元三の丸女中衆へ大根室生茶を贈る

*快意登城す

快意登城す

*御臺所綱吉風氣の御祈禱を命ず

松平輝貞奉書

*於傳之方綱吉風氣の御祈禱を命ず

*竹姫綱吉風氣の御祈禱を命ず

一、榮隆院殿(桂昌院)御位牌堂江御佛詣、例之通於大書院料
理出之候、
一、御本丸・西御丸江、例月之通、御札・備折差上
候、
一、攝取院殿(元三の丸女中衆)・本珠院殿(同上)江御文ニ而、大根五拾本宛、
室生煎茶壹箱宛被遣候、

廿四日、

一、四ツ時、御本丸江登城被成候、
一、榮隆院殿へ、御返礼申遣候、
一、土井周防守(利益)殿へ、御返礼申遣候、

廿五日、　曇、晝過雨少降、

一、終日御在院之事、其外相替事無之候、

廿六日、　同斷、

一、松平右京大夫様ゟ御奉書來ル、御請御直ニ被遊
候、
一、淺黄紗綾壹卷圓成院、同壹卷清水寺成就院、白
紗綾壹卷・繪壹福(幅)尾州醫王院、右何茂御餞別ニ
被遣候、
一、松井式ア卿御狀壹通、海說房へ之書狀一通、圓
成院へ賴遣候、
一、天王坊(尾張、名古屋)へ書狀壹通、寶生院(同上)へ書狀壹通、幷はなた(縹)
醫王院(尾張愛智郡熱田)へ賴遣候、
一、四ツ半時登城被成候而、八ツ過御歸、
一、和州室生寺(宇陀郡室生寺村)ゟ町飛脚ニ而、狀箱到來申候、

廿七日、　晴天、

一、終日御在院之事、
一、生得院殿(元三の丸女中衆)へ、大根五十本・室生茶貳袋被遣候、
清源院殿(元三の丸女中衆)・瑞正殿(同上)へ、大根八十本・室生茶三袋
被遣候、
一、御臺様(綱吉室、鷹司教平女)ゟ御文ニ而、公方様御祈禱被仰付候爲御
初尾銀拾枚來ル、
一、五之丸様(於傳之方、綱吉側室)ゟ同斷、御初尾銀五枚來ル、
一、姫君様(竹姫、綱吉養女)ゟ同斷、御初尾銀五枚來ル、

廿八日、　晴天、

快意月次御禮を勤む
綱吉風氣につき家宣御禮を受く
*大奥女中衆へ綱吉御祈禱札を獻上す
御臺所於傳之方竹姫依賴の綱吉御祈禱札を獻上す
本丸西の丸へ月次の御札を獻上す
*本所彌勒寺來り借用金を返濟す
快意登城す

一、御本丸へ、月次之登城被遊候、公方樣ニハ御風氣故御礼ハ無之候、大納言樣御礼御請被遊候由、
一、御臺樣・五之丸樣・姫君樣、御祈禱被仰付候ニ付、御札差上候、
一、不動尊祕法、一七ケ日、
一、藥師祕法、　同斷、
一、千手法祕法、同斷、
右之通、公方樣御年寄衆迄、御文ニ而差上候、
一、御本丸・西御丸江、月次之御札守・御備折差上候、

廿九日、　晴天、
一、御本丸江登城被遊候、九ツ過御歸、
一、松平隱岐守樣へ、昨日御使者ニ而、來月十二日御振舞之御案內申來候故、手前へ御客御座候故、得同公仕間敷候由申遣候、
一、伊東(祐崇)駿河守殿へ、御返礼申遣候、

卅日、　晴天、晝時ゟ風吹、
一、終日御在院之事、
一、御本丸江、御祈禱之札差上候、
一、五大尊護摩、各一七ケ日、
一、藥師祕法、百座、
一、心經祕鍵、百卷、
右之通、御備折三通、御文ニ而差上候、昨晚護持院ゟ被仰越候ニ付相認差上候、尤大奥女中衆迄、
一、(本所、隆慶)彌勒寺御出被成候而、御對話被成候、兼而借用被成候金子御持參、請取卽手形致返進候、金子長谷川平七郎へ相渡候、
一、松平隱岐守(定直)樣へ、御返礼申遣候、
一、御月番堀左京亮殿ゟ御觸手帋來ル、御返事相濟候、

〔十一月〕

十一月一日、　晴、

快意月次御禮を勤む

一、月次之御登城有之、

松平友著へ新宅移徙の祝儀を遣す

一、松平但馬守(友著)殿御新宅へ移徙被成候ニ付、爲御祝儀昆布一箱・蕎麥挽拔一箱、御使僧ニて被遣候事、

護國寺の寺社奉行留帳

○ト
一、堀左京亮(直利、寺社奉行)殿へ普門院(護國寺役者、豁如)罷越、御觸之趣寫罷歸、寺社奉行留帳ニ記之、

綱吉風氣につき惣出仕あるも御禮は家宣受く

一、公方樣(徳川綱吉)御風氣ニ付、惣出仕有之候へ共、表江出御不被遊候、大納言樣(徳川家宣)之惣出仕御請被遊候由、

一、末寺千手院(下谷御箪笥町)弟子性源、明日初瀬(大和、長谷寺)□罷越候ニ付、爲御餞別金百疋被遣候事、

一、御本丸大奥ゟ、南都大乘院樣(興福寺、隆尊)ゟ之御書御届被下候事、

二日、　晴、風吹、

綱吉風氣快然の御祈禱札を大奥女中へ遣す

一、公方樣御風氣御快然被遊候樣ニ、御祈禱此間相務候ニ付、今日大奥御女中方へ御札・御備折上ル、

一、千手尊法一百座、御札・御備折、

一、不動尊法五十座、御札・御備折、

一、如意輪法五十座、御札・御備折、右之通御上ケ被遊候事、護持院ゟも上ル由、

一、終日御在寺之事、

一、今日ゟ公方樣爲御祈禱□上り候、千手法不動法・如意輪法衆中相務候事、

三日、　晴、

*松平輝貞奉書

一、松平右京大夫(輝貞、側用人)殿ゟ御奉書來ル、御小人衆持參、辰刻前、

今日罷出候ニと被　仰出候間、四ツ時登　城可有之候、以上、

十一月三日　　松平右京大夫

護國寺(快意)

*奉書請書

御手帋奉拜見候、今日可罷上之旨、被　仰出候ニ付、四ツ時登　城可仕之旨奉畏候、以上、

十一月三日　　護國寺

*快意登城す

松右京大夫様

召しにより快意登城す

一、辰刻過、登城被遊候事、

綱吉風氣全快するも淋しく思ひ隆光快意英岳を召す

一、午刻時御歸寺、今日被爲召候趣者、御機嫌御全
快ニ付、御淋茂思召候ニ付被爲召候由、替儀無
之候、護持院(隆光)・進休庵(江戸、英岳)御上リ、覺王院(淺草、最純)登城候へ
共、遲候故御目見無之、

*綱吉快意覺王院最純を召す

*先に須藤源藏の養子とさる添嶋半藏傳治初て源藏方へ参る

四日、　晴、

松平輝貞奉書

一、朝、御奉書來ル、御請相濟候、左之通、
今日罷出候樣ニと被　仰出候間、四ツ時登
城可有之候、以上、
十一月四日　松平右京大夫
護國寺

*上總能說房來寺

奉書請書

今日可罷上之旨被　仰出候ニ付、四ツ時登
城可有之旨奉畏候、以上、
十一月四日　護國寺
松右京大夫樣

一、辰半刻ニ登城被遊候事、
一、松平但馬守殿へ、昨日御使者ニて兩種來ル返礼
申遣候事、
一、午過御歸寺、覺王院大僧正・當院僧正(快意)御兩寺計
被爲召候由、御前ニて御咄抔暫御座候由、

五日、　晴、風吹、

一、堀田伊豆守(正虎)殿御内須藤源藏就病氣、此方ゟ思□
次第養子仕度願先日申上候所、添嶋半藏可被遣
候旨相濟、今日初而源藏方へ半藏罷越候、源藏
幷老母・娘之母幷娘各〻へ音物、奥御納戸ゟ被
遣候、外ニ赤飯・ほかひ(行器)一荷、饗應のため被遣
候事、
一、上總能說房入來、御目見有之、且又縹綞一領被
下之候、
一、護持院ゟ御手帋來ル、明日御上リ候由ニて候、
一、榊原式部大輔(政邦)殿へ亮尙院(護國寺寺中)被遣候、來ル八日ニ彌
御出被下候樣ニと被仰遣候へ共、御延引可被成

*綱吉家宣へ庚申待備折洗米を獻上す
*內藤正房來寺
庚申待
開山講
*例月の大般若經轉讀
松平輝貞奉書綱吉快然により行水鬌剃につき快意らを召す
*松平輝貞石上寺住持を本寺より任ずるやふ願ふも快意祈禱所住持は檀越より任ずべき旨を答ふ

候旨御返事有り、

六日、　晴、

一、辰刻過、登城被遊候事、
一、午過御歸寺、公方樣段〻御快然ニ付、明日御行水被遊候旨、御意ニて御座候由、
一、今夕、普門院ニて庚申待有之、御夜食ニ御越被遊候事、

七日、　晴、

一、開山講、例之通、
一、御奉書松平右京大夫殿ゟ來ル、今日被爲召候間、登城可有之候、御請相濟、登城被遊候所、今日御行水御鬌(剃)御そり被成候ニ付被爲召候由、午過御歸寺、
一、○ロ寺社奉行所鳥居播磨守(忠英)殿ゟ、役僧壹人可被差越候旨被仰越候ニ付、(護國寺役者)歡喜院罷越御觸承候、
一、松平右京大夫殿御家老淺井勝之丞方へ、歡喜院罷越候所、高崎(上野)石上寺住持之儀、壬生(下野都賀郡)無量壽院先住自觀申付度右京大夫申候間、其元ニて被仰付候樣ニ賴候由被申聞候、
一、庚申待御備折・洗米、公方樣・大納言樣へ例之通上ル、
一、內藤重(十)郎(正房、新番)左衞門殿御出、御面談有之、
一、六角主殿殿(廣豐、表高家)へ、昨日御出、公方樣御機嫌御窺候ニ付、御使僧ニて被仰遣候、

八日、　晴、

一、大般若轉讀、例之通、
一、松平肥前守(黑田綱政)殿ゟ、昨日御參府之案內有之、依之、今日右之御悅旁申遣候、
一、松平攝津守(義行)殿ゟ、昨日爲御見舞、兩種參候返礼申遣候事、
一、終日御在寺之事、
一、高崎石上寺住持、右京大夫殿ゟ被仰付候ニ付、此度自觀儀、此方ニて被申付候樣ニと、昨日被仰聞候故、御祈禱所之儀候間、其元樣ニ而被仰

*快意先に綱吉平癒の御祈禱を勤む衆中へ布施を與ふ

隆光最純英岳快意綱吉快然の祝儀を獻ず

隆光最純英岳快意ら綱吉快然の祝儀に登城す

*松平忠周奉書

御臺所於傳之方綱吉違例快然の祝儀を下す

*奉書請書

本庄資俊在所より綱吉違例の御祈禱を依賴す

本丸西の丸へ例月の大般若經轉讀の御札を獻上す

*綱吉淋しく思い快意のみを召す

付可然奉存候、乍然如何樣共、此方ニ而申付候樣ニと思召候ハヽ可申付候旨、手帋ニて申遣候、

九日、　晴、

一、公方樣御違例御快然ニ付、今日御祝儀御座候由ニ而、護持院(快意)・覺王院・進休庵・當僧正ゟ御檜重一組ツヽ、松平右京大夫殿迄朝之内御使僧ニて獻上被遊候事、

一、護持院・覺王院・進休庵・大護院(淺草、尊祐)・四ケ寺(江戸四箇寺)、登城、當院僧正茂辰刻前過、登城被遊候事、

一、今日之爲御祝儀、紗綾三十卷・白銀三十枚・昆布一箱御拜領、御小人衆添來ル、

一、御臺樣(綱吉室、鷹司教平女)ゟ眞綿五把・井籠(蒸)三組、御文ニ而拜領、

一、五之丸(於傳之方、綱吉側室)ゟ縮緬五卷・昆布一箱、同斷、

一、松平豐後守殿(本庄資俊)御在所ゟ、公方樣御違例ニ付、御祈禱御賴被仰越候事、

一、御本丸・西之丸江、例之通大般若御札守・御備折上ル、

一、此間、御祈禱相務衆中へ御布施被下候覺、大聖寺(上野碓氷郡八幡村)・普門院・歡喜院・亮尙院・醫王院(護國寺寺中、覺祐)江銀壹枚ツヽ、御祈禱衆へ七人壹枚ツヽ、通宣・識田江貳百疋ツヽ、蓮花院(護國寺寺中、深譽房)同斷、護摩堂承仕兩人百疋ツヽ被下之候、

十日、　曇天、

一、松平伊賀守殿(忠周、側用人)ゟ御奉書來ル、

今日罷出候樣ニと被　仰出候間、四ツ時前登城可有之候、以上、

十一月十日　松平伊賀守

護國寺

一、御手帋奉拜見候、今日可罷上候旨被仰出候ニ付、四ツ時前、登　城可仕之旨奉畏候、以上、

十一月十日　護國寺

松伊賀守樣

一、辰刻過登城、御淋敷思召ニ付、當院僧正計被爲

召候由、
一、松平兵部(吉品)大輔殿へ、明後十二日彌御出被下候様、
御案内被仰遣候事、
一、戸田内藏介殿へも、明後十二日兵部殿御出ニ付、
其元ニ茂御約束之通、御越可被下候旨被仰遣候、
一、御臺様・五之丸様へ、昨日御請不被遊候ニ付、
今日御請御文上ル、
一、上劦高崎石上寺住持、城主御差圖ニ而、壬生町
無量壽院先住自観被仰付度思召候ニ付、今日住
持此方ニ而被仰付候、此方ニて被申付給候様ニ
と、兼而被仰聞候故、此方ニて申付候筈候、

石上寺住持松平輝貞命につき護國寺より任ず

(裏表紙)

七册之内

（表紙）

六

寶永三丙戌歳

快意大僧正代

改

日記

十一月十一日

十二月廿一日迄

（原寸、縦二四・八糎、横一七・四糎）

（表紙裏標目）

「十一月十一日、

一、高崎石上寺住持申付候事、

十一月廿六日、

一、六郷領分用水願ニ添狀遣候事、

十二月九日、

一、紀刕江御目見音物、

十二月九日、

一、六郷領分往還道ニ而首くゝり付居候事、

十二月十一日、

一、快意轉任大僧正、

十二月十五日、

一、大僧正轉任之御礼、

十二月十八日、

一、大僧正轉任ニ付、御三家へ御付届、

十二月十八日、

一、同僧錄へ茂御付居被成候事、

十二月十九日、

一、口宣之御奉書御請取之事、」

高崎石上寺住持就任の御禮に來寺

石上寺惣門中宛兩役者書狀

門中惣代の出府を命ず

*快意登城す

*石上寺來り色衣著用願の添書を願ふ

〔十一月〕

霜月十一日、　晴天、

一、終日御在院之事、

一、高崎（上野群馬郡）石上寺、昨日住職被仰付候爲御礼被參、御逢被成候、卽惣門中江之書狀相渡候、

高崎石上寺住職之事、壬生（下野都賀郡）無量壽院先住慈（自）觀へ被申付候、此段各へ申遣候樣ニ与（快意）僧正被申付候、依之、門中之內壹ケ寺爲惣代、此方へ早速可被參候、恐々謹言、

十一月十二日　（護國寺役者）歡喜院判

（護國寺役者、豁如）普門院判

石上寺

惣門中

高崎石上寺住職之事、壬生無量壽院先住自觀へ被申付候、此段爲可申渡如此ニ候、恐々謹言、

十一月十二日　歡喜院判

普門院判

石上寺

留主居

右之通相認、石上寺當住（自觀）江相渡申候、

一、內藤（正友、大坂定番）式部少輔殿へ、昨日之御返礼申遣候、

一、同奥方へ、爲御見舞食籠貳ツ被遣候、

一、西尾（忠成）隱岐守殿へ、御口上書御使僧ニ而被遣候、來ル十九日御招請申度由申參候、

十二日、　晴天、

一、五ツ半時登城被遊候、九ツ半時御歸、

一、榊原（政邦）式ア太輔殿江、來ル廿七日ニ御招請申度候由被仰遣候、

一、牧野（康重）周防守殿へ、御返礼申遣候、

一、高崎石上寺色衣之願ニ被參、卽根生院（湯島）へ御添手帋被遣候、

*松平輝貞奉書
*松平輝貞奉書
降雪あり
快意隆光大護院根生院彌勒寺西大寺金剛院らを振舞ふ
*奉書請書
巳待
快意月次の御禮を勤む
*快意登城す
*松平定直快意を振舞ふ
本丸西の丸へ月次御札を獻上す
*四ツ谷伊賀町より出火

十三日、　晴天、
一、終日御在院之事、
一、松平大學頭殿(頼貞)へ御使僧ニ而、當月中御差合茂無御座候ハヽ、招請仕度候間、日限可被仰下候由被仰遣候、

十四日、　晴天、夜九ツ時、雪少降、
一、終日御在院之事、
一、兼而御約束ニ而、護持院(隆光)大僧正・大護院(淺草、尊祐)・根生院(湯島、澄意)・(本所、隆慶)彌勒寺・(大和)西大寺金剛院・(江戸)下谷眞行院・久野左兵衞・秋田(屋)や源四郎御振舞、其節松平美作守(本庄宗彌)殿御出ニ而、一同御料理出之候、晩方、曾我播磨(助興)殿御出候而、風呂へ御入、後段出之候、
一、今晩、巳待ニ而、(護國寺寺中)亮尚院被相勤候、御手前へ御客御座候故、僧正ニハ御越不被遊候、

十五日、　晴天、
一、御本丸江、月次之登城被遊候、
一、御本丸・西御丸江、月次之御札・備折差上候、
一、牧野周防守殿へ、御在所之御返□
一、松平右京大夫殿(輝貞、側用人)ゟ御奉書來、御請置ニ被□
一、松平隱岐守殿(定直)へ、昨日之御返礼□

十六日、　晴天、風吹、
一、御奉書來ル、
今日罷上候様ニ被　仰出候、四ツ時登　城可有之候、以上、
十一月十六日　松平伊賀守(忠周、側用人)
護國寺(快意)

御請、
御手紙奉拜見候、今日罷上候様被仰出候ニ付、四ツ時登　城可仕旨奉畏候、以上、
十一月十六日　護國寺
松伊賀守様

五ツ過、御本丸江登城被遊候、御退出以後、松平隱岐守殿御兼約ニ而、御振舞御越被成候、
一、午ノ上刻ゟ出火、(江戸)四ツ谷伊賀町火元ニ而、未ノ

松平義行へ火事見舞ひを遣す
四ツ谷東福院へ火事見舞ひを遣す
堺朱取小田助四郎
*快意登城す
*風氣以後初ての仕舞あり
石上寺門中惣代金剛寺出府
*本丸へ月次御札を獻上す
松平輝貞奉書
快意石上寺門中惣代へ後任任命の件を傳へ承知致すやう命ず
*松平輝貞奉書
松平輝貞奉書

下刻迄燒失、
一、松平攝津守(義行)殿へ、爲火事御見舞御使被遣候、
一、四ツ谷(江戸)東福院、火事爲見舞御使遣候處ニ無別事
候、
一、堺(攝津)朱取小田助四郎へ、爲御餞別郡内壹疋被遣候、
幷通法寺(河内古市郡通法寺村、賴雅)・國分寺(和泉泉郡)へ之書狀賴被遣候、
十七日、晴天、
一、石上寺門徒金剛寺(上野群馬郡福島村)參候、
一、終日御在院之事、
一、松平右京大夫樣ゟ御奉書來ル、御請御直ニ被成
候、
一、松平隱岐守殿江、昨日之御礼申遣候、
一、高崎石上寺門徒金剛寺へ、御逢被遊候而被仰渡
候ハ、今度石上寺仕職之義、自觀へ申渡候間、
其段可被相心得候、且亦入院之節ハ、首尾能取
持可申候由被仰渡候、
一、松平右京大夫殿ゟ御奉書來ル、御請御直ニ被遊
候、
一、護持院ゟ御手紙ニ而、明十八日登城候樣申來ル、
御返事相濟、
十八日、冬至、晴天、
一、五ツ時御本丸江登城被遊候、八ツ半時御歸、御
風氣以後初而御仕舞被遊候、拜領物羽二重拾五
疋、
一、御本丸江、月次之御札・備折差上候、
一、松平隱岐守殿へ、御返礼申遣候、
一、西尾隱岐守殿へ、同斷、
一、大久保杢頭(忠朝)殿へ、御使者ニ而、一種來候御返礼申
遣候、
十九日、晴天、
一、松平右京大夫殿ゟ御奉書來、
只今罷上候樣被　仰出候間、登　城可有之候、
以上、
十一月十九日　松平右京大夫

奉書請書

護國寺

御請御直ニ被成候、

御手紙奉拜見候、只今罷上候樣被仰出候ニ付、

登　城可仕旨奉畏候、以上、

十一月十九日　巳ノ上刻來、　護國寺

松右京大夫樣

奉書持參の使衆請書に刻付を願ふ

御使之衆、刻付被成候而可被下候由被申候故、

如此御認被遣候、

*役者歡喜院通宣及び文泉長谷寺交衆に登山す

快意護持院の振舞ひに赴く

一、御城退出以□〔後〕、護持院御振舞候而、御立寄被成

候而、暮六ツ過御歸、

*松平忠周奉書

廿日、　晴天、七ツ時ゟ風吹、

高崎石上寺入院繼目の御禮を勤む

一、高崎石上寺繼目之御礼、於小書院御請被成候、

吸物ニ而御盃被下之候、爲入院之御祝義、金入

之袈裟一領御直ニ被遣候、

*奉書請書

一、長谷川萬右衞門養子取組相濟、中根長左衞門被

參、御逢被成、小書院ニ而料理出之候、

和泉町より出火

一、夜四ツ半過出火ニ而、火元和泉町、八ツ半過迄

燒失、

廿一日、　晴天、

一、終日御在院之事、

一、牧野周防守殿、若王寺(山城久世郡)江之返書遣之候、京都靈

源院へ之返書、大塚(江戸)蒲西堂江賴遣候、

一、安藤長門守殿(信友、奏者番)、火事御見舞使僧被遣候、

廿二日、　晴、

一、歡喜院・通宣・文泉、初瀨(大和、長谷寺)登山ニ而候、

一、松平伊賀守殿ゟ御奉書來ル、

今日四ツ時前罷上リ候樣被仰出□□□登　城

可有之候、以上、

十一月廿二日　松平伊賀守

護國寺

御請、

御手紙奉拜見候、今日罷上候樣ニ被仰出候、

四ツ時前登　城可仕旨奉畏候、以上、

十一月廿二日　護國寺

快意登城す
快意増上寺の桂昌院廟所に參詣す
金地院快意を振舞ふ
*奉書請書
桑染
*松平輝貞奉書
*松平忠周奉書
松平忠周奉書
*奉書請書

　　　　松伊賀守様

一、五ツ時御本丸江被爲召候ニ付登城、退出以後、
　増上寺江御佛詣、兼而御約束ニ而、金地院江御
　振舞御越被成候、五ツ過御歸、
一、御本丸ゟ拜領物來、桑染十疋、
一、(本庄資俊)松平豐後守殿へ、御返礼申遣候、

　　廿三日、　晴天、

一、終日御在院之事、
一、松平右京大夫殿ゟ御奉書來ル、御請直ニ被遊候、
(一、松平右京大夫殿ゟ御奉書來ル、御請直ニ被遊候、)

　　廿四日、　晴天、

一、終日御在院之事、其外相更義無御座候、

　　廿五日、　晴天、

一、松平伊賀守殿ゟ御奉書來ル、
　今日罷上候樣ニ被　仰出候間、四ツ時登　城
　可有之候、以上、
　　十一月廿五日　　　松平伊賀守
　　　　　護國寺

御請、
　御手紙奉拜見候、今日罷上候樣ニ被　仰出、
　四ツ時登　城可仕旨奉畏候、以上、
　　十一月廿五日　　　護國寺
　　　　松伊賀守様
一、榊原式ア太輔殿へ、明後廿七日彌御出被下候樣
　ニ御案内申遣候、

　　廿六日、　晴天、

一、松平伊賀守殿ゟ御奉書來、
　今日可罷出之旨被仰出候間、四ツ時過登　城
　可仕候、以上、
　　十一月廿六日　　　松平伊賀守
　　　　　護國寺
御請、
　今日可罷出旨被　仰出候ニ付、四ツ時過登
　城可仕旨奉畏候、以上、

十一月廿六日　　護國寺

松伊賀守様

一、堀田伊豆守殿(正虎)へ、此度須藤傳治目見江、首尾能被仰付忝奉存候由、向加右衞門・新達市之丞迄被仰遣候、

一、藤堂和泉守殿(高睦)へ、御返礼申遣候、

一、榮隆院殿(堀田正俊室、稲葉正則女)へ、傳治目見へ相濟申候御礼被仰遣候、

一、水戸中納言様(徳川綱條)江、御返礼申上候、

*寺領新宿村百姓用水分けの事伊奈忠順へ出願につき添狀を與ふ

一、新宿村(武藏荏原郡)百姓共、今度御用水被仰付候ニ付、只今迄掛來リ候用水分ケ申候得共、新宿村之百姓共難義仕候故、伊奈半左衞門殿(忠順、關東郡代)役人中迄御願ニ罷出候故添狀遣候、

*快意登城す

一、四ツ時前、御本丸江登城被成候、八ツ時過御歸、拝領物來ル、縮緬十巻、

廿七日、　晴天、

一、松平伊賀守殿ゟ御奉書來ル、

*松平忠周奉書

何茂被爲召候儀御延引、明廿八日目出度可被召候□

今日罷上候様被仰出候得共、延引可仕旨被仰

被仰出候、例之通登城可有之候、益御機嫌能被成御座候、

出候、以上、

以上、

十一月廿七日　　松平伊賀守

護國寺

*奉書請書

益御機嫌能被成御座候、目出度奉

御手紙奉拝見候、今日者登　城仕間敷旨奉畏

存候、今日何茂被爲召候事御延引、明廿八日目出度可被爲

候、以上、

召之旨被仰出難有仕合奉存候、明廿八日例之通登　城可仕

旨奉畏候、以上、

十一月廿七日　　護國寺

松伊賀守様

一、竹田丹波守殿(政武、小普請奉行)江諸大夫ニ被仰付候爲御祝儀、金三百疋被遣之候、

一、西尾隠岐守殿江、御返礼申遣候、

一、終日御在院之事、

綱吉家宣へ二十六夜待の御札を獻上す

一、廿六夜待之御札、公方様(徳川綱吉)・大納言様(徳川家宣)へ差上候、

廿八日、　晴天、

快意月次御禮を勤む

一、月次之登城被遊候、其以後御仕舞被遊候ニ付、拜見被仰付候、拜領物來ル、羽二重拾五疋、

本丸西の丸へ月次の御札を獻上す

一、御本丸・西御丸江、月次之御札・備折差上候、

*奉書請書

快意謙德院へ岡宗壽弟子契約につき御禮を申遣す

一、鎌〔謙〕德院(奥山玄建、奥醫師)江、今度岡宗壽弟子之契約被致候ニ付、爲御礼御使僧被遣候、

廿九日、　晴天、

一、終日御在院之事、

*快意登城す

一、兼而榊原式ア太輔殿御振舞之處、御用御座候而相延申候、

*快意初て山内豊隆に謁す

快意大塚の大慈寺蒲西堂を振舞ふ

一、(江戸)大塚大慈寺・蒲西堂兩人、御振舞被成候、

*八代蜜柑

一、添嶋義八郎養父被參候而、御逢被遊候、於小書院料理出之、

晦日、　晴天、

松平輝貞奉書

一、松平右京大夫殿ゟ御奉書來、

今日罷上り候様ニ被　仰出候間、登　城可有之候、四ツ半時ニ而茂苦間敷候、以上、

十一月卅日　松平右京大夫

護國寺

御請、

今日罷上り候様ニ被　仰出候間、登　城可仕之旨、尤四ツ半時ニ而茂苦間敷候由奉畏候、以上、

十一月卅日　護國寺

松右京大夫様

一、御本丸江四ツ時登城、退出以後、松平伊〔猪〕右衛門(山内豊隆)殿江今日初而御逢被成候御約束ニ而、御越被遊候、

一、八代密〔蜜〕柑拜領被遊候、

〔十二月〕

*護國寺月次の御禮

雪月朔日、　終日曇、夜少雨、

一、於茶之間、例之通御礼相濟、

快意月次御禮を勤む

一、御本丸江登城被遊候、

綱吉違例以後初て御禮を受く

御違(例)礼以後、初而御礼御請被遊候、

一、松平伊右衛門殿(山内豊隆)家老衆迄、昨日御逢被成候御礼被仰遣候、

一、阿部飛彈守殿(正喬)へ、御返礼申遣候、

一、添嶋儀八郎、今日養父方へ引越申候ニ付、□橋清兵衛御付被成被遣候、

一、羽二重貳疋、淺黄、白、　若菜伊兵衛へ、

一、食籠二荷、　同人へ、

一、昆布一折、　同人へ、

一、白紗綾壹巻、　内義江、

一、縮緬貳巻、紅白、　娘江、

一、郡内嶋壹疋、　伊之助へ、

一、下女下男へ、　青銅貳十疋宛、

右之通被遣候、

二日、　晴天、

快意登城す

一、御本丸江登城、五ツ過御出、暮六ツ過御退出、

拜領物來ル、羽二重拾五疋、但淺黄八□□、御仕舞被遊候由、

一、松平伊右衛門殿江、御返礼申遣候、

三日、　晴天、

一、終日御在院之事、

一、榊原式ア太輔殿(政邦)へ、一種來候御返礼申遣候、

一、加藤越中守殿(明英、若年寄)、一種來候御返礼申遣候、

一、中根長左衛門御祝義御振舞被遊候、中根萬右衛門・平子七郎兵衛・中根通漸・中村淺右衛門・長谷川土室、右之衆中被參候、

一、戸田金左衛門殿江、以御使僧被遣候、來ル九日、紀伊宰相様(徳川吉宗)御逢可被遊由ニ而御座候ニ付、御礼被仰遣候、

柳澤吉保書狀*

一、松平美濃守殿(柳澤吉保)ゟ御手紙來ル、來ル七日、大納言様(徳川家宣)、同十一日、公方様(徳川綱吉)、拙宅江被遊御成候、其節勝手江御出可有之候、爲其如斯候、以上、

*井伊直通へ寒の見舞ひとして蜜柑を遣す

柳澤吉保へ返書

*中山信敏室へ寒の見舞ひとして蜜柑を遣す

*松平輝貞へ寒氣御機嫌窺ひにつき薯蕷獻上の日次を窺ふ

松平輝貞奉書

快意柳澤吉保邸へ御成の祝ひに赴く

若菜伊右衛門養父若菜伊兵衛來寺

本丸西の丸へ御札を獻上す

十二月三日　　松平美濃守

（快意）護國寺

御手紙拜見仕候、來ル七日、大納言樣、同十
一日、公方樣貴宅江被遊御　成候ニ付、其節
御勝手江可罷出候旨忝仕合奉存候、以上、

十二月三日　　護國寺

松平美濃守樣

一、松平右京大夫殿（輝貞、側用人）ゟ御奉書來ル、
御請直ニ被遊候、

四日、　晴天、

一、松平美濃守殿へ、御成之御悦御越被成候、
一、終日御在院之事、
一、若菜伊右衛門養父若菜伊兵衛被參、爲御祝儀御
料理被仰付候、西大寺（大和）金剛院・須藤傳治、右之
衆中於小書院料理出之候、
一、御本丸・西御丸江、御札・備折差上候、

五日、　晴天、

一、伊井（井伊）掃部頭（直通）殿江寒爲御見舞、御使僧ニ而密柑（蜜、下同ジ）壹
籠被遣候、
一、中山備前守（信敏）殿奥方（信敏室、鍋島直能養女）へ、寒之爲御見舞ミつかん（蜜柑）壹
箱御文相添、御使僧ニ而被遣候、
一、終日御在院之事、

六日、　晴天、

一、松平右京大夫殿江薯蕷獻上之御窺ニ、普門院（護國寺役者、豁如）罷
越候、
寒氣爲可奉窺　御機嫌、來ル九日・十日兩日
之內、薯蕷獻上之仕度奉存候、獻上仕候ハヽ、
其許樣迄指上可申候之間、宜樣奉賴候、以上、

十二月六日

一、榮隆院殿（堀田正俊室、稻葉正則女）江、兩種參候御返礼申遣候、
一、松平攝津守（義行）殿江、右同斷、
一、誓願寺（淺草、本庄氏菩提所）へ、一種來候御返礼申遣候、
一、堀長門守（直佑）殿へ、御返状遣候、

松平輝貞奉書

一、水野隼人正(忠直)殿へ、御返狀遣候、

一、松平右京大夫殿ゟ御奉書來ル、
御請直ニ被遊候、

松平輝貞奉書

一、松平右京大夫殿ゟ御奉書來ル、
明七日罷上り候ニ与被　仰出候間、晝時登
城可有之候、以上、
十二月六日　松平右京大夫
護國寺

奉書請書

御手紙奉拜見候、明七日罷上り候樣ニ与被
仰出候間、登　城可仕之旨奉畏候、以上、
十二月六日　護國寺
松平右京大夫樣

七日、　晝時迄風少吹、晴天、

快意登城す

家宣根津權現へ詣でて後柳澤吉保邸へ御成

一、御本丸江四ツ半時登城、退出以後、大納言樣根
津權現江御社參被遊、其以後松平美濃守殿江被
爲成候ニ付、御勝手江御詰被成候、暮六ツ時御
歸、

一、本多伯耆守(正永、老中)殿江、一種來候御返礼申遣候、

一、松平隱岐守(定直)殿江、右同斷、

一、西尾隱岐守(忠成)殿江、御返礼申遣候、

一、細川越中守(綱利)殿江、御返礼申遣候、

一、山内九郎太郎殿江、御使者參候故、岡宗壽爲御
返礼被遣候、

八日、　曇、巳刻地震少、

*快意中根萬右衞門養父へ見舞ひに赴く

一、中根萬右衞門養父江、爲御見舞御越被遊候、御
持參物、
一、毛氈三枚、　中根長左衞門江、
一、三幅對懸物、壹箱、　同萬右衞門へ、
一、煎茶壹箱、　御袋江、
一、帶地、　姫江、
一、藥袋紙、　中根通漸江、
右之通被遣候、

*快意高田屋敷に所在の松平義昌室へ見舞ひに赴く

一、松平出雲守(義昌)殿奥方へ、高田(武藏豐島郡)之御屋敷被成御座候

故、爲御見舞御越被遊候、御持參煎茶壹箱・氷
砂糖壹壺被遣候、

九日、　晴天、

快意隆光同道にて初て徳川吉宗に謁す

一、紀井(伊)宰相樣江初而御目見へ被成候ニ付、五ツ半
時御越、護持院(隆光)御同道ニ而候、御持參壹束壹本
先達而御使僧ニ而遣之候、其後護持院ニ而御振舞
御立寄被成候、

松平輝貞奉書

一、松平右京大夫殿ゟ御奉書來ル、
御留主故、御先へ遣候、御請此方ニ而不仕候、

*御臺所於傳之方御簾中竹姫及び付の女中へ歳暮を獻上す

一、藤堂清眞院殿へ、御返礼申遣候、
一、京極甲斐守(高住)殿へ、同斷、

寺領六郷領北蒲田村往還端に首縊りあり名主注進す

一、六郷(武藏荏原郡)北蒲田村之内往還道端ニ而、年比三拾二三
之男首くゝ(縊)り罷有候故、名主(彌次右衛門)方ゟ注進仕候ニ付、
寺社奉行三宅備前守(康雄)殿御役人中江承候處、御代
官江其斷可仕由被申候故、伊奈半左衛門(忠順、關東郡代)殿役人
衆へ添手紙仕、名主遣候處ニ、半左衛門(伊奈忠順)殿役人
衆ゟ被申越候ハ、此方支配ニ而無御座候、其上
左右之道筋皆御寺領之義ニ御座候故、今度檢使
遣候得者、重而之例ニ罷成候、其上町御奉行所
へ此方ゟ名主・百性共江添手紙遣候譯ニ而御座
候故、支配ニ而無御座候得ハ難致由被申越候故、
右之旨備前守殿役人中へ申候得ハ、御寺領之義
ニ御座候間、其元ゟ役人被遣候而、其後此方へ
御斷可被成候、江戸外之事ニ候へ者、此方ゟ人遣
不及申由被申候故、爰元ゟ役人遣相改申筈ニ而
御座候、

一、御臺樣(綱吉室、鷹司教平女)・五之丸樣(於傳之方、綱吉側室)・御簾中樣(家宣室、近衛基熈女)・姫君樣(竹姫、綱吉養女)江、御歳
暮密柑例之通差上候、并付之御女中衆へ例之通
密柑被遣候、其外御番頭添番衆諸役人中江例之
通歳暮被遣候、

*綱吉へ寒氣御機嫌窺の薯蕷を獻上す

十日、　五時ゟ雨、

一、松平右京大夫殿へ、獻上之薯蕷壹箱差上候、普
門院持參仕候、
一、松平右京大夫殿へ、御殘り壹箱被遣候、

柳澤吉保へ寒の見舞ひを遣す

一、松平伊賀守殿（忠周、側用人）へ、右同斷、

一、松平美濃守殿へ、寒之爲御見舞薯蕷壹箱被遣候、

*柳澤吉保邸へ御成につき快意詰む

一、堀田伊豆守殿（正虎）へ、一種來候御返礼申遣候、

松平輝貞奉書

一、松平右京大夫殿ゟ御奉書來ル、

被獻候薯蕷一箱、首尾能遂披露候、此旨爲可
申達如斯候、以上、

十二月十日　松平右京大夫

護國寺

*寺社奉行へ北蒲田村首縊り一件検使終了の旨を届出づ

奉書請書

御手紙奉拜見候、差上候薯蕷壹箱、御首尾能
御披露被遊被下難有仕合奉存候、以上、

十二月十日　護國寺

松右京大夫様

一、松平右京大夫殿江獻上之薯蕷、御首尾能御披露
被遊被下、難有仕合奉存候由、御使僧ニ而申遣
候、

北蒲田村へ首縊りの検使を遣す

一、北蒲田村首くゝり之義ニ付、相改ニ五郎□

今日被遣候、

十一日、晴天、四ツ時ゟ晝時迄風少吹、

一、松平美濃守殿江御成ニ付、五ツ時ゟ御詰被成候、

一、知行所北蒲田ゟ惣百性口書取罷歸候ニ付、三宅
備前守殿へ御付屆ニ罷越候、

口上之覺

一、護國寺領北蒲田村之內東海道往還端並木ニ、
年比三十貳三之男、去ル九日之朝、首縊罷有
候ニ付、名主方ゟ早速注進仕候故、役人差遣
シ相改申候處ニ、疵少茂無御座、首縊ニ紛無
御座候、勿論村中ニ而も存知申候者ニ而茂無之
由申候ニ付、口書申付此方へ取置申候ニ付、
御訴申上候、以上、

十二月十一日　護國寺役者　普門院印

寺社御奉行様
御役人衆中

右之通相認、三宅備前守殿へ差出シ申候處ニ、

*快意大僧正補任につき西の丸付老中若年寄側用人を廻禮す

*快意寺社奉行へ大僧正補任の御禮を願ふ

徳川吉宗快意に時服を下す

*本丸大奥の煤拂ひ

綱吉柳澤吉保邸にて快意を御前に召し大僧正に任ず

*本丸大奥の煤拂ひに快意登城す

快意大僧正補任につき老中側用人若年寄寺社奉行を廻禮す

御大方之通三日程さらし(晒)、首縊申候者之一家相
知申候而請取申候ハヽ、證文いたさせ相渡し可
申候、若相知不申□□其村ニ而取置候様ニ可致
旨被仰渡候而、右之旨北蒲田村名主彌次右衛門
へ申渡候、取置候ハヽ、其趣三宅備前守殿迄爲
相知可申候由役人衆被申候、

一、紀伊宰相様江御使者ニ而、時服參候御返礼申遣
候、

一、松平美濃守殿、公方様被爲成、御前護國寺被召、
御□□上意ニ而、御直ニ大僧正轉任被仰付候、
其時節御詰被成候衆中、護持院・金地院(元云)・四ケ(江戸四
箇寺)(市ケ谷八幡別當)
寺・東圓寺・愛染院(江戸、四ツ谷)被相詰候、美濃守殿(柳澤吉保、側用人)ゟ御歸
呉後〔已、下同ジ〕、松平豐後守殿(本庄資俊)へ御立寄被成候、

一、例之通、於大書院論議有之候、

十二月十二日、 晴天、晝過迄風吹、夜五時ゟ七ツ時迄風吹、

一、昨日、大僧正ニ被任候ニ付、大御老中・御側御
用人・松平美濃守殿・若御老中・寺社御奉行不
殘爲御礼御廻り被成候、
大納言様付之大御老中・若御老中・間部越前守(詮房、西の
丸側衆)殿御廻り被成候、

一、御月番三宅備前守殿江御越被成、今度大僧正ニ
被任候ニ付、御礼申上度御願被仰上候、

一、松平能登守殿(賴如)江、一種來候御返礼申遣候、

一、安藤長門守殿(信友、奏者番)、右同斷、

一、大奥御すゝ(煤)取ニ付、出家五人差出候、

十二月十三日、

一、明六ツ時、例之通大奥御すゝ取ニ付御上り被成
候、寺中ゟ醫王院(護國寺寺中、覺祐)罷越候、出家四人參候、

一、西之御丸御頂戴之御札ハ、大奥江罷越、出家一
人直ニ相勤申筈、

一、御本丸御頂戴之御札ハ眞(卓)春相勤、

一、三宅備前守殿江、今度大僧正被任候御礼相勤候
者、權僧正成之節之三束貮卷、正僧正成之節者
二束壹卷ニ而相勤候、二束壹卷之義ハ永井伊豆(直敬、

守殿（西の丸若年寄）□、右之通獻上仕候由申候所、備前守殿被仰候者、大僧正兩品之内思召寄□候哉と御尋被成候故、奉願候者三束二卷ニ而御礼相勤申度由申上候、且又大納言樣江も御同樣ニ相勤申度奉願候由申上候、右御伺ニ普門院罷越候、取次寺社役人平山森右衞門殿江申入候、

一、例年之通、時服二・銀十枚、拜領、

一、公方樣ゟ時服二・綿百把、拜領、

一、進休庵（江戸、英岳）へ、御返礼申遣候、

一、黑田豐前守（直邦、小姓）殿・松平大學頭（賴貞）殿・靈雲寺（湯島、慧光）・曾我播（助興）磨守殿・六角主殿頭（廣豐、表高家）殿・松平右馬頭殿、右何茂御返礼申遣候、

十二月十四日、　晴天、夜□風吹、九ツ過、安藤長門守大塚ノ屋敷少ゝ燒失、

一、終日御在宿之事、

一、例年之通、年忘之御振舞、御出之衆中護持院・進休庵・圓福寺（愛宕、義山）・眞福寺（愛宕、運壽）・根生院（湯島、澄意）・大護院（淺草、尊祐）・自（慈得カ）德庵・福生院・月輪院（護持院役者、隆元）・圓明院（江戸、青山）・不動院・岩本（相摸、江島）院・智積院（京都）使僧專空房・西大寺金剛院（大和、吉野山）・竹林院・水上源右衞門殿、

一、三宅備前守殿役人ゟ、普門院參候樣申來罷越候所、被仰渡候者、昨日公方樣・大納言樣獻上物之義、御老中御相談申候所、公方樣へ三束二卷、大納言樣江二束壹卷、右之通相□□□其旨相心得可申旨被仰渡候、且又御礼之日限之義者、晩七ツ時罷越候樣ニ被仰渡候、

一、覺王院（淺草、最純）・自德庵・小笠原遠江守（忠基）殿・增上寺（門秀）・松平出雲守殿・室賀甚四郎（正勝）殿・同小十郎（正房）殿・彌勒（本所、隆慶）寺・松平攝津守殿・松平能登守殿・牧野備前守（成春）殿・松平兵部太輔（吉品）殿・松平但馬守（友著）殿・水戸中將樣・尾張中納言樣（徳川吉通）・謙德院（奥山玄建、奥醫師）・奥山立庵・牧野備（成貞）後守殿・松平采女正（定基）殿・本庄宮内少輔（道章、小姓）殿・戸田淡路守（氏成）殿・伊達遠江守殿・酒井隼人正（忠胤）殿・丹羽遠江守（長守、江戸町奉行）殿・大久保加賀守（忠增、老中）殿・細川越中守殿・紀

*寺社奉行大僧正補任御禮の獻上物を申渡す

大奥より煤拂ひ祝儀を拜領す

綱吉煤拂ひ祝儀を下す

*快意諸氏諸寺へ歳暮の返禮を遣す

安藤信友の大塚屋敷小火あり

護國寺例年の年忘れあり隆光英岳江戸四箇寺大護院ら來寺

伊宰相様、右何茂御返礼申遣候、

*快意諸氏へ歳暮の返禮を申遣す

一、七ツ時、三宅備前守殿江普門院罷越、御逢被成被仰渡候者、明十五日五ツ半時登城、今度大僧正成之御禮被仰付候、此旨老中ゟ被仰渡候間、其通可相心得候、獻上物之義者、今朝役人共ゟ申渡候通ニ而候由被仰渡候、

十五日、　晴天、風少吹、

快意本丸に大僧正補任の御禮を勤む

一、五ツ時、御本丸江登城、大僧正被任御礼被仰上候、獻上物、

快意御臺所於傳之方竹姫御簾中並に付女中へ大僧正補任御禮の獻上物を遣す

一、公方様江、　三束貳巻、
一、大納言様江、　貳束壹巻、
御老中・若年寄衆へハ、今日御廻り不被成候、
一、御臺様江、　壹束壹巻、
一、五之丸様江、　壹束壹巻、
一、姫君様江、　壹束壹巻、
一、御簾中様へ、　壹束壹巻、
其外、御付〻之女中衆江例之通被遣候、書付別ニ有り、

一、御退出已後、御老中廻り可被成候様ニ御礼呉後御仕舞有之候故、御老中廻り不被成候、

一、榮隆院殿・貞譽大僧正（増上寺隠居）・松平大學頭殿・根來平左衛門殿（長安、目付）・松平但馬守殿・月桂寺（江戸）・松平攝津守殿・戸澤下野守殿（忠庸）・相良志磨（摩）守殿・阿部飛彈守殿・本多若狹守殿（助芳）・竹本土佐守殿（長鮮、西の丸新番頭）・佐野豐前守（直行）殿・謙德院・秌元但馬守殿（喬知、老中）・松平能登守殿・京極甲斐守殿・戸田伊賀守殿（知郷）・冨田甲斐守殿（正虎）・堀田伊豆守殿・本多淡路守殿（忠周）・松平出雲守殿・同右近將監殿、右之御衆中御出、并御使者御目録など來候、何茂御返礼申遣候、

*山城小田原多聞院

一、山城小田原多門（聞）院江箱壹ツ并狀、秋田屋源四郎へ頼遣之候、

十二月十六日、　晴天、風吹、

*大僧正補任の御禮に老中若年寄側用人寺社奉行を廻る

一、大僧正成之▨御礼、昨十五日被仰上候□、御老中・若御老中・御側御用人・寺社奉行、何茂爲

御礼御廻り被成候、御持參物別ニ書付有之候、

快意增上寺の桂昌院廟所に參詣す

一、增上寺江御佛詣、其以後眞福寺ニ而御振廻有之候ニ付、御立寄被成候、

松平輝貞奉書*

一、昨日、於御本丸御仕舞有之候ニ付、御拜領物郡内十五疋來ル、

一、日光御門跡樣江、御使僧之御礼御越被成候、

快意諸氏へ歳暮の返禮を申遣す

一、榊原式部大輔殿・伊藤(東)大和守(祐實)殿・內藤十郎左衞門(正房、新番)殿・織田山城守(信休)殿・細川越中守殿・本多吉十郎(忠孝、護國寺火番)殿・相馬圖書頭(敍胤)殿・丹羽遠江守殿・松平兵部大輔殿・黑田豐前守殿・增上寺・松平越中守(定重)殿・安藤長門守殿・尾張中納言樣、右何茂御返礼申遣候、

快意愛宕眞福寺の振舞ひに赴く*

十二月十七日、　晴天、

先に德川吉通同吉宗同綱條より大僧正補任の祝儀來るにつき快意御禮に廻る*

一、終日御在宿之事、

一、金地院・無量壽院(紀伊、高野山、堯實)・龍光院(同上、晃朝)・如意輪寺(同上、來義)、右之衆中江御逢被成候、

快意諸氏へ歳暮の返禮を申遣す

一、永代寺(江戸、深川)・木下和泉守(信眞)殿・戸田采女正(氏定)殿・松平長門守(前田利興)殿・岡部美濃守(長泰)殿・松平安藝守(淺野綱長)殿・松平隱岐守(定直)殿・本多隱岐守(康慶)殿・傳通院(小石川、祐天)・紀伊宰相樣・大村筑後守(純尹)殿・西尾隱岐守殿・加藤越中守殿・今井又左衞門(則次)、右之衆中御返礼申遣候、

一、松平右京大夫殿ゟ御奉書來ル、御請直ニ被成候、

一、三宅備前守殿江御觸ニ付、普門院罷越候、右御觸別紙ニ印(記)置候、

一、昨日、眞福寺江御越被成候ニ、轉任之爲御祝義眞綿五把御持參被成候、圓福寺江茂右同斷、

十二月十八日、　晴天、

一、今度、大僧正被任候ニ付、尾張中納言樣・紀伊宰相樣・水戸中納言樣(德川綱條)爲御礼御越、十帖壹本御持參、右御二方樣ゟ大僧正成之御祝義御目錄來、水戸□御在所ニ被成御座候故、未爲御悅□付屆ケ無御座候、其序ニ松平但馬守殿・松平出雲守殿・松平攝津守殿・小笠原遠江守殿、御出之御

快意隆光護持院役者寺中へ大僧正補任の祝儀を贈る

松平忠周へ侍従補任の祝儀を遣す

*諸寺諸氏へ歳暮の返禮を申遣す

快意侍従補任の井上正岑四品補任の間部詮房へ御悦に赴く

老中若年寄本庄資俊らへ歳暮を遣す

*快意吉野竹林院へ歸國の餞別を遣す

*快意松平輝貞へ大僧正補任の祝儀頂戴に付御禮に赴く

返礼ニ御越、松平豐後守殿江茂御立寄被成候、
一、護持院(隆光)大僧正江、轉任之爲御祝義銀五枚御持參、
井両役者(日輪院・月輪院)へ金貳百疋ツヽ、寺中三間へ金百疋宛
御持參被成候、
一、松平伊賀守殿、去ル十五日待従ニ被仰付、爲御
悦御目録被遣候、
一、昆布、　一箱、
一、御樽代、　五百疋、
一、井上河内守殿(正岑、老中)待従、間部越前守殿四品、去ル十
五日被仰付候、是ハ護持院ゟも爲御祝義、御目
録不被遣候故、爰元ゟも御聞合被成不遣候、只
御悦ニ御越被成候分ニ而御座候、
一、稲葉丹後守殿(正往、老中)・秋元但馬守殿・井上河内守殿・
松平右京大夫殿・小笠原佐渡守殿(長重、老中)・松平豐後守
殿・稲垣對馬守殿(重冨、若年寄)・本多伯耆守殿、右之御衆中
江、例年之通、蜜柑壹籠宛爲御歳暮被遣候、
一、松平美濃守殿、檜重一組被遣候、

御口上之覺

寒氣甚御座候得共、彌御勇健被成御座珎重奉
存候、御見舞旁以使僧申上候印迄ニ一種進上
仕候、井左□□去ル十五日、大僧正轉任之御
礼早速申上、難有仕合奉存候由被仰遣候、
一、高野屋敷(江戸在番)赤松院・西明院・無量壽院・龍光院・
如意輪寺・榮隆院殿・松平庄五郎殿・酒井陽光
院殿・金地院・興津能登守殿(忠閭)・森田小左衞門殿・
靈嚴寺(江戸)・森阿波守殿(頼俊)・永代寺(江戸)・土井周防守殿(利益)・
觀理院(山王社別當、智英)・水野中務少輔殿(直行)・佐野豐前守殿・六角
主殿頭殿・同越前守殿・同奥方、右之通御返礼
申遣候、
一、吉野山竹林院(大和)、明十九日御當地發足ニ付、爲御
餞紗綾一巻被遣之候、井京都へ之書狀箱共、初(大和、長谷寺、尚彦)
瀬海說房へ御届□□頼遣候、
十二月十九日、雨天、暮逢ゟ餘程ノ雨、九ツ半時ゟ七ツ半過迄風雨、
一、松平右京大夫殿江、爲御礼御越被成候、是ハ昨

細川綱利藤堂高睦ら諸氏へ寒氣見舞ひの蜜柑を遣す

*大僧正轉任口宣奉書

*松平輝貞奉書

土屋政直加藤明英ら諸氏へ寒氣見舞ひの蜜柑を遣す

*諸氏へ歳暮の返禮を申遣す

諸氏へ歳暮の返禮を申遣す

末寺大枝村歡喜院快意の大僧正轉任祝儀に來寺

日轉任之爲御祝義、御使者御目録來候御礼也、

一、細川越中守殿(綱利)・藤堂和泉守殿(高睦)・京極甲斐守殿・安藤長門守殿・酒井雅樂頭殿(忠擧)・戸澤上總介殿(正誠)・眞田伊豆守殿(幸道)・松林院殿(藤堂高睦生母)・清心院殿、右之御衆中へ、寒之爲御見廻、蜜柑壹籠宛被遣候、

一、土屋相摸守殿(政直、老中)・加藤越中守殿・牧野周防守殿(康重)・本庄宮內少輔殿・六角□(主)殿殿・內藤式部少輔殿(正友、大坂定番)奥方、例年□□(之通)、爲歳暮蜜柑一籠ツヽ、被□□(遣候)、

一、松平攝津守殿寒之爲御見舞、蜜柑一籠被遣候、

一、庄田小左衞門殿(安通)・土井周防守殿・堀左京亮殿(直利、寺社奉行)・堀田大學殿・松平豐後守殿・山內黑(九郎カ)太郎殿(豐成)・津輕土佐守殿(信壽)・松平(山內豐隆)伊(猪)右衞門殿・松平隱岐守殿・松平美作守殿(宗彌)・清(誓)願寺・佐竹源次郎殿(義格)・松平越前守殿(信清)・松平內膳正殿(本庄宗長、中奥小姓)・戸田中務少輔殿(氏興、高家)・牛込忠左衞門殿、右之御衆中、御返礼申遣候、

一、大枝歡喜院(武藏埼玉郡)、轉任之御祝義ニ被參、御逢、郡內壹疋被下之候、

一、中山備前守殿・同奥方(鍋島直能養女)、御返礼申遣候、

十二月廿日、　朝晴、九ツ時前ゟ□□、

一、昨日三宅備前守殿ニ而、大僧正轉任口宣之御奉書御渡シ被成候ニ付、爲御礼御越被成候、

一、松平右京太夫殿ゟ御奉書來、御請御直ニ被成候、

一、三宅備前守殿・鳥居播磨守殿(忠英、寺社奉行)・六角主殿殿・牧野備前守殿(成春)・松平豐後守殿・本庄宮內少輔殿・松平豐後守殿奥方、右之御衆中、御返礼申遣候、

一、初瀬海說房へ之書狀箱壹ツ、內藤式ア殿御屋敷梶田六郎左衞門迄、八日切ニ之飛脚ニ被遣可被下候由賴遣候、

一、同京都御室□□江之御狀□□□(吉野山)竹林院去ル十□(九カ)日ニ御當地□□(發足カ)、初瀬海說房へ御屆被下候樣ニ賴遣候、

一、覺心院殿へ寒之爲御見廻、御文ニ而蜜柑壹籠被遣候、

間部詮房奉書

一、竹林院へ、爲御餞別紗綾壹卷被遣候、
一、間部越前守殿ゟ御奉書來ル、
明廿一日、公方樣西之丸江被爲　成候ニ付、
可罷出旨被　仰出候、四ツ時登　城可有之候、
以上、
十二月廿日　　間部越前守
(快意)護國寺大僧正

奉書請書

御請、
御手紙奉拜見候、明廿一日、公方樣西之丸
江被爲　成候ニ付、□被　仰出難有仕
合奉存候、四ツ□□(時登)　城可仕旨奉畏候、以上、
十二月廿日　　護國寺大僧正
間部越前守樣

快意西の丸へ登城す

十二月廿一日、　晴天、夜少雨、
一、五ツ半時、西之御丸江登城被成候、七ツ半時御
歸、

快意大久保忠増へ官位補任の悦に赴く

一、大久保加賀守殿へ、御同性(姓)(大久保忠方)大藏少輔殿官位被仰
付候ニ付、爲御悅御立寄被成候、
一、本多淡路守殿・本多彈正少輔殿(忠晴、寺社奉行)・松平豐後守殿・
酒井雅樂頭殿・水戸中納言樣、右之通、御返礼
申遣候、

*牧野成貞松平忠周中澤吉丘らへ寒中見舞ひを遣す

一、牧野備後守殿(成貞)・松平伊賀守殿・中澤源介殿(吉丘)・中
澤惣右衞門殿(景貞、御裏門切手番頭)、右之通、寒之見廻蜜柑壹籠宛被
遣候、

*快意山内豐隆有馬則維らへ官位補任の悦を申遣す

一、松平土佐守殿(山内豐隆)・有馬玄蕃頭殿・松平長門守殿(則維)、
右之御衆中へ、御官位被仰付候御悅申遣候、
一、雨宮勘平殿・今井又左衞門殿、右之御方ゟ大僧
正成之爲御祝義一種來ル、御返礼申遣候、

（裏表紙）

七冊之內

（表紙）

七
寶永三丙戌歳
快意大僧正代
改　日記
十二月廿三日ゟ晦日迄

（原寸、縦二四・七糎、横一七・二糎）

（表紙裏標目）
「十二月廿五日、
一、當年中御檀料來ル事、
」

〔十二月〕

廿二日、　晴天、夜九ツ過ゟ餘程風吹、

*快意登城す
*快意增上寺の桂昌院廟所に參詣し後愛宕圓福寺の振舞ひに赴く

一、四ツ時、御本丸江登城、退出以後、增上寺江御廟參被成候、其㠯（巳）後、圓福寺（江戸、愛宕）御振舞ニ御越被成候、

*諸氏へ歳暮の返禮を申遣す

一、本多淡路守（忠周）殿・本多彈正少弼（忠晴、寺社奉行）殿・松平豐後守（本庄資俊）殿・酒井雅樂頭（忠擧）殿・水戸中納言（德川綱條）樣、右之御方御返礼申遣候、

十二月廿三日、　晴天、

*快意根津權現に社參す
*快意進休庵の振舞ひに赴く

一、根津權現江御社參ニ付、御初尾銀壹枚、住心院（根津權現別當）へ紙布二端御持參被成候、其御序ニ進休庵（江戸、英岳）御振舞ニ付、御越被成候、今度轉任之爲御祝義、眞綿五把御持參被成候、

*金地院增上寺大護院へ大僧正轉任の祝儀を遣す

一、金地院（元云）轉任之爲御祝義、縮緬貳卷被遣候、
一、增上寺轉任之爲御祝義、縮緬三卷被遣候、
一、大護院（淺草、尊祐）へ轉任之爲御祝義、眞綿五把被遣候、

一、黑田豐前守(直邦、小姓)殿轉任之御祝義、寒之御見舞旁、氷砂糖一壺・鹽松茸一桶被遣之候、

一、本多淡路守殿へ、寒之爲御見廻、蜜柑壹籠・蕨粉一箱被遣之候、

一、松平土佐守(山内豐隆)殿江、御官位被仰付候爲御祝義、蜜柑一籠・芋莖一箱・昆布一箱被遣之候、

一、本多彈正少弼殿・鳥居播磨守殿・三宅備前守(康雄、寺社奉行)殿・堀左京亮(直利、寺社奉行)殿、轉任之爲御祝義御目錄來候故、御返礼心ニ而、寒之爲御見舞蜜柑壹籠宛被遣之候、

一、愛宕金剛院(江戸、圓福寺寺中)・鏡照院(同上)縹緌壹ツ宛、轉任之爲御祝義被遣候、

一、大澤出雲守(信躬、高家)殿・永井伊豆守(直敬、西の丸若年寄)殿へ、御返礼被遣候、

一、阿部飛驒守(正喬)殿江、寒之爲御見廻蜜柑壹籠被遣候、

十二月廿四日、　晴天、

一、凌雲院(寛永寺、義天)・眞田伊豆守(幸道)殿・牧野周防守(康重)殿・松平豐後守(本庄宗彌)殿・同美作守(本庄宗長、中奥小姓)殿・同内膳正(隆光)殿・護持院・大久保長門守(教寛、西の丸若年寄)殿・尾張中納言(徳川吉通)樣、右之御衆中へ、御返礼申遣候、

一、千住長福寺(武藏)轉任之御祝義被參、御逢、縹緌壹ツ被遣候、

一、松林院(藤堂高睦生母)殿江、御病氣爲御見廻御越被成候、

廿五日、　曇天、

一、今朝、於方丈餠臼、

一、松平出雲守(義昌)殿幷奥樣(龜姫、丹波光重女)へ、爲寒氣御見舞蜜柑一籠つゝ（出雲守殿へ薯蕷一箱、奥方へ蜜柑一箱、）、被遣候事、

一、森阿波守(頼俊)殿・木下和泉守(信眞)殿・竹本土佐守(長鮮)殿・堀筑後守(秀雪)殿・松田志摩(貞直)殿、右何茂へ爲歳暮之御祝儀蜜柑一籠ツヽ被遣之候、

一、放生寺(江戸、牛込、高田八幡別當)・報恩寺(江戸、牛込根來町)へ、縹緌一領ツヽ、

一、藥王寺(市ケ谷、榮傳)・南藏院(武藏豐島群高田村)・光德院(江戸、市ケ谷)へ、郡内一疋ツヽ、

一、東圓寺(江戸、市ケ谷八幡別當)・福生院へ、白羽二重、右何茂へ爲轉任之御祝儀、以使僧被遣之候、

一、辰刻過、御本丸へ登城、今日御簾中樣(家宣室、近衞基熙女)・八重姫君(徳川吉孚室、綱吉養女)樣へ、御忘年之御能御座候ニ付登城被遊候、

*千住長福寺大僧正轉任の祝儀に來寺

快意山内豐隆へ官位補任の祝儀を遣す

*護國寺方丈の餠搗き

*松平義昌同室へ寒氣見舞ひを遣す

*快意元三の丸用人衆へ歳暮を遣す

快意愛宕金剛院同鏡照院へ大僧正轉任の祝儀を遣す

*快意諸寺へ大僧正轉任の祝儀を遣す

*諸寺諸氏へ歳暮の返禮を申遣す

*本丸に御簾中八重姫忘年の御能あり快意登城す

本丸大奥より女中消息を以て當年の御祈禱檀料來る
*奉書
*諸寺へ快意大僧正轉任の祝儀物を遣す

申刻御退出、
一、御本丸大奥ゟ御女中方御ふミ(文)ニ而、例年之通、白銀百八十枚・昆布一箱御頂戴、御留主ニ而御座候へ共、例之通御請御文上ル、
一、右御使進上番衆碓氷与左衞門殿入來、例之通麻上下貳具被遣候、
一、宰料御男衆六人被罷越、靑銅貳十疋ツヽ遣候、
一、碓氷与左衞門殿家賴兩人前ゝ(來)遣來候故、貳十疋ツヽ遣候事、
一、碓氷与左衞門殿客殿裏ニて、そは(蕎麥)切・吸物等出ス、
一、宰料六人客寮ニ而、吸物・酒出ル、
一、(碓氷)与左衞門殿家賴人足之儀ハ、臺所ニ而右之通、
一、內藤(正友、大坂定番)式部少輔殿へ返書□(一カ)通、藤太夫方へ賴遣候事、

廿六日、晴、風吹、

一、終日御在寺、兼而護持院へ御振舞御越被遊候筈之所、昨夕ゟ御風氣ニ付、御斷被仰遣候事、
一、午刻ニ、貳寸前封御奉書兩度到來、御直之御請相濟、
一、今日、所ゝへ御轉任之御祝儀物被遣候覺、
一、毛氈三枚、　(淺草、最純)覺王院大僧正へ、
一、同貳枚、　(寛永寺、義天)凌雲院大僧正へ、
一、同貳枚、　(山王社別當、智英)觀理院僧正へ、
一、時服一重、(白羽二重、)　(本所、隆慶)彌勒寺へ、
一、縮緬貳卷、　高野屋敷門首(堯實)無量壽院へ、
一、縮緬壹卷ツヽ、　在番(晃朝)龍光院、(來義)如意輪寺、
一、縹綞一領、　麻布不動院へ、
一、紗綾一卷、　青山圓明院、
一、縹綞一領ツヽ、　行人方在番赤松院、西明院、彌勒寺中正覺院、

一、縹緌一領ツヽ、　龍光院、
　　　　　　　　　普門院、
一、縹緌一領、　房州清澄寺、(長狹郡清澄山)
一、水戸御主殿(八重姫、德川吉孚室)之御女中三人ゟ爲歳末之御祝儀、各貳百疋ツヽ參候、返事相濟候、
一、京智積院(覺眼)へ御返書一通、圓福寺(愛宕、義山)御出ニ付賴入候事、
一、水戸御主殿ゟ、轉任之御祝儀として銀三枚、三人御女中ゟも貳百疋ツヽ參候事、
一、夜ニ入、松平右京大夫(輝貞、側用人)殿ゟ御奉書來ル、御直答之御請ニ而相濟候、

廿七日、晴、

一、今日御本丸ニ而、御能御座候ニ付、辰刻過登城被遊候事、
一、眞綿貳把、　深川永代寺へ、
一、縹緌一領、　江嶋岩本院へ、
一、金百疋、　深川光明院へ、

右、御轉昇之御祝儀ニ被遣候、
一、尾州(名古屋)天王坊使僧罷歸候ニ付、御返書幷袈裟地被遣候事、
一、水野隼人正(忠直)殿へ、御在所へ御返書一封御使僧ニて被遣候事、
一、牧野周防守殿へ、轉昇之御悅被仰越御返礼申遣候事、

廿八日、雨天、

一、伊達左京亮(村豐)殿へ、右同斷、
一、藤堂和泉守(高睦)殿、昨日御參府ニ付、今日乍御見廻御使僧被遣候、染井御屋敷へ御參着ニ付、右之地へ被遣候、
一、月次御登城有之、登城方忘年御能御座候、拜領物有之、夜ニ入御退出、
一、金地院へ爲歳末之御祝儀、狗脊一箱御使僧ニて被遣候、
一、綸子時服、一、　中野寶仙寺、(龍壽)

*尾張天王坊
水戸家御主殿女中より歳末の祝儀來る
八重姫快意に大僧正轉任の祝儀を下す
松平輝貞奉書
*藤堂高睦參府につき快意見舞ひの使僧を遣す
本丸に御能あり快意登城す
*快意月次御禮を勤む
*忘年の御能あり
*狗脊
*快意諸寺へ大僧正轉任の祝儀を遣す

*青山幸督在所より大僧正轉任の祝儀を遣す
*加藤明英へ長日祈禱の御札を遣す
*快意柳澤吉保松平輝貞同忠周邸へ歳末の祝儀に赴く
*快意護持院へ歳末の祝儀に赴く
快意諸氏へ歳末の祝儀を遣す

一、襟卷、一領、　千駄谷 聖輪寺、
一、同斷、　原宿 淨性院、
一、白郡內絹一疋、　四谷 東福院、
一、縹緬、一領、　同 愛染院、
一、金百疋、　牧野備後 不動院、
一、縹緬、一領、　太泰 眞珠院、
一、同、　西大寺 金剛院、
一、白羽二重一疋、　淺艸 正福院、
一、同、　同 延命院、
一、嶋郡內絹一疋、　伊東元通へ、
一、漬松茸一桶、　淺艸 誓願寺、
一、金貳百疋ツヽ、　御本丸 坊主衆三人、
一、紗綾貳卷、　六角主殿殿へ、(廣豐、表高家)
右、爲御轉任之御祝義被遣候、
一、紗綾、二卷、　雨宮勘兵衞殿、(護國寺門前支配代官)
一、貳百疋、　┌高田東藏、
一、同、　本〆 │小原兵內、
一、同、　└佐藤大介、
右、爲歳末之御祝儀被遣候、
一、青山播磨守殿(幸督)御在所ゟ、轉任之御祝義御目錄來ル、返礼申遣候、
一、加藤越中守樣(明英、若年寄)へ、長日之御札遣候事、
一、石原市左衞門殿(次春、槍奉行)へ、昨日之御返事被遣候、
一、去ル廿七日拜領物來ル、郡內拾三疋・桑染襟卷三、・白銀、三十枚、
廿九日、　晴、
一、昨日之拜領物來ル、奥嶋十五端御小人衆添來ル、
一、松平美濃守殿(柳澤吉保、側用人)・松平右京大夫殿・同伊賀守殿(松平忠周、側用人)へ、爲歳末之御祝儀御越被遊候、
一、護持院江茂、同斷、
一、銀三枚、　護持院大僧正、
一、金貳百疋ツヽ、　兩役者(日輪院・月輪院)へ、
右之通、御持參ニ而御座候事、

快意本庄資俊邸へ歳末の祝詞に赴く

*松平輝貞奉書

快意奥山謙徳院へ歳末祝儀を遣す

快意六角廣豐同室へ大僧正轉任の祝儀を遣す

*快意藤堂高睦染井屋敷に赴く

*門前名主へ大僧正轉任の祝儀を下す

*快意登城す

一、松平豐後守殿へ、歳末之御祝詞ニ御越被遊候事、

一、松平內膳正殿（本庄宗長、中奥小姓）へ、御新宅へ御移候爲御悅、金三百疋・昆布一箱被遣候、

一、奥山謙德院（玄建、奥醫師）へ、爲歳末之御祝儀、郡內五疋被遣之候、

一、安藤長門守殿（信友、西の丸奏者番）留主居役神谷十藏・望月彥右衞門方へ、嶋郡內絹貳疋ツヽ被遣候、

一、六角越前守殿（廣豐、表高家）へ、　郡內貳疋、

一、同　奥方（本庄宗資女）へ、　紅縮緬一卷、

右、御轉任之御祝儀物之由ニ而被遣候、

一、大澤出雲守殿へ、　（金貳百疋、蕎麥一箱、

一、木下善右衞門殿（信親、本庄資俊家臣）へ、　（金貳百疋、蜜柑一箱、

一、□岡三郎右衞門殿へ、　同斷、

右、御轉任之御祝儀ニ被遣候事、

一、須知常休老（藤堂高睦家老）へ、　蕎麥一箱、

右、爲歳末之御祝儀被遣候事、

一、谷中（江戶）長久院へ、　襟卷一領、

一、新長谷寺（江戶、關口）へ、　縹緋一領、

右、御轉任ニ付被遣候、

一、午前、松平右京大夫殿ゟ御奉書來ル、封有之候ニ付、御留主之由御使へ申聞候而請取置候、

一、諏訪安藝守殿（忠虎）御在所ゟ之御狀來ル、御返事爲持遣候事、

一、晝時御歸寺、依之、御奉書御直答御認、御使僧ニて被遣候事、

一、夕御膳過、藤堂松林院殿御病□御見舞、且又和泉守殿（藤堂高睦）御參府ニて、染井御屋敷ニ被成御座候故ニ付、御越被遊候事、

一、篠田際玄老へ、箱壹ツ被遣候ニ付、梶田六左衞門殿へ賴置候事、

一、門前名主共へ、御轉任之御祝儀物被下之候、

晦日、　晴、

一、今日茂登城可仕之旨、公方樣（德川綱吉）御直ニ御意ニ付、巳刻過御上り、今日之登城者當暮始而ニ被仰出

*快意寺中及び所化中へ風呂を馳走す

*快意本庄宗彌邸へ赴き同宗長新宅移徙の悦を述ぶ

築地本願寺へ大僧正轉任の祝儀來る返禮を申遣す

*護摩堂に惣出仕あり般若心經祕鍵三卷八字文殊眞言百返惣神號百返を讀誦す

快意寺中長屋衆寺中所化へ轉任の祝儀を下す

快意大乘院門跡願の使衆らへ見舞ひとして蜜柑を遣す

候事、
一、眞田伊豆守殿(幸道)ゟ爲御轉昇之御祝儀、御在所之目録來ル御返礼被仰遣候、
一、築地本願寺(西本願寺)へ、昨日爲御轉任之御祝儀、一種來候返礼申遣候、
一、成瀬隼人正殿(正幸、尾張德川家付家老)へ、昨日御在所ゟ轉任之御祝詞被仰越候返礼申遣候、
一、松平土佐守殿ゟ御自分任官被仰出候爲悦、目録之通來候返礼被仰遣候、
一、寺中・長屋之衆・寺中所化へ、御任官之御祝儀物被下之候、
一、未刻前御歸寺之事、
一、南都大乘院(隆尊)御門主樣御願之御使衆五師寶德院・役者安樂院・坊官多門院・伊□□〔聞〕へ旅宿爲御見舞、蜜柑一箱手桶ニて被遣候、
一、於御茶之間、夕御料理被召上候、御相伴當番罷出候、

一、如例風呂被仰付、寺中・所化中入浴室、
一、今日御城歸ニ、松平美作守殿(本庄宗彌)へ御越被成、御同氏内膳正殿(本庄宗長、中奥小姓)新宅江御移被成候御悦被仰置候、
一、酉刻ゟ護摩堂惣出仕有之、祕鍵(般若心經祕鍵)三卷・八字文殊之眞言・惣神號各百返御讀誦有之、
一、右相濟、本御茶之間ニて、不殘歳末之御祝詞申上候、

千秌萬歳

（裏表紙）

七册之內

護国寺日記《ごこくじにっき》　第4　　史料纂集 古記録編〔第194回配本〕

2018年1月20日　初版第一刷発行　　定価（本体15,000円＋税）

校　訂　坂　本　正　仁

発行所　株式会社　八　木　書　店　古書出版部
代表　八　木　乾　二
〒101-0052 東京都千代田区神田小川町3-8
電話 03-3291-2969（編集）-6300（FAX）

発売元　株式会社　八　木　書　店
〒101-0052 東京都千代田区神田小川町3-8
電話 03-3291-2961（営業）-6300（FAX）
https://www.catalogue.books-yagi.co.jp/
E-mail pub@books-yagi.co.jp

組　版　笠間デジタル組版
印　刷　平　文　社
製　本　牧製本印刷
用　紙　中性紙使用

ISBN978-4-8406-5194-3